高等学校广告学专业教学丛书

广告文案

严三九 主　编
林　毅　何开云　副主编

中国建筑工业出版社

图书在版编目（CIP）数据

广告文案/严三九主编. —北京：中国建筑工业出版社，2007
（高等学校广告学专业教学丛书）
ISBN 978-7-112-09675-6

Ⅰ.广… Ⅱ.严… Ⅲ.广告－写作－高等学校－教材 Ⅳ.F713.8

中国版本图书馆CIP数据核字（2007）第175698号

本书是广告学专业教学丛书之一。全书共分16章。作者以丰富、经典的案例，以全新的视角论述了广告文案的创作原则、创作要求、创意概念、写作技巧，并对电视媒体、广播媒体、网络媒体、户外媒体以及经济类、贸易类、文化类、公益类广告文案分别加以分析与讲解，作到全面而重点突出，通俗且经典。全书图文并茂。

本书可作为高校广告学专业教材、行业高级培训教材及广告人员继续教育教材，亦可供广大从业人员、美术及商业工作者学习、参考。

责任编辑：朱象清　李东禧　李晓陶
责任设计：赵明霞
责任校对：兰曼利　王雪竹

高等学校广告学专业教学丛书

广告文案

严三九　主　编
林　毅　何开云　副主编

*

中国建筑工业出版社出版、发行（北京西郊百万庄）
各地新华书店、建筑书店经销
北京嘉泰利德公司制版
北京云浩印刷有限责任公司印刷

*

开本：787×960毫米　1/16　印张：19¼　字数：397千字
2008年6月第一版　　2008年6月第一次印刷
印数：1—3000册　　定价：39.00元
ISBN 978-7-112-09675-6
　　　（16339）

版权所有　翻印必究
如有印装质量问题，可寄本社退换
（邮政编码 100037）

高等学校广告学专业教学丛书编委会

主 任 委 员 尤建新　同济大学
副主任委员 张茂林　同济大学
　　　　　　　朱象清　中国建筑工业出版社
委　　　员 （以姓氏笔画为序）
　　　　　　　王　健　解放日报报业集团
　　　　　　　刘　超　广东外语外贸大学
　　　　　　　严三九　华东师范大学
　　　　　　　李东禧　中国建筑工业出版社
　　　　　　　吴国欣　同济大学
　　　　　　　姜智彬　上海外国语大学
　　　　　　　黄美琴　同济大学

总 序

"理论是灰色的,生活之树常青",理论来源于实践并随着实践的发展而发展。

伴随着经济的持续高速增长,中国的广告业发展迅猛。2006年,全国广告经营额达1573亿元,增长率达11.1%。据不完全统计,2006年底,全国共有广告经营单位14万多户,增长14.1%;广告从业人员突破100万人,增长10.6%。同期,广告业发展已经非常成熟的欧洲和北美,其广告业增长率也达到4%左右,高于这些国家的平均经济增长水平。

不仅如此,随着数字技术的渗透,广告业还出现了许多新的发展态势。数字技术已经全面融入媒体产业,新媒体大量出现,传媒版图加速扩展,传播价值链、传播渠道、接受终端、传媒接触方式等均已出现重大变化,互联网广告、手机广告市场增长势头强劲。由此导致广告赢利模式与业务形态发生变化。由于服务经济、体验经济时代的到来,人们从关心大众,转变为关心分众和小众,企业与消费者的沟通模式被不断创新。广告服务已从以广告活动为主到以为企业提供整合营销传播服务为主。

这一切已经并将继续对现行广告学理论提出新的挑战,进而推动广告学理论的丰富和发展。

广告学理论也并非被动地适应广告业实践,而是在指导和检验广告业实践的同时,又不断地从广告业实践中汲取营养,这是理论对实践的反作用和能动性的体现。

中国建筑工业出版社早在1998年就出版了全套14本的《高等学校广告学专业教学丛书暨高级培训教材》,在中国广告专业教育中发挥了重要作用。为总结近年来广告业发展的新特点、新趋势,以及广告学理论的新成果,并为科学指导广告实践而进行前瞻性的理论探索,在原来这套丛书的基础上,我们又进行了精心选题和筛选,并组织了同济大学、华东师范大学、上海外国语大学、广东外语外贸大学和解放日报报业集团的广告学理论研究、广告学教育和广告实践的资深专家进行撰写,形成了新一套《高等学校广告学专业教学丛书》。

新版丛书共8本。《广告学概论》阐述广告学的研究对象、理论体系和研究方法等基本原理,及其在广告活动各个环节的运用原则。《广告策划与创意》通过总结和分析国内外经典和最新的广告策划与创意案例,揭示广告策划与创意的一般规律。《广告设计》不仅论述了广告设计的一般程序、设计原则和设计方法,还分别阐述了不同种类媒体广告的设计与制作过程。《广告文案》在分析、鉴赏经典的和最新的广告文案的基础上,论述广告文案的特征、功能、风格及其文化背景等,并分析其写作技巧。《广告心理学》阐述了广告心理学的基本原理及其在广告策划、广告设计和媒体策略中的具体应用。《广告媒体策略》全面、系统地论述了包括新媒体在内的各类媒体的特点、广告计划及媒体组合策略。《广告经营与管理》从企业和政府层面，对广告经营与管理的内容、方法、广告法规、广告审查制度和责任等问题展开论述。《企业形象策划与管理》从全新的视角，阐述企业形象的内涵、功能和体系，并结合中外经典案例，分析企业形象策划、设计与管理的原则、方法和流程。

总体而言，新版丛书具有三大显著特点。第一，数字化思维。数字技术的发展给企业和消费者的生存方式带来了革命性的影响，广告业和广告学的方方面面不可避免地被打上数字化的烙印。因此，本丛书注重将广告学置于数字技术的背景下进行讨论，体现数字技术引发的广告业发展新特点、新趋势和广告学理论的新成果。第二，国际化视野。在中国广告市场已全面开放的大背景下，广告业的国际化和全球一体化渐成趋势，中国广告市场已成全球广告市场的一部分。有鉴于此，无论是理论阐述还是案例分析，涉及到学界还是业界，本丛书均力求展示国际化视野。第三，集成化体系。本丛书希望将基础性、操作性和前瞻性统一起来，既涵盖广告学基础理论和通用性的内容，又强调源于大师杰作和作者经验与智慧的实践性和操作性，同时还力求反映丛书所涉及的各个领域的最新发展。

随着以信息技术为代表的新技术的发展、全球市场格局和竞争态势的变化，以及消费者行为方式的变迁，广告业将会出现新的发展趋势。广告学也必将随之不断加以丰富和深化。因此，新版丛书仍然会存在一定的时代局限性。同时，也受限于作者的水平，新版丛书的不足在所难免。恳请广告学界、业界的同行专家以及广大读者提出建设性意见，以帮助作者在再版时予以改进和修订。

高等学校广告学专业教学丛书
编委会主任　尤建新

目 录

第1章 广告文案概述 001
1.1 广告文案的概念 002
1.2 广告文案的类型 004
1.3 广告文案的构成 006
1.4 广告文案的体裁 009
1.5 广告文案的特征 011
1.6 案例分析 013
思考题 014
参考文献 014

第2章 广告文案的创作原则 015
2.1 真实性原则 015
2.2 有效性原则 017
2.3 准确性原则 021
2.4 案例分析 024
思考题 026
参考文献 026

第3章 广告文案的创作要求 027
3.1 创作的立足点 028
3.2 广告文案的语言要求 030
3.3 广告文案的情感要求 032
3.4 文案创作者的素质要求 035
3.5 案例分析 038
思考题 040
参考文献 040

第4章 广告文案的程序 041
4.1 资料收集与选择 041
4.2 广告目标与定位 043
4.3 诉求策略的确定 050
4.4 文案风格的选择 054
4.5 文案效果的测评 063
4.6 案例分析 068
思考题 070
参考文献 071

第5章　广告文案的创意　072
- 5.1　创意的本质　073
- 5.2　广告创意的规律　076
- 5.3　广告创意的具体方式　084
- 5.4　案例分析　087
- 思考题　088
- 参考文献　088

第6章　广告文案的写作　089
- 6.1　文案的格式　090
- 6.2　文案的叙事方式　093
- 6.3　文案的修辞技巧　097
- 6.4　标题和标语的写作　101
- 6.5　正文和随文的写作　107
- 6.6　系列广告文案的写作　110
- 6.7　案例分析　113
- 思考题　114
- 参考文献　115

第7章　平面媒体广告文案　116
- 7.1　平面广告文案的特点　116
- 7.2　平面媒体广告文案的结构与表现　118
- 7.3　平面媒体广告文案的创作技巧　124
- 7.4　案例分析　128
- 思考题　130
- 参考文献　130

第8章　电视媒体广告文案　131
- 8.1　电视媒体广告文案的特点　132
- 8.2　电视媒体广告文案的脚本与表现　134
- 8.3　电视媒体广告文案的创作　137
- 8.4　手机电视广告文案的创作　140
- 8.5　手机报纸广告文案的创作　141
- 8.6　数字电视广告文案的创作　142
- 8.7　案例分析　144
- 思考题　145
- 参考文献　146

第9章　广播媒体广告文案　147

- 9.1　广播媒体广告文案的特点　148
- 9.2　广播媒体广告文案的脚本与表现　150
- 9.3　广播媒体广告文案的创作　155
- 9.4　案例分析　162
- 思考题　163
- 参考文献　164

第10章　DM广告文案　165

- 10.1　DM广告文案的特点　166
- 10.2　DM广告文案的信函内容　168
- 10.3　DM广告文案的写作与赠品　170
- 10.4　案例分析　173
- 思考题　174
- 参考文献　174

第11章　网络媒体广告文案　175

- 11.1　网络媒体广告文案的特点　176
- 11.2　网络媒体广告文案的类型　178
- 11.3　网络媒体广告文案的写作　183
- 11.4　案例分析　186
- 思考题　189
- 参考文献　189

第12章　户外媒体广告文案　190

- 12.1　户外媒体广告文案的特点　191
- 12.2　户外媒体广告文案的类型　195
- 12.3　户外媒体广告文案的写作　198
- 12.4　案例分析　205
- 思考题　207
- 参考文献　207

第13章　经济类广告文案　208

13.1　经济类广告文案的特点　208
13.2　经济类广告文案的类型　210
13.3　经济类广告文案的写作　215
13.4　案例分析　217
思考题　219
参考文献　219

第14章　贸易类广告文案　220

14.1　贸易类广告文案的特点　220
14.2　贸易类广告文案的类型　225
14.3　贸易类广告文案的写作　232
14.4　案例分析　237
思考题　238
参考文献　239

第15章　文化类广告文案　240

15.1　文化类广告文案的特点　241
15.2　文化类广告文案的类型　249
15.3　文化类广告文案的写作　261
15.4　案例分析　264
思考题　265
参考文献　265

第16章　公益广告文案写作　266

16.1　公益类广告文案的特点　266
16.2　公益类广告文案的类型　272
16.3　公益类广告文案的写作　275
16.4　案例分析　280
思考题　281
参考文献　282

附录1　优秀广告文案赏析　283
附录2　中国广告20年流行广告语　289
后记　295

第1章 广告文案概述

这本书并不能让读者简简单单地就掌握广告文案写作的技巧和套路——因为技巧来源于长期地实战演练和自己的创意天分，而"套路"这个词，是不属于广告文案写作的。

这是读者首先要知道的：广告文案写作没有真正的套路，优秀的广告文案人员也不会循规蹈矩地按套路进行每一次的创作。

没有一个类似"倒金字塔"的概念来指导读者如何去写广告文案，广告文案人员和新闻写作人员的不同点就在于此。如果套用了别人的模式或格局——那么你已经输了。

但有一点可以肯定：一些前车之鉴可以拿来参考。这是这本书所要赠予你的。一切前人所做的事都有好有坏，我们对他们的工作也有褒有贬，在这一章以及之后的所有章节中，读者可以看到哪些经验结论能够被得出，又有哪些游戏规则最终被敲定——前者必须去突破，而后者必须去遵守。

下面来谈谈在创作广告文案之前要知道的六件事。

第一，广告文案人员是默默无闻的，他们的工作日复一日，他们非常希望自己可以被视作"艺术家"或"伟大的艺术家"，然而归根到底他们是为了销售和赢利而工作的——商人，只得在"大师"这个称号前冠以"商业"二字。"文案人员不属于大师这个圈子。"再优秀的文案工作者也只能在广告业界之内炙手可热。文案工作者决然不能高高在上地俯视这个世界，而是要平视——要和你的公众交谈，明白他们的需求，收集他们的观点，才能有足够的信息来支持你的创作。所以，假如你想要成为一个明星级人物，那么抱歉，你入错行了；但是，如果你认为，只要听到别人在议论某个广告之中你的贡献——不论是好的议论还是坏的议论——就能够让你感到满足和幸福的话，欢迎你，加入广告文案人员的行列。

第二，这一段需要被认真地阅读并且在日后的实践中被铭记——你的思维可以散漫而不着边际，但你的行为必须严肃并无比端正。有一些底线是你不能试图跨越的，例如对法律、伦理、人种、民族、人权、性别等的挑战会毁灭你的整个职业生涯甚至整个人生，而诸如恶性竞争和商业欺诈之类的问题相信在翻开这本书之前你已经懂得该如何规避或处理。这是一个永恒而不能避免的话题，来看看在你之前倒下的那些广告文案以及它们被广泛批判的作者——大众不会因为一个广告文案没有为公司赢利而去谴责它的创作人，但会因为一次触犯伦理道德底线的行为而彻底否定这个文案代表的整个品牌——可怜的品牌所有人，将因为广告文案创作者的无知（或明知故犯，这就太糟糕了）而致使他倾注在一线生产上的全部心血付诸东流。

第三，永远记得你的责任是用你无限的创造性、判断力和灵敏度去打动受众并引起行动、带来利润——到柜台上去叫卖不是你的工作，但是没有你的努力，销售就不会成功。"我是重要的。"要一直对自己说这句话，因为你的的确确至关重要。为了让自己始终保持这样的重要性，你应该不断地学习，让自己渊博、有深度，并且多姿多彩。

第四，你一定注意到了，这儿的文字中出现频率相当高的一个字：你。因为我们希望能够加深这样的印象：在沟通之中，激发他人好感的最佳方式是使用第二人称："你"、"你们"、"你的"和"你们的"。这其中的原因你可以在传播学或沟通艺术的教材中找到最完整和最科学的诠释。记得，"最好的"、"最新的"甚至"性价比最高的"都没有一个第二人称来得有份量，因为人们喜欢被重视的感觉，人们也始终关心：我能得到什么？正如你翻开这本书的时候，心里所想的一样。

第五，你没有规律的作息时间和工作环境。这可能是好事也可能是坏事，假如你很享受随时随地灵感迸发、随即从包里翻出一张皱巴巴的超级市场收银条和一支（幸好你带着的）笔把你的火花划拉下来的感觉，那么你会爱上这种"不规律"的工作方式——你可能突然在睡梦中获得启发然后迫不及待地在凌晨一点抓住你创意的尾巴。但如果你必须遵守你多年不变的生物钟，那么你现在仍有机会合上这本书。

第六……你还在读？太好了，最后想告诉你的是，你会有用不完的宝贵的财富——压力。财富？没错，你必须重新审视这个让你蹙眉的字眼，将它化作你源源不断的动力，就像一个运动员不断压迫自己达到极限一样。试问你自己：我要跟从，还是领跑？

有答案了？那么，还等什么？我们开始吧。

1.1 广告文案的概念

这是最严肃的问题之一——究竟什么是广告文案？

在整理你心中复杂的、漫无头绪的概念之前，先回答这几个问题：

你看过科勒（Kohler）抽水马桶的广告吗？——看过，它没有对白，就像一出诙谐的默剧。

你知道那个美丽的女主角从事什么职业吗？——管道工？

答对了。可你是怎么知道的？——是她搭乘的车身上印着的"×××管道疏通公司"。

没错，如你所见，这就是广告文案。

如果必须要下一个定义，那么就这样写：广告文案，是以语词进行广告信息内容表现的形式。另外的说法是：广告文案是广告内容的文字表现。

实际上，广告界奉为圭臬的《广告文案写作》一书，在第二章明确地表示：什么叫"文案"，没有答案。然而，必须尽可能地划定一个范围，好在工作之前知道"我到底要做什么"，然后再发挥自己的想像力去尽可能作出更多的诠释。

现在姑且用广义和狭义的方式来进一步解释广告文案的概念吧！广义地说，广告文案就是指通过广告语言、形象和其他因素，对既定的广告主题、广告创意所进行的具体表现。看看必胜客，它的文案人员总是使尽浑身解数地告诉你，借助2006德国世界杯冠军或电影《加勒比海盗》的名义而新推出的馅饼是多么地美味和意义非凡。事实上你很清楚，所谓的"佛罗伦萨鱿鱼卷"和"船长特饮"只是很普通的食物，但如果你是如此地钟情于意大利或者约翰尼·德普[①]，那么必胜客的玻璃门就会恭候你总有一天的到来。

狭义的广告文案指的是表现广告信息的词语构成。包括标题（可能包含主标题和副标题）、正文、引子、插图说明口号等的撰写。大到整篇广告词，小到一句（可能只有一个词的）品牌口号，都属于广告文案的范畴。

你不会对下面的几句话陌生（如果有一个你感到陌生的，那就赶快去补课）：

Good to the last drop.

Just do it.

Ideas for life.

Keep walking.

The taste is great.

科技以人为本。

前所未有，因为之前所有。

只溶在口，不溶在手。

可以看见，除了这些之外，广告文案应该被理解为是一种语言艺术，或者是一种沟通技巧。头韵、尾韵、一语双关（当然，擅自更换成语和习语的用字是不被肯定的，它带有误导的倾向）、借典……等手段，都可以在广告文案中得到体现，这就是为什么说广告文案是一种语言艺术。但是，并不是说一个在大学里或私底下写得一手流畅优美的好文章的人，他就一定能成为一名好的广告文案写手——广告文案是用来销售的，成功的销售要建立在有效的沟通之上，广告文案必须能够传达给读者准确、有用以及具有诱惑力的信息，才能真正合格。

一起来欣赏几个汽车广告：

我们270马力的引擎可以打败你的……等一等，你没有270马力的引擎。——雪

---

① Johnny Depp，美国男影星，曾主演《剪刀手爱德华（Edward Scissorhands）》以及《加勒比海盗（Pirates of the Caribbean）》系列。

佛兰 TrailBlazer

即使你把它拆得七零八落，它依然是位美人。——宝马

关爱生命、享受生活。——沃尔沃

她可爱吗？——迷你

它藐视一切，包括对它的描述。——凯迪拉克 Escalade EXT

这超越了对路的感觉，是养个大宠物。——阿库拉 RSX S 型

它的表现令它拥有黑带。——日产 SE-R Spec V

你要哪一种类型的按摩：瑞典式的，指压疗法，自然疗法或是凌志？——凌志 LS 430

它就像恐怖电影里的怪兽。它回来时越来越出色，越来越强壮。——本田 CR-V

1.2 广告文案的类型

参照不同的划分依据，广告文案可以细分为很多类型。这里就选取易于识别的标准——刊播媒介来详细划分。

按照广告的刊播媒介来分，广告文案可以分为：平面媒体广告文案、电视媒体广告文案、广播媒体广告文案、直邮广告文案、网络广告文案以及户外媒体广告文案。

1.2.1 平面媒体广告文案

平面媒体的范围非常宽泛——凡是以纸张为载体的，都属于平面媒体的范畴。普遍地将其分为报纸和杂志，对于广告来说，当然还包括 POP 广告和直邮信函（DM 广告）。不过，由于直邮信函的特殊性，将会在后面单独论说。

平面媒体上的广告文案要求运用除了多媒体之外的所有元素，使之达到统一的打动、说服目的。平面媒体给了读者充足的阅读时间，并且信息量丰富。但这也容易造成信息冗余和噪声泛滥的情况。越是条件宽泛，就越考验广告文案创作者的能力。假设某报纸给了你二分之一的版面来刊登广告，你该如何打算？

正如我们看到的许多失败的房地产广告：一幅（很显然）经过电脑技术处理的全景图，夸大其辞的周边环境介绍（例如离某所大学有五公里以内路程的楼盘会被标榜为"富有文化气息"），并不够实惠却用大大的"仅售"二字来修饰的单价，有名人在此处购房的噱头……所有的一切都让读者感到厌烦和虚伪，购房者需要的不是千篇一律的广告（诚如之前所言，广告文案没有套路可循），更不是多余的和他们无关的信息，而是一个能让他们立刻感受到"为什么我该买这套房子"的强大说服力，最基本地，告诉他们这里交通便利，周围有各种商店，并且治安情况相当不错——依照马斯洛需求理论，人的低层次需求先得到了满足，才会追求高层次的，如果没有安全的居住环境，毗邻（事实上并不那么近）大学又有什么重要？

与此同时，平面媒体正面临着来自网络媒体的强大挑战，网络媒体广告在"可

反复浏览"的基础上，还增加了"可视听"的功能。想要抵抗这种威胁，平面媒体广告文案人员在创作上就得别出心裁，这对创意和销售理念的要求达到了一定的高度。此外，有很多公司都是在多种媒体上投放广告，于是平面媒体上的文案就愈显重要——广告主的企业形象必须在所有媒介上得到完整和有效的展示，有任何地方出了纰漏都是不被允许的——尤其是在面临可能失去关注度的地方，更何况，平面媒体在当下还有很大的市场，不容马虎。

1.2.2　电视和广播媒体广告文案

电视媒体广告是音、画、文的三位一体，是相对全面的信息发送渠道。但它的缺点在于电视广告稍纵即逝，文案不能让读者随心所欲地了解，所以广告效果的达成具有一定风险性和投机性。然而电视广告比一动不动的平面广告更有趣（前提是广告真的引人入胜），如果奥斯卡影后查里兹·塞隆在《时尚》杂志内页为"真我"香水拍摄的平面广告还不足以引发你的购买欲，那么在看过她从幽深房间的远处一路走来，个性十足地将身上的晚礼服、高跟鞋、项链统统视为"多余"而一一扔掉，只保留身上的"真我"气息的电视广告之后，你下一次路过克里斯汀·迪奥的香水专柜时就会忍不住回头欣赏那个线条优美的玻璃瓶①。

不是每一个平面广告都可以像梅塞德斯－奔驰（Mercedes-Benz）S级轿车的"前所未有，因为之前所有"那么精彩，有很多产品都需要会"动"、会"说话"的宣传。如何用张弛有度的语言来描述一辆崭新的轿车、一种全新的处理器、一把多功能剃须刀……画面的力度和文字的力度相吻合，才能联袂造就一条成功的电视广告。

和电视媒体一样——广播媒体也无法再进一步细分受众，并且它的操作更困难：它甚至没有视觉上的辅助。但这也许可以作为一种优势：让受众更加专注于文案的内容，而不会将注意力转移到画面上。合适的音乐、才华横溢的朗读者、精简而动人的辞藻——虽然最终还是要让广告导演来整合这些，但文案写作者却也必须在创作时将其一并加以斟酌。

需要注意的一点是，因为广播媒体的受众只能"听"，所以除了文字以外的声音会对文案本身造成干扰。但是声音也有相反的作用，——我们仍旧用汽车来举例：如果没有引擎的声音、车门关上的声音来作陪衬，文字又会显得是多么的苍白。总而言之，广告不是文案的独角戏，文案人员也需要懂得很多"作文"以外的东西。

1.2.3　直邮广告、网络广告和户外广告文案

直邮广告文案（DM, Direct Mail）是一种亲切的、具有针对性的广告形式，它对受众的选择性和过滤性很强，并且形式多样，高效率地传达广告主的意愿——甚

---

① J'adore, Christian Dior 推出的女用香水，标榜"纯粹的女人"精神。查里兹·塞隆（Charlize Theron），著名影星，凭借《女魔头（Monster）》一片荣膺76届奥斯卡最佳女主角称号。

至它能够帮助收集回馈信息，突破了广告单向传播的局限性。以瑞典家居巨头宜家的直邮广告为代表，它所要传递给你的不仅仅是商品销售信息，甚至教会你如何生活得更美好。

新媒体时代，网络成为了广告的又一个播放渠道。网络本身是对平面媒体的挑战，但在进行广告活动时，广告主却又总希望两者能够双管齐下。因此，广告文案写作就要有很强的整体性，使之交相呼应，发挥1+1>2的效能。Web2.0能够使人们在网上互相交流，一些公司也有客户服务人员为消费者在线解答困惑。网络广告的投播比起其他媒介广告似乎更便捷，但正因如此它也受到更多的规则限制。在网络上操作广告文案的难点在于——如何在信息爆炸的互联网上脱颖而出？如何让网络用户的鼠标点在广告上——就算点击了，又如何立刻吸引他的注意，让他不在0.5秒之内关闭广告窗口？网络又是一个安全感缺失的地方，要怎么让客户相信广告文案里所说的，还需要更多的努力。

户外广告作为最早的广告形式之一，适合短文案的创作。比如天上的充气飞船——埃森哲（Accenture）、百威（Budweiser）、三洋（Sanyo）以及马自达（Mazda）都是使用充气飞船的公司。还有，当你坐在轿车里往外看，高速公路两边会树立高高的广告牌，上面的文字多数都是又庞大又易懂，还有明显的品牌标识让你看见。这是因为，户外广告所针对的受众群，就像坐在轿车里的你一样，不会伫足停留——除非你是个痴心的足球迷，喜欢站在市中心百货大楼下面抬头仰望着楼顶上阿迪达斯（Adidas）那个"Jose +10"的广告牌，久久不愿离去。

1.3 广告文案的构成

粗略地说，广告文案有时就是由标题（有时带着副标题）和正文组成；但具体地说，广告文案人员必须将标题、副标题、正文、图片说明、简介、签名甚至版权说明都列入思考范围之内。文案意味着广告成品中出现的每一个字，只是形式不同而已。

1.3.1 主标题

标题的作用是在第一时间吸引眼球，因此它的字号可能是整个广告中最大或者最小的，当然这是针对可看见的广告文案而言，对于只能听见的广告文案（例如广播媒体广告文案）来说不用考虑这个问题，而是要注意怎么把主标题"读"出来从而被感知。但更重要的是，你的读者可能很忙，他们甚至连新闻都只看标题——最多看完导语，又哪来的时间好好阅读你的广告呢？所以主标题必须短小精悍、引人注目，而且必须精练地在第一时间内传达广告的核心目标，引起兴趣。

因此可以得出的结论是：标题最忌讳冗长和晦涩——它不是一封书信，不必让你的读者用尽时间费尽思量——更何况，他们不会这么做。试想"给你的孩子找个新玩伴！"和"给你的孩子买一个安全无毒、会说话、会唱歌、漂亮又时髦的洋娃娃吧！"哪个更吸引读者看完广告全文？

1.3.2 副标题

　　副标题可以是文字也可以是图片，并且它可以穿插在正文中间，把文字分离成一小块一小块，使得大段的正文不那么冗长，从而保留读者的兴趣。如果你的主标题很难缩短（但要记得不断自问：真的把不必要的字词都去掉了？），那么不妨把一部分内容留给副标题来表达。

　　省略号往往是个不错的手段——"如果你需要一位理财专家……（副标题）××私人金融理财专业机构正蓄势待发（主标题）"。当然，这不是条好的文案，只是个示范，忘了它吧，但别忘了那六个小黑点。

1.3.3 引子

　　引子就像设悬念，它的语句一定会比主标题和副标题都长，因此在可视文案中它的字体不能比两个标题更大。但引子决不是正文，它为标题起辅助的吸引作用，却只能点到为止，如果读者看完了引子已经获取了全部的信息并不再阅读正文，那么文案写作者岂不是搬起石头砸自己的脚吗？

　　所以，千万别把引子写成了新闻导语，而是把它当作诱饵，吊起读者的胃口。

1.3.4 正文

　　正文又称"主体文字"，是广告要传达的主要讯息，广告正文的作用就是促进销售任务的完成。一切的说服工作都在正文中展开。"用标题刺激他们，用正文说服他们。"适当的正文结构能和标题、引言、插图等元素默契配合，以此扩大广告中所要传达的观念的影响力。这本书所要阐述和讨论的重点，正是广告文案正文的写作。

　　轩尼诗（Hennessy）的系列广告总是能将广告正文和电视画面完美结合，比如《欣赏篇》的广告文案：画面之初是飘忽的音乐，女人在沙滩上恣意奔跑，男人在一旁会心地饮酒而笑；随即，转移到海上的镜头，男人穿着风衣伫立船头，经历风吹浪打，夕阳下，把水晶酒杯举到眼前，折射落日的光芒……（独白响起：经历愈多，愈欣赏。）时间再度跳转，已是夜色阑珊，红色敞篷车招摇地停下，喧闹的音乐和拥挤的派对场面，他已经找到了心仪的女孩，逆着风，女孩的馥郁从她飞扬的领口飘入他的身体。（独白继续：愈欣赏，愈懂欣赏。）轩尼诗的酒瓶成了最后的主角，瓶身映照出远处没有结束的故事……

　　在这个广告里，正文就只有寥寥数十字——好的正文并不一定要长，只要切题——企业形象、品牌理念、产品定位、目标受众，并且可以从轩尼诗的广告文案里看出：高明的正文是不会把这些切题的因素暴露出来的，能读懂的人（也就是你的目标受众）自然能会心一笑。

1.3.5 插图说明

　　插图说明是一种辅助手段，对广告的观点加以补充和强化。有些时候，美工人员不明白：为什么文案人员非要给他的得意作品旁边画蛇添足地加上一段愚蠢的、多余的文字说明？但是这在大多数时候是必要的，以防止受众对于广告信息的误读。

杂志内页上，肯德基最新产品广告的右下角会印刷该产品的相关优惠券，优惠券下方的小块文字单元就是典型的插图说明，它很清楚地表明了这张优惠券给你带来的好处——经济实惠，以及对肯德基权益的维护——你会读到关于最终解释权的归属。

1.3.6 气泡、方框和条块

气泡是指在设计广告时，让广告词处于一个气泡状的框里，就像漫画书里人们对话以及思考的时候出现的那样。有时候，气泡也会充当标题，它的位置会更醒目（事实上，在作为辅助说明时它已经足够醒目了）。气泡本身是一个比较活泼的元素，应用也比较灵活。方框就像一个文本框——用一个方框框起来的文字内容总是比没有方框的更容易引起注意，不过它看上去有些死板。条框就像是贝纳通①的标识一样，是一个严格的有色彩的矩形，你可以采用白色字体，造成视觉冲突。

总之，这些都是用来吸引注意力的，要谨慎运用，切忌喧宾夺主。如果气泡、方框和条块运用得太过频繁（不建议同时使用它们），广告就会显得杂乱无章，漫无目的。不能只有广告主和代理商知道这条广告的用意何在，你得让公众明白才是。所以要牢记：在广告文案里，最重要的永远是正文。过多的修饰就像一位过度打扮的女士，也许她身上的每一个配件都很有品位，但她整个人看上去就是那么让人不舒服。

1.3.7 口号、标识和签名

在企业文化体系之中，形象识别（VI）是最基本的。形象标识（logo）和口号（slogan）就如企业的图腾一般，成功的VI设计能够大大地对品牌的成功建设提供支持。

有如麦当劳的标识，大大的"M"以及形影不离的"I'm lovin' it"口号，即便广告文案本身没有提供太多讯息，这个标识也足够说明一切。

诸如此类还有可口可乐（Coca-Cola）的波浪形线条、星巴克（Starbucks）的双尾人鱼、马莎拉蒂（Maserati）的三叉戟、夏奈尔（Chanel）的双C标志……不胜枚举。

一些正规的邮购公司会在他们直邮广告的扉页印上一段来自企业负责人的问候语，署名处会印有他的签名笔迹，这也是广告的一部分。

图1-1 麦当劳标志

---

① 贝纳通（United Colors of Benetton），意大利著名时装品牌。

还记得"小天鹅"这个品牌的电视广告吗？广告最末是大拇指重重地印下品牌标识，并伴随一句"全心全意小天鹅"的口号，相信你也许没用过它的产品，却会对这个品牌记忆犹新。并且，出于法律方面的考量，坚持在每一条广告上展示企业标识，是维护广告主的版权的有效途径。

1.3.8 属于广播电视以及新媒体广告文案的特殊元素

视觉和听觉，甚至触觉和嗅觉都成了广告文案工作者必须考虑的因素。我们身边的一切事物都可能成为下一个新媒体，文案人员必须在第一时间学会运用。

你漫步在公园里，那盏优雅的路灯或许正氤氲着清新的香气，但它其实是在为某个品牌的面巾纸做广告。或许你认为：这需要文案吗？答案是当然需要——也许广告主会要求你在面巾纸的外包装上"提醒"消费者他们曾经在公园里嗅到的气息。又比如，宝洁公司的直邮广告中可能会夹寄最新研发的洗发水试用装，让你切身感受它的功效。因此，广告文案的创作者要兼顾这些因素，让文案本身能够富有"香气"和"功效"——总而言之，感染力。

那么，在你了解以上这一切之后，请记住下面这句话：

广告文案要提供有用的信息并回答可能出现的问题。

所有的标题、引子、插图说明、正文、气泡、口号、标识……都在传情达意，广告文案人员要充分调用这些元素的"告知"功能，提供给受众足够的信息。在确定以上这些因素的最终方案之前，广告文案人员一定要像一个优秀的辩论手在比赛前准备的那样：设身处地地推测可能迎头而来的问题——也许是带有购买欲的垂询，也许是不怀好意的苛责。

1.4 广告文案的体裁

之前一直在强调广告文案的不拘一格，那么它自然也没有单一的体裁模式。这里介绍一些常用的文案体裁，供你参考。在通常的情况下，将广告文案分为两个大类：文学型和说理型。说理型文案的种类包括说明型和论述型。而文学型文案的内涵则比较丰富，具体可以分为微型小说体、散文体、报告文学体、诗歌体、戏剧体以及曲艺文学体。

1.4.1 说明型和论述型广告文案

这是两种看似很枯燥的文案体裁——说明文、论述文，怎么会有人爱看呢？

但是，好的文案写手能够将它们写得引人入胜。说明型和论述型文案多数会被运用在公益广告当中，比如环境保护或者艾滋病的预防，虽然这类广告有时也会换换口味，使用煽情的文案，但相对而言，比较严肃的话题还是使用说明型和论述型的广告文案更为妥贴。"晓之以理"是这两种体裁的特色。有的时候，滑稽的和动情的广告令人审美疲劳，倒不如突然插播一条说理型文案构筑的广告，会别有奇效。

数据是这两种文案中非常重要的部分。比如广播电台里播出的注意交通安全和保护稀有生物的公益广告。前者用数据说明每秒有多少人在交通事故中丧生,后者用数据证明每年有多少种生物彻底从地球上消失……数据是直观而具有说服力的,人们相信数据的科学性,因而容易被数据打动。就好像倩碧（Clinique）的拳头产品"黄油"（Dramatically Different Moisturizing Lotion,特效润肤露）"每2秒钟售出1瓶"的广告语一样,惹得全世界爱美的女人趋之若鹜。

1.4.2 微型小说体广告文案

有的广告采用讲故事的形式——也许是独立的故事,也许是分成好几个广告的连续剧式。但并不是说运用常规的小说写作方式就可以了,任何体裁的广告文案创作永远不等同于文学创作——别忘了,广告文案人员是商人,不是艺术家。如何让故事的情节耐人寻味,而其中产品的穿插又不会生硬,是不容易的。

小说体裁的广告文案有时候是旁白式的,也可能是对白式的,这都取决于产品特性以及目标受众。

丰田（Toyota）威驰新风轿车的广告片采用了小说式文案体裁,讲述了一辆高品质轿车是如何让一对夫妻重归于好的。轿车的性能由广告的拍摄内容所展示,但男女主人公的台词仍然是典型的小说故事对白。

图1-2 丰田（Toyota）威驰新风轿 电视广告一

图1-3 丰田（Toyota）威驰新风轿 电视广告二

更早地,雪碧（Sprit）曾经拍摄过连续剧式的广告。大部分小说体广告文案有一个共同的特点：文案主体内容不涉及或很少涉及该产品和品牌本身——虽然观众知道这是广告,但忙于叫嚣产品和品牌是最不明智的。假设在电视剧中间插播一条广告：公众本来就不那么乐意看到它,如果你的文案还一再地提醒他们：我是广告、

图1-4 丰田（Toyota）威驰新风轿 电视广告三

我是××产品的广告——那结果可想而知。

1.4.3　散文和诗歌体广告文案

散文和诗歌是被运用最为广泛的广告文案体裁，它用来"动之以情"，感性的消费者就会被触动。既然这类文案遍地都是，那么要秉承散文和诗歌的原则并写出自己的特色就是惟一的突破口。很多文笔不错的文案人员都自认为散文和诗歌是信手拈来的创作，其实不然。并不是被"Enter"键分成几行的长句子就叫"诗歌"，也不是懒懒散散不着边际的语词堆砌就能被称为"散文"。同样，太过矫情的文字、太过咬文嚼字的语句，都容易犯"因文害意"的毛病，有时，越简单，越平淡，越动人。

优秀的散文和诗歌体裁的文案有如张曼玉的铂金广告，令人百般寻味：

我承认／自己有时也会迷惘

悲伤的时候／微笑

高兴的时候／流泪

下定决心的时候／没有什么不能放弃

投入的时候／不顾一切

——喜欢做女人

不见一个华丽辞藻，只是简简单单的一段心灵独白，从张曼玉——这样一个在公众眼里臻于完美的、稍有距离感的女子——口中娓娓地、淡然地吐出，怎不叫人心动神驰？

1.4.4　报告文学体、戏剧及曲艺文学体广告文案

报告文学的本义是采取文学手段及时地反映真人真事的一种文体，早先常见于新闻，后来有了《绞刑架下的报告》、《包身工》这样的小说。运用到广告文案写作中，报告文学体可以理解为对某样产品或某位创始人的发展经历进行一个叙述。有时可以采用时间发展的纵向顺序，也可以用同期对比的横向排布。线性或点状思维都是允许的，前提是——报告文学本身是对真实的人事的反映，在创作广告文案时也必须遵循这一点。

戏剧及曲艺文学体广告文案要和以戏曲为拍摄形式的广告内容区别开来，戏剧和曲艺文学有其鲜明的特点，套用戏曲类文体的广告文案是以独树一帜、别具一格的体裁来吸引某一类受众——这类受众的范围也是相对小很多的，运用时要谨慎。

1.5　广告文案的特征

广告——之于另外一个十分重要的概念：公共关系——面临一个不可避免的问题：传播的单向性。公共关系从业人员以"双向传播"而自豪，并非常自信地认定广告的单向传播模式会加剧广告的衰落和公共关系的兴起。因此，广告人需要一种证明。文案工作者是这个反扑大军里的先锋，他们（准确地说，还将包括你）要重

新审视广告文案的特征，并且一面遵循，一面寻找突破。

首先，广告文案应该言简意赅，而不是繁琐复杂。即便是允许长篇大论的 DM 广告，对于语词的使用都是有要求的。字斟句酌是广告文案人员的特长，他们笔下流淌出的不是冗长的修饰词，而是精炼概括的"广告语言"，要尽可能减少修辞方式（当然，没有修辞方式的文字是乏味的）对广告文案主旨的影响，以免因文害意、喧宾夺主。太长的句子难以被铭记，试着回想你印象最深的广告语，最短的——也许只有一个英文字母。

第二，广告文案应该通俗易懂，而不是高深莫测。广告不是阳春白雪，不能曲高和寡，否则还怎么叫"广而告之"呢？电视上许多的高档化妆品广告，都喜欢使用专业的配方术语（并且用英语读出来），让观众云里雾里。这样的手段只能迷惑那些认为"听不懂的就是好东西"的消费者，却不能从根本上为产品增加更多的公信力和吸引力。假使产品本身令人迷惑，那么广告再怎么故弄玄虚，都是有害无益的。

因此，广告文案里应该符合大众语言习惯，少见到专业术语（除非是专门写给专业人员的广告），更不要生搬硬套或者自创新词——这是公共关系人员该做的，而不是广告文案人员要做的。

第三，广告文案应该动听流畅，而不是低俗聒噪。广告文案应该是语言智慧与商业理念的结晶，先前说广告文案应该通俗，它固然不能太高雅，却绝对不意味着可以矫枉过正地以低俗、庸俗的形象示人。一般来说，反复叫嚣品牌或产品名称的广告是最惹人厌烦的，尽管这种狂轰滥炸式的宣传有时也能起到一定的效果，但赢得了利润却失掉了人心，也正是这类广告的失败之处，也是广告为公共关系所诟病的症结之一。

爱美之心，人皆有之，有美感的广告语才能留在人们心间，比如这句——滴滴香浓，意犹未尽；又比如那句——钻石恒久远，一颗永流传。

第四，广告文案应该合情合理，而不是脱离实际。文案人员可以发挥想像，但毕竟任何的创意都不能离现实生活太远。某个保健品品牌广告里，一个孩子对另外一个孩子说："我妈妈给我买（商品名称），花一样钱补五样！"这个孩子听了之后觉得言之有礼，于是回家跟自己的母亲说："我也要花一样钱补五样！"试问，不过五六岁大的孩子，能有这样的经济头脑吗？这显然是让孩童错说成人话的典型。相比之下，另外一个广告就合理得多：孙子跟着爷爷去买早餐，爷爷挑花了眼，孙子索性说："都买！"——如果他说"既然决定不了那不如每种买一个"，就显得很可笑。文案人员要站在观众的角度去反复审视自己的作品，不要一味追求文采和创意。

和公共关系相比，广告的传播方式似乎更加具有入侵性——无论是电视里、报纸上、电台中、网页内……人们无时无刻不受到广告的"侵袭"。广告文案的好坏直接决定了能否为这样的"侵袭"行为找到合理的解释。此外，在传播的双向性方面，广告文案人员还要费一番心思。在 web2.0 时代，利用网络达到双向沟通是完全可行的。既然在当下，观众都可以靠信息网络来选择黄金档电视剧的结局，那么广告文案人员当然也可以知道公众想看什么样的广告、对现有的广告有什么评价……之类的反馈信息。事实上,这里所给出广告文案的特征只能说明现有广告的一些最基本的共同点,更多的,还有待文案人员去开拓和创新。

1.6 案例分析

案例一:"×××的选择"

这句话你感到熟悉?

如果一下子没有想起来,那么用这些名字来给"×××"对号入座:

迈克尔·菲尔普斯,辛迪·克劳馥,迈克尔·舒马赫,乔治·克鲁尼,妮可·基德曼,伊恩·索普,亚历山大·波波夫,塞尔吉奥·加西亚,魏圣美……当然,还有詹姆斯·邦德。

很好,你想到了,是欧米茄(Omega),来自瑞士的手表品牌,由路易士·勃兰特始创于1848年,标志着制表历史上的光辉成就,傲视同侪。1927~1943年,欧米茄的每一个广告均带有同一句标语"欧米茄——生命的正确时间"(OMEGA—the right time for life)。

时至今日,欧米茄手表的形象大使家族成员各个声名显赫,气质非凡——国际超模,全世界最受欢迎的男影星和电影角色,世界一级方程式锦标赛七冠王,美国、澳大利亚、俄罗斯的泳坛传奇天才,优雅的高尔夫球手……,并且,欧米茄还和全球瞩目的奥运会、宇航事业以及潜水项目合作……如是,他们的选择,能不让欧米茄的"滴答"声动人心弦吗?那么,既然已经有这么多光圈笼罩,就不再需要冗长繁复的广告文案,欧米茄的广告上看不到更多的字,只要这句"×××的选择"便足以一言囊括,等着你去展开无限联想,引发你的好奇心,去发现这个"选择"的背后,藏着多少的故事。

案例二:"前所未有,因为之前所有"

2006年最令人称道的汽车广告文案莫过于梅塞德斯-奔驰(Mercedes-Benz)S级轿车的"前所未有,因为之前所有",一句听来有些拗口的广告语。它可以被称作文字游戏,但这个有循环定义"嫌疑"的短句,却吸引了无数的注意力,大获成功。

完整的广告包括五页,一共四个场景。前三个分别用一句话介绍了三位梅塞德斯-奔驰的老牌S级轿车设计师,而最后一个场景则是三位设计师用惊叹的目光打量着一辆全新S级轿车,这个场景占了杂志的左右两页。

主标题:前所未有,因为之前所有。

副标题:全新S级轿车耀世新生。

正文在页面底部,内容为:面对一辆全新的梅塞德斯-奔驰S级轿车,即便是这些曾为S级轿车创下辉煌历史的设计师们,也会为之心折赞叹。她秉承奔驰豪华轿车不断创新的精髓,更彻底突破既往成就束缚,以优雅灵动的流线、多项科技创新的应用、更为强劲而流畅的动力操控，为全球顶级豪华轿车再次创立新的典范。

广告的右下角是梅塞德斯–奔驰的标识。

画面里几乎只有黑、白、灰三种颜色，那辆"耀世新生"的S级豪华轿车周身的银色烤漆理所应当是惟一焦点。广告的正文部分并不是非常出彩，但这也是出于对于主标题的衬托——正文对于为何"之前所有"作了进一步的阐述，注意在正文之中，作者使用了"她"，这个用字不仅中和了该轿车偏向阳刚的外形结构，更巧妙地流露出一丝倾慕的感觉——不是写作文案的人自己倾慕，而是引领着消费者们，油然地滋生出倾慕之心，最后……当然是成功销售出一辆又一辆的轿车——就如你在匆匆穿过马路的时候，不经意间停在身边的那辆一般。

思考题

1. 请你自己给广告文案下一个定义。你可以参考，但模仿和抄袭都是幼稚的。

2. 请找出在本章之中出现过的所有广告案例，然后完成下面的两个要求：

1）把这些案例和第二节之中列举的类型对应起来（它们当然不是一一对应的，如果你这么想，那就赶快好好地反省一下你可怕的定势思维吧）；

2）选出你最喜欢的一个案例，参照第四节的内容，把它的体裁改变一下，然后比较你的思路和原作者的思路有何差异（注意：如果你仅仅在比较你比原作者差了多少，那么这道题的意义也就失去了）。

参考文献

［1］（美）菲利普·沃德·博顿. 广告文案写作［M］. 北京：世界知识出版社，2006.

［2］徐玉红，沈彬. 广告文案创作［M］. 杭州，浙江大学出版社，2007.

［3］冯露. 广告文案谋划与写作［M］. 长沙，中南大学出版社，2006.

第2章 广告文案的创作原则

广告文案是广告作品中的语言和文字部分,也是广告信息传递最直接的途径。即便在电视、广播等媒介上被演化成图形、影像、造型、声音,最终仍要通过受众的试听来完成传递的接收。所以文案内容是消费者对于某一商品信息最直观的认识。人们通过它的介绍和推荐来认识企业、产品和服务,产生对应情绪,对是否接受某种服务形成选择意向。文案能不能反映真实、准确、有效的信息,实际上成为这则广告能否说服和诱导消费者产生消费行为的关键。

广告文案的写作,一方面具有显著的商业特色,必须为市场营销服务;另一方面又与文学创作有相通之处,追求艺术的新意和独特的美感。因此,根据不同广告的性质和目的,针对广告文案创作提出宏观上的指导性原则显得至关重要。一般可概括为三个方面:真实性、有效性和准确性。

2.1 真实性原则

真实性原则是指广告文案涉及的信息内容等基本事实的真实、明晰。不得造假、含糊。真实是广告文案的生命,也是广告文案创作者必须遵循的首要原则。真实性原则的意义非同一般。它不仅直接关系到消费者的切身利益,关系到广告主和广告公司的利益、信誉,甚至涉及到社会的稳定和健康发展。虚假广告也许能博得一时的轰动,但长远着眼,必然会断送产品的销路和企业的发展前途。在我国,维护广告的真实性早已上升至法律的高度。现行的《广告法》中,"真实"一词直接出现六次,涉及真实性的条款在全部四十九条中所占的比例高达60%以上。其中第三、四条明确规定:"广告应当真实、合法,符合社会主义精神文明建设的要求。""广告不得含有虚假的内容,不得欺骗和误导消费者。"

要做到真实性,首先必须实事求是地反映产品或服务的功能、特性和价值。不能夸大其词,表里不一。

近年来高考状元做广告的现象屡见不鲜。其中一些却暗含欺骗消费者的陷阱。

2006年高考前后，天津、大连等地的媒体上出现了一则新闻报道形式的广告。文中以2005年湖南省高考文科状元陈某的自述宣传介绍某电子产品："学习曾让我绝望过……为了不辜负妈妈的期望，我拼命努力学习，但成绩却始终不能令人满意……我不知偷偷哭了多少次。后来，妈妈经同事介绍，买回该产品。我才用上一个多月，数学月考就考了90分，这可是以前从来没有过的。用了三个多月，成绩从原来班里的中下游成了年级前几名。最后如愿考上了北大。"在这篇文章中，陈某感慨道："这次能考入北京大学，还成了'高考状元'，全是它的功劳！"文章呼吁"家长朋友"："给孩子一次机会吧！有了它，就能拥有好成绩。"但是后经媒体记者证实，该状元成绩一直都很优秀，代言这则广告之前甚至从未听说过该产品。可见，对于广告中产品的使用效果等描述都是没有事实根据的。商家不过是借"状元"的头衔往自己的产品上贴金罢了。

再如演员巩俐为盖中盖口服液代言的广告也是一例。2000年哈尔滨制药六厂的一则电视广告热播："巩俐阿姨，您寄给我们希望小学的盖中盖口服液，现在同学们都在喝……"稚嫩的童声旁白声中，读着信的巩俐，轻轻地说道"盖中盖口服液，真的不错。"这则广告因为添加了"希望工程"的公益色彩，被中国青少年发展基金会认定不属于捐赠行为而停播。也就是说，作为广告文案策划，孩子们和巩俐的书信语言都是不属实的。7月20日，佛山消费者李莺以自己受该口服液的"书面广告宣传材料及巩俐等名人的口头证言误导，结果损失了69元钱购买了4盒绝非药品而且并无疗效，依法可认定属于假药的盖中盖口服液"为由，将巩俐及哈尔滨制药六厂、濮存昕、佛山汾江药行等告上法庭，要求法院判令哈尔滨制药六厂为"虚假广告欺骗和误导消费者等欺诈行为"承担责任，向原告支付赔偿金139.20元，判令巩俐、濮存昕向原告赔付"上当受骗心伤痛苦精神抚慰金"1元。不论诉讼结果如何，该口服液广告因其违背了真实性原则乃至相关法律法规，不仅损害了希望工程的纯洁性，而且也伤害了该口服液品牌的公信度和美誉度。

其次，要做到真实性，对文案的措辞有严格的要求。清楚明确，谨慎贴切是文案写作的宗旨。切忌随心所欲，含混不清。国家工商局在《关于认定处理虚假广告问题的批复》中指出过虚假广告的两个认定标准。其一为"广告所宣传的产品和服务本身是否客观真实"；其二为"广告所宣传的产品和服务的主要内容（包括产品或服务所能达到的标准、效用、所使用的注册商标、获奖情况以及产品生产企业和服务提供单位等）是否属实"。根据其中第二条标准，夸大其词，语言表述不科学，不合乎真实性的措辞都是违背文案创作真实性原则的。

2006年因涉嫌欺骗和误导消费者被北京市工商局曝光的医疗器械"眼保姆"广告中，就含有大量不科学的表示功效的断言和保证。广告以患者的名义宣称"使用该产品后视力由左眼0.2、右眼0.3提高到两眼1.2"，"坚持使用眼保姆能做到，轻度近视1~2个月可恢复视力，中度近视3~4个月可达到理想状态，高度近视5~6个月让孩子远离近视"。同时还声称"产品销售现场场面壮观、多家护眼中心产品断货"等，违反了《广告法》、《医疗器械广告审查标准》的规定，严重欺骗和误导了消费者。

又如SK-II紧肤抗皱精华乳的产品宣传手册中这样写到："连续使用28天，肌肤年轻12年，细纹及皱纹明显减少47%"，江西的一名女性消费者使用后认为不符实际情况，皮肤反而出现红肿、烧灼感的不良反应。于是就虚假广告等问题于2005年3月将宝洁公司告上法庭。后来宝洁公司发表声明承认，对SK-II紧肤抗皱精华乳实验数据的描述属于实验中的最佳状况，广告中表述的不全面，直接导致了消费者对其品牌的信任危机。

由此可见，真实性原则是一个关系到广告合法性的重要原则，文案创作人员必须对此高度重视。

需要说明的是，《广告法》对文案表现形式和风格上的真实性要求并不是要求体现现实。广告毕竟不是新闻作品，完全的真实在表现方法上不可能做到，也不必要这么做。广告表现的一个重要特点是将真实的广告信息用虚构的广告形式来表现。信息真实指的是广告文案中所提供的有关消费者所能获得的利益和承诺等的真实，而形式虚构指的是文案可以用虚拟的场面、情景、行为，或者利用文学手法中的拟人、比喻等来表现真实的广告信息。正确处理形式虚构和信息真实之间的关系，根据诉求的需要进行某些适当的虚构，这样并不违背真实性的原则。一些经典的广告文案正是这么做的。

请看下面这则DIPLOMA脱脂奶粉的文案。

标题：试图使他们相会！

正文：亲爱的扣眼：你好！我是纽扣。你记得我们已经有多久没在一起了？尽管每天都能见到你的倩影。但肥嘟嘟的肚皮横亘在你我之间，让我们有如牛郎与织女般地不幸。不过在此告诉你有个好消息，主人决定极力促成我们的相聚，相信主人在食用了DIPLOMA脱脂奶粉后，我们不久就可以天长地久，永不分离。

这则著名的奶粉广告巧妙地运用了拟人的修辞手法，把脱脂奶粉有助减肥的事实委婉而富有情趣地表现出来，叫人过目难忘。没有人会因为纽扣和扣眼之间不可能发生这样的"对话"而去计较产品宣传本身的真实性的。

2.2　有效性原则

文字和语言是有确定性的。即便我们对同一则广告的音效有各自不同的联想，对它的画面、影像不理解或者有着多种多样的理解，只要我们对广告中传递出来的语言和文字是明白无误的话，这则广告至少完成了它使命的第一步：传递信息。但一则传递了信息的广告并非就是有效的广告。它对消费者起作用的过程才刚刚开始。

广告学的接受理论中有一个说服消费者的重要法则：AIDMA。简单说来，它就是消费者从看到广告，潜意识的消费欲望被激发到实施购买行为的一个心理过程。

　　A—Attention（引起注意）

　　I—Interest（发生兴趣）

D—Desire（产生需要）

M—Memory（加强记忆）

A—Action（促成行为）

消费者能不能形成最后的购买行为，广告是不是有感官冲击，足够引人注意是必不可少的前提。而这两者，对于文案创作的有效性来说，是不可或缺的。因此，有效性应当包括以下两点：说服性和效益性。

2.2.1 说服性

优秀的广告文案被喻为"最隐蔽的劝说语言与文字"。杰出的广告人们常常被称作"说服高手"。威廉·伯恩巴克曾倡导：广告的根本是说服。广告的说服，可以从有说服力的事实和逻辑入手，也可以从消费者的心理和情感入手，对心灵产生刺激性的震撼。赢得他们的信任之后，才谈得上在诉求中起到指导说服的作用，才谈得上信息沟通的有效性。西方广告界强调的广告创作原则中"3B"要素，即是其有关诉诸情感并试图"以情动人"的手段。三B即Baby（婴儿）、Beauty（美女）和Beast（野兽）。这些因素作为中介，往往会使人产生美好的情感，心灵的共鸣。

例如下面两则香港母乳育婴协会号召母乳喂哺的广告：

图2-1 号召母乳喂哺广告

图2-2 号召母乳喂哺广告

两则正文：

打击翻版，支持原创

母乳在母体内制造，不含人工添加成分，免受外界污染，减低孩子患病机会。保护孩子权利，请支持母乳喂哺。

打击翻版，支持原创

母乳含独特营养和抗体，是爱惜孩子的最佳表现。保护母子权利，靠人人出力。请支持母乳喂哺。

"打击翻版，支持原创"作为广告语，借用了生活中打击盗版原句，人们非常熟悉。一瞬间抓住受众的注意力，而产生了继续仔细看的兴趣。作为第二届龙玺杯环球华文广告奖的获奖作品，这则广告的成功除了独树一帜的策略和创意外，很大程度上还取决于新颖奇特的形象，标题的冲击力增加了它的说服力度。

再比如 levi's 牛仔服装（levi's type1 新派牛仔"酷"）平面广告文案

标题：Are you type1 够胆试吗？

正文：2004年春夏，又有什么更大胆，更创意的牛仔能让我们比明星更酷；

经典牛仔品牌 levi's 一向具有不断创新的精神，这次隆重推出 type1 系列，在欧美、日本、台湾、香港风靡一时。

levi's type1 系列走出传统牛仔裤的框框，搅搅新意思，放大了 levi's 特有的撞钉、红旗、皮印章、加粗双弧线，形象有够创新。如果够胆，够潮流，就来试一试吧。

一见之上文案的语言中有一股年轻跃动的气息扑面而来，十分符合 levi's 服装系列的目标消费者。介绍信息的过程中有对话的亲切感，行文简洁但是语言富有跳跃的节奏感，容易挑动起年轻人进一步了解的兴趣和购买欲望。

例如 Perdue 鸡的平面广告。画面下方，三只鸡系着餐巾，围坐在餐桌旁。桌上烛光摇曳美酒飘香。三个精制的餐盘里，每盘都摆上了三种色彩各异的的食品，广告的上方赫然印着三行大字：MY CHICKENS EAT BETTER THAN YOU DO（我的鸡吃的比你好）。

内文中，作者写道：

你所遇到的问题是：你可以吃任何想吃的东西。而我的 Perdue 鸡就没有这样的自由。它们只吃我给的。而我只给它们最好的。它们的食物主要包括纯黄色的玉米、大豆粗磨粉、万寿菊花瓣——人们把这称为"健康食品"。

我的鸡只喝来自深井里清澈的淡水。

"用事实说话"，创意人员已经技巧性地道出了 Perdue 鸡的饲料质量不同寻常。进而又运用逻辑的力量，进行第二次说服。

我的鸡的食物如此讲究，其原因非常简单，鸡就是它所吃的东西。此外，由于它们吃的这么好，Perdue 鸡的肉总是细嫩、多汁和味道鲜美。它们身上健康的金黄色光辉使它们有别于别的鸡。

如果打算和我的鸡一样好，请接受我的忠告：吃我的鸡。

至此，说服从情感的角度第三次切入，广告语最后一句称：

Perdue 鸡使一个坚强的男人成为一只温柔的小鸡。

这句话中点出的该产品（鸡）所可能产生的精神层面的功能是隐蔽的。但并不存在误导和歧义。相反，作为这则广告的期望受众，家庭主妇们来说，话中的含蓄和幽默很可能增加她们对产品的好感。说服的效果就可想而知了。

2.2.2 效益性

效益性或者称营利性，是广告文案的商业属性中最显著的商业特征。文案的作用是表现广告的创意，传达出商品或服务的有关商业信息。其最终目的是为了提升广告主所期待的销售量，创造出利润。为争取经济效益的最大化服务。

当然，不同的广告，效益性的体现是不同的。一为经济效益，一为社会效益。商业广告更多的体现在前者，公益广告体现为后者。但这不是一个生硬的界限，有些广告兼具这两种效益。

1. 经济效益

一般而言，成功广告文案具备有强烈的销售冲击力，能有效地刺激受众的购买欲望，进而促进商品的销售。

在中国近年的保健品市场上，脑白金作为一个有争议的广告典型广为流传。从初期的"年轻态，健康品"的功能诉求到后来市场反应强烈的"今年过节不收礼，收礼只收脑白金""今年孝敬咱爸妈，礼品还送脑白金"等的礼品诉求，"脑白金＝礼"的概念深入人心，广告词知晓率也高得惊人。从而，脑白金树立起了宝贵的品牌概念。

这个被业界认为是"快速启动市场、迅速拓展全国领域"的神奇策划，确实也是取得了非凡的成绩，仅2001年1月就创下了2个多亿元的销售佳绩，突破了中国保健品行业单品单月的销售记录。随后三年，在全国80多个同类产品中，脑白金在市场上一家独大，市场份额超过60%[①]。

2. 社会效益

清楚明白的文案语言通过现代社会的大众媒介，不仅发挥着引导消费的巨大作用，而且还宣扬着某种生活价值观念和社会消费意识。经济效益的目的使得广告文案的写作具有完全的功利性。而一旦广告者为了功利的目的放弃了对消费者的道德责任，会让众多的消费者遭殃。而忽视广告的社会影响也会给产品带来意想不到的伤害，比如下面这则保健品广告：

某著名演员分别饰演两个版本中的角色：一个清朝皇帝打扮，一个现代总经理装束，推销的东西都一样——海王金樽。这是一种能缓解酒精对人体伤害的产品，无疑是一种福音。广告分两个画面场景，其中之一是皇上宴请群臣，豪放痛饮，口中大呼"干！干！干！"，面对皇上的敬酒，臣子们面露难色；面对臣子们的卑躬屈膝，皇上豪气干云。妃子在后宫担心皇上身体，皇上自信地拿出"海王金樽"说"第二天会舒服一点。"扮演总经理时情节也差不多，时空换到现在的酒桌，妃子换成太太。相同之处是一连串标志性、轰炸式的"干！干！干！"

在这则海王金樽的广告中，角色形象之间的关系和对话显然与官场酒文化进行了不合适的勾连。其中不仅有封建等级意识（君臣），也有"官本位"和"社会公关"中一些被人诟病的场面。极易对受众产生价值误导。

---

① 张继明. 第三只眼看脑白金的营销策划. 中国营销资讯网. 2001－06－15.

销售业绩与产品的知名度并不是消费者心目中衡量一个品牌的惟一杠杆。经过不同媒体的传播，有效的广告具有相当大的传播范围。引导和带动着消费者产生物质与文化的双重消费。企业忽视社会责任对于品牌的破坏力是致命的。许多企业毁誉在媒体宣传上，这种传播不当，会对消费者和社会经济环境的稳定产生不良后果，会造成对不良生活方式的盲目追求。企业在追求商业利润时忽视社会成本将会造成严重的后果。

公益广告作为一种为公众服务的非盈利性广告，被广泛地用于根绝无知恶习，弘扬社会正气。从创造社会精神财富和促进社会文明进步的角度来说，公益广告产生的影响力和社会效益是用金钱无法估算的。优秀的公益广告文案通俗易懂，富于哲理，给人启迪。兼具"润物细无声"的独特艺术美感。请看下面的广播公益广告文案：

广播公益广告：《一分钱》文案

音效：闹市。

孩子：妈妈，一分钱！

旁白：如果你的孩子在马路上捡到了一分钱，你会怎么跟他说？

甲：这么脏，快扔了！

乙：现在一分钱还要交啊！

丙：把他交给警察叔叔吧！

音效：儿歌声起。

旁白：也许我们该记得的不只是一支歌，也许我们该捡起的不仅仅是一分钱。

（中央人民广播电台创作）

2.3 准确性原则

广告文案写作是运用语言文字来实现的。为了将商品的有关信息准确地传递给目标受众，在创作中必须遵守语言传播过程中的通约性。即根据社会公众日常生活中约定俗成的语言规范来进行语词操作。

对广告信息的表述准确、到位可称为准确。具体来说包含以下四点：

1. 广告中商品的性能、用途、产地、价格、质量、生产者、有效期限、承诺或者对服务的内容、形式、质量、价格、承诺等有表现的，清楚、明白，不含糊其辞；

2. 在广告中表示在消费者购买商品后提供礼物赠送的，要标明赠送的品种和数量；

3. 在广告中使用有关数据、统计资料、调查结果、文摘、引用语等方式提供商品质量和功能保证的，其全部资料必须真实、准确，标明出处；

4. 针对语言的模糊性和容易产生歧义的特点，在表述中不用模糊性语言，不用易造成歧解的语言，而运用意义清楚、明了、表达准确的语言。

对于文案创作来说，广告本身原创、新颖的要求允许文案写作可以突破一定的语言规范，但创作者也应该根据目标受众充分考虑到他们的理解和接受能力。从这个意义上说，对于准确原则的理解，不应仅仅停留在对广告产品的观察和描述上，也包括对消费对象的观察。判断出对语言规范的适度突破能否为受众明白并接受。做到通过对信息的理解达到对信息的超越，以自己的心灵为根据去揣测消费者的心灵，感知观察对象内心深层的各种各样的消费欲望。

请看伊利纯牛奶的平面系列广告文案：

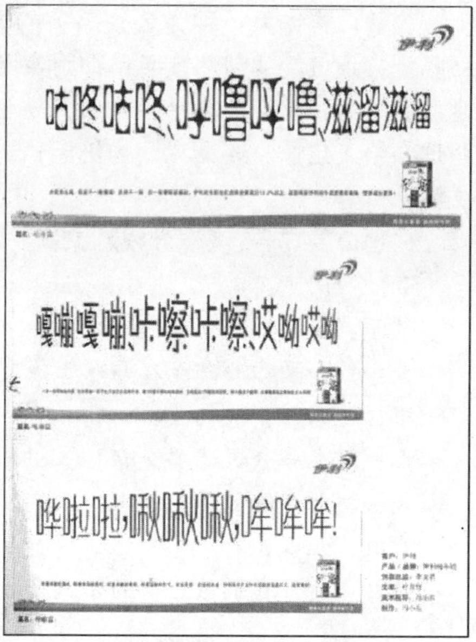

文案1：

无论怎么喝，总是不一般香浓！这种不一般，你一喝便明显感到。伊利纯牛奶全乳固体含量高达12.2%以上，这意味着伊利纯牛奶更香浓美味，营养成分更高！

广告语：青青大草原　自然好牛奶。

文案2：

一天一包伊利纯牛奶，你的骨骼一辈子也不会发出这种声音。每1100毫升伊利纯牛奶中，含有高达130毫升的乳钙。别小看这个数字，从骨骼表现出来的会大大不同！

广告语：青青大草原　自然好牛奶。

文案3：

饮着清澈的溪水，听着悦耳的鸟鸣，吃着丰美的青草，呼吸新鲜的空气。如此自在舒适的环境，伊利乳牛产出的牛奶自然品质不凡，营养更好！

广告语：青青大草原　自然好牛奶。

图2-3　伊利牛奶平面广告

评析：在这个系列广告中，文案对画面主体文字作了形象的说明和深化（人们迫不急待地喝牛奶的声音；因为缺钙而导致的骨骼碎裂的声音；乳牛在舒适的环境中吃草鸣叫的声音），借助清晰准确的数字道出了伊利纯牛奶诱人的浓香、纯真精美的品质和饮用后的效果及其根源，非常具有说服力。

又如劳斯莱斯的轿车广告[①]：

主标题：在时速60英里时，新型劳斯莱斯的噪声来自车上的电子钟。

副标题：什么原因使得劳斯莱斯成为世界上最好的轿车？一位知名的劳斯莱斯工程师说："说穿了，根本没有什么真正的戏法——只不过是耐心注意到所有细节。"

正文：

（1）行车技术主编报告："在时速60英里时，最大的闹声来自电钟。引擎是出奇的安静。三个消声装置把声音的频率从听觉上拔掉。"

---

① 摘自刘悦坦．广告：通红的记忆烙铁．营销学苑，2006年6月．

（2）每个劳斯莱斯的引擎在安装前都曾以最大功率运转 7 小时，而每部新车都在各种不同的路面试车数百英里。

（3）劳斯莱斯是为车主自己驾驶而设计的，它比国内制造的最大型车要短 18 英寸。

（4）本车有机动方向盘，机动刹车及自动排档，极易驾驶与停车，不需司机。

（5）除驾驶速度计外，在车身与底盘之间，互相没有金属直接衔接。整个车身都加以封闭绝缘。

（6）组装后的整车要在最后检验室中经过一个星期的精密调整。在这里分别接受 98 种严格的考验。例如，工程师们要用听诊器来倾听轮轴发出的低弱声音。

（7）劳斯莱斯保用三年。现已有从东岸到西岸的经销网及零件供应站，在服务上不会有任何麻烦了。

（8）著名的劳斯莱斯引擎冷却器，除了亨利·莱斯在 1993 年去世时，将字母标记 RR 从红色改为黑色之外，再没有任何更改。

（9）汽车车身之设计制造，在全部 14 层油漆完成之前，先要涂 5 层底漆，此后每次都用人工磨光。

（10）移动在方向柱上的开关，你就能够调整减震器以适应道路状况（驾驶不觉疲劳，是本车显著的特点）。

（11）另外有后窗除霜开关，控制着由 360 条看不见的在玻璃中的热线网。备有两套通风系统，因而你在车内也可随意关闭全部车窗而调节空气以求舒适。

（12）座位垫面是由 8 头英国牛的皮革所制——足够制作 128 双软皮鞋。

（13）镶贴胡桃木的野餐桌可从仪器板下拉出。另外有两个在前座后面旋转出来。

（14）你也能有下列各种额外随意的选择：做浓咖啡的机械、电话自动记录器、床、洗用冷热水设备、一支电动刮胡刀等。

（15）你只要压一下司机座下的橡板，就能使整个车盘加上润滑油。在仪表板上的计量器，指示曲轴箱中机油的存量。

（16）汽油消耗量极低，因而不需要买特价汽油，可谓一种使人喜悦的经济车。

（17）具有两种不同传统的机动刹车，液压制动器与机械制动器。劳斯莱斯是非常安全的汽车——也是非常灵活的车子。可在时速 85 英里时宁静地行驶，最高时速超过 100 英里。

（18）劳斯莱斯的工程师们定期访问以检修车主的汽车，并在服务时提出忠告。

（19）"班特力"也是罗尔斯—罗伊斯公司所制造。除了引擎冷却器之外，两车完全一样，是同一工厂同一群工程师所制造。"班特力"因为其冷却器制造较为简单，所以便宜 300 美元。对驾驶劳斯莱斯感觉没有信心的人士可买一辆"班特力"。

价格：本广告画面上展示的车子——在主要港口交货——13550 美元。

假如你想得到驾驶劳斯莱斯或班特力的愉快经验，请与我们的经销商接洽，他的名号写于本页的底端。

劳斯莱斯公司，纽约，洛克菲勒广场10号。

评析：这则由广告大师大卫·奥格威为劳斯莱斯新型汽车撰写的广告，被公认为广告史上的传世经典之作。它在正文中列举了劳斯莱斯新型汽车的19种优点，大多数内容都是以顾客身临其境的口吻写的，给受众亲切感。这完全体现了奥格威的创作风格——严谨、准确、朴实无华，完全靠各种事实去打动消费者。奥格威并不是直接平铺直叙地宣称车辆安静、无噪声的特点，而是用一种反衬的手法写出"在时速60英里时，新型劳斯莱斯汽车的噪声来自车上的电子钟"。据说，就连公司的主任工程师看过后也悲伤地摇摇头说："是该对那该死的钟想想办法的时候了。"可见它内在打动人心的力量。

有时候，为了使受众产生该产品是最佳产品的印象或者在同类产品中要买就买该产品的想法，文案试图通过文字信息让受众对广告产品形成强烈印象。这时，就要格外慎重对于形容词和程度副词的使用。例如，最好、第一、惟一、最低价、独尊、世界等。这些表现含义程度的词汇本身意义较宽泛，具有主观性，给每个不同受众的想像余地较大。一旦使用不恰当，很可能产生夸大其辞、不真实的负面效果。在产品品牌树立的过程中效果适得其反，甚至影响极坏。我国《广告法》和《反不正当竞争法》中对此都有明确的规范性规定。下面的几则广告语和宣传语写作显然就有悖这一原则：

鄂尔多斯羊毛衫，温暖全世界。

萨恩耐特牌新型散热器采用世界最先进的焊接成型技术，采用中国最具权威的北京有色金属研究院专利技术产品……

零度不结冰，长久保持第一天的新鲜。（西门子冰箱）

还有一些表达主观想法的词汇也逐渐受到业界研究者和工商监督部门的重视。诸如"豪宅"、"至尊"、"售价仅为"、"顶级享受"等。还有为了引起消费者注意而使用的"热销"、"抢购"、"前景看好"等。这些词汇在干扰了信息的准确传达之外，其中所暗含的炫富和攀比心理，也可能会带动不健康的消费理念。

术语和新技术词语的使用也同样要求慎重。对于普通消费者来说，了解产品的语言文字渠道如果被自己看不懂的术语所充斥，那与得不到相关信息是一样的。这样的广告信息就达不到广告主想要的传播和宣传效果。用术语去迎合部分消费者对于权威的偏信那就更是违背文案写作基本原则的做法了。

2.4　案例分析

案例一：瑞士欧米茄手表报纸广告文案[①]

标题：见证历史，把握未来

正文：全新欧米茄碟飞手动上链机械表，备有18k金或不锈钢型号。瑞士生产，

---

① 摘自经典广告创意分析——广告文案集锦，我爱设计网，2006-08-21。

始于1848年。对少数人而言，时间不只是分秒的记录，亦是个人成就的佐证。全新欧米茄碟飞手表系列，将传统装饰手表的神韵重新展现，正是显赫成就的象征。碟飞手表于1967年首度面世，其优美典雅的造型与精密科技设计尽显贵气派，瞬即成为殿堂级的名表典范。时至今日，全新碟飞系列更把这份经典魅力一再提升。流行的圆形外壳，同时流露古典美态；金属表圈设计简洁、高雅大方，灯光映照下，绽放耀目光芒。在转动机件上，碟飞更显工艺精湛。机芯仅2.5毫米薄，内里镶有17颗宝石，配上比黄金罕贵20倍的铑金属，价值非凡，经典时计，浑然天成。全新欧米茄碟飞手表系列，价格由八至二十余万元不等，不仅为您昭示时间，同时见证您的杰出风范。备具纯白金、18k金镶钻石、18k金，及上乘不锈钢款式，并有相配衬的金属或鳄鱼皮表带以供选择。

广告语：欧米茄——卓越的标志

评析：这则文案的写法就像它所要介绍的产品风格一样，细致、严谨，给人以值得信赖的感觉。手表属于耐用品，名牌手表更是奢侈品。白描的笔法不仅真实地勾勒出欧米茄的外形、历史等信息，字里行间颇有从容大气之感。精确到毫米的九组数字，使描述更加准确、清楚。

消费只是物化的仪式，文案写作帮助消费主体了解产品的内在特征，夯实品牌特色，应该是文案创作者的终极追求。创作原则下写作风格和产品品牌的结合，欧米茄就是很好的一例。

案例二："舒味思"饮料平面广告文案

标题："舒味思"的人来到此地

正文：引见从英国伦敦"舒味思"厂所派出的特使，制造师爱德华·慧特海。"舒味思"厂自1794年起即为伦敦的第一大企业。制造师傅慧海特来到美国各州，是确查在此地所煮的每一滴"舒味思"奎柠檬水是否都具有本地厂所独具的口味。这种口味是长久以来由"舒味思"厂所制的全世界惟一杜松子酒及滋补品的混合物。他进口了"舒味思"所独创的虔修醇剂，"舒味思"的人来到此地而"舒味思"炭化的秘方就锁在他的小公事提箱里。这位制造师傅说："从头到尾具有毫厘不差地地道道的'舒味思'历经百余年之经验，才把他的奎柠檬水造成现在这种半苦半甜的完美境地。但你把它和松子酒及冰块混合在高脚杯中却只需三十秒钟的时间。然后，高雅的读者们，你将会赞美你读过的这些文字的这一天。"

附言：你如果喜爱这篇文字而没有喝过

图2-4 "舒味思"饮料平面广告

"舒味思",请以明信片通知,我们即作适当的安排。函寄:纽约市·东六十街三十号·舒味思收

评析:大卫·奥格威说过:"真正决定消费者购买不购买的是你的广告的内容,而不是它的形式。"他还说"毫无诚意及只是为了生活而写作,都写不出好的文案来。"这则出自他之手的饮料广告恰好说明了这一点。

这个文案粗看起来没有信誓旦旦的承诺和足够具有诱惑力的遣词造句,但是实实在在。该介绍的都介绍到了。尤其最后两句"附言",让人只看到真诚,而非滑头。秉着对消费者负责的态度和文案创作的基本原则,自然会赢得消费者的好感。

思考题

1. 你认为广告文案的真实性和新闻报道有区别吗?区别在哪里?
2. 某商品通过广告宣传之后热卖,就能说明它的广告文案是成功的吗?
3. 真实性原则与广告对新颖、创意的追求有矛盾吗?为什么?

参考文献

[1] 李世丁,周运锦. 广告文案写作——顾客导向的沟通之道 [M]. 长沙:中南大学出版社,2003.

[2] 胡晓芸. 广告文案写作 [M]. 杭州:浙江大学出版社,2002.

第3章 广告文案的创作要求

广告文案是广告作品中表现广告主题、传递广告信息的最主要部分。无论采用哪一种媒体传播信息，都离不开广告文案，而广告作品中图画、音乐的创作，往往是在语言文字基础上进行创作的。一则图画广告中的语言文字能够比广告画等其他要素更准确、更有效地传达企业及商品信息。有资料表明，广告效果的50%~70%来自广告的语言部分，现代广告大师、奥美广告创始人大卫·奥格威说过一句话，至今仍被广告业界奉为圣条"广告是词语的生涯"。

广告文案是随着广告的发展而完善起来的，但不管其创作理念、形式、结构和内容表达方式如何变化，它的内在特质是不会变的，即以创意为灵魂，以语言文字为载体，以销售为目标。

广告文案的语言，兴许是一则广告中人们最容易注意到的东西。美国一位广告学者曾说，广告是一种神奇的魔术，他有一种神奇的力量，使被宣传的产品蒙上一层神圣的光环。因此我们才说，广告要具备魔力，主要依靠语言资源的开发，语言是广告点石成金的魔术棒。

这样神奇的魔术棒如何才能开发出来呢？一个成功的广告文案人员会在广告中尽量运用最简洁的语言来传达市场中所需的必要信息，寥寥数语就能把产品的特性以及产品提供给消费者的利益点用最亲切的口吻娓娓道来。再次引用奥格威的创作心得："我总是假设我在一个晚宴上坐在一位美丽的女士旁边，而她要求我告诉她应该买哪种商品，她在什么地方可以买到。所以我就把要对她说的话写下来。我给她种种事实，如果可能，我就设法使它们有趣具吸引力并有亲切感。"

在一则广告文案中，除了精妙简洁语言组织，还有一点更为重要的，那就是对文案的情感要求。文案的创意和语言要针对消费者的心理、社会或象征性需求，表现与企业、服务或产品相关的情感或情绪，引起消费者情感上的共鸣，从而引导消费者产生购买动机，实现购买行为，从而达到广告的终极目标——销售。

广告文案作为广告各要素中的重要构成部分，决定了文案创作者不仅要具备广告人的专业素质，也要拥有文案人员所必备的文字技巧和创意思维能力。

本章将就广告文案创作的立足点，语言要求，情感要求和文案创作者的素质要求等四个方面，分节介绍和讨论广告文案的创作要求。

3.1 创作的立足点

初写广告文案的人通常存在一些认识上的误区，认为它不过是语言技巧的运用问题，把文案的着眼点放在追求华丽的辞藻上。而国内一些有关广告文案写作的书籍，由于编著者缺乏文案创作的切身体会，往往过多地从语言学或文学角度阐发广告文案的写作原理，以业内人士的眼光来看，颇有隔靴搔痒之感，从而对入门者产生某种程度的误导。著名作家海明威、萧伯纳都曾经写过广告，但是均以失败告终，这是因为他们不理解一则广告文案的生命在于促销力和品牌塑造力。

广告文案的立足点在于：为沟通物性（产品个性）和人性（消费者生理需求与心理渴望）寻找巧妙的语言表述。

促进销售和塑造品牌形象是广告文案市场取向的两大体现，同时也是广告文案写作的目的，但目的不等于立足点。立足点即基本着眼点，是为达到目的而采取的最根本的方针。

在一些失败的广告文案中，往往存在两种错误倾向。一是只注重物性的传达，而忽略人性的沟通。这样的广告像王婆卖瓜，自卖自夸；有的写得像产品说明书，引不起消费者的兴趣。二是单纯去表现人性、张扬人性，而忽视物性的传达。这种文案写得与文学作品差不多，让受众接触后不知道卖的是什么产品。台湾广告大师樊志育先生曾说过："写广告文案，最要紧的是写有特殊感化力的文字。至于文法、修辞还在其次。"这里所说的"有特殊感化力的文字"实际上就是能够体现产品的个性并能打动消费者的文字。

假设，一个卖果汁的客户希望告诉消费者他的果汁很好喝，"很好喝"是讯息传达的核心；如果，一个文案人员只是写下"很好喝"三个字，一定没有人觉得这果汁是好喝的，为什么？因为大家知道这是广告，广告一定会这么说。所以，关于好喝，应该有更差异化的诠释，到底是100颗新鲜苹果手工现榨的好喝，还是不必冰在冰箱感觉依然甜美的好喝，或者是你愿意骄傲拿出来宴请客人喝的好喝……。广告文案不是文案人员的天马行空创作，广告文案处理的是以文字诠释塑造产品差异。别无其他。

我们依此原理分析一下：

诺基亚2100平面广告文案

标题：人人都想要的，诺基亚2100

正文：想要一只又小又炫的手机；没问题！我们秉承科技以人为本的设计理念，为你带来轻巧的诺基亚2100。充满时尚感的简洁外形，令人一见钟情；玲珑相框，尽情挥洒你自己的风格；还有许多趣味功能，立刻让你沉浸其中，爱不释手！诺基亚2100，轻松拥有，美梦成真。

评析：从诺基亚2100的物性看，轻巧、功能强大、科技含量高是该款手机独特的个性；从消费者的人性来看，诺基亚的消费人群是追求时尚和快捷沟通的年轻白领。因此将"人人都想要"的时尚手机作为诺基亚2100的市场定位。正文紧紧抓住这一点，从外形，趣味性，功能性三方面同时切入，最终落实在"美梦成真"的结果上，令消费者产生迫不及待想即刻拥有的冲动。这样的文案才像樊志育先生所说的是"有特殊感化力的文字"。

那么，在实际操作中又如何来沟通产品的物性方面和消费者的人性方面呢？我们认为大体上可采用如下三种方法：

1. 从产品中寻找独特的功效和利益来吸引消费者，以物性诱发人性。瑞夫斯的USP理论（"独特销售主张"）就是这种思路，即以"卖点"来吸引人。

例如，可口奶滋广告文案：

一口又一口，愈吃愈顺口

来自椰子的风味……表面亮亮的一层，又香又脆

您知道吗？

又香又脆的可口奶滋，有别人模仿不了的独特风味。因为每一片可口奶滋都有源自大自然中最真实的椰子风味。清甜的口感，椰子的芳香，加上最精心的烘烤。

这就是，可口奶滋——来自椰子的风味。

表面亮亮的一层，又香又脆。让你一口接一口，愈吃愈顺口。

这里，文案创作者从产品中找到它的卖点：大自然中最真实的椰子风味。在此基础上，通过通俗又能煽起食欲的语言表达来"引诱"消费者，消费者便迫不及待地想尝一尝这"一口又一口，愈吃愈顺口"的可口奶滋。

2. 发掘产品个性与消费者内在需求的共鸣点，或者说探求物性与人性的共鸣点，即李奥·贝纳所说的发掘商品"与生俱来的戏剧性"。

3. 如果同质化产品较多，就要想办法在物性上附加人性的内涵，即寻求商品的附加值（EVP，Extra Value Proposition）。

例如，菲利浦真柔灯泡广告文案：

留一盏灯，给晚归的人

子夜，灯一盏一盏熄了，

浓密的夜色淹没了初歇的灯火，

万物俱眠，

怎舍得未归的人

独自在黑夜赶路？

且点上一盏灯，

点上家的温馨与期待，

让晚归的人儿

不觉孤伶。

菲利浦真柔灯泡

为晚归的人点上一盏温馨的灯。

在现代社会灯泡已不再是新颖独特、别人难以制造的产品，其科技含量不高，市场上同类产品不胜枚举。在此情况下，要突出自己的个性，就必须在物性上附加人性的内涵。上述文案中灯泡已被人格化。它能够体贴关怀晚归的人，给晚归的人以温馨和关爱。灯泡除了它的实用价值外，又被赋予附加价值。

因此一个广告文案人员首先要学会倾听。

先学会听再去说，先学会说再去写。倾听客户，销售人员，工厂经理；倾听品牌的历史；这些都蕴涵着巨大的价值。倾听产品本身，产品会用不同的方式跟你讲话。去摸一摸，闻一闻，尝一尝。跟它一起生活。倾听，然后忘记。不要在吸收这么多信息后马上着手写文案，否则就是"广告语"——一种只有文案才使用的语言。消化你所倾听的，尊重你内心自发的思考。

但是，广告文案的创作仅靠"真诚"是没有用的。现代广告文案的创作要求必须准确简洁、生动形象、便于记忆、针对性强。只有这样，广告才能快速、集中、鲜明地传递商品信息，并给予消费者尽量艺术化的感觉，使他们印象深刻，并达到说服消费者去购买商品的最终目的。

3.2 广告文案的语言要求

广告文案语言是指用于传递广告信息的文字符号，通常将其称为"广告语"或"广告语言"。应用文体之一的现代广告，其语言形式具备应用文体语言的共同特征，主要运用叙述、说明和议论来表情达意。但是由于宣传产品和服务、说服消费者的需要，又往往要运用文艺形式和文学语言表达广告创意，这是广告语言和应用文语言的不同之处，是广告语言的明显特征。

纽约奥美广告的创意技术总监杰克·普瑞斯科特（Jacki Prescott）认为："我们写成和说出的文字语言，正反映我们本人的特性。如果我们的语言显得才智焕发，精确而条理分明且很人性化，那么读者便会这么看待我们本人和我们笔下的商品。"所以一个优秀的文案人员在创作广告时，总是力求简洁明了，精确传达他所要表达的内容。写文案也不光要文字优美节奏铿锵，文案是行销策略与市场分析的思考结果，文字优美有节奏可能只是文字游戏的蒙太奇。

海外广告人曾概括出这样一个文案创作公式："令其甜美而简洁（Keep It Sweet and Simple）"或"简洁加甜美"，由于几个英文首字母的缩写恰巧是英文单词"Kiss"，所以人们戏称之为"亲吻公式"。美国广告研究的先驱史考特教授曾经研究归纳出使广告引人注意的六大法则，其中第一法则主张"干扰越少诉求力越强"；第二法则"诉求力要强"；第四法则主张"易读易懂"；第六法则"感受要强"，直接印证了简洁并甜美的"Kiss 公式"。如何理解这个"亲吻公式"呢？

1. 简明扼要

简明扼要＝简洁明了＋重点突出

许多广告人主张,要抓住重点,应"只说一件事"(Just One),强烈的一项诉求或者强烈的一个概念。干扰越少则诉求越强。

2. 打动人心

Kiss 公式的核心是甜美,而甜美的要领则是煽情,即打动人心。

3. 通俗易懂

"通俗易懂"应是针对目标消费者而言。对于一般的消费者,一定要采用大众化的词汇、口语化的句子;对于文化层次较高的目标消费者,可适当文雅一些,但不能"曲高和寡",让人不懂。

要做到以上的三点,必须要贯彻到文案语言中去。

3.2.1 广告语言的特点

运用于商业广告活动的语言是以消费者为对象,以商品或企业信息为内容,以影响消费者的心理并促使其采取购买行动为目的的,以说服和感染为手段的,上述因素使广告语言形成了自己的特点。

1. 简明性

广告语言的简明性首先是指文案的短小精悍。广告语言的精炼,既是为了节省广告受众的时间,也是为了节约广告主的费用。广告不是文学作品,文案过长,人们一般会失去耐心,也就影响了广告信息的传达;另一方面也会增加广告商的成本负担。当然,广告语言的精炼与否,不能仅以文案的长短来衡量,文案的长短在很大程度上取决于广告信息的内容和负载信息的媒体。判断文案语言是否简洁,主要看文案中是否有可有可无的句子。如果一则广告文案中用较少的语言传达了尽量多的信息,那就是简洁的。

文案语言的简明性,另一方面是指语义的明白、准确。广告要达到促销的目的,必须以消费者对商品或企业为前提。准确,就是广告中用词、表达要准确,没有可让人误解的歧义;词语组合要符合逻辑,符合客观存在;要避免不良的引申义;语句要围绕信息内容来准确无误地展开。广告语言晦涩,让人看不懂,会失去吸引力。用词不准确出现歧义、不良引申义和远离广告信息本身的广告文案不仅不能准确地传达广告信息而且会使消费者对广告的本意和商品性能产生误解,从而导致广告效果受影响。

2. 新颖性

广告语言的新颖,是指负载广告信息,负载广告创意的语言是其他广告没有用过的。从狭义来说,广告语言的新颖性,就是遣词造句的独特性,广告语言的新颖与广告主题及广告创意的新颖是既有联系又有区别的。广告主题的新颖,要求广告传达的核心信息是其他广告没有说过的;广告创意的新颖,是指表现广告主题的构思是其他广告没有想到过的。广告语言之所以要求新颖,是因为新颖的广告语言容易引起受众的注意和兴趣,而广告要达到影响消费者认识与行为的目的,必须以引起他们的注意和兴趣为前提。受众不是有意识地阅读和观看广告作品,受众也不会有意识地去记忆和回忆广告文案,但如果在文案的语言特征中就体现了能使受众在最短的时间里就能理解和记忆、传播和回忆的特性,就能使文案达到广告的传播和说服的目的。

3. 灵活性

广告文案必须通过特定的媒体把信息传给特定的消费者。媒体不同和消费者的差异,都要求广告的语言具有灵活性,根据不同条件有针对性的使用不同语言。

比如广播广告的语言需要口语化,电视广告的语言多具有个性化的特征,报刊广告的语言一般较为规范。

另一方面,广告的灵活性就广告受众角度出发,偏重理性诉求的广告文案,其语言要求有实证性,就是要多以确凿的数据和事实来证明企业具有某种优势或者商品能给消费者带来某种利益。偏重感性诉求的广告文案,语言多带有鼓动性,为了激发受众的情感,使之采取行动,常运用感情色彩较浓的语言来传递广告信息。大致可以分成以下风格:

(1) 豪放型:充满激情,气势磅礴。电视广告常用,结合强大的视听冲击力。
(2) 稳健型:稳健踏实,富有理性,给人信赖感和公信力。
(3) 婉约型:情感细腻真切,追求人性化感染力。
(4) 朴实型:语言通俗易懂,摈弃华丽辞藻,重在突出实效。
(5) 幽默型:语言诙谐机智,让人在会心一笑中接受广告传递的信息。

关于广告语言风格的分类还有很多种,由此也凸显出广告文案创作中对语言灵活性的要求。

用新颖优美的语言对应受众阅读和观看中的特殊心理,用符合受众习惯的语言方式来对应受众的语言运用习惯,用针对不同媒体的不同传播方式的语言构造和语言特色来有效运用媒介的承载,这样才能写作有效的文案。

3.3 广告文案的情感要求

在"亲吻公式"中重要的一点是"甜美",甜美的要领换句话说是煽情、煽动、激发人类共同的情感。

广告的受众是人,一则成功的广告,首先要打动人心,激发出受众的认同感。基本思路是:以人性化的内涵接近消费者的内心,让他们参与或者分享产品或服务所带来的某种愉悦的精神享受,激发消费者的情感因素,引起消费者的情感共鸣,使之与品牌之间建立情感联系,对企业、产品或服务产生情感化的偏爱,从而达到促使其产生购买行为的最终目的。

情感世界是人类最敏感也最重要的一个领域。广告宣传从情感入手,针对消费者的特定心理情绪,选择恰当的角度,以有效的手段渲染产品的感情色彩,通过对这些情感的充分展现,打动消费者的心。情感诉求是当今广告文案中十分重要的一个策略。

广告文案的情感要求又叫情感诉求,它要求在进行文案创作的时候,紧紧抓住消费者的情感需要，以产品能满足这种需要为诉求点，从而对消费者产生巨大的影响力和感染力。因此广告文案的情感诉求要采取如下心理策略，来激发消费者的购买欲望，促成其购买行为的产生。

3.3.1 以充满情感的语言、形象、背景、气氛作用于消费者的需求兴奋点

实践证明，广告诉求越具有人情味，越富有感情色彩，越能引起消费者的情感共鸣，越能打动消费者，吸引消费者。以情动人是广告文案创作应该遵守的准则之一。这就要求创作者真正从消费者的利益点出发，设身处地的为消费者着想。由于消费者的生活方式、文化水平、经济条件、兴趣爱好、审美情趣等方面都存在不同程度的差异，消费者心理需求的对象和满足方式又有复杂多变的一面，因此在创作文案时，必须准确把握消费者的心理需求，同时把产品和消费者的心理需求联系起来。通过以充满感情的语言、形象、背景、气氛作用于消费者的需求兴奋点，引起其情感共鸣，以激发其需求动机，最终促成其购买行为。

3.3.2 增加产品的心理附加值

美国广告学者指出："广告本身能以其独特的功能，成为另一种附加值，这是一种代表消费者在使用本产品时所增加的满足的价值。"因为人类有多重需要，既包括物质需要，也包括精神需要，且两种需要处于交融状态，即物质需要的满足可带来精神上的愉悦；而精神需要的满足又对物质需要的满足有强化作用。从这种意义上讲，物质上的满足是基础，而精神上的满足是一种附加值。作为物质形态的产品或服务本身，是不具备心理附加值的功能的。三是适当的广告宣传可以人为地赋予他们这种心理附加值，购买此类产品既可以获得物质的满足，同时也可以获得精神上的满足，这点对消费者有极大的诱惑力。例如"爱马仕"皮包是尊贵身份的象征，"金利来"领带是成功男人的代表，而"苹果 mp3"则是时尚潮流的选择。

3.3.3 利用"移情"效用

移情是一种心理现象，是指情感的迁移。如果公众认为 个人有某种优点，并因此喜欢上他，就会把这种喜爱转移到与此人相关的产品或服务上。像如今很多品牌不惜高价请文艺体育界的明星担当产品的代言人，就是因为这些名人深受消费者的喜爱，他们的行为会对消费者产生直接的影响，使得消费者爱屋及乌。企业找明星做广告的目的就是试图把消费者对明星的喜好转移到自己的产品上，从而使消费者购买他们的产品。

3.3.4 利用暗示，倡导潮流

产品本身只是作为一个使用品而存在，而广告宣传则会把购买某种产品变成一种社会流行或时尚。因为每个消费者的购买动机都不尽相同，如果不是出于自己使用，有可能是馈赠亲人、朋友或恋人。这时广告产品就变成了一种社交工具。当某

种产品在广告中的传达的卖点正好符合他们的愿望时，而广告创作者又把该产品操作成一种社会潮流或时尚，消费者就会被这种时尚所牵引，去购买这种产品，甚至就很少考虑产品的功能和质量了，只求能表达自己的愿望。最典型的例子就是美国著名冰淇淋品牌哈根达斯的广告语："爱她，就请她吃哈根达斯。"成功俘获了多少恋爱中的消费者族群。

情感诉求落实到具体文案创作中，我们如果找到产品或产品的使用情景与某些情感有直接的关联，就可以利用这种情感，使之成为有效的情感诉求工具。

1. 爱与关怀：爱情、亲情、乡情与怀旧、友情及陌生人之间的交流

爱与关怀是人类的感情的基础，最能引起人们的共鸣。广告中快乐、幸福、满足、温馨等容易感染消费者的氛围，主要依靠爱与关怀的主要情感因素爱情、亲情、乡情与怀旧、友情来营造。

如农夫山泉的茶饮料系列，2007年的广告品牌战略就是发挥了其擅长说"细腻感人故事"的特长，电视系列广告通过推广一个暗恋的故事，为青春时尚元素注入了细腻而青涩的情愫。"爱上就知茶滋味"的诉求无疑在青少年消费群体中具有很大的感染力。广告文案历史上略带青涩，流行中略带甜蜜的伤感，非常符合当下青少年朦胧的爱情心理，容易引起共鸣。

图3-1　农夫山泉茶饮料电视广告片1

图3-2　农夫山泉茶饮料电视广告片2

2. 生活情趣：好奇、休闲、幽默及其他

生活中蕴涵着丰富的情趣，如享受悠闲、品味幽默、满足好奇心等，它们虽然不是情感，但是可以唤起积极的心理感受，如轻松、自得、惬意等，很容易感染诉求对象，因此也是情感诉求的常用手段。

图3-3　农夫山泉茶饮料电视广告片3

3. 自我观念与期许：个性、价值观、自我实现感

以个性化内容和个性化风格，充分展示诉求对象鲜明的自我观念与期许，个人对社会形象的向往和追求，包括个性、价值观念、自信、自豪、自我实现的感觉，

是感性诉求的另一重要方式。百事可乐的"新一代的选择",服装品牌美特斯邦威的"不走寻常路"均是利用此种诉求手段。

3.4 文案创作者的素质要求

之前的章节已经讨论过对广告文案语言和感情的要求,这一切的落实和实施归根到底还是要由广告文案创作者来完成。一个优秀的广告文案人员应当具备相应的知识、能力和品质。在广告行业,有很多杰出的广告大师或者广告巨头都是从一个普通的广告文案起步的,著名广告人,曾担任过美国第二大广告公司扬·罗必凯总经理的乔治·葛里宾说过这样一段话:"我常常感觉如果我要在文案作者和生意人之间作一个选择,我先要选择文案作者,其次才会考虑生意人。我认为你能从文案作者中造就一个好的生意人,那是一个文案人员需要去做的;但是我认为你很难从一个生意人中制造出一个写作人员来。"文案人员之所以容易跻身广告公司的要职,是因为广告撰文工作与整个广告的策划创意密不可分。广告文案人员在广告公司拥有的重要地位,足以表明广告文案撰写工作的重要性。

3.4.1 文案撰稿人的角色定位

对于文案撰稿人的角色定位,我们可以在其称谓前加上一个定语,即"专业广告"。"专业"要求文案人员要以严谨的思维方式作策略性的思考,并以创造力寻找最有效的表达方式。在这个意义上来说,一位好的作家不一定能成为一位成功的文案撰稿人,而一位好的文案撰稿人则必须和一位优秀的作家一样,具备较高的文字驾驭能力和文学素养。同时,他们还不能像作家那样,随心所欲的对自己的作品进行艺术加工,而要时刻谨记广告的主题和如何达到广告目标。

3.4.2 文案撰稿人的素质要求

对于一个优秀的广告人来说,能否在这个行业中获得成功,主要取决于三个方面的素质:

1. 知识储备

广告是多学科交叉的一门社会学科。专业的广告人士不仅有深厚系统的广告学知识,还要具备其他学科的一些基础知识,如市场营销、管理学、心理学、传播学以及社会学等方面的知识。全面的知识结构和扎实的理论功底能有助于广告文案人员开拓视野和思维广度。对于一个广告人来说,知识储备是相当重要的,因为他要和各行各业的客户打交道。詹姆斯·韦伯·扬认为广告人是具有"知识、技能经验以及洞察力,能建议广告主最好是用广告去完成他们的目的,并能有效执行,且达到这些目的的人"。

(1) 专业知识

广告文案应该掌握的专业知识主要有广告策划、广告撰文、广告经营和管理、广告心理学等方面的知识。广告撰文的知识是其中最重要的，一般包括广告文案的含义、历史和作用，广告文案人员的地位和应有素质，广告文案写作的的原则和要求，广告文案的主题、结构、语言、表达方式、类型及各类广告的基本写法，文案与音响、画面的配合等内容。

广告文案的写作和其他文章的写作一样，动笔之前必须事先明确写作目的、对象、作品主题、传播媒体等，而这些在广告活动中是经由广告策划来解决的。著名广告文案撰稿人鲍勃·雷文逊做过一个最简单的概括，写广告的三大要素：必须记住自己在讲什么；必须记住谁在讲；必须知道在对谁讲。文案必须明确是将产品的优势按照客户的目标要求告知消费者，给他一个非买不可的理由。它和一般文字工作不同的地方在于，所用的工具虽然是语言和文字，但是艺术化加工的根本还是为了其功利化的目标服务。

由于广告文案常常和广告画面、音响一起组成广告作品，并由特定的媒体发布，所以在撰写广告文案时必须顾及整个作品并考虑到制作后所产生的效果。为此一个好的广告文案人员应该了解不同媒体广告的制作方法和流程，主要是平面广告（包括报纸、杂志、招贴画等）和电波广告（包括广播、电视、网络广告等）。广告对于消费者而言，是一种感知经验的全面统摄，文案不可能是一种独立存在的阅读。如果少了有张力的视觉，也许再棒的文案都不会有感染力。同样的，一个视觉上经营得很好的广告，如果文案写得乏善可陈，也不一定广告就会遭受唾弃。

广告活动是受控制的信息传播活动，政府对广告活动的管理主要是通过法律和法规。由于广告作品在发布前必须经过广告经营单位、发布单位审核，有的还需经过相关管理部门审查，文案是广告内容的主要组成部分，也是审查的主要对象，因此广告文案人员必须懂得广告法律和法规，其中主要是《中华人民共和国广告法》、《广告管理条例》等。

广告的目的是说服广告的受众采取广告主所期望的行为，所以广告文案人员必须研究广告受众的心理，对于商业广告来说，是消费者的心理，其中主要包括广告的认知心理、广告的说服心理、环境因素对广告的影响等。

（2）相关知识

对于广告文案人员来说，除了具备以上专业知识以外，还应掌握营销和传播等相关方面的知识。商业广告的最终目的是为了促进销售。广告人虽然永远不如企业了解产品本身，但却一定要让商家不如我们了解广告。好的广告文案手必须通过自己独到的领悟能力了解产品的深层价值、市场前景以及诉求对象，以期有效的手段将产品的最优面展现给受众，满足诉求对象的消费心理。在撰写一则文案前，必须经过深入细致的调查研究，真正把握广告商品的特点，撰写广告时才会言之有物，一语中的。

市场是商品流通之地，也是商业的竞争场。广告文案人员除了对市场应有深入研究之外，更重要地是要了解消费者。写文案不是只有文案人员自己孤独地埋头苦写，广大的消费读者应该一直存在于文案人员心里，在你写文案的同时一旁目击且不断与你互动。当然也不能忘了了解竞争对手，这是为了在写作过程中扬长避短。

商业广告是借助非人员媒介进行的营销信息的传播活动，其传播的要素、过程和原理等与一般的传播学还是相同的，因此文案人员同样有必要学习传播学的基本原理。

(3) 基础知识

广告文案人员应当具备的是更加广泛的人文科学知识，以文学知识最为重要。文案人员要善于驾驭文字，但又不能在广告中刻意强调文学水平，"广告中任何文学痕迹都可能成为妨碍广告成功地致命因素"，因此文案人员必须在充分了解广告活动运作的背景前提下，将文字娴熟地运用到文案中去，没有深厚的文字功底是无法做到的。

另外，文案人员还要具备一定的艺术知识、历史知识和哲学知识。

2. 能力储备

要成为一个优秀的广告文案人员，仅仅具备一定的知识基础还是不够的，因为只是侧重了解和记忆，而运用这些知识则要依靠能力。广告文案应该具有的能力主要有以下几个方面：

(1) 判断力

广告文案人员的判断力主要用来判断广告商品哪个方面的特点对于消费者来说最重要，或者哪个方面的特点最容易引起消费者的兴趣。

(2) 想像力

广告文案人员的想像力主要用来为已经决定要写入广告文案的商品特点，构思一种有说服力和感染力的表现形式。一般来说，在确定广告主题之后，准备撰文之前，要将商品广告与生活经验或者文字视听经验，找出与商品相关并且有助于突出商品特点的事物，然后把它们融合起来，形成一种富有吸引力的形式。

(3) 创造力

创造力与想像力有着密切的联系，没有想像力的人不可能有创造力，但是只有想像而不能将想像转化为实际也不叫创造。我们所说的创造力，完全不是指某种晦涩的、奥秘的艺术形式。而是说想出新点子，做出新东西的能力，它是商人能够使用的最实用的东西。当创作者的广告文案敢于突破，敢于做新的尝试，他才能创作出有一定原创性、与所要表现的主题紧密联系并达其核心、把所要告诉诉求对象的信息浓缩成精华的广告作品。这样的文案手才可能具有创造力。在广告文案中发挥创造力，就是要杜绝抄袭和模仿，拒绝陈旧和平庸，独树一帜，让人眼前一亮。很多时候，人们把创造力和创造精神表述为创意人随时随地都处于一种创意思考的精神状态。比如灵光乍现。任何一个人都有可能有灵光乍现的经历，但是绝大多数人灵感中的多数从未达成任何成就。因为在灵感与优秀的广告文案之间存在着很大的距离，这种距离必须依靠庞大的工作去缩短，这需要经过艰苦的训练以及孜孜不倦的思考，才能完成。灵感也可以说是创作欲望、创作经验、创作技巧、思维准备和情景诱惑的综合产物。只有具有很强的创作精神的创意人才有可能把握住灵感，创作出富有魅力的作品。

(4) 文字表达能力

文字是广告文案人员最基本的工具，是创造力得以表现的保证，广告的说服力很大程度上来自语言。一个广告文案创作者，不仅要了解语音、词汇、语法、修辞、语体方面的基础知识，而且应该具备驾驭语言文字的能力，能够娴熟的运用语言文字生动的表现广告主题和构思。

3. 品质要求

广告文案人员应该具有的品质也就是职业精神和道德。

(1) 实事求是

虽然广告文案应该写得有说服力和感染力，但是广告所要传达的信息应该是真实的。广告文案创作人员的职责是去寻找和发现广告商品的特点，但绝对不能虚构商品的特点。这是我国的广告法中明文规定禁止的。为了做到实事求是，广告文案人员在动笔前必须对广告商品和企业进行认真深入的调查研究，以便准确把握其特点。

(2) 吃苦耐劳

广告文案写作和文学创作的另一点不同是，文学创作的发表时间一般没有很严格的限制。而广告文案在广告计划书中是规定了具体时间的，必须在规定时间内将文案写出来，并且要保证质量。通常一个广告创作者拿到一个任务之后，从开会、查资料、市场调查、拟稿修改这一系列的过程，都必须在高效率、高强度的压力下完成，没有吃苦耐劳的精神是绝对没有办法做好一个广告文案的。

(3) 精益求精

广告文案人员对其作品，特别是容易引人注目的标题和标语必须精益求精，对他们来说吹毛求疵是一个褒义词。之前提过的广告文案大师乔治·葛利宾，他的创作信条是："当你做好一个广告以后，标题是否是你想去读文案的第一句话？而文案的第一句话是否想让你去读第二句话？并且使你看完整个文案。一定要做到使读者看完广告的最后一个字再去睡觉。"一个优秀的广告文案人员从来不会满足现有的，最好的作品永远是尚未出现的那一个。

3.5 案例分析

案例一：IBM 电视广告文案

画面：一位身材消瘦、有些秃顶的先生走进了挂着"热情服务"条幅的药店，两位长相有些幽默的店员十分热情地迎了上来，争先恐后地服务开了……

声音及字幕：

女售货员：先生，欢迎光临，您想要点什么？

男售货员：您要生发灵？

女售货员：哪儿呀，人家先生来肯定是有急事。

男售货员：有急事上咱们这儿干吗来呀？

女售货员：您想买点补钙的？

男售货员：补肾的？
女售货员：补锌的？
男售货员：您是不是得了什么不好说的病啊？
顾客：扯啥呀，我就要瓶眼药水！
旁白、字幕：IBM客户关系管理解决方案，帮您用更先进的方法，抓住客户真正需要。
男、女售货员：欢迎您再来。

[评析] 这则广告的目的是把传统服务方式的短处演给大家看，让新服务方法的出现成为必然。本片选取生活中人们司空见惯的一个场景，将传统的"热情服务"的方式通过人物的语言和滑稽的画面表现得十分生动、自然，广告信息也在这种声画和谐的搭配中适时而出，收到了很好的传播效果。

案例二：张一元茶叶电视广告文案

声音及字幕：

旁白：每次看到这熟悉的门脸儿，每次闻到店里飘溢出来的茶香，我就会想起从前我爷爷讲他小时候的故事。那个时候，老家的人都特别讲究喝茶，而且买茶就认张一元。

张一元掌柜：新进的花茶，在我这儿品品。

旁白：他们都说，张一元的茶地道，喝着清口、清心。

大人：地道！

旁白：直到有一次，家里让爷爷自己去买茶。

画面：儿时的爷爷蹦蹦跳跳地穿行在热闹的大街上，突然，糖葫芦的叫卖声吸引了爷爷，爷爷犹豫着，拿出一块钱去买了一串糖葫芦。啃着糖葫芦的爷爷惴惴不安地来到张一元茶铺……

张一元掌柜：小子，你要记住，人品如茶品，好人与好茶，是一样的至清至纯。

旁白：从那一刻起，我爷爷才真正地领悟了品茶的真谛。在后来的岁月里，无论遇到多么艰难的事情，我爷爷都从不舍得花掉那枚银角子。

旁白及字幕：金般品质，百年承诺。中国茶，张一元。

[评析] 本案巧妙地以一个现代青年的视点切入，讲述的却是百年前爷爷的故事。历史感与现代感、昨天与今天、回忆与体验，都自然地融合在一起，传达了张一元茶叶历经百年风雨，依然至真至纯的品质。同时全片还运用光效技术，将充满了温情和融融爱意的过去时空与时尚的现代时空拼贴在一起，为这则平凡的故事营造了一个特殊的意境。

案例三：杜邦产品电视广告文案

画面1：晴朗的天空下，一位美丽的女孩正在与男友热情地拥抱。合体的连衣裙勾勒出她迷人的曲线，以至于在她与男友相会的路上，每个见到她的人都为之倾倒。

一个小丑因为看她而忘记了手中的杂耍。是什么使她如此出众？原来，在赴约之前，她在时装店选择了那件杜邦莱卡制成的连衣裙……

画面2：一名青年男子驾车撞在电线杆上，车头凹陷。惊魂未定的他从车中出来却安然无恙。他是为躲避一群踢球的孩子而出的车祸。他之所以未受伤害，是因为他刚买来的新车在出厂前安装了杜邦研制出来的薄膜……

画面3：一间香气四溢的茶楼里，顾客们正在品尝精致的糯米点心。为什么这些点心如此可口？因为厨师选用了上好的糯米，农民们在稻田里投放了杜邦的稻田除草剂，这是创造精良稻米的保证……

广告语：许多梦想，因杜邦而实现。

[评析] 这是杜邦公司的系列电视广告之一。杜邦是一家涉及多种工业领域的跨国公司，拥有产品1800多种，要在电视广告中确立其综合性的品牌形象是件很不容易的事情。这则广告却巧妙地采用倒叙的手法，由外及内地从与人们日常生活密切相关的衣、食、行三个方面，向人们表达了杜邦创造生活的理念，极大地缩短了工业产品与最终消费者之间的距离。

思考题

1. 广告文案创作的立足点是什么？
2. 广告文案的语言有哪些特点？
3. 广告文案的情感要求如何理解？
4. 广告文案创作人员需要具有哪些方面的能力？

参考文献

[1] 夏晓鸣，钱正，钱晓燕编著. 广告文案写作 [M]. 武汉：武汉大学出版社，2006.

[2] 缪启军主编. 广告实务 [M]. 南京：东南大学出版社，2006.

[3] 徐玉红，沈彬编著. 广告文案创作 [M]. 杭州：浙江大学出版社，2007.

[4] 王亚卓编著. 广告策划实务与文案撰写：如何成为杰出的广告人 [M]. 上海：企业管理出版社，2007.

[5] 陈月娥，张鑫编著. 通行广告界的9本护照 [M]. 北京：清华大学出版社，2006.

[6] 泛克编著. 文案设计30人 [M]. 武汉：湖北美术出版社，2003.

[7] 《国际广告》杂志，顶尖文案网站，中国广告人网站

[8] 广告文案的立足点，浙江传媒网，http://www.15zp.com.

[9] 新安广告网：http://www.ahad.com.cn，2006-11-23.

[10] 如何创作优秀的广告文案，世界经营者 [J]，2006-02-15.

第4章 广告文案的程序

广告文案创作是一项创造性思考的过程，一则优秀的广告文案并非"灵光一闪"就唾手即得，在它光鲜亮丽的外表背后，往往凝结着广告文案创作者长时间的经验积累和艰苦的创意锤炼，可谓"吟安一个字，捻断数茎须"。与此同时，作为艰辛严密思考后的超越性产物，广告文案的创作过程并非没有规律可循。

1945年，沃勒斯在《思考的艺术》中提出的"四阶段说"得到了比较普遍的认同。他将创作过程分为四个阶段：（1）准备阶段：收集有关信息，把问题缩小到一眼就能看出症结；（2）酝酿阶段：似乎是头脑的无意识过程在处理问题。这个阶段可以偶尔专注地思考，但一般不要求强行解决问题；（3）明朗阶段：或许像是意识努力的结果，但却可能是自然而然到来的。这也正是直觉和顿悟产生出对问题的可能性解决答案的阶段；（4）验证阶段：用逻辑检验直觉解决的准确性，然后对解决方案进行有机组织和精确分析，使之纳入最终结果。

著名广告大师詹姆斯·韦伯·扬对产生创意的方法和程序的生动描述，他把广告文案创作分为五个阶段，分别是：（1）为心智收集原始资料；（2）用心智去仔细检查这些资料；（3）深思熟虑、消化和潜意识的创作；（4）产生结果；（5）形成和发展创意，使它能够实际应用。

类似香醇可口的葡萄酒酿制，优秀文案的诞生同样需要经历一系列有序而严格的阶段，本章将这个过程概括为五个主要的阶段，包括资料收集与选择、广告目标与定位、诉求策略的确定、文案风格的选择、文案效果的测评等。

4.1 资料收集与选择

一则优秀的广告文案绝非文案创作者闭门造车就可得到，特别是当文案人员对本产品知之甚少时更是如此。准确翔实的资料不仅有助于我们了解产品和目标消费者，更有助于激发创意的火花。在进行广告文案工作之前，文案工作人员必须有效而全面地收集与产品广告相关的资料，并进行甄别选择。

创意和文案要在掌握关于市场、产品和消费者的充足的原始资料的基础上进行创作。广告主可以提供部分原始资料，但往往不够全面，广告公司、文案创作者和创意人员还需要主动地自行收集。另外，文案创作人员的日常积累、自身体验也是原始积累的重要来源，而且通过日常积累和自身体验得来的资料往往更加丰富、生动、直观。

4.1.1 资料收集的种类

广告资料往往庞杂而无序，如果没有很好的思路和经验，将是件十分琐碎的事务，因此我们有必要遵循一定的规律对需要收集的资料进行细分。

1. 按照资料来源划分

按照资料来源划分，可以将广告文案资料分为一手资料和二手资料。顾名思义，一手资料是广告文案创作者自己直接经过搜集整理或者直接经验所得；二手资料是借用他人的经验或者成果所得。

一手资料的收集需要文案创作者长时间的积累和对本产品的深入了解，这些资料往往是比较稀少和较难获得的。二手资料可以分为内部资料和外部资料。内部资料是企业内部的各种记录和市场信息系统经常收集的资料，包括企业的财务部门提供的财务状况和销售额、定单、成本、现金流动等详细数据；制造部门提供的生产进度、生产能力、发货、存货数据；销售部门提供的中间商反映、修理记录、工作报告、竞争对手的活动和市场营销环境的情况等。通过对内部资料的掌握，可以发现营销中的问题和机会，为下一步的广告策划提供依据。外部资料是政府、统计部门、财政部门所公布的政策、法规、统计资料、财政和金融信息等，公开出版的各种报刊、书籍，各类咨询机构和信息机构提供的各种文字和数据资料、有关公司提供的商品目录、产品资料及价目表等。外部资料是广告文案创作时的必要依据。

2. 按照资料相关性划分

詹姆斯·韦伯·扬在谈到资料搜集与选择时，作了一个较为本质性的划分。他认为需要收集的资料有两种，一是特定的资料，二是一般的资料，他指出：

这是一件我们永远想规避的、相当烦人的琐事杂务。很多时候，人们都把应该用于收集原始资料的时间花在心不在焉地发呆上。不去有系统地完成收集原始资料的任务，却以无所事事的空想等待灵感的降临。

我们必须收集的资料有两种：特定的资料和一般的资料。特定的资料是指那些与产品有关的资料，以及那些你计划销售的对象资料。我们不停地说了解产品和消费者的重要性，却很少在这上面作出努力。与收集这些特定资料同等重要的是不断收集一般资料。每一位真正具有创造力的广告人都具有两个重要的性格特征：普天之下，没有什么题目他不感兴趣的；他广泛地浏览各个学科的所有资讯。这种过程与万花筒中发生的组合相似。万花筒中放置的玻璃片数目越多，产生新组合的可能性越大。

4.1.2 利用市场调查的数据

市场调查，或称市场研究、市场调研是广告文案写作的一个要件。通过市场调查可以了解产品与市场的方方面面的情况，具体包括：

(1) 调查目的及所要解决的问题；
(2) 市场的背景资料；
(3) 分析的方法。如样本的抽取，资料的收集、整理、分析技术等；
(4) 调研数据及其分析；
(5) 对于市场与产品的观点和看法；
(6) 论证所提观点的基本理由；
(7) 解决问题可供选择的建议、方案和步骤；
(8) 对可能遇到的风险的预测和对策。

广告文案在收集资料的过程中，应充分利用市场调查所得到的数据。通过市场调查一般可以了解产品的现有地位、存在问题、消费者的喜好与需求、不同地域的消费倾向、目前竞争品牌的优劣势、现有广告表现的效果等。有效利用市场调查数据可以明确资料收集的正确方向，为广告效果的达成提供"激光制导武器"。

4.2 广告目标与定位

文案创作者在收集资料的同时，应准确定义自己需要解决的问题，也就是到底要写出什么样的文案。应该将思维焦点调整到广告策略和创意概念上，把握策略和创意的要求，明确文案要帮助达成什么样的目标、帮助塑造什么样的品牌形象、采用什么样的诉求策略、使用什么样的形象、以什么样的风格传达哪些信息等。

4.2.1 广告目标的要素

目标管理是现代管理的重要内容。广告目标是指广告活动要达到目的，广告文案的首要任务，就是明确广告传播活动将要实现的目标。广告目标规定着广告活动的方向，其他广告活动如媒体策略、表现风格选择等，都要围绕广告目标来考虑。广告目标也是衡量广告效果的一个重要依据。

1. 15 种常用广告目标

广告成败的关键取决于它能否把信息在正确的时候以恰当的成本传达给适当的人士。为此，广告目标应以可度量的广告效果来设定，测定广告效果的方法也就是制定广告目标的方法。在现实广告活动中，广告目标应尽可能地具体。归纳起来，常用的广告目标有下列 15 种：

(1) 介绍产品的质量、性能、用途和好处，促使新产品进入目标市场，即以提高市场占有率为目的；

(2) 介绍产品或改进品的新用途和好处，以扩大经营、延长产品生命周期为目的；

(3) 突出产品质量和特殊好处，扩大市场经营；
(4) 提高老客户购买程度，吸引潜在客户，保持采购水平；
(5) 支持人员销售；
(6) 树立品牌及企业形象，提高知名度和信任度；
(7) 扩大销售区域，开拓新市场，吸引新客户；
(8) 增进与经销商的关系；
(9) 提高竞争力，抢占市场制高点；
(10) 提供优质服务，延长购买时间和使用季节；
(11) 消除令人不满的印象，排除购买顾虑和障碍；
(12) 为消费者提供售后服务，建立商业信誉；
(13) 建立友谊，沟通情感；
(14) 调动员工积极性，增强员工自豪感和责任感；
(15) 维持企业长期利益。

在一次广告活动中，以上这些广告目标往往只能根据要求从中选取一项或两项。同时，企业在确定广告目标时，应当考虑到企业所面临的市场机会、目标消费者进入市场的程度、产品的生命周期、广告效果指标等因素，使广告目标与企业总体目标一致，广告目标具体实在、切实可行，从而使广告目标更符合企业实际情况。

2. 广告目标6M法

全美广告主协会在20世纪60年代提出了制定广告目标的"6M法"，即认为一个广告目标应包括6个基本要素（6M）：

(1) 商品（Merchandise）。所要推出的产品或服务，其主要诉求点何在？
(2) 市场（Market）。广告所要影响的是哪些人？
(3) 动机（Motives）。消费者为什么购买或为什么不买？其原因何在？
(4) 信息（Messages）。广告所要传播的主要创意、信息是什么？主要想改变受众什么样的态度？
(5) 媒体（Media）。怎样传播广告信息。
(6) 测定（Measurement）。以什么准则和方法测定广告效果。

3. DAGMAR理论

1961年，鲁赛尔·H·考利（Russell H. Coney）在"国家广告人联合会"的资助下完成了一本名为《确定广告目标，衡量广告结果》的书。书中介绍了后来称作"为可量度结果而确定广告目标的方法"（Defining advertising goals for measured advertising results, DAGMAR），它包括选择和确定目标以及应用这些目标衡量广告效果的精确方法。

DAMGAR理论的核心，就是认为广告目标根本不同于营销目标，广告目标是特指一个给定时期内针对特定受众所确定的一项"宣传任务"，这种任务应是具体的、应当在书面上可度量的，有起始点、确定的受众和期限；或者说，广告目标应以其特殊的传播效果加以衡量，而不应与具体的销售指标直接挂钩，最多应把营销效果看作是衡量广告目标的一个方面,而且只是一个不能成为直接衡量和决定广告成败依据的方面。

具体说来,广告目标有三个层次:一是促销目标;二是行为目标,即广告在对改变消费者的认知和行为方面的效果;三是综合目标,即广告的综合传播效果。这三个层面,第一层面的作用是极其有限的,且难以准确衡量,广告目标的衡量和设定应主要放在第二、三个层面。

考利认为,广告工作纯粹是一种信息传播性质的行动,广告成败的关键取决于它能否把信息在正确的时候以恰当的成本传达给适当的人士。为此,广告目标应以可度量的广告效果来设定,测定广告效果的方法也就是制定广告目标的方法。具体地说就是:首先,广告目标如果说与营销有关的话,那仅可以说:广告目标是记载营销工作中有关传播方面的简明陈述——用简洁、可度量的词句所进行的书面叙述,而不是把广告简单地看作是促销手段;其次,广告目标作为整个广告活动的整合手段或领路旗帜,必须得到所有广告业务人员的一致同意或认可;最后,广告目标的制定,应当以对市场及各种购买动机方面精湛的知识为基础,基准点的确定应以其完成事项可否度量而定,用来在日后测定广告效果的方式应该在建立广告目标时即已确定。

4.2.2 广告文案的定位

大卫·奥格威(David Ogilvy,1911~1999年),在他20世纪80年代初出版的《奥格威谈广告》中,谈到了品牌定位的问题,他认为:"'定位'是行销专家的热门话题,但是对于这个名词的定义却没有一个定论,我自己的定义则是'这个产品要做什么,是给谁用的'。"他在列出的28项创造具有销售力的广告的方法中,排在第一位的就是"定位"。他把定位作为广告创意的原点,认为一旦定位失准,创意就会走弯路甚至迷失方向。

如果没有清晰的广告目标,那么接下来的广告文案创作很容易走入"死胡同",收不到预期的广告效果。在这个过程中,一方面需要结合上一阶段所收集的资料,另一方面需要对于广告文案有一个明确的定位,即在消费者心智中所留下的位置。在广告文案目标确立过程中,应以定位为核心。

1. 广告定位理论

定位理论由艾·里斯和杰·特劳特于1969年提出,是20世纪70年代继罗瑟·雷斯提出USP理论和大卫·奥格威提倡的品牌形象理论之后最具划时代意义的广告创意理论。艾·里斯和杰·特劳特认为,定位是针对现有产品的创造性思维活动:"定位始于产品,可以是一件商品、一项服务、一家公司、一个机构,甚至于一个人,也许可能就是你自己。但定位并不是要你对产品做什么事,定位是你对未来的潜在顾客的心智所下的功夫,也就是把产品定位在你未来顾客的心中。所以,你如果把这个观念叫'产品定位'是不对的,你对产品本身,实际上并没有做什么重要的事情。定位的基本方法,不是去创作某种新奇或与众不同的事项,而是去操纵已经存在于心中的东西，去重新结合已存在的连结关系。"

定位理论主张在广告策略中运用一种新的沟通方法，创造更有效的传播效果。广告定位理论的基本主张是：

(1) 广告的目标是使某一品牌、公司或产品在消费者心目中获得一个据点，一个认定的区域位置，或者占有一席之地；

(2) 广告应将火力集中在一个狭窄的目标上。与USP理论注重产品功能不同，定位理论强调要研究受众的消费心理，要在其消费心理中创造出一个位置；

(3) 应该运用广告创造出独有的位置，特别是"第一说法、第一事件、第一位置"。因为创造第一，才能在其消费心理中创造出一个位置；

(4) 广告表现出的差异性，并不是指产品的具体的特殊的功能利益，而是要显示出品牌之间的类的区别；

(5) 这样的定位一旦建立，无论何时何地，只要消费者产生了相关的需求，就会自动地首先想到广告中的这种品牌、这种公司或产品，达到"先入为主"的效果。

延伸思考

王老吉饮料的定位策略

20世纪90年代中期，广东加多宝饮料有限公司开始生产红色罐装的王老吉饮料。因为在两广地区对于王老吉的凉茶概念和品牌认知都比较充分，所以王老吉在区域范围内有比较固定的消费群。然而，在消费者认知中，王老吉是凉茶的代称，是一种有药效的饮用品，不可以经常饮用，所以这种"药"的观念直接决定了红色王老吉在广东虽有固定的消费量，却限制了它的增长。

王老吉到底是饮料还是药？面对消费者混乱的认知，企业并没有通过宣传（广告、公关等）的手段进行强势引导，统一消费者的认知，而这也是源于红色王老吉自身没有一个明确的定位。在宣传上企业概念模糊，加多宝不愿把王老吉以"凉茶"的概念来推广，限制其销量，但作为"饮料"推广又没有找到品牌区隔，因此在广告宣传上也就没有鲜明的主张来打动消费者。王老吉曾经有这样一条广告：一个可爱的小男孩为了打开冰箱拿一罐王老吉，用屁股不断地蹭冰箱门。这条广告的广告语是"健康家庭，永远相伴"，而这样的打亲情牌的广告并不能够体现红色王老吉的独特价值。

凉茶概念最深入人心的是两广地区。广东消费者对王老吉凉茶概念的认知是很准确的，但广东人喝凉茶一般都会到凉茶铺，或者自家煎煮。事实上，如果把王老吉置身于饮料市场，以可口可乐、百事可乐为代表的碳酸饮料，以康师傅、统一为代表的茶饮料，以及众多的果汁饮料和功能饮料都处在难以撼动的市场领先地位。而红色王老吉以"金银花、甘草、菊花、夏枯草"等草本植物熬制，有淡淡的中药味，对于口味至上的饮料而言，的确存在不小障碍。加上每罐3.5元人民币的零售价，如果加多宝的宣传不能使红色王老吉跟竞争对手区分开来，红色王老吉进军全国市场将难成气候。

面对王老吉的众多软肋，2003年春节后王老吉进行了重新定位——"预防上火的饮料"。这一定位立足于全国市场，对红色王老吉的品牌作出全面的调整，并把品牌定位用消费者容易理解和容易记住的一句广告词来表达——"怕上火，喝王老吉"。这一简洁明了的定位，既彰显了红色王老吉的产品特性，也有效地解决了王老吉原有的品牌错位。强调预防上火。强调"上火"的概念，淡化"凉茶"的概念。以"预防上火"作为红色王老吉的一个主打口号，针对消费者需求把红色王老吉的产品特性放大。

在广告中，红色王老吉常常和火锅、烧烤等容易上火的享乐活动挂钩，使消费者产生这样的印象：红色王老吉是此类活动的必备饮料。这就使红色王老吉具备了可口可乐、康师傅等所不具备的特性，成功定义了红色王老吉的市场细分，开创了一个功能性饮料新品类，完成了红色王老吉和其他饮料的品牌区隔。由于上火是一个全国性的中医概念，而不仅仅像凉茶概念那样局限于华南地区。这就把红色王老吉带出了地域品牌的局限，有利于开拓全国市场。而且3.5元的零售价格因为有了"预防上火"的功能诉求，也不再高不可攀。

2. 广告定位策略

高志宏与徐智明在《广告文案写作》一书中，概括了广告定位的九大要点，认为定位的基本内涵是：在对本产品和竞争产品进行深入分析、对消费者需求进行准确判断的基础上，确定产品与众不同的优势，并将其传达给目标消费者，以在消费者心目中确定产品的独特地位的动态过程。定位策略的要点包括：

(1) 定位是为了使产品获得更大的竞争优势；

(2) 定位所要展现的是本产品与竞争产品的不同之处；

(3) 定位确定的是产品在消费者心目中与众不同的位置；

(4) 定位应该包含产品是什么、给谁用的基本内容；

(5) 产品的"定位"不一定是同类产品所没有的，而应该是竞争产品所没有说、没有注意，但对消费者却具有巨大吸引力的东西；

(6) 独特的定位是品牌重要的市场优势，或者是品牌获得市场优势的重要手段，如果没有面临必须改变品牌定位的不理想的市场状况，成功的品牌定位必须长久坚持，并且通过广告活动向消费者和潜在消费者持续传播；

(7) 定位并非绝对不可改变，当市场证明定位错误时，就需要进行及时、慎重的修正；

(8) 定位不是毫无依据的自我宣称，它必须在全面分析企业产品、消费者、竞争对手的基础上，通过明确潜在竞争优势、选择定位、有效地向市场表明企业的定位观念三个步骤来完成；

(9) 企业或品牌所采取的定位，应该能够使企业在营销中获得更大的成果，符合消费者的实际需求和心理需求，能够获得消费者认同，具有可操作性，并且市场明示定位所需要的费用在企业负担能力之内。

3. 广告定位方式

广告文案的定位应基于本产品和竞争产品的对比分析，对于消费者消费需求的准确把握的基础上，通过定位确立本产品在消费者心智资源中的独特地位。广告文案定位没有放之四海而皆准的范式，具体的定位操作中应结合产品特点、消费个性、地域差别等因素，确定本产品的定位。下表所列的是一些比较成功的品牌定位方式：

定位方式	基本方法	范例
产品差异定位	以产品与同类产品最主要的差异来定位	高露洁牙膏"双氟加钙配方"
使用者定位	以有号召力的使用者为定位	力士香皂"国际著名影星的香皂"
使用时机定位	以使用产品的特定环境和时机为定位	麦斯威尔咖啡"尽情享受悠闲一刻" 绿箭口香糖"当你需要口气清新的时候"
与某品类分离定位	以产品不属于某品类为定位	七喜"非可乐"
竞争者定位	直接突出作为某品牌竞争者的地位	AVIS 出租汽车"第二"的定位
"专家"定位	将品牌定位为某一领域专家	肯德基家乡鸡快餐"烹鸡专家"
利益定位	以产品带给消费者的突出利益为定位	VOLVO 汽车的"安全"
价格与品质定位	以价格和品质特性为定位	铂金"珍贵稀有"
生产工艺定位	以生产工艺的优势为定位	帝舵表"瑞士手工制造"
技术定位	以技术优势为定位	思科系统公司"互联网的推动者"
历史定位	以产品或企业的历史优势为定位	泸州老窖"国宝窖池酿造"
文化象征定位	以产品包含特定的文化内涵为定位	贝纳通服装"United Colors"
消费者心理定位	突出产品与消费者特定心理的联系	百事可乐"新一代的选择"

4. 在文案中贯彻定位策略

（1）将定位作为诉求重点

品牌定位策略要依靠广告的传播，才能成功。采取鲜明的定位策略的品牌，要将"定位"作为广告长期坚持的诉求重点。写作文案时要准确了解品牌定位，然后明确传达关于定位的信息。如伯恩巴克为奥尔巴克百货公司撰写的著名文案，非常简练地突出了奥尔巴克百货公司"做千百万的生意，赚几分钱的利润"的定位。

延伸思考

奥尔巴克百货公司平面广告文案

标题：慷慨的旧货换新

副标题：带来你的太太，只要几块钱……我们将给你一个新女人正文：

为什么你硬是欺骗自己，认为你买不起最新的与最好的东西？在奥尔巴克百货公司，你不必为买魅力的东西而付出高价。有无数种衣物供你选择——一切全新，一切使你兴奋。现在就把你的太太带给我们，我们会把她换成可爱的新女人——仅只花几块钱而已。这将是你有生以来最轻松愉快的付款。

奥尔巴克纽约·纽渥克·洛杉矶

广告语：做千百万的生意，赚几分钱的利润

(2) 用广告语展现定位

成功的定位要长期坚持，并且不断向消费者传达，广告语正是传达这种长期不变观念的最有效工具。采取鲜明的定位策略的品牌，可以用广告语展现定位的精髓。如 M&M 巧克力豆"只溶在口，不溶在手"，表述的是基于产品特性的品牌定位；Intel 奔腾处理器"给电脑一颗奔腾的'芯'"，表述的是基于技术的品牌定位。

(3) 配合定位要求的风格

定位的本质是以自己的某种有别于他人的特质针对特定的目标市场。这种特质，常常与特定的风格相联系。广告应该体现定位所代表的个性和风格因素。如高级品——高雅、气派、尊贵；实惠的大众化品牌——经济的、生活的、实际的；专家定位——孜孜以求、一丝不苟的精神；历史定位——悠远厚重的历史感；服务定位——亲切自然的态度……

每一定位都可以挖掘出这样的风格要素，写作文案时首先要将它们理解到位，然后准确配合。阿姆哈默苏打粉本来主要用于烘烤食物，为了获得更大市场，乔治·路易斯将它重新定位成"一种用途广泛的家庭用品"。广告改编了《家，甜蜜的家》的歌词，以轻松愉快、富于生活气息的方式向人们展示如何使用它。

延伸思考

阿姆哈默苏打粉广告歌

家，家。甜蜜的，甜蜜的家，
在一个使用阿姆哈默的家里，噢，尿布的味道好多了。
在一个使用阿姆哈默的家里，为长毛猎狗洗澡成了乐趣。
在一个使用阿姆哈默的家里，一举一动都快乐无比。
在一个使用阿姆哈默的家里，你可以用它清洁心爱的高尔夫球具。
是的，先生，
你可以拥有气味清新的冰箱，下水道也没有往日的气息。
你烤出来的每一块蛋糕看起来都更棒，而且价钱是如此可爱地便宜！
家，家，甜蜜的，甜蜜的家。
谢谢阿姆哈默烘焙苏打，它给你一个甜蜜的，甜蜜的家。

4.3 诉求策略的确定

企业市场营销经历了大量市场营销、产品差异化营销、目标市场营销三个阶段。在如今的目标市场营销阶段,每一个产品都有其确定的目标市场。因而,广告也必须相应地向目标消费者做有效的诉求。

广告是一项说服的活动。从心理学的角度分析,说服是通过给与接受者一定的诉求,引导其态度和行为趋向于说服者预定的方向,它作用于接受者的情感、认知、行为倾向性三个层面,而行为变化则因认知和情感的变化而产生。

广告诉求主要有三种方式:一是主要作用于情感的感性诉求;二是主要作用于认知的理性诉求;三是同时作用于诉求对象的认知和情感的情理结合诉求。

4.3.1 感性诉求

情感诉求是指通过诉求消费者的感情或情绪来达到宣传商品和促进销售的目的,也可以叫作兴趣广告或诱导性广告。感性诉求的广告不作功能、价格等理性化指标的介绍,而是把商品的特点、能给消费者提供的利益点,用富有情感的语言、画面、音乐等手段表现出来。

感性诉求针对消费者的心理、社会或象征性需求,表现与企业、产品、服务相关的情感与情绪,通过引起消费者情感上的共鸣,引导消费者产生购买欲望和行动。感性诉求以诉求对象情感反应为目标,不包括或只包括很少的信息,依赖于感觉、感情、情绪的建立以及品牌与这些情感的联系。采用感性诉求,最好的办法就是营造消费者使用该商品后的欢乐气氛,使消费者在感情获得满足的过程中接受广告信息,保持对该商品的好感,最终能够采取购买行为。

感性诉求的基本思路是:以人性化的内涵接近消费者的内心,让他们参与或者分享某种情感经历,从而建立与品牌之间的情感关联,对企业、产品或服务产生情感化的偏爱。

感性诉求中包含的情感要素可以是亲情、友情、乡情、爱情、休闲、幽默、好奇、个性、价值观、自我实现感、同情与道义等。

延伸思考

感性诉求广告

1. 统一企业平面广告"母亲节篇"
只要真心付出,就是最大的快乐!
用妈妈的爱和关怀,连结屋檐下的每一颗心,
爱自己的家,也爱天空下的每一个家,

让妈妈的笑容更加灿烂！

统一企业提醒您，真心付出，把爱分享。

2. 芝华士酒平面广告"父亲节篇"

因为我已经认识了你一生。

因为一辆红色的Rudge自行车曾经使我成为街上最幸福的男孩。

因为你允许我在草坪上玩蟋蟀。

因为你总是在厨房里腰上围着茶巾跳舞。

因为你的支票本在我的支持下总是很忙碌。

因为我们的房子里总是充满书和笑声。

因为你付出无数个星期六的早晨来看一个小男孩玩橄榄球。

因为你坐在桌前工作而我躺在床上睡觉的无数个夜晚。

因为你从不谈论鸟类和蜜蜂来使我难堪。

因为我知道你的皮夹中有一张褪了色的关于我获得奖学金的剪报。

因为你总是让我把鞋跟擦得和鞋尖一样亮。

因为你已经38次记住了我的生日，甚至比38次更多。

因为我们见面时你依然拥抱我。

因为你依然为妈妈买花。

因为你有比实际年龄更多的白发，而我知道是谁帮助它们生长出来。

因为你是一位了不起的爷爷。

因为你让我的妻子感到她是这个家庭的一员。

因为我上一次请你吃饭时你还是想去麦当劳。

因为在我需要时，你总会在我的身边。

因为你允许我犯自己的错误，而从没有一次说："让我告诉你怎么做。"

因为你依然假装只在阅读时才需要眼镜。

因为我没有像我应该的那样经常说谢谢你。

因为今天是父亲节。

因为假如你不值得送芝华士这样的礼物，还有谁值得？

4.3.2 理性诉求

理性诉求采用理性说服方法的广告形式，通过诉求消费者的理智来传达广告内容，从而达到促进销售的目的，也称说明性广告。理性诉求定位于诉求对象的认知，或真实、准确地传达企业、产品、服务的功能性利益，为诉求对象提供分析判断的信息，或明确提出观点并进行论证，促使消费者经过思考，理智地作出判断。理性诉求可以做正面说服，传达产品、服务的优势和购买产品、接受服务的利益，也可以做负面表现，说明或者展现不购买的影响或危险。通常的理性诉求广告有承诺广告、旁证广告、防伪广告、比较性广告等。

理性诉求的基本思路是：明确传递信息，以信息本身和具有逻辑性的说服加强诉求对象的认知，引导诉求对象进行分析判断。理性诉求的力量，不会来自氛围的渲染、情感的抒发和令人眼花缭乱的语句修饰，而来自具体的信息、明晰的条例、严密的说理。

理性诉求的具体内容多种多样，手法主要可以分为：（1）阐述最重要的事实：直陈、数据、图表、类比；（2）解释说明：提供成因、示范效果、提出和解答疑问；（3）理性比较：比较、防御和驳斥；（4）观念说服：正面立论与批驳错误观念；（5）不购买的危害：恐惧诉求。

延伸思考

理性诉求文案案例

1. 吉列传感剃须刀产品广告文案

标题：惟一能够感知您的脸型并且随之调整的剃须刀

正文：

吉列传感剃须刀，适合于每个男人特性的剃须刀。

它内含双层刀片，各自与高度灵敏的弹簧相连，能够连续地感觉并根据您脸部的不同曲线和独特需要而自动调整。革新比比皆是。其精致的脊部、匀称的造型足使您能体会至深。简单的装卸系统和方便的刮胡功能皆能任您享用。创新还在于剃刀的清洗。其新型刀片的宽度仅为一般刀片的一半——可用水自由冲涤，毫不费力。

诸多传感技术的融合，给你富有个性的脸颊一把特制的剃须刀——最贴切、最顺滑、最安全、最舒适。

广告语：男人所能选用的最佳剃须刀！

2. 西格纳保险公司平面广告文案

标题：200年来，灾害一个接一个

正文：

1798年加勒比海船只失事

1835年纽约船坞大火

1871年芝加哥大火

1889年约翰斯顿水灾

1906年旧金山地震和大火

1938年新英格兰飓风

1947年那布拉斯卡龙卷风

1955年康涅狄格火灾

1971年洛杉矶地震

1980年华盛顿火山爆发

1987年衣阿华龙卷风

1989 年胡戈飓风
   1989 年旧金山地震
   天灾人祸一直是保险行业兴起的根源。灾害是生活中的严酷现实。在以往200年里，西格纳财产和伤亡保险公司处理了几千家公司的保险业务。保险公司的财源和专长使他们有能力支付世界上最严重的一些灾害所造成的损失，履行他们的诺言。但是即使最小的灾害，对于受灾的公司来说也是损害巨大的。大火、管道破裂、屋顶倒塌，我们所处理的事务比我们在 1000 个广告中所介绍的还要多。我们对所有参加保险的机构都以诚相待、一视同仁。
   不幸的是灾害总是伴随着我们，我们不知道下一个灾害会降临在何处，也不知它是大是小。但是有一点是明确的，哪儿有灾害，我们将会在哪里。我们赔偿它带来的后果。

4.3.3 情理结合诉求

理性诉求偏重于客观、准确和说服力，对完整、准确地传达广告信息非常有利，但是由于注重事实的传达和道理的阐述，广告往往显得生硬、枯燥，影响诉求对象对广告信息的兴趣。感性诉求贴近诉求对象的切身感受，在亲和性方面更为突出，但是过于注重对情绪和情感的描述，往往会影响信息传达。因此，在实际的操作中，时常将两种诉求方法结合起来，既以理性诉求传达客观信息，又以感性诉求引发诉求对象情感共鸣，结合二者优势，达到最佳说服效果。

情理结合手法的基本思路是：既采用理性诉求传达客观的信息，又使用感性诉求引发诉求对象的情感共鸣。它可以灵活运用理性诉求的各种手法和感性诉求的各种情感性内容。

延伸思考

瑞典 VOLVO 汽车报纸广告文案

标题：放心
　　　沃尔沃汽车已来到中国
正文：
　　满载生机勃勃的荣誉，携带近七十年的安全设计史，今天 VOLVO 汽车已来到中国，以其珍贵生命便是财富，热爱生活、勇于挑战的豪气，准备驶进您的生活。这是一部令您放心的车，入乡随俗，特别针对中国道路行驶需要而制造。它不仅安全可靠、性能卓越，更巧妙地将安全性能与汽车动力完美结合，助您在人生路上，安心驰骋。VOLVO 汽车的外观大方，车厢内部更是宽敞典雅，令人备感安全舒适。无论在什么场合当中，它都备受瞩目。安稳轻松地为您增添风采！每一部驶入中国大地的 VOLVO 汽车，都将享有瑞典 VOLVO 汽车公司所建立的完善维修网络为您提供原厂配件与高质量的售后服务。现在，尽可以放心了！

采用何种诉求方式，主要由产品种类和目标消费群的消费行为的典型特征决定。消费者在消费时投入较多思考的产品，适合使用理性诉求，进行实际的购买利益的说服；而投入较多情感的，则更适合感性诉求，唤起消费者情感上的共鸣和好感。在消费者的心理需求和消费感受日益得到高度重视的今天，纯粹传达信息、进行理性说服的方式已经越来越少用到，而纯粹的感性诉求因为不便于传达具体、确切的信息，也只存在于少量广告中。大部分广告采用情理结合的诉求策略，将直接的信息传达与能够引起消费者认同的形象、情感、情境结合起来。

4.4 文案风格的选择

一则优秀的广告文案必定是具有创造性的风格，或给人留下奇特、新鲜，或出人意料，或一针见血，或予个人以强烈的震撼，给人留下深刻的印象。

广告文案风格往往不拘一格，具有多种表现方式和个性。根据对以往经典广告案例的分析，创造性、独特性、新鲜性和震撼性风格特征运用得较为普遍，且取得了较为成功的广告效果。

4.4.1 创造性

广告文案的独特性源于对现有事物的突破，对现存思维的革命，并在此基础上创造出新的思维与理念，创新是广告文案俘获消费者芳心的一大法宝。无论是创意、画面、声音或是文字，具有创造性的文案都能给消费者以简单质朴但却留下深刻的印象。

文案的创造性来源于产品某个方面的独特性，具有其他竞争品牌所没有的属性、功能或者诉求。在此基础上，通过文案的匠心独运，赋予其开创性的地位，使消费者产生先入为主的印象，占领消费者的心智资源，其他竞争品牌即使想跟进、模仿，也无法撼动其领导者的地位。

延伸思考

万宝路香烟广告的华丽转身

大概谁也不会想到风靡全球的万宝路香烟曾是在 1854 年以一小店起家，1908 年正式以品牌 Marlboro 形式在美国注册登记，1919 年才成立菲利普·莫里斯公司（该公司主要产品品牌是万宝路香烟）。菲利普·莫里斯公司在美国市场推出一种针对妇女市场的万宝路香烟，它的广告口号是"像五月的天气一样温和"。

广告代理李奥·贝纳（Leo Burnett）提出了一个广告史上最伟大的建议："让我们忘掉这个脂粉气十足的女子香烟吧，用万宝路创出一个充满男子汉气概的品牌来。"

在征得广告主同意后，李奥·贝纳接受了修改万宝路设计包装以及发起男性企业浓厚又不能触犯妇女的广告攻势的艰难任务，他修改了万宝路梭鱼琐碎的色彩，来避免顾客对基本设计的注意力，他同时改进了翻盖式的盒子包装，"因为原有的盒子用来装纽扣和鱼钩都比较方便，但是人们并不抽盒子"。第二天，李奥·贝纳就拿出了第一个万宝路广告，在几乎所有的黑白广告上，都出现了牛仔的形象。李奥·贝纳花钱聘请了英俊、健壮如牛的模特，口里叼了只烟，若无其事，头戴黑色牛仔帽，在香烟的下方，只有几行字——"来自菲利普·莫里斯的新产品"和更大更粗的字体"万宝路"，牛仔用类似江湖行话式的有力语气说道："发出香味物质的新香烟，长支，普通过滤嘴烟的价格，点上一只万宝路香烟，高高兴兴的用上过滤嘴。"在负责销售副总裁的约瑟夫-库尔曼看来，这种产品形象很单纯，"弥漫着勇敢和诚实的香味"。

图4-1 万宝路香烟广告

不对产品进行任何改造，采用当时首创的平开式盒盖进行包装，用红色作为外盒主要色彩，最重要的是，要在广告中塑造万宝路香烟的铮铮铁汉气概，吸引所有爱好、欣赏、追求这种气概的顾客。

1954年问世后仅一年，万宝路的销量就奇迹般地提高了整整三倍，从默默无闻的品牌一跃成为美国销量第10的品牌。

1975年，借着广播电视禁制香烟广告的机会，更便于用于印刷媒介的万宝路牛仔形象成功地帮助万宝路登上了全美销量第一的宝座。

图4-2 万宝路香烟广告

此后的40多年，李奥·贝纳广告公司秉承李奥·贝纳所创立的传统，经常派人到各个偏僻的大牧场物色土生土长的无名美国牛仔。他们注意的并非十全十美的漂亮小伙而是上马的姿态、马上的神态、溜马的手势都极具男子汉的气概的牛仔。

4.4.2 独特性

具有独特性的广告文案表现为和同类产品的广告相比，在消费者心目中该产品都是独一无二的、与众不同的,具有鲜明的个性特征乃至文化内涵。

无论采用感性诉求、理性诉求还是情理结合诉求,独特的广告文案必须深入挖掘产品本身的异质性,满足消费者的独特价值,宣扬产品所独有的、竞争品牌无法模仿的特质,这样的广告必然具有较强的吸引力和说服力。

延伸思考

甲壳虫广告改变了美国人的观念

20世纪60年代的美国汽车市场是大型车的天下,大众的甲壳虫刚进入美国时根本就没有市场,广告大师威廉·伯恩巴克(William Bernbach)再次拯救了大众的甲壳虫,提出"Think Small"的主张,运用广告的力量,改变了美国人的观念,使美国人认识到小型车的优点。从此,大众的小型汽车的销量稳居全美之首,直到日本汽车进入美国市场。这套20世纪60年代的广告创意风格至90年代仍然得到延续。这正验证了一句话:好东西是不会过时的。

下面这三个广告就是甲壳虫和伯恩巴克一起永载广告史册的经典:《Think Small》、《送葬车队》、《Lemon》。

1. 《Think Small》

文案:

想一想小的好处。我们的小车不再是个新奇事物了。不会再有一大群人试图挤进里边。不会再有加油生问汽油往哪儿加。不会再有人感到其形状古怪了。事实上,很多驾驶我们的"廉价小汽车"的人已经认识到它的许多优点并非笑话,如1加仑汽油可跑32英里,可以节省一半汽油;用不着防冻装置;一副轮胎可跑4万英里。也许一旦你习惯了甲壳虫的节省,就不再认为小是缺点了。尤其当你停车找不到大的泊位或为很多保险费、修理费,或想为换不到一辆称心的车而烦恼时,请你考虑一下小甲壳虫车吧!

图4-3 甲壳虫—Think Small

2. 《送葬车队》

画面:隆重的送葬车队

解说:车中的每个人都是下边遗嘱的受益人

遗嘱:我——麦克斯韦尔·斯内弗尔,趁清醒时发布以下遗嘱:给我那花钱如流水的太太罗丝留下100美元和1本日历;我的儿子罗德内和维克多把我的每一枚5

分币都花在车和放荡女人身上,我给他们留下50美元的5分币;我的生意合伙人多尔斯的座右铭是"花、花、花",我什么也"不给、不给、不给";我其他的朋友和亲属从来未理解1美元的价值,我留给他们1美元;最后是我的侄子哈罗德,他常说"省一分钱等于挣一分钱",还说"哇,麦克斯韦尔叔叔,买一辆甲壳虫车肯定很划算"。我呀,决定把我所有的1000亿美元财产都留给他!

3.《Lemon》

文案:

这部车子没有赶上装船,因为某个零件需要更换。你可能不会发现那个零件的问题,但是我们的品质管理人员却能检查出来。在工厂里有3389人只负责一件事,就是在金龟车生产的每一道过程严格检验。每天生产线上有3000个员工,而我们的品质管理人员却超过了生产人员。任何避震器都要测试,任何雨刷都要检查……最后的检验更是慎重严格。每部车经过189个检查点,在刹车检查中就有一辆不合格。因此,我们剔除"柠檬",而你得到好车。

评析:这是一幅看上去非常平凡的图片,一辆甲壳虫呆头呆脑地停在那里,没有美女陪伴,没有别墅衬托,这与伯恩巴克过去那种讲究新疑奇特的创作风格判若两样,但是却体现了他的一片匠心。因为,既然伯恩巴克要告诉人们甲壳虫是一部诚实的车子,那么广告的总体风格也必须充分表现这一点,不可过分花

图4-4 甲壳虫—送葬车队

图4-5 甲壳虫—Lemon

哨。在这一看似平常的广告作品中,伯恩巴克的独创性可以说是得到了淋漓尽致的发挥。这件伯恩巴克在20世纪60年代初期制作的广告,推出之后立即引起了巨大轰动,被当时的广告专家公认是第二次世界大战以来的最佳作品。大众公司的小型轿车也因此在美国市场迅速提高了知名度。柠檬(Lemon)是对一辆不满意的车子的一种标准描写。然而在这里,它是用来再一次证明这的确是一辆值得纪念的诚实的车子。由于一位苛刻的大众公司检查员认为这辆车子是不满意的车子(Lemon),仅仅是因为在某处有一点肉眼几乎看不见的微伤,可见大众公司对产品的质量要求是多么严格。假定我们仅仅说:"每辆大众车必须经过严格的检

查。"要用多少广告,要费多少钱才能达到这一效果?而仅仅是用一个"Lemon"来做标题,便收到了这一效果。

4.4.3 新鲜性

独特性和新鲜性往往是相伴相生的,但新鲜性更强调广告对于消费者而言,是从未接触过的,耳目一新的,能够刷新旧有的感知与体验。

按照一般理解,新鲜的事物往往是过眼烟云、飘过即逝的,具有新鲜性的优秀广告文案必须兼具新鲜性与历史性的特点,当消费者看到这则广告时,既能够饶有情趣同时又能做到过目不忘。这样的新鲜才是广告文案生命力的体现。

新鲜性的广告文案往往具有出人意料的特点,即使产品是广告诉求对象耳熟能详的,他们对于产品已经形成了一种思维定势和心理预期,但出人意料的广告却能够颠覆人们的旧有想法,产生戏剧性的冲突,在冲突中强化品牌认知与认同。

延伸思考

新鲜性广告案例:虎牌啤酒平面广告

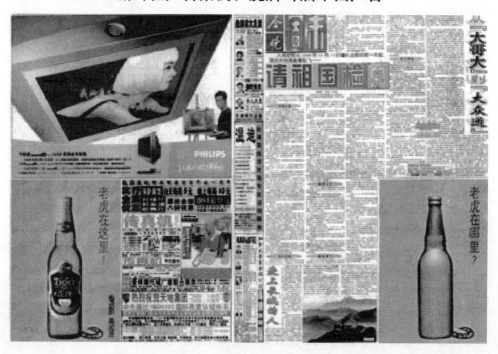

图 4-6

广告文案:

一版文案:"老虎在哪里?"

四版文案:"老虎在这里!"

评析:用一个报纸半版的价钱能否作出更高的广告效果?虎牌啤酒就做到了,而且做得还很有趣。简短的文字,富有冲击力和悬念的图片,使读者印象深刻、欲罢不能。秘诀除了新鲜的广告创意,还有新鲜的媒体安排。

4.4.4 震撼性

广告的魅力来自不断的创新,高度创意力的广告会强烈地震撼人们的心灵,使人迅速产生认知、理解、接受的行为。在如今广告几成滥觞的时代,我们周遭充斥着各类好坏不一的广告,如果一则广告普通得让人感觉不到它的存在,那么再多的广告投入也很可能成为浪费。很多情况下,震撼性的广告可避免这一悲剧的发生。

大卫·奥格威在其"品牌形象论"中曾谈到,"品牌形象比产品功能更重要"。也就是说,随着同类产品差异性的减小,品牌之间同质性的增大,消费者选择品牌时所运用的理性就减少。因此,描绘品牌的形象要比强调产品的具体功能特征重要得多。比如,各种品牌香烟、啤酒、纯净水、洗涤用品、化妆用品、服装、皮鞋等都没有什么大的差别,这时,为品牌树立一种突出的形象,就可为企业产品在市场上获得较大的占有率和利润。从这一点出发,具有震撼性的广告可以给消费者以巨大的视觉和思维冲击力,使得该产品在众多普通的广告中脱颖而出,率先占据消费者的心智资源。

延伸思考

震撼性广告案例

1. 戒烟系列平面公益广告

图 4-7

图 4-8

上述是新加坡禁止吸烟预防癌症运动广告。如果认为吸烟真是件很时髦的事情，那么这组作品要传达的是："你错了！真正时髦的选择是在美丽的环境中死去！"

图 4-9

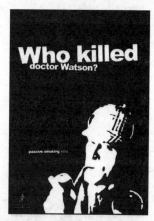

图 4-10

图 4-11

上述是斯洛伐克人联盟吸烟致命公益广告,从社会名流到小说主角到大明星,疑问的结果是"被动吸烟等于谋杀"。三则广告文案内容是:

"How many magnificent survived? Passive smoking kills."

"Who killed doctor Watson? Passive smoking kills."

"Anybody seen inspector Colombo's wife? Passive smoking kills."

2. "让未来更美好系列"平面广告

让未来更美好系列——食品商篇

文案:

未来,我们需要这样的食品商。

让儿童更有同情心,就是让未来更美好。

图4-12

让未来更美好系列——地产商篇

文案:

未来,我们需要这样的地产商。

让儿童更有同情心,就是让未来更美好。

图4-13

让未来更美好系列——医生篇

文案：

未来，我们需要这样的医生。

让儿童更有同情心，就是让未来更美好。

图4-14

评析：上述三则广告是2005年"21世纪报系杯"广州4A年轻人广告创意大赛银奖获奖作品，不幸的遭遇结合卡通的笔画，简单的愿望让人感受到一种震撼心灵深处的力量。

3. 新加坡环境协会公益广告

文案：大气污染影响到所有人（Atmospheric pollution affects everyone）

评析：这是新加坡环境协会（Singapore Environment Council）的系列公益广告作品，大气污染的后果能有多严重？外星人、骑扫帚的巫婆、丘比特都被熏掉下来了，大气的严重污染让高高在上的神仙们都无法忍受。夸张的角度得出的最自然的结果，画面具有极强的视觉冲击力，文案表现精确完美。

图4-15

图 4 –16　　　　　　　　　　　　　　　　　　图 4 –17

4.5　文案效果的测评

任何一项广告活动都希望通过投入，获得理想的产出，实现既定的广告目标。而广告目标的实现，是广告作品通过广告传播媒体与广告受众进行信息沟通的过程中完成的。广告作品被广告受众接触，会产生各种各样直接或间接的影响，带来相应的变化。这种影响和变化，就是广告效果。随着广告专业技术和广告效果研究的发展，广告文案效果测评也越来越受到关注。广告文案效果测评有助于确保创意的正确方向，为广告质量的判断提供客观依据。

广告文案效果测评实际上包括两个方面的内容：一是广告文案诉求效果的测评。二是广告通过媒介投放达成的传播效果（到达率、接触率、有效到达率）的检测。因为广告的最终效果，主要受到这两种因素的影响。

在广告作品发布前、广告发布期间和广告发布后都有必要进行文案效果测评，这三个阶段分别称为事前测评、事中测评、事后测评。

4.5.1　效果测评的意义

各类广告主通过各种媒体传播了大量广告信息，也投入了数额巨大的广告费用。全世界一年投放广告费约 3570 亿美元，排在前一、二位的美国每年约投入广告费 1886 亿美元，日本的广告费每年约达 331 亿美元。我国自改革开放以来，广告投入约以年均40%的速度增长。到2004年，广告费投放一年已超过了1亿元人民币，尽管人均广告费还低，但已是一笔大数目。花了高昂的费用来做广告，目的就是要取得一定的效果。但是，如何认定是否有效果，有多大效果，并不能凭感觉、靠印象，而是要通过科学的系统的测评才能实现。

广告文案效果测评对于实现广告目标具有重要的作用，有利于加强广告目标管理、有利于广告策划的策略创新和有利于增强企业广告意识。

4.5.2　效果测评的主要标准

根据R·巴特拉（Rajeev Batra）、约翰·G·迈尔斯（John G. Myers）和大卫·A·艾克（David A. Aaker）的观点，文案测评主要有五个标准：

1. 诉求对象对广告的认知；
2. 诉求对象对广告及其内容的回忆；
3. 广告说服或者改变诉求对象态度的效果；
4. 广告对于购买行为的效果；
5. 广告在提高品牌忠诚度或产品消费量方面的效果。

从这五个标准可以看出，广告文案效果测评可以分为三个层面，首先是广告对于诉求对象的认知和记忆的影响程度；第二个层面是广告对于诉求对象产生的产品印象和消费态度的影响程度；第三个层面是广告对于品牌与销售的作用。其中，第一和第二层面可以通过事前测评得到。

4.5.3　效果测评的分类与方法

作为一种信息传播活动，广告所产生的影响和变化是广泛的、多样的，可以从不同角度把广告文案效果分成很多种类。对于广告文案效果进行分类，有利于加深对广告文案效果的认识，便于根据不同类型的广告效果，采取对应的测评方法，以取得较为理想的测评结果。

如果按照消费者的影响程度来分，广告文案效果可划分为四个阶段：（1）到达阶段（Reach）；（2）注意阶段（Recognition）；（3）态度阶段（Attention）；（4）行动阶段（Action）。

按照涵盖内容和影响范围来划分，广告文案效果可以分为经济效果、传播效果和社会效果。

1. 经济效果

大卫·奥格威指出：广告不应该视为一种艺术形式的表现。广告惟一正当的功能就是"销售"（to sell）——不是娱乐大众，也不是运用你的原创力或美学天赋，使人们留下深刻的印象；做广告是为了销售产品，否则就不是作广告（We sell-or else）。广告主投广告的目的是对消费者产生劝服作用，达到影响消费者的消费心理，刺激消费者的购买欲望，实现产品的销售与品牌传播目的。具体而言，广告文案经济效果的测评就是测定产品销售，测定广告活动促进产品或者服务的销售促进作用，对企业利润增加的影响程度。

经济效果测评的方法多种多样，在实际操作过程中，通常组合使用，以获得更准确的信息。常见的经济效果测评方法包括：历史比较法、区域比较法、促销法、广告费用比率法、广告效果比率法、广告效益法、弹性系数分析法等。

2. 传播效果

广告文案的传播效果也称为广告本身效果或心理效果，是指广告文案传播对于消费者心理产生的影响程度，表现在对消费者的认知、态度与行为等方面的影响。广告活动如果想取得理想的结果，就必须占领消费者的心智资源，使消费者不仅在产品功能印象，而且在情感接受层面都获得良好的体验，从而对产品或服务产生内心的认同与好感，进而促进产品的销售。需要指出的是，广告传播效果的达成绝非一朝一夕之功，需要长期的持续性的广告传播来进行支撑。

根据传播效果的表现方式，广告文案传播效果测评一般又可以细分为广告表现效果的测定、媒介推出效果的测定、心理变化效果的测定，这些测评方法包括：直接反应法、室内测定法、日记调查法、电话调查法、机械调查法、语言联想法、语句完成法、绘画测定法、SD测定法等。

3. 社会效果

广告文案的社会效果即广告在社会道德、文化教育等方面所产生的影响和作用。广告借助媒介向大众传播，其传播活动本身已经超越了传播产品信息与品牌理念本身，从深层意义上说，它也在传播着生活观念、消费观念、价值观念和人生观念。

广告是一种消费文化，广告表层意识形态的所有观点、说法、立场是以此为中心建构起来的种种"言语"，而消费主义则是隐藏在所有表层表达之下，生成表层话语的最根本的深层结构。伴随着以广告为代表的消费意识形态的耳濡目染，以消费主义为中心的意识形态已经完成对当代人的脱胎换骨式的改造，使之建立起在消费中寻找价值和意义的生活方式。

广告文案社会效果测评的方法主要是事前测定和事后测定。在广告发布之前，一般由专家学者、消费者代表等从法律法规、道德风俗、文化心理等方面对即将推出的广告作出预测分析，及时发现问题，并予以改正。在广告发布之后，可以采用回函、访问、问卷调查等适合的测定方法，及时了解分析广告的社会影响，为进一步的广告决策提供参考。

延伸思考

你的广告费哪50%在浪费？——酒类品牌广告效果测试报告

随着白酒市场竞争的日趋白热化，酒类的营销策略在市场竞争中的制胜作用变得日趋重要。各家白酒企业的掌门人都各有心法：泸州老窖董事长袁秀平主张"一个以人性原则为基础，以人本精神为规划，以文化资源为素材，为品牌扩充文化价值和魅力的艺术化的文化营销工程，应该是我们的营销概念"。郎酒集团董事长付志明说："我们在新的一个世纪里，就是要为人们提供无公害，无污染的绿色食品，传统白酒与新型白酒其实并行不悖，无须厚此薄彼。"劲酒董事长吴少勋指出："名牌战略不是单纯的广告宣传，名牌战略是一个系统工程。他不仅仅是广告宣传等表象，他更多的是企业的内涵底蕴，是内涵的表现而不是外在的包装。"其实，对酒类营销制胜，各酒"家"的广告商也各显其能，使尽看家本领——但我们对现在正在猛打猛冲的几个酒类品牌的广告推广策略所作的一项测试研究发现，许多事情并不是想像中的那么简单和轻松。

1. 五个与广告促销效果紧密相关的要素

我们根据现有国内外品牌营销研究的成就，设定某品牌的广告促销的五个方面与其销售成效有着相关关系：注意力（Attention）指数；识别性指数（Identity）；可信性（Creditability）指数；愉悦性（Happiness）指数；渴求程度（Need）指数；设定各项相关系数，并录制几个有代表性的酒类品牌的正在播出的电视广告作为测试内容，我们选取63位酒品消费者进行指标测试和深度访谈。

看看谁在浪费广告费：

各项指数采用通常的百分比计算值：指数＝测试符合标准人数/总测试人数。统计表格如下：

测试项目 样本品牌	注意力指数 （Attention）	识别性指数 （Identity）	可信性指数 （Creditability）	愉悦性指数 （Happiness）	渴求程度指数 （Need）	爱成指数 （Aichn）
茅台王子酒	0.095	0.016	0.508	0.111	0.472	0.0000404
金六福	0.19	0.222	0.381	0.683	0.286	0.0031391
小糊涂仙	0.079	0.111	0.238	0.308	0.127	0.0001346
酒鬼酒	0.286	0.698	0.333	0.587	0.317	0.0123697
贵州清酒	0.175	0.175	0.286	0.667	0.238	0.0013903
沱牌曲酒	0.365	0.206	0.317	0.333	0.159	0.0012619
凌塔纯净酒	0.048	0.032	0.159	0.079	0.063	0.0000012

爱成测试模型假定，各项指标与广告的促销力相关系数分别为：A，I，C，H，N；广告促销力爱成指数＝注意力指数×识别性指数×可信性指数×愉悦性指数×渴求程度指数，根据计算的结果，我们得出，在同样的广告投放力度和媒体投放计划下，各品牌广告的促销力指数从大到小依次为：酒鬼酒，0.0123697Aichn；金六福，0.0031391Aichn；贵州清酒，0.0013903Aichn；沱牌曲酒，0.0012619Aichn；小糊涂仙，0.0001346Aichn；茅台王子酒，0.0000404Aichn；凌塔纯净酒，0.0000012Aichn。

虽然爱成测试模型只是一种研究广告效果的试验工具，但这一测试结果着实让我们大为吃惊，并使我们对酒类广告传播和品牌营销中存在的误区有了一些惊人的发现。

分析如下：

(1) 注意力（Attention）

在信息爆炸的时代，我们知道广告如果不能吸引人注目，且不能在广告的过程中吸引人注意，传播的信息就会无法进入消费者的记忆。

我们发现，沱牌曲酒的广告歌，酒鬼酒运用的神秘的情节，金六福的魅力旁白，以及贵州清酒运用名人等，都能极好地吸引人的注意力。而茅台王子酒和凌塔纯净酒广告在测试过程中表现不佳。

(2) 识别性（Identity）

识别性测试的结果表明，几个品牌差距极大。酒鬼酒独特的广告创意，能有效的融合独特包装与品牌名称，品牌个性明确，令人印象深刻，在记忆识别效果上把其他品牌远远抛在后面。另外，很多测试者根本无法有效记忆凌塔纯净酒品牌名称；贵州清酒、沱牌曲酒、茅台王子酒的产品识别性也不尽如人意。

(3) 可信性（Creditability）

这一项的测试，揭示了茅台酒品牌的成功延伸——王子酒并非通过卓有创造性的广告创意获得较高的信任，而是茅台酒品牌的心理暗示产生了提高消费者信心的作用。酒鬼酒、金六福、沱牌曲酒可信性方面都表现不错。然而，贵州清酒在如何建立明星和产品的相关性上，还需要提升，真正让明星成为产品的一部分，以提高品牌的可信性。

(4) 愉悦性（Happiness）

金六福、贵州清酒、酒鬼酒都建立了比较好的品牌策略，这些策略都能比较好地获得消费者的认同和追随，因而愉悦性指数较高。茅台王子酒的诉求策略虽然容易获得较高的信任感，但创意平淡，表现技巧苍白无力，测试者给评的愉悦性指数极低，甚至有测试者烦躁不安，对说服购买很不利。凌塔纯净酒因广告制作技术简陋，表现手法价值感差，此项指数测试极不理想。

(5) 渴求程度（Need）

广告通讨诉求点或形象感染能多大程度激起消费者的消费渴求呢？这项测定恐怕更令我们惊讶：我们发现凌塔纯净酒的"纯净"的诉求点，对测试者没有多少吸引力，也许酒品消费者对此远没有厂商看得那么紧要；王子酒的品牌衍生再次刺激了人们的渴求；酒鬼反而通过其神秘概念成功的创造，极大地唤起消费者的消费欲望；同时，很多测试者表示希望和朋友畅饮贵州清酒。

2．关于酒类品牌的策略忠告

如果我们承认上述各项指数与销售存在某种相关关系，那么我们就能有一些关于酒类品牌营销的惊人发现。现将我们的策略建议归纳如下：

(1) 酒鬼酒：酒鬼酒让我们看到在酒类品牌营销上，独有的品牌价值是如何通过它的名称包装广告来实现的，我们也看到这种清晰一致的品牌形象营销在酒类消费市场上是多么行之有效。

（2）茅台王子酒：品牌的衍生和延伸确实赋予了新产品极大的先天而有的竞争力，但这并不是说我们就一定能最后在消费者的心智中获得成功；茅台王子酒应该在王子酒的品牌个性上大下功夫，而且自卖自夸式的广告手法正在伤害其品牌销售力。当然，这一子品牌还必须在广告的吸引力和愉悦性上多做文章。

（3）沱牌曲酒："悠悠岁月久，历历沱牌情"这支广告歌曲可能价值千金，因为它在吸引注意力和建立品牌识别性上功勋卓著，轻易地更换和淡化它，如同更换品牌名称那样，可能会使其品牌传播损失巨大。但这并不是说沱牌在塑造品牌形象上走到了颠峰。沱牌曲酒的渴望程度指数相对较低，提醒厂商要在塑造其品牌形象魅力方面再上新台阶，需要确定良好的形象定位，并明晰能拨动消费者心弦的诉求方向。

（4）凌塔纯净酒：测试表明，"纯净"的诉求点和相对简陋的广告创意，并没有达到我们厂商预期的说服力，估计这种做法有可能在大量浪费企业的广告费。我们建议企业将纯净的产品特点和建立品牌形象有机的结合起来，走建立品牌形象之路——可以参考"一品黄山，天高云淡"的品牌营销思路——但千万不要忘了以消费心理研究为前提。

（5）金六福酒：同为品牌营销策略比较成功的品牌，但品牌的识别性还可以更上一层楼，品牌价值还可以开发得更好。

（6）小糊涂仙：与茅台王子酒、凌塔纯净酒，均属测试值偏低的品牌，此三者品牌广告策略和执行需做进一步提高，其广告促销效果、长程品牌效益才可能有上佳表现。

4.6 案例分析

东洋之花：持久美白

美白不是创新的护肤功效，但东洋之花却能够在竞争激烈的护肤美白市场上取得市场份额。那它是如何做的呢？

东洋之花的产品提取了米脂精华。东洋之花仅仅抓住创新资源这一点，核心主题词是"持久美白，白得好看"。把这个最基本的说法进行重新演绎，从而建立产品的市场优势。

夏天阳光明媚，热情奔放，是一年中最富有青春活力的季节。在人们享受夏日欢乐的同时，肌肤在夏季更容易衰老。紫外线是导致肌肤衰老的最大"元凶"之一，虽然它在阳光中只占6%的比例，但紫外线的照射会使肌肤变得粗糙并产生细纹。长期被紫外线照射会造成肌肤深层损害，从而产生皱纹，这种现象叫做"光老化"。因此，保护肌肤不受紫外线辐射的化妆品就起了决定性作用。东洋之花美白系列，在众多的产品中提出了自己的传播销售主张：美白不是创新的护肤功效；米脂精华才是创新的原料卖点。

品牌传播定位："自然营养，持久美白"。

传播概念："白得好看"——在皮肤之白与形象之美间架起桥梁。

主题：自然营养，持久美白；白得好看。

东洋之花美白系列的创新资源

作为一种护肤美容的功效，美白是各种专业护肤品牌应该具有和已经具有的特征，包括东洋之花竞争范围内的小护士、雅倩、旁氏、玉兰油等。东洋之花正是通过美白系列的推出，完善了产品结构，并进一步提升了专业护肤形象。

那东洋之花如何美白呢？

以米脂精华美白皮肤，是东洋之花在原料上的创新。这种方式提供了两种价值：第一，它是一种自然（植物）美白的方式，更合乎时尚与潮流；第二，它是一种持久的美白，给消费者更多的利益。

"自然营养，持久美白"是创新的品牌定位。

通过对竞争对手的研究，东洋之花认为：持久美白是一种新的或是别的品牌尚未大力传播的美白新概念。所以必须抢占先机，强力占位。

如何整合原料特点，形成一个"自然营养，持久美白"的全新品牌定位，成为这次传播的核心。

"白得好看"是一种全新的传播概念。由于人们对皮肤之白与形象之美两者之间存在着多样化的理解，如白嫩嫩、白净净、白里透红等。必须在两者之间架起最直接的理解桥梁，那就是白得好看。那东洋之花是如何表现的呢？

东洋之花美白润肤霜的创意表现

1. "白"篇

创意故事字幕：有的白是洗出来的。

白衣服洗去了污渍变得亮丽一新。

字幕：有的白是抹上去的。

墙壁刷了一层白漆后雪白无瑕。

字幕：有的白像是要喝出来。

储食柜里放满了很多未喝和喝光了的牛奶瓶。

字幕：拥有 样的白。

东洋之花美白润肤霜，蕴涵天然米脂精华。

无论轻歌曼舞，还是……都受人羡慕。

旁白：东洋之花美白润肤霜，蕴涵天然米脂精华，有效祛除色素，缔造完美肌肤。

自然营养，持久美白。

点评：想要肌肤美白有很多种方法，有的人每天洗几次脸，有的人每天抹一层厚厚的粉，像是戴了一层面具，有的人一天喝掉几瓶牛奶，幻想有朝一日能像白雪公主一样拥有雪白的肌肤。但事实往往不如所愿，从而引出东洋之花美白润肤霜自然营养的美白概念，让人印象深刻。

2. "颜色"篇

此案参考了《真实的谎言》中的表演

女主角戴面具，穿长衫入镜。

女声旁白：真的美丽，是肌肤的光彩。

女主角扔掉面具，撕去衣袖衣领，清新靓丽。

女主角不屑地扔掉手中的粉饼。

旁白：颜色，不是抹上去的。

（三维演示：从晶莹大米中提取天然米脂精华）

旁白：东洋之花美白润肤霜，蕴涵天然米脂精华。

女主角迎镜抚摸肌肤。

女声旁白：有效淡化色素，缔造完美肌肤。

旁白：东洋之花美白润肤系列。

点评：本篇以"肌肤之美"为传播主题，表现素面美人的美丽心得，倡导营养美白的美容观念。演员表演及画面剪辑充满时尚动感。

3."日式"篇

创意故事：一身和服，一双木屐，一个中国女孩正在演绎日本服饰文化。

摄影师"咔嚓"、"咔嚓"地按动快门，女孩的一步一挪，一笑一颦，都映着女孩的温柔、清丽。一张张定格的特写透着女孩的白皙、柔弱之美。

看着自己美丽的造型，女孩向镜头娓娓道出自己独有的日式营养美白之道：东洋之花美白润肤霜。

原来女孩正在一家日本茶馆和朋友相聚，坐在榻上饮茶的日本客人和服务小姐都送以友好亲切的目光，女孩报以同样的回应。

基本文案：都说我像日本女孩，白白净净，清清爽爽。

我想这是由于国际京都樱糯贡米精华，有效淡化色素，缔造完美肌肤。

东洋之花美白润肤霜，蕴涵自然营养，白得好看。

点评：日本女孩给人的印象总是白白净净，清清爽爽。本篇借助东洋之花美白润肤霜的精华取自于日本京都樱糯贡米这一特点，塑造一种日式的白皙之美，传递一种日式的营养美白之道。

思考题

1. 广告文案的创作程序主要包括哪些阶段？
2. 简述广告文案资料的来源及其划分依据。
3. 介绍DAMGAR理论，并结合实例说明这一理论如何运用到实际的广告目标制定中。
4. 请说明王老吉饮料的定位策略为何能够成功？
5. 分别举一个感性诉求、理性诉求和情理结合诉求的广告文案，指出其诉求点。
6. 广告文案效果测评的主要方法有哪些？
7. 结合东洋之花的案例，请谈谈东洋之花是如何确定品牌宣传定位的？

参考文献

[1] 詹姆斯·韦伯·扬. 怎样创作广告 [M]. 北京：中国友谊出版公司, 1991-12.

[2] 高志鸿, 徐智明著：广告文案写作 [M]. 北京：中国物价出版社, 2002-08.

[3] 印富贵. 广告学概论 [M]. 北京：电子工业出版社, 2006-03.

[4] 艾·里斯, 杰·特劳特. 广告攻心战略——品牌定位 [M]. 北京：中国友谊出版公司, 1991.

[5] 岳淼：万宝路："生活本身就是致命的隐痛", 全球品牌网, 2006-11-16

[6] (美) 巴茨等著. 广告管理. 赵平等译. 北京：清华大学出版社, 1999.

[7] 吕巍. 广告学 [M]. 北京：北京师范大学, 2006-08.

[8] 赵训虎：你的广告费哪50%在浪费, 中国营销传播网, 2002-09-28.

[9] 杨婧岚：广告传播中的意识形态, 中华传媒网, 2006-01-07.

[10] 伯恩巴克载入广告史册的经典：《甲壳虫》作品, 广告之家, 2007-02.

[11] 郑新安. 本土品牌梦工厂：电视广告实战案例解析, 北京：清华大学出版社, 2004.

[12] 定位, 王老吉饮料的飙红主线, 成功营销, 2004-12-09.

[13] 岳淼, 万宝路："生活本身就是致命的隐痛", 全球品牌网, 2006-11-16.

第5章 广告文案的创意

文案写作（Copywriting）指通过书面或文字描写，表现某一个品牌所具备的价值或利益点。文案写作远不止是用流畅的句子把产品描述串起来那么简单，贴切地说，文案写作就是对创意永无止境的追求和对表现这些创意方法永无止境的追求。

文案写得好的人都具有渊博的知识和创意才能，在广告决策方面非常精明。他们还具有综合营销战略、消费行为和广告战略，并将它们用简短而有力的传播加以体现的能力。他们决不会让文案干扰讯息的视觉因素，只能让它加强视觉因素。

假设你是Saatchi&Saatchi伦敦公司的一名文案，你的客户是英国陆军：你已经读了大量关于军事训练方面的书籍，出席了大大小小的会议，费心费力地读了很多关于人们对军人的认识和误会的材料。现在，你的任务非常简单：把所有的图示、数字和战略转换成一个简单、动人、机智的广告战役。

精明的广告主会不遗余力地为文案提供与某次广告活动目标相关的信息，使文案了解情况是客户的营销经理和广告公司的客户联络以及创意指导的职责，他们必须向文案讲明营销战略的宗旨及其复杂性。如果不了解这些情况，文案就会迷失方向，在那种情况下，他们只好依赖直觉来判断哪些信息与目标受众有关，哪些对他们有意义。有时，这样做行得通，但大多数时候，这样做是根本行不通的。

创意计划（Creative plan）在文案的写作过程中起着指导作用，它规定了在准备文案时必须包含的各个讯息元素。这些元素包括产品的主要主张、创意手段、将要使用的媒介以及产品或服务所需的特殊创意要求。文案所面临的重大挑战之一是如何从讯息发展过程中产生出来的一大堆信息中找到创意。一方面，这个挑战使原本可能枯燥乏味的产品特征变得激动人心。另一方面，这个挑战又将各种创意工具（诸如插图、颜色、声音和动作）和文案结合了起来，同时，文案还必须与广告将要采用的媒介密切配合。所有这些因素通过创意计划达到步调一致。在拟定创意计划时，下列因素应该加以考虑：

(1) 你希望目标市场成员从广告中得到的最重要的单一观点；
(2) 打算突出的产品特征；

(3) 用户可以从这些特征中得到的好处；
(4) 准备用于传播信息的媒介和广告发布的时间长度；
(5) 广告的气氛和基调；
(6) 体现这种气氛的方式；
(7) 广告的制作预算。

在创作广告的过程中，广告人可以对这些因素加以修改，也可以完全置之不理。比如，有些时候，为了使创意得到巧妙的实施，要求创意人员选择电视而非印刷品作为广告的载体。偶尔，某一个特定的创意思路也可能会提出与创意计划的要求不一致的气氛。因此，最好把创意计划看做是创意小组的起点而非终点。和广告中的其他任何东西一样，计划也应该随着新信息的不断增加而发展变化。一旦创意计划制定完毕，创意小组就可以着手进行广告的实际创意工作。

5.1 创意的本质

创意是广告宣传的生命线，创意不仅直接决定了广告宣传活动的品位及由此而形成的市场吸引力，而且间接影响着企业形象的塑造。因此，广告界历来重视创意，认为没有创意，也就无所谓一流的广告作品，更没有优秀的广告宣传活动。

就字面而言，创意就是创造意境、创造意念、创造意象。但是什么是创意，不同的学者基于不同的实践，提出了许多不同的看法。例如，大卫·奥格威认为好的点子就是创意。詹姆斯·韦伯·扬则说："创意是商品、顾客以及人性诸事项的组合，广告创作应着眼于人性，从商品、顾客与人性的组合上去发展思路。"美国广告学者 Alber Szent Gyorgri 说："创意就是发现人们习以为常的事物的新含义。"另一位广告专家 Shirey Polkoff 指出，"创意就是用一种新颖而与众不同的方式来传达单个意念的技巧与才能。"芝加哥一家广告公司的创意总监认为，"创意是这样一个过程；策划人员收集所有能够帮助解决问题的材料，如产品信息、商品定位、媒介状况、市场调查数据、广告费用等，然后对这些材料进行分类、整理，归纳出所需传达的信息，最后将其转化为极富戏剧色彩的传播作品。"概括而言，这些看法分为两种：一种观点认为创意就是构思过程，是设计剧情、安排情节的过程，强调地是以写实化的意境来表达某种观念、思想；另一种观点认为创意是创新过程，是提出与众不同的活动方案、拟定出奇制胜的措施的思维过程，主要强调新颖问题，创意的结论往往是某种点子、主意。应该说，这两种观点都有其科学性。其实，创意既有构思的成分，又有创新的色彩，是创新与构思的结合体。

根据创意融创新与构思于一体的特性，可以对广告创意作出如下界定：广告创意就是广告人员根据市场调查结论、品牌形象特性和公众心理需求，立足广告战略，运用联想、直觉、移植等创造性思维方法，提出新颖的主题设想，设计广告宣传意境和表现情节的构思过程。广告创意有的时候表现为"灵感"、"顿悟"过程。但是，"灵感"、"顿悟"并不是广告创意的全部。对于广告创意的实质，可作如下理解。

5.1.1 广告创意的前提：科学的调查与分析

广告创意当然需要"顿悟"，但并不仅仅是"灵感"的产物。不熟悉市场情况、社会文化、品牌形象特性、公众心理需求的人，是不可能真正创造性地设计出有市场影响力的宣传意境的。即便能创意，在这种无凭无据的创意指导下，策划出来的广告容易违反市场、违反文化、背离商品特点和企业的品牌特性。对于创意人员而言，应该掌握各方面的信息，如市场自然条件信息、营销促销信息、竞争信息、商品信息、公众需求信息、公众文化信息、公众经济信息、顾客消费模式、企业内部生产和管理信息、政策法律信息以及涉外商务信息、社会变迁信息等。

5.1.2 广告创意的关键：符合公众心理

从心理学角度看，广告就是广告主施加心理影响和顾客接受心理影响的过程。广告创意只有符合公众的心理规律，能与公众进行有效的心理沟通，才能达到创造效益的目的。

为了强化广告创意的公众心理导向机制，应该借鉴科耐创意模型。科耐根据消费决策出了理性思考还是感性思考、长时间思考（高重要性）还是短时间思考（低重要性），设计象限创意模型（见图 5-1）。他指出，第一象限即感性——非常重要，属于情感模型，顾客不太关注商品信息，而是根据自己的兴趣、态度、情感等因素作出购买决策，如化妆品、珠宝首饰。因此广告创意宜用爱情、亲情、乡情、情趣、成就感、满足感及恐惧主题，借助魅力化的语言和刺激性的画面，走温馨路线、激情路线、唯美浪漫路线、麻雀变凤凰路线、新女性独立路线，以此影响公众的情感，强化感性因素的作用，引导公众舍弃理性思维。第二象限即理性——非常重要，属于信息模型。顾客根据商品信息理智地作出购买决策，如商品房、轿车、艺术收藏品等。广告创意宜用实证手法突出商品的实体价值和企业的信誉形象，走商品本位路线、品牌信誉路线、服务至上路线、明星推荐路线。第三象限即感

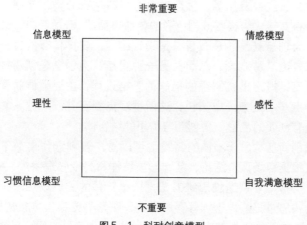

图 5-1 科耐创意模型

性——不重要，属于自我满足型。顾客只要感到满意即可，如服饰、家电、电脑、家具等。广告创意宜走顾客本位路线、品牌张扬路线，力求建立品牌忠诚度。第四象限即理性——不重要，属于习惯信息型，顾客一般就近购买，如各种日常用品。广告创意宜走实惠实用路线、明星示范路线、情景演示路线。

5.1.3 广告创意的表现形式：创新与优化

创新不是创意的全部，但却是创意的本质特性。其实，创意作为专业词汇，是个舶来品，其英文词为create。create有多种涵义，如创造、创新、革新、产生等，后来广告界将其意译为创意。从词的本义上看，创意是一项创造性工作，是来于创新、源于智慧的创造性思维活动。缺乏创造性的广告是没有生命力的。呆板守旧、抄袭旧程式不是广告创意的本色。广告创意的活力和魅力在于创新，强调地是以新颖的主题、新颖的形式、新颖的手法形成广告作品和宣传活动别具一格的风采，争取公众的注意和理解，形成市场影响力。

广告创意，一方面表现为创新，另一方面还表现为优化选择。只有一个人的"创新"和灵感，不可能真正形成好的创意，即使创意成功，也具有很大的偶然性。广告创意过程中，在依靠广告主创人员的基础上，还要充分调动其他所有广告人员甚至公众的创造性，借助头脑风暴法、博采广选法等手法，引导大家围绕宣传商品和宣传内容畅所欲言，相互启发，随意发表自己的看法，进行广告战略创意、战术创意、主题创意、语言创意、插图创意、情节创意、色彩创意和版面设计创意，形成多种创意方案，然后从中找出最佳组合方案。只有这种经过优化选择的创意方案，才能真正具有生命力。

5.1.4 广告创意的成果：富有吸引力的美好意境

广告创意的成果与文学创意的成果具有一定的相似性，即以构筑意境为目标。不同的是文学创意强调通过意境表达某种思想、观念，而广告创意则通过意境来展示商品信息和品牌特性。

文学是通过创意，让读者、观众、听众产生具体性的联想，来感染人和影响人的。广告也是这样，只有通过创意，设计出具体、形象、生动、美好的意境，公众才会接受影响，并按照意境的暗示，产生美好的体验，进而对宣传的商品形成好感。

现代公众在购物过程中，不仅期望购买到物美价廉的商品，而且还期望"购买"到愉快的心情。与此相联系，公众在接受广告宣传的过程中，不仅希望从广告宣传作品中获得充足的商品信息，而且还希望从中得到美的艺术享受。因此，广告创意在构思过程中，不仅要准确、清晰地表现商品的特性，满足顾客在商品信息方面的需要，而且要营造美好的意境，满足顾客的欣赏需要。

5.1.5 广告创意的法则

有人提出"广告创意 = 创异 + 创艺 + 创益"，认为广告创意既要新异，又要有艺术品位，更要创造效益，这是有道理的。广告创意受制于商品信息和企业信息，具有实用功能，同时又影响顾客的利益，因此需要严格遵循以下基本法则：主题突出、服务促销（具有关联性和目标性）、诚实可信（即符合道德规范和法律法规，具有可信性）、鲜明独特（即别出心裁，具有关注性）、高雅健康（符合社会道德规范）、信息显露（即通俗易懂，广告内容能被公众所理解）、形象逼真、情节生动、符合常理（即具有思维合理性，具有可受性）、富有品位（即具有较高的文化特质、艺术水准和美感色彩）、渲染情感、简洁明了、内容单纯且集中等。

5.2 广告创意的规律

广告创意是一种有目的的创作，更是一种以说服和劝诱目标受众产生某种行为为自己的行为目的的行为方式和行为过程。在这个意义上来说，作为创意内容之一的广告文案写作，不仅与其他种类的写作一样，具有写作行为形诸于文字可能产生的社会效应，更能广泛地号召人们进行某种活动、产生某种行为。而人们在广告创意及广告文案的说服和引导之下产生的某种行为，将对自己的经济、文化、生活方式等各方面都带来一定的甚至是重大的影响。因此，广告创意及广告文案写作应该是一种有原则的创作。只有在遵循某种原则前提下的广告创意，才能获得自己的创作目的，也才能使广告产生正面的社会效应，为社会、消费者、企业作出应有的服务。那么，广告创意及广告文案写作的特殊原则是什么呢？

5.2.1 遵循创意的真实性原则

如何遵循创意的真实性原则的问题，从宏观的角度而言，即是如何遵循《广告法》中对广告信息真实性问题所提出的要求的问题。因为，在《广告法》中，已有多项条款对广告的真实性问题提出制约，如第一章第三条："广告应当真实、合法，符合社会主义精神文明建设的要求。"第一章第四条："广告不得含有虚假的内容，不得欺骗和误导消费者。"在第五章第三十七条和第三十八条，《广告法》对利用广告对商品或者服务作虚假宣传的，发布虚假广告，欺骗和误导消费者，使购买商品或者接受服务的消费者的合法权益受到损害的，广告经营者、广告发布者明知或者应知广告虚假仍设计、制作、发布的，不能提供广告主的真实名称、地址的，社会团体或者其他组织，在虚假广告中向消费者推荐商品或者服务，使消费者的合法权益受到损害的，都——作出了法律责任方面的规定。有事业心的广告人都不会故意去违背《广告法》、违背真实性原则制作虚假广告作品，问题在于，在广告文案写作中，如何做才能达到真实，遵循创意的真实性原则呢？

1. 广告创意信息的表现要来源于客观的现实存在

这是广告创意达到真实的最重要的基础。即，首先在广告文案中就要向广告受众传达的广告信息必须是来源于客观实在的，在企业、产品、服务中真实存在的东西。特别是有关企业、产品、服务的内容、形式、质量、功能、价格、承诺等能给予消费者服务和利益的，广告主借此以说服消费者产生消费行为的内容，必须是真实的、客观存在的。任何在头脑中臆想出来的广告信息、广告承诺和广告利益点都是违反真实性原则的，因为不论文案人员在主观上是否为了蒙骗消费者，这类广告文案一旦发布，危害性极大。如2007年3月，一起燃气热水器的煤气泄漏导致一母子死亡的事件，其罪魁祸首是产品的广告文案。此广告文案信誓旦旦地承诺产品的特点是可以自动控制煤气泄漏，而事实上该产品根本没有这一优点。消费者误信广告文案产生对该产品的消费而造成了死亡。因此，在确定广告文案创意的信息内容时，文案人员首先要认真地研究被广告者，而不是张冠李戴，将其他产品的特点、功能、优势或头脑中臆想的利益点搬进广告文案了事。

2. 广告创意信息的表现要全面且准确

在广告信息来源于客观事物本身的基础上，广告信息的选择和表现要做到全面且准确。

全面，指的是在选择广告信息时，力争广告信息能全面地反映客观事物，而不是以偏概全或为了突出产品的利益点而故意地不表现产品的负面因素。如一个产品，有它的特殊功能，也有它的副作用，这个副作用可能会在产品使用过程中造成一定的后果，但广告信息中没有表现，这就属于没有全面地表现广告信息。表现全面的广告文案应该是将广告中产品的优势表现出来的同时，也表现产品的副作用，使消费者在消费过程中不致出现问题。在广告文案的写作中，我们经常会遇到一对矛盾：如何经过创意将广告信息的优势表现得更充分、更吸引人，但同时又要表现广告产品在消费过程中会出现的副作用？为了让广告作品诱导受众产生消费行为，文案人员可能更倾向于不交代副作用。但是，不交代产品副作用的广告文案是不符合真实性原则的，对广告的最终服务者——消费者也可能会造成消费后果。并且，消费者有权知道自己将购买的商品的全部信息。信息的全面性表现和如何更有效地展示商品利益点以吸引目标消费者，是一对矛盾，也是文案人员在操作中需要研究、解决的问题。

准确，指的是广告文案对广告信息的表述要准确、到位，不要出现可能导致的误导现象。特别是在以下几个方面的表述中：

（1）广告中商品的性能、产地、用途、质量、价格、生产者、有效期限、承诺或者对服务的内容、形式、质量、价格、承诺等有表现的，必须清楚、明白，不能含糊其辞；

（2）在广告中表现商品购买后的服务提供和礼物赠送，应当标明赠送的品种和数量；

（3）在广告中使用有关数据、统计资料、调查结果、文摘、引用语等方式提供商品质量和功能保证的，其全部资料都必须真实、准确，表明出处；

（4）针对语言的模糊性和容易产生歧义的特点，在表述中不用模糊性语言，不用易造成歧解的语言，而运用意义清楚、明了、表达准确的语言。

3. 广告创意表现要注意形式虚构和信息真实之间的辩证关系

广告创意表现的一个重要特点是真实的广告信息可以用虚构的广告形式来进行

表现。因此，如何正确地处理好形式虚构和信息真实之间的关系，是坚持广告创意表现及广告文案写作的真实性的重要问题。信息真实指的是广告创意及广告文案中所提供的有关消费者所能获得的利益和承诺等的真实，而形式虚构指的是创意可以用虚拟的场面、情景、行为等来表现真实的广告信息。如美国那则经典的销售电话的电视广告片，其场景、人物、对话都可能是虚拟的，但这个虚拟的故事情节是人们生活中很有代表性的情节，广告就是借助这个生活化的情节展开，将产品融入其间，营造氛围："她说她爱我们！"

也有人认为，广告文案的真实性原则会限制广告文案对广告创意的深化和发展。事实上，坚持真实性原则与广告文案写作中的深化和发展广告创意两者之间并不矛盾，只要处理好广告创意如何在广告真实性的规定之内进行创意，处理好广告表现的形式虚构和信息真实之间的关系，就能使广告文案既有创意性又能符合真实性原则。这正如汤·狄龙所言："一个好的撰文人员会使他自己的思考力、情绪及预感相结合而产生出一种无拘无束的温暖与诚意，并仍停留在真实的领域中。"

但一方面要坚持真实性原则，另一方面又要以创意来吸引目标受众，如何形成形式虚构和信息真实之间的辩证关系？我认为可以从以下几个方面作出有效处理：

（1）在信息真实的基础上进行形式和内容的创意，这是符合广告文案写作的本质要求的。文案写作本来就是应用写作，是一种有目的的、有限制的写作行为。这个目的由经济效应和社会效应构成，这个限制由信息真实等原则构成。这正如台湾智得沟通的沈百吕先生所说："商品是一切的原点，有好的商品，让消费者满意的商品，才能让消费者继续购买。"

（2）用创意的手段选择和表现真实的广告信息

同样的信息如何能逃脱平庸并产生让人注意、推动人发生消费行为的触动力？要看广告文案表现中的创意力体现。在产品的消费利益点和实证的创意思路几近相同的前提之下，广告创意却体现了各自不同的特点，不同的品牌印记，使得表现丰富多彩、品牌形象各具魅力。

（3）信息真实基础上的形式虚构

进行形式虚构，是为了运用艺术让广告表现更吸引人，更有魅力。而只有建立在信息真实基础上的形式虚构才有价值，才能产生美的广告作品。这两者之间的关系正如法国罗丹所说："美只有一种，即宣示真实的美。当一个真理，一个深刻的思想，一种强烈的感情，闪耀在某一文学或艺术的作品中，这种文体、色彩与素描，就一定是卓越的，显然，只有反映了真实，才获得这种优越性。"罗丹在艺术的意义上谈真实与美的关系都如此提倡真实的美，我们广告文案的写作因为其目的，更要重视信息真实基础上的形式虚构问题。

（4）虚构的形式要具有生活真实和艺术真实

形式的虚构是为了更进一步地吸引受众的注意。因此，在形式上重视达到艺术的真实和生活的真实，是使广告的形式说服人的必然。因为在广告作品中，要借助各种形式来传达信息。如用名人广告表现形式时，就需要有生活真实的依靠。"小霸王游戏机"的电视广告中，采用了香港著名影星成龙来表述产品的利益，"当年我用拳头打天下"一段说辞，就非常符合成龙的生活真实，广告产生效果。而有许多的名人广告，在形式上就不可信，有的名人为许多产品作代言人，但其与所推荐的产品间根本就没有关联性，说辞自然就不能让人信服。而一些运用特殊的场景、人物安排来表现广告信息的形式，虽然是虚构，但必须有艺术的真实。人们虽然不可能来考究其场景真实与否，但不符合艺术真实的广告形式必定影响人们对广告的接受。

在广告史上，李奥·贝纳为绿巨人公司写作的豌豆广告作品，是一个在信息真实的基础上努力寻找创意的典范作品：

广告标题：月光下的收成

广告正文：无论日间或夜晚，"绿巨人"豌豆都在转瞬间选妥，风味绝佳……从产地至装罐不超过三小时。

在这个广告文案作品中。作者首先从"绿巨人"公司的产品及其服务的特点入手，在真实的广告信息的基础上，作形式上的广告创意。这与作者的广告文案写作主张有相当大的关系。他说："如果用'新鲜罐装'作标题是非常容易说的；但是用'月光下的收成'则兼具新闻价值与罗曼蒂克气氛，并包含特殊的关切。"文案以真实的广告信息作为广告创意的基本，又在广告创意的过程中，借助虚构造就了一个能以新闻价值来吸引人们的注意力，能以罗曼蒂克气氛来使消费者沉浸在一种宁静、诗意、天然的审美环境之中，能以收成的时间、环境的特殊性来表达一种"特别的关切"的形式。人们在获得"新鲜罐装"的产品利益概念的同时，更如李奥·贝纳所料，能在虚构的创意形式中获得更多更多。

5.2.2 遵循创意的原创性原则

界定创意的原创性，要求在形式和信息内容两方面都必须有独创表现，这使得广告创意的原创性的内涵有了规定性。即原创性原则不仅仅要求广告形式上的原创，它同时也要求所传达的广告信息的原创；不仅仅要求是首创，更要求是在传递广告信息基础上的首创；形式和信息共同造就的原创，发掘形式中的内在力量的原创才是真正的原创。因此，要遵循创意原创性的基本原则，就需要在以下几方面澄清观念：

1. 创意的原创性必须是独创

这个理解有两方面的因素：其一，前所未有的、与众不同的才是原创；其二，即使是新的表现、新的方式，不是独一无二的就不是原创。因此，新花样不是原创，跟风的更不是原创。在我国目前的广告界，跟风的现象很多，今天你说："喝孔府宴酒，做天下文章"，明天就有许多的酒和饮料类产品广告在喊："喝某某酒，做……"；今天有广告文案标题为"朵而，由内而外的美丽"，明天就出现一增白霜的标题为："美白不做表面文章"；一阵风的成语活用，一阵风的拆字、仿语、谐音造就的新广告语……人云亦云，无原创可言。

2. 创意的原创是形式和内容的共同独创

即原创是形式和内容两方面的独创，而形式的原创应为内容的独特化服务，形式的原创要能体现出与内容相默契的共同意味。正如胡晓芸女士所言："一些广告人在发展原创力的同时，有两个问题始终没有得到解决：（1）将原创性与一闪而过的念头或谓之曰灵感的东西全然等同；（2）将原创力纯粹地理解为形式表现范畴，不考虑广告信息内容与原创性之间的本质同构。"

将创意的原创性与一闪而过的念头或灵感全然等同，就会无限制地扩大原创力的形式力量。广告人可以面壁而坐，等待令人振奋的灵感如天使般来临，却会在同时，放弃或轻视对广告具体内容、原始资料的研究，不去寻找所传达的信息的独特性东西。而"广告的内容比广告的表现内容更重要。……信不信由你。真正决定消费者购买或不购买的是你的广告的内容，而不是它的形式。你最重要的工作是决定你怎么样来说明你的产品，你承诺的是些什么好处"。

将创意的原创力只理解为形式的力量，就会出现形式凌驾于内容、形式脱离于内容的状况，一个广告作品自己内在的力量不一致而是"两张皮"，其传播的功能就会减弱。

3. 发展原创为了广告信息的有效传递

原创是为了传达信息，是为了说服和诱导目标消费者。因此，信息是基础，是惟一的原创性存在的理由。不是立足于广告信息的原创只是毫无意义的新花样。因此，过去有广告人所说的"以创意为中心"等座右铭，只适合在创意过程中的某个阶段而不是发展创意的根本目的，而信息的独创较之形式的独创更符合创意的原创的根本目的。

由上可见，广告文案写作要遵循创意的原创性原则，就要做到：

1. 在广告信息的选择中，要以广告的企业、商品、服务为原点，体现信息表现内容的与众不同的首创。小霸王游戏机的"游戏学习在一块"的独特信息传达，就是以产品本身的信息优势为原点的。而澳大利亚政府的三则系列平面广告作品的广告文案，充分体现了信息表现的与众不同的独创：

第一则广告文案：在海底深处，长达一百万公里的海底电缆将因通讯手段的进步而过时。将它废弃吗？大可不必。一项澳大利亚的新技术能将它升级为数码通讯电缆，而且改造工程只需在陆地进行。（整个平面广告是一幅海底世界图，蔚蓝的海水中有无数的大小鱼类在游动。文字平均地分行铺满整个画面前景）。

第二则广告文案：锋利的暗礁在漩流下潜藏，敢于过往的船只上，人们的生命正在受到死神的威逼。此时，在离浪峰五百米的空中，一项澳大利亚的新发明能为过往的船只导航，而几个世纪以来，该水域对航海家来说一直是个挑战。（整个广告平面上是一幅波涛汹涌的海图，文案依然平均地分行铺满整个画面前景）。

第三则广告文案：车辆废气使我们感到窒息。现在，有一项澳大利亚的新发明能提高车辆功率并几乎达到零排放。很快您就不用再被迫吸入碳氢化合物和氧化氮了。(一幅充满废气的交通图占满了整个画面，文案依然平均地分行铺满整个画面前景)。

在三则广告文案中，广告者都避开了以往同类广告的做法，抛开历史不说，抛开物产不说，抛开风光不说，而是将新发明进行了表现。这个新发明表现了澳大利亚政府面向未来，期望为人类解决一些尖端难题的心情、实干和关切。这是只属于澳大利亚政府的独特信息。

2. 在广告文案选用怎样的形式结构、语言风格、特殊排列组合方面，要体现与所表现的广告信息之间的独特组合和默契。

这是形式和内容的有机组合，是使形式和内容之间产生一种共同的意象、共同的感应的努力。这不仅要体现在形式与产品的"类"的特性的独特组合上，更要体现形式和产品个性的共通。如新加坡的樟宜机场，在一则广告中要表现机场的装卸货物的高效率，就在一幅平面广告中，用对比的形式表现两幅形状完全不同的玩具型飞机（一只奇胖，一只奇瘦）。其广告语是："仅在90分钟内就可减肥3000000磅。"在这里，广告用了幽默的手法来轻松地表现广告信息。这种手法的运用，使得人们在理解机场装卸货物的高效率时，既形象、直观，又用轻松的方式充分地肯定了机场的装卸能力。

3. 以与目标消费者之间的沟通、交流为原创的目的，体现与目标受众在形式和信息诉求之间的默契，在目标受众的生活方式中寻找这种默契。

这是因为，"好的广告是高度个人传播。传播者对受传者说'我晓得你，我非常了解你，我明白你的问题、你的抱负、你的需要，我想要告诉你的是我所信任的、所热爱的好产品、好服务，我想当我介绍完它后，你一定也会喜欢它'"。

广东的《信息时报》在其报纸的订阅广告中，体现了这一默契：全黑底的平面广告上，正中是一只热气腾腾的煲，强烈地吸引着受众的视线。这只煲与众不同，它的煲盖和煲身都用一张《信息时报》妥妥帖帖地裱糊着。在报纸上，《信息时报》的报头红得夺目，"大型日报广州出版 国内外发行"一行文字将报纸的性质一览无遗。而报纸内容的丰富和多样，就像一煲丰盛的菜肴，让人迫不及待地想要去品尝它。广告作品右上角，是广告标题和广告正文。标题用二号大字表现："粤式大煲?"文案为：

图5-2 《信息时报》平面形象广告

"'煲'为'报'之谐音。'信息时报有料到……'这是一句近年流行于粤、港、澳的粤语口头禅。'有料到'翻译成普通话意为'有内容，内容丰富……'粤人喜饮汤，每顿必煲，更讲究汤料之上乘，此煲为特大号，内里'汤料'自然名副其实。试试！从今日就开始订阅《信息时报》。"

报纸的读者被这样的表现方式所吸引，而广告文案中所表现的体现独特粤式风格的语言、所传递的内容都是要看《信息时报》的读者的需要和喜好。此广告与他们的生活方式之间获得了一种从形式到内在的默契，交流和沟通由此产生。

4. 杜绝毫无创意的平庸选择和平庸表现，更杜绝貌似大创意实则没有任何原创意义的噱头和新花样。

这个问题说起来容易做到却非常难。因为这需要有两方面的能力：其一，判断某种形式、某种信息诉求是否属于原创的能力和甄别原创、噱头、新花样的能力；其二，跳出平庸，获得原创的能力。这两种能力的拥有，在于文案人员平日里对自己的内在素质的训练。认识广告文案的独特意义，认识作为传播的内在因素，以目标受众的眼睛看广告作品、体味作品，不要让貌似有意味的形式所迷惑，而是根据有效传播的原则来考究自己或他人的作品。思辨力在这里起到主要的作用。例如怎样看风行日久的名人广告？如何对待成语活用、谐音广告文案？如何对待将文字用美术的编排形式进行编排而不重视受众是否看得懂文字内容？使自己习惯于对问题的思考可以使我们避免误入歧途。

5. 运用汉语言特点，发展汉语言优势，在特点和优势中寻找独特的意义。

万基洋参丸的一个平面系列广告，在广告文案写作中充分活用了汉语言特点，并在此特点的基础上，创造出一种非常独特的广告效果。

第一则广告文案：一个大大的繁体的"补"字，占了广告画面正中的大部分，醒目、刺激，又用红笔在其上打了一个大大的红叉。广告语为：大补特补未必补，少补精补才对路。

第二则广告文案：无广告标题

广告语：补不在多而在精

广告正文是：药补 食补 左补 右补 前补 后补 大补 特补 补上 加补 补不足更补 有余 补头 补脑 补手 补脚 补肝 补肾 补心 补肠 补胃 补饭前 补饭后 补出门 补回家 补睡前 补起床 补上班 补下班 补加班 补放假 补没事 坐着也要补 一个人自己补 两个人帮着补 三个人接着补 一起人人补 三天小补 五天大补 周末双休加倍补 天天补 月月补 年年补 一生一世都是补 补得没完没了 补得天昏地暗 除了补还是补 补得不想补 不想补还得补

图 5-3

第三则广告文案：一个字级较小却醒目的红"补"字，下面有一道黑线，广告语为：补得越精越细，补得越好越有效。

图 5-4　　　　　　　　　　　　　　　图 5-5

第四则广告文案：广告正文：白天白补（白底黑字）／晚上瞎补（黑底白字）。

广告语为：要真正补得有效，不如少补加精补。

评析：此广告文案运用汉语言特点，在"补"字上做透了文章。第一则中，用繁体大字打上红叉，有效地吸引了受众的注意力。为了提出"大补特补未必补，少补精补才对路"的新观念，如果在第二则中用叙述或描述的文案形式对每一种补的观念、补的现状进行表现的话，会显得十分的啰嗦而乏味。而文案用现在的特殊表现方式，将目前人们补的心态、补的现状、补的无奈、补的无结果用最少的文字进行了表达。广告文案越品越有味，一个个场景、一副副面孔、一种种心态……都被包容在短短的篇幅之中。汉语言的独特韵味被运用得淋漓尽致，并组合出了一种奇特的幽默效果。人们在"噗

图 5-6

嗤"一笑间，会联想到生活中有关吃补品的点点滴滴。第三、四则进一步提出了进补观念，而"少补精补"的最佳产品选择是谁？当然是万基洋参丸了，因为它是集西洋参之精华的，这个概念在"万基"的过往广告中，已得到了充分铺垫。

5.3 广告创意的具体方式

　　文案表现创意实际上是运用物化的语言文字符号使创意具体化、形象化，形成一个诉求准确、引人注目的文本。广告文案表现创意的方法多种多样，需要恪守诉求单一、联系简单、表现简洁的原则等，已被众多有关文案写作的著作所强调。不过，在商品品牌汗牛充栋、传播媒介极大丰富、受众的注意力已经成为稀缺资源的今天，不管表现什么样的创意，都必须以消费者为导向、以受众为本。这也是整合营销传播的广告传播理念对文案的基本要求之一。广告是做给消费者看的，既不是为了取悦广告奖的评审，也不是为了让广告主私家典藏。创意人员和文案人员既要深刻洞察销售主张和创意核心，又要准确把握受众的心理需要，这样创意的"子弹"才能够命中目标消费群体。广告文案的人性化表现，是需要文案写作者重点掌握并解决的问题。

5.3.1 把创意核心与消费者的心理和生活连接起来

　　先讲一个案例。盖天力制药厂的"白加黑"感冒片，1995年上市仅半年，销售额就突破1.6亿元，占据了全国15%的感冒药市场。这一现象被称为"白加黑"震撼，在营销界产生了强烈的冲击波。"白加黑"这三个字，就是了不起的创意。它只是把感冒药分成白片和黑片，并把感冒药中的抗过敏成分"扑尔敏"放在黑片中，其他什么都没有做。"白加黑"构成了文案的创意核心。文案的执行点子十分简单，把"白加黑"这个创意核心与商品、受众需要的联系直接地表现出来。它的广告语："治疗感冒，黑白分明"表现了自己的品牌主张；正文是一个独特的承诺："白天吃白片，不瞌睡；晚上吃黑片，睡得香"，不仅把品牌的外观、内质、个性极其明快地道出，而且又进一步引发受众的联想，使受众感受到了细致入微的关怀：感冒是小病，轻度感冒，白天仍然需要上班，吃白片，不影响工作；晚上服用黑片，正好休息。

　　"白加黑"的文案实际上揭示了在文案的制作中，创意核心、品牌主张与消费者的生活和心理联系的一种模式。

　　广告文案的执行点子，实际是品牌主张、创意核心与消费心理三者交互重合的那一部分。如果说，品牌主张、创意核心还是侧重于物性因素的话，那么广告文案的执行点子，不仅要表现物性，而且还应融合人性的因素，即消费心理。换一句话说，广告文案表现的应该是人性化、创新性、有效果的品牌主张，是物性与人性的沟通。

　　正因为广告文案的执行点子既要涵盖品牌主张、创意核心，又要融合受众的个性需求、情感体验等人性化的东西。一般来说，表现广告创意概念的文案执行点子要从人性化的方面、激活消费者的信息需求方面、与受众的日常生活对接方面下工夫，要让受众实实在在地感受到主诉信息与他的生活方式的密切关联，真真切切地感觉到品牌或产品对他的价值。要找到这样的点子，途径和方法可以是多种多样的，目标受众的生活方式、生活世界的各个方面，都可以成为表现创意概念的执行点子。关键是文案人员能不能在深刻洞察目标消费群体的基础上，想到把创意核心与目标消费群体相关联的执行点子。

5.3.2　用生活化的细节来表现创意

所谓"可以用生活化的细节来表现创意"，指的是文案表现材料使用目标受众群体的日常生活片段，使用他们的实际生活经验。

例如，张艺谋曾经为"爱立信"手机拍摄过一组品牌形象电视广告，其文案如下。

代沟篇（沟通就是理解）

人物与情节：一个普通的中国城市家庭，少年儿子与中年父亲发生争执，回到自己的房间，把父母关在外面。然后是父亲在门外的大声呵斥和父母在厨房里做家务时的对话。

父（愤怒地）：你给我老实呆着，好好想想你的错，想不好就别给我出来。

母（埋怨地）：行了，行了，有什么话好好说嘛。

父（怒气未消）：有什么好说的，他根本不听你的。

母（不满地）：这和我惯不惯有什么关系？儿子长大了，有思想了。小时候他多愿和你在一起，为什么现在一见你就跑？你知道他想什么吗？你知道他关心什么吗？一天到晚就知道忙忙忙！你什么时候关心过儿子？你小时候不也希望你爸爸有时间陪你聊聊，有话好好说吗？你在单位不是挺会做思想工作的吗？为什么回到家里，就不能和儿子谈谈呢？交个朋友呢？（母亲说着，没有注意到父亲已经悄悄地去敲儿子的门）。

父子篇（沟通就是关怀）

人物与情节：老年父亲与中年儿子。儿子看起来是个生意人，很有钱，为父亲买了各种电器，然后要到外面与朋友吃饭。看到儿子关门而去，父亲很失望。没想到儿子下楼后又转回来。

儿子（帮父亲整理各种电器，不在意地说）：爸，给您换个大的（指电视），看着清楚。遥控，您坐哪儿都管用。妈不在了，您一个人吃饭别老凑合，给您买了一个微波炉，又快又省事。您老腿不好，闲着没事就让这玩意儿给您揉揉（指按摩器），都说特舒服。爸，我得走了，有事呼我。

父亲（失望地）：又不在家吃饭了？

儿子（不在意地）：以后再说吧，哪儿不是吃呀，外面吃得还好呢。朋友多，天天都是饭局，您哪，就别操心了。您待着。我走啦。

儿子（去而复回）：我跟他们说了，今儿哪儿也不去了。爸，咱们先做饭，吃完再陪您杀两盘，好长时间没和您下棋了。

又如，TCL 冰箱平面广告《一鱼三吃篇》，使用混合诉求的手法，选取家庭主妇常常使用的一鱼多吃的烹饪方法，巧妙地凸现了冰箱"冷冻、微冻、冷藏"于一体的三制式多功能。

文案：手艺好，一条鱼可以变着戏法儿吃，但有什么妙招能保证鱼的新鲜度时刻如你所需，恰到好处？TCL 率先推出集"冷冻、微冻、冷藏"于一体的三制式多功能冰箱。家中有了它，你可以巧用三种形态的保鲜功能，加上你的好手艺，一鱼三吃非难事，无穷滋味在其中。

5.3.3 用受众的情感和欲望体验来阐释创意

受众的喜怒哀乐、七情六欲、爱恨惊惧等情感体验或情感活动心理，都可以成为广告文案阐释创意核心的执行点子。

例如，2005 年，由广东平成广告公司为健康元集团"太太静心口服液"品牌代理制作的电视片《重返上海滩》就挖掘出更年期妇女记忆中的最美好符号——赵雅芝和《上海滩》作为执行点子。30 秒钟的广告片再现了 20 年后的今天，赵雅芝重返上海滩的镜头。虽然年华逝去，代言人也处于更年期，有时候也会心烦失眠，但她常常服用"静心口服液"，就让人感觉还是那么年轻，风采依然。电视片的旁白揭示道："潮起潮落，日子不平静，一阵阵的潮热出汗，让我的心情也忽起忽落。喝静心，不烦不燥睡得好，感觉还是那么年轻。静心口服液，让女人一直美下去。"品牌主张得到充分表达，同时也能够吸引诉求对象的注意力，引发共鸣。

再如，雀巢咖啡《新欢篇》的平面广告，文案只有两个字："新欢！"幽默地利用了"喜新厌旧"的心理，突出了产品的特点。

5.3.4 用个性化的生活情趣来呈现创意

好的广告是高度个性化的传播，似乎传播者对受传者在说："我晓得你，我非常了解你，我明白你的问题、你的抱负、你的需要，我想要告诉你的是我所信任的、所热爱的好产品、好服务，我想当我介绍完它之后，你一定也会喜欢它。"

目标消费者的生活方式往往总有一些与众不同的东西。文案撰写者要找到这些东西与品牌或产品的相关性。例如，在北京、上海、武汉、南京等大学集中的都市里，麦当劳、肯德基等洋快餐店，已经成为大学生生活不可缺少的一部分。一杯咖啡、三两知己，或一本杂志、一堆复习资料等，可以让大学生们在这些充满异域文化氛围的场所一坐就是一个下午、一个晚上，甚至一整天。这些地方已经成为他们自习、休闲、朋友聚会，甚至恋人约会的地方。如果是以都市单身贵族或大学生为诉求对象的广告文案，就要尽可能挖掘这些可能体现其独特生活情趣的生活方式的某一个方面来表达创意核心。

5.3.5 用人格化的方法来表达创意

所谓人格化的方法，是指把品牌或产品拟人化，想像它们像人一样，从而设定与诉求对象的联系。

5.3.6 用性元素表现创意核心

性关系、性心理和性体验是人的生活和人性表现的重要方面。在法律、道德和文化许可的范围内，挖掘性元素，表现广告创意，是广告文案执行点子常采用的方式之一。

5.4 案例分析

案例一：美国7—ELEVEN 24小时连锁店企业形象电视广告文案

年轻人：清晨4点，整个城市好像只有那个角落让人觉得明亮和温暖。

店员：我记得那天冷冷的，好像还在下雨，他站在那里喝咖啡，心情好像很坏的样子。

年轻人：只不过喝他一杯咖啡而已，他就像老朋友一样陪我聊了好久。

店员：我只不过问问他是不是工作不顺，他就像好久没跟人说话一样，一说就说个没完。

年轻人：我好像第一次跟一个陌生的人讲那么多话，也在这个角落里，第一次感觉到许多人竟然可以那么单纯、那么认真地活着。

店员：嘿，胡子刮刮吧。

店员：常来啊，别忘了这个方便的好邻居哦。

年轻人：那个早晨，我觉得自己的脸那么清洁，那个角落真的特别明亮、特别温暖。

评析：这里的年轻人与店员的对话都是内心活动的表白，以回忆的方式，把年轻人凌晨4点到7—ELEVEN 24小时连锁店喝咖啡时，所遇到的友好温馨的服务进行了大致的描绘：开始怎样去那里、中间的过程如何、怎样离开、感觉如何等。通过这样的内心独白，"24小时提供好邻居一样的服务"的创意核心，得到了合乎生活逻辑的表现。

案例二：北京东北四环亮马河畔"ZAMA 咱们 X 时代的城"楼盘报纸广告文案
《ZAMA 咱们》

65年的人爱玩理想/79年的人爱玩音响/65年的人热爱中国女排/79年的人热爱美国牛排/65年的人喜欢工作加薪/79年的人喜欢巧克力夹心/65年的人习惯唠叨/79年的人习惯麦当劳/无论是65年还是79年的/小时候都喜欢跳房子/现在都在挑房子。

ZAMA 咱们，所有生于1965～1979年的人的城。

森林：环拥万亩绿色，近享城市绿带、白桦树林、湿地公园。

河流：坐依亮马河，远眺西坝河，近收繁华都市原生水景。

城市生活："黑、白、灰"都市质感建筑，"绿色魔方"荷兰风格派园林，"咱们"上演城市幻彩生活。

评析：该广告文案的核心部分的执行点子，在于对于诉求对象"1965~1979年的人"的生活方式的不同点和作为房产消费对象的共同点的准确把握。

思考题

1. 广告文案如何表现创意核心概念？
2. 结合身边的广告案例，讨论分析其表达创意核心的具体方式。
3. 不限主题，以生活化的细节来表现创意的理念，创作一则广告文案。

参考文献

[1] 汤·狄龙. 怎样创作广告 [M]. 北京：中国友谊出版公司，1991-12.

[2] 国际广告 [J]. 国际广告杂志社，1997-04.

[3] 丹·海金司. 广告写作艺术 [M]. 北京：中国友谊出版公司，1995-05：44.

[4] 胡晓芸. 现代广告文案撰写——戴着镣铐舞蹈 [M]. 北京：新华出版社，1997-06：65.

[5] 大卫·奥格威. 一个广告人的自白 [M]. 北京：中国友谊出版公司，1991-12：82.

第6章 广告文案的写作

广告文案为的是销售，广告文案的写作不同于一般文体写作，广告文案写作直接关系到广告的效果。丹尼尔·贝尔认为："目前居统治地位的是视觉观念。声音和景象，尤其是后者组织了美学、统率了观众。在一个大众社会里，这几乎是不可避免的"。奥格威曾经阐述的文案的重要性受到了削弱。大多数电视广告你可以不听声音（文案内容的表现）一样可以明白它想要销售什么。不仅如此，平面广告的语言也一样受到了视觉形象的巨大的挑战。

尽管画面开始唱主角，文案作为恰当的点题同样发挥重要作用。只有文画相通相融相得益彰才能显示出广告的无穷魅力和长期效果。

广告既然为了销售，那么就要吸引消费者。要做到吸引，就要在文案写作和广告构思上一切从消费者出发：揣摩消费者的心思，紧扣消费者心理，培养消费者的消费欲望，倡导大众时尚潮流，引导大众消费意识。如今多元的社会文化和市场经济的繁荣使得广告的消费对象在不断变化和更新，任何成功的广告都需要不断的创新。在广告画面越来越眩目的同时，文案写作在有些广告中显得苍白无力。广告文案不仅要通俗，而且需要气质。广告内容自然重要，但表现形式也不应忽略。

广告文案如何才能既通俗又能有自己的气质，广告文案写作基础不可不知。本章通过对一些概念性的知识进行梳理，让读者了解广告文案写作的特点和技巧，通过理论和案例的结合让读者了解广告文案的个性和价值所在。

文案以标题、标语、正文、随文为信息传达的基本模式。当然文案不是八股，模式可以根据具体情况变化而不必拘泥。

标题是信息、趣味和创意的的体现，它在广告作品中用来传达重要信息以引起受众兴趣。

标题一般在最显著的位置突出表现，醒目的标题能直接引起受众注意，在最短时间内传递最重要的信息。标题应该去表现广告信息中的精华、广告创意中的亮点，使受众继续关注正文。

标语又叫广告口号，其特点是简明扼要，能够表现商品特性或企业理念。一般的广告口号句式简短,朴素流畅。广告口号反复运用,给受众留下深刻印象。

正文承接标题对广告内容信息进行展开说明,在广告文案中处于主体地位。优秀的正文对激发消费者购买欲起着关键性作用。正文也是诉求对象最容易忽略的部分,所以如何吸引受众的听觉和视觉,对广告文案人员来说是一项富有相当挑战的任务。

随文又称附文,用于传达购买商品或接受服务的方式方法等基本信息。随文一般出现在电视、广播广告的结尾部分,或者在平面广告、印刷广告最下角的位置。

广告文案的叙事方式和修辞技巧都是丰富多彩的,如此之多的广告文案表现方式,都基于语言本身。如何恰当的运用和传达广告信息是每一个广告文案人员需要注意的。

另外,系列广告文案的写作体现出传播的连续性、信息的综合性和全面性,它能通过捆绑式的信息汇集,冲击受众的视觉和听觉。

广告文案需要广阔的思维发散空间和丰富的想像力,需要别具匠心的创造力和个性,当然基本的模式也需要掌握和发挥,它是将广告信息传达准确、到位的有效保障。

广告文案写作要通俗简洁,要真诚的对产品和服务进行实事求是的介绍,才能赢得受众的信任。广告是一种消费引导,对受众抱以真诚的态度,把消费者的利益放在第一位才能更好的按照市场规律办事,才能不断地提升企业自身的知名度和商品的美誉度,才能使企业不断发展壮大。

广告文案写作体现广告创意和广告主题。文案人员要对广告创意进行准确的表达,运用语言文字对广告创意进行表现、深化和发展。要追求独创,独辟蹊径。另外还要立足说服,诱发共鸣,激发受众潜在的需求。只有让受众对商品及服务产生好感,对企业产生信任,对公益事业产生热情,广告文案的价值才能真正得以发挥。

6.1 文案的格式

历史上最初的广告文案没有完善的格式。在英国伦敦博物馆保存着的迄今为止发现的世界上最早的广告文案只有一段文字,没有广告标题等其他因素。

随着生产力的发展和社会的进步,科技带来的推动力使得人类文明进入了印刷时代。印刷术的发明和发展也使广告文案随之发生变化。这个变化主要在格式上从只有一段文字的广告正文过渡到出现了广告标题、广告正文和随文的分工。

我国北宋时期出现的"济南刘家工夫针铺"铜版印刷广告,广告文案总共不过44个字,但单就形式上来说,它已具备了完整的广告文案基本格式。

广告标题:济南刘家工夫针铺

广告正文:收买上等钢条,造工夫细针,不误宅院使用;客转为贩,别有加饶。请记白。

广告随文:认门前白兔儿为记

不难看出,"济南刘家工夫针铺"的广告已经不自觉的出现了标题、正文和随文。该广告的文案格式虽然不算完整,但是基本信息传达到位,而且突出了产品的特质:"上等钢条"、"工夫细针"。并且随文里出现了类似传播广告商标的文字:"认门前白兔儿为记"。白兔儿图形也具备了商标的雏形和作用。

现代广告的基本格式一般包括四部分:标题、标语、正文、随文和准口号。

图6-1

6.1.1 标题

广告标题是整个广告文案的总题目。广告标题需要能够醒目清晰的表现整个广告的含义,向消费者传达商品信息。所以标题应该将广告中最重要的、最有价值的、最吸引人的信息进行富有创造性的表现,以吸引受众对广告的注意。标题应该展示广告信息中的精华、广告创意中的亮点,使受众继续关注正文。在有些没有正文的广告文案里,标题的作用显得尤为重要。

既然标题与广告的内容和正文密切相关,那就要注意它的一些特征。标题最重要的不是建立长期印象,而是即时效果。让受众或者说消费者以及那些潜在消费者看到或听到广告的第一句话就被诉求重点击中或被广告创意吸引是标题的成功之道。

6.1.2 标语

广告标语也叫广告口号、广告语、广告中心词等。广告标语的作用是加强受众对企业、商品或服务等企业内容的一贯印象。广告标语应该简明扼要,必须能够表现商品特性或企业理念。它是基于企业长远的利益,向消费者传达长期不变的观念的重要渠道。广告标语表现的信息要单一,但是内涵要丰富。一般的广告标语句式简短,朴素流畅。

6.1.3 正文

广告正文是指广告文案中处于主体地位的语言文字部分。在正文中,对广告主题进行解释或说明,将在广告标题中引出的简单的广告信息进行较详细的介绍,对目标消费者展开细分诉求。写作广告正文,应该使受众了解到各种他们希望了解的信息。只有受众对正文的阅读即对产品或服务的了解有比较浓厚的兴趣,并产生信任感,继而才能萌生购买欲望,产生购买行为。

正文主要对标题中提出或承诺的商品或商品利益点给予解释和证实,也可以对广告中企业、商品、服务、观念等的特点、功能、个性、背景等方面进行详细说明和介绍。也就是说正文是广告信息的深度传播和诉求,以及对诉求对象进行深入说服的语言或文字内容。它需要为标题的承诺提供依据，对重要信息作完整的解释。

出色的正文对于建立消费者的信任，令他们产生购买欲起着关键性作用。但是奥格威说："读标题的人是读正文的人的五倍"，所以如何在最短的时间内吸引诉求对象的视觉和听觉，以促使他们读正文或者继续看广告的后25秒对于创意和文案人员是相当大的挑战。

也有一部分广告意在建立形象或仅仅传递非常明确并且容易理解的信息，几乎没有正文而言。这一点需要广告的视觉形象或听觉感受以及作品的风格与氛围非常鲜明、生动、具有个性和非凡创造力，也可以说需要标题的信息传达非常到位。

6.1.4 随文

广告随文是在广告正文之后向受众传达企业名称、地址、购买商品或接受服务的方法等附加性文字。在广告文案中一般居于正文之后，也称附文、尾文。在随文中一般包括以下内容：（1）品牌名称和企业名称、标志；（2）企业地址、电话、邮编、联系人；（3）购买商品或获得服务的途径和方式；（4）权威机构证明标志与促销措施。

其实，随文相对独立出来是为了让那些广告基本信息突出醒目。随文中的信息不是广告诉求重点，因而文案人员往往较容易忽视，从而很少在随文上下功夫，而通常只是简单的把必要的信息罗列出来完事。但是随文对于一个完整的广告必不可少，而且好的随文对于将诉求对象的购买欲直接变成购买行为有很大的帮助。所以一些广告大师写随文时同样一丝不苟，精益求精。

6.1.5 准口号

现代广告文案的基本格式也正在发生新变化。在标题、标语、正文和随文的基础上，广告文案格式中又出现准口号。本节对准口号进行叙述，不单独分节赘述。

广告准口号是广告主题口号的补充。它一般由简短的单句、并列句或并列形容词构成，集中介绍商品的特点，体现企业的理念。广告准口号的表现形式和表现内容丰富，还有的准口号采用格言警句形式，在港台的一些广告人那里，被称为"广告小格言"。

广告准口号的作用：一是对广告主题口号进行有效的补充。如阿迪达斯运动产品的平面广告往往有一些简洁而有韵味的句子附在广告的一角，如"我把小小的礼物留给所爱的人；大的礼物留给所有的人"，给受众的感觉是温馨和容易传扬。统一企业在"统一晨光果汁"和"统一纯红茶"的系列平面广告中，其广告准口号有"永远保持乐观，随时要有笑容"、"时时刻刻保持光明正大的心灵"等作为对广告主题口号的补充。这种适宜的、有机的补充，使得整个文案更生动、更加贴近受众，成为一条与消费者沟通交流的有效渠道。二是突出产品的优势，表现产品的特征，体现企业或服务的宗旨或观念。在广告主题口号的基础和前提下，补充表现单个广告所强调的主题。一般整个广告作品都是采用广告主题口号的，这样就可以使广告作品有一定的连贯性和一致性。但是我们知道，一个产品往往有很多系列，这样，每一则广告作品就有其各自的侧重点。因此，文案就可以借助准口号形式，将产品的不同点、区别、优势和突出特征进行表现。

广告文案在自身的发展过程中，其基本格式正逐步丰富和完善。但是，广告文案并不是五部分的机械组合，而是根据不同的要求和广告媒介特点选择其中的一些进行有机组合，广告文案人员需要在这样一些基本格式基础上进行创造性的发挥。

6.2 文案的叙事方式

记叙文的叙事方式一般有顺叙、倒叙和插叙三种；说明文的叙事方式一般运用各种不同的说明方法，诸如列数字、画图表、摹状貌、打比方、作比较、作引用等；议论文的叙事方式一般是先叙后议或先议后叙或夹叙夹议。常见的广告文案的叙事方式大致可以分为以下几类：

6.2.1 新闻体

新闻体是用新闻报道的形式在特定的广告版面和广告时间里写作的广告文案。这种写作的表现形式适用于报纸、广播、电视、网络等媒介。其特点是借助新闻形式加强广告正文的新闻性、权威性、可靠性和贴近性。

新闻体广告文案写作的两个出发点一是必须以广告信息本身所具有的时效性和新闻价值为基础。二是写作的表现方式和结构、用词，都必须带有新闻色彩，是新闻表现，也就是说用新闻语气、新闻格式、新闻语言，才能达到新闻效果。

6.2.2 故事体

通过文字描述一个与广告信息内容相关的故事情节，以此来表现广告信息的文案叙事方式。它一般采用第三人称的写法运用语言文字表现，在广播电视媒体中，也用第一人称用口述、谈话、讲故事的方式将人物经历、故事情节表现出来，传达给受众。它以故事情节的发生发展过程来吸引受众的阅读兴趣，并且以故事中的事件的处理和产品介入所获得的结果来说服受众。如儿童百服宁系列（找人篇）广告：

她在找一个人（上）

那天在火车上，我孩子发高烧，他爸爸又不在，我一个女人家，真急得不知怎么办才好。多亏了列车长帮我广播了一下，车上没找到医生，还好有一位女同志，给了我一瓶儿童用的百服咛，及时帮孩子退了烧，我光看着孩子乐，就忘了问那位好心女同志的名字和地址，药也忘了还她，你瞧这药，中美合资的产品，没药味，跟水果似的，能退烧止痛，并且肠胃刺激又小，在我最需要的时候，百服咛保护了我的孩子。人家帮了这么大的忙，我和孩子他爸都非常感谢她，真希望能再见到她，给她道个谢！

王霞

找到她了！（下）

王霞，听说你在找我，其实给你一瓶药，帮你的孩子退烧，只是一件小事。那天在火车上，我一听到广播里说你孩子发高烧又找不到医生，正好包里有一瓶医生给我孩子的退烧药。儿童用的百服咛，可以退烧止痛，肠胃刺激小，而且又有水果口味，孩子也乐意吃，所以就来给你救急了。那瓶药你就留着用吧，我家里还有，我孩子也常发高烧，家里总备几瓶，在最需要的时候，百服咛可以保护我的孩子，都是做妈妈的，你的心情我很了解。希望你以后带孩子出门，别忘了带施贵宝生产的儿童用百服咛！

张虹

6.2.3 散文体

以散文的形式对广告信息进行表现的文案叙事方式。散文体富于想像，富有诗意，所谓"形散而神不散"是其最大的特点。散文形式活泼，用语灵活考究，不拘泥于音韵、节律、形式的合辙、押韵、字词相对，所以具有诗的意味但不及诗的阳春白雪。总的来说，散文还是比较通俗易懂的，比较生活化的。

如柯达胶卷的一则电视广告文案：

越战恐怖的炮火声，已甩在遥远的东方丛林里：吁……归来了，久别的故乡！魂牵梦萦的小镇，景物依然，爸爸妈妈等在风中的小路，喜悦的泪水闪烁在岁月折磨的眼中。玛丽奔来，金发飞舞在熏风里，樱唇绽放在暖阳下，啊！欲拥吻着碧草如茵的家园。乡邻自四方涌来，亲信涌动着山谷……

这个广告文案与画面结合在一起，用散文的语言和笔法将一幕生活情景生动而感人地表现了出来。这种散文体叙事方式的运用是为了让受众在文学的氛围里得到熏陶渲染，并对柯达胶卷产生感情和购买欲。

6.2.4 公文体

采用公文形式进行表现能给人以客观、严谨、公正的感觉，能提高广告信息的权威性和严肃性。当然也有用幽默的方式来处理的案例，目的是要达到一种出其不意的效果。

6.2.5 歌曲体

广告文案中以歌曲的形式进行表现。歌曲体形式除了歌词（广告文案）之外，还需要有音乐旋律的配合，因此该方式广泛应用于广播、电视等电子媒体的广告中。如10几年前奥尼皂角洗发露里唱道："城里的人和乡下的人都一样……"。

6.2.6 曲艺体

用曲艺这种老百姓喜闻乐见的文艺形式表现的广告文案。曲艺形式本身生动幽默、平易谐趣、通俗易懂，贴近老百姓，用这种形式可将广告信息用形象化的手法进行表现，短小精悍，妙趣横生，让人留下较深印象。如泰元双农牌系列杂粮广播广告：

哒哒（两声竹板响）
甲：竹板响来听我讲
党的政策放光芒
如今过上好时光
一天三顿吃细粮……
（紧接甲）
乙：哎……
一天三顿吃细粮
已经不是新时尚
现在生活讲质量
维他命，氨基酸，
微量元素说营养。
甲：说的好，讲的棒
营养杂粮市场旺
乙：春晚无花秋早霜
寿阳杂粮美名扬
五谷新粮保健康
请认准了？泰元双农牌系列营养杂粮！
甲：厂址？
乙：山西，寿阳，太安驿
甲：电话？
乙：0354-4880384（哒 一声清脆的竹板结束）

（广告来源：山西人民广播电台广告部）

6.2.7 诗歌体

以诗歌这种比较抽象的形式进行广告信息表达的形式，具有音韵美、形式美、语言美、意境美四大特征，它的运用可以使得文案语言优美，琅琅上口，容易给受众留下深刻的印象。

如资生堂系列产品广告文案：

广告标题：染上的，是春天
广告正文：等待伊人来
　　　　　心绪何陶然
　　　　　等待春天来
　　　　　喜悦上眉尖
　　　　　心情多闲适

　　　　　舒畅每一天
　　　　　那时候
　　　　　唇上染出了光辉灿烂
　　　　　染出了高雅的微笑
　　　　　明朗的色彩
　　　　　映出心灵的莹润
　　　　　资生堂口红系列

6.2.8　简介体

　　简明扼要地介绍企业情况、产品特点、服务特色等。这种表现形式的特点是客观冷静地表现产品的特色，展示产品的最显著的特点和效果，以此吸引消费者。如资生堂护肤系列产品广告文案：
　　　广告标题：开放像绸子一般滑的白色的花
　　　广告正文：寒夜
　　　　　　　一天的时间结束
　　　　　　　用这滑腻的润肤霜
　　　　　　　能使身体洁白如雪
　　　　　　　感触极佳
　　　　　　　心情舒畅
　　　　　　　资生堂护肤系列

6.2.9　证言体

　　以消费者自己的语言或文字进行广告信息传达的广告文案叙事方式。它的特点是：以消费者形象出现，或者以消费者第一人称讲述消费者对产品使用的感受和评价，事实上为商品特点和效果作了实际证明。它容易让受众产生可信感。比如很多医疗产品、药品、减肥产品的广告往往利用消费者证言；还比如电子类产品"好记星"，利用高考状元证言，高考状元们都说"我用好记星"，这样能够刺激消费者的购买欲，达到很好的广告效果。

6.2.10　名人推荐体

　　指名人推荐广告中的商品或者名人谈他们自己对商品的评价和使用的感受。这种文案出发点就是借助名人效应，其特点和要求是权威性和宜人性。权威性指的是表述时其语言风格和内容所体现出的不容置疑的信息倾向；宜人性指的是其表述风格、语言特点都要适宜名人的一贯特点和作风。如美国西海岸 Wieden & Kennedy 公司为 Nike 集团公司创作的一幅印刷广告，该广告全幅刊登了体育界名人卡尔顿·费斯克的头像，并在版面的左侧以左边对齐的方式从上到下排列文案。广告文案的内容是：

我，不要一刻钟的名声，我要一种生活。我不愿成为摄影镜头中的引人注目者，我要一种事业。我不想抓住所有我能拥有的，我想有选择地挑选最好的。我不想出售一个公司，我想创建一个。我不想和一个模特儿去约会。那么我的确想和一位模特儿去约会。控告我吧但是我剩余的目标是长期的。一天天作出决定的结果，我要保持稳定。我持续不断地重新解释诺言。沿着这条路一定会有瞬间的辉煌。总之，我就是我。但这一刻，还有更伟大的，杰出的记录，厅里的装饰。我的名字在三明治上。一个家庭就是一个队。我将不再遗憾地回顾。我会始终信奉理想。我希望被记住，不是被回忆。并且，我希望与众不同。只要行动起来。

该广告就是用运动员的领袖头像来引起消费者的高度注意，而这种注意是一种生活方式和价值趋向的注意，是一种行为方式和消费方式的注意。卡尔顿在此既是一个舆论领导者又是一个示范性的消费者。

6.2.11 对话体

采用对话的形式表现的广告文案，其特征是运用日常生活中的对话形式，生动活泼，自然朴实，并且能够产生场景感。如广播公益广告《一分钱》文案：

音效：闹市。

孩子：妈妈，一分钱！

旁白：如果你的孩子在马路上捡到了一分钱，你会怎么跟他说？

甲：这么脏，快扔了！

乙：现在一分钱还要交啊！

丙：把他交给警察叔叔吧！

音效：儿歌声起。

旁白：也许我们该记得的不只是一支歌，也许我们该捡起的不仅仅是一分钱。

除了以上主要介绍的十一种文案叙事方式以外，还有论说体、格式体和分列体等。论说体以论辩为主的广告文案叙事方式。兼具说理性、逻辑性，即以理性色彩见长，以严密的逻辑思辨性和语言的严谨取胜。这种形式一般用于为某企业或产品打造一个与之相匹配的观念性形象时或推出一种消费新理念或某种新产品时。格式体把商品的种类、单位、价格等内容用整齐的表格形式进行表现。它要求每一表格中的表达内容都要简短具体、内涵实在、整洁清晰、不含糊，大多用于企业的产品介绍。分列体就是把主要的广告信息分为若干项给予一一列举，其特点是使受众在阅读中一目了然。

6.3 文案的修辞技巧

汉语言和汉字有自己独特的表现特征和语汇语法，包括修辞。汉语的修辞十分丰富，常用的修辞就有二十种左右。通过在广告文案中运用不同的修辞往往能得到比较好的传播效果，对于加深消费者印象有重要的积极作用。

6.3.1 修辞在广告中的应用

1. 比喻

古人称之为"比"。通过深入浅出的比喻能够把深奥的道理说得浅显易懂,能够把抽象的事物进行具象的表现,把受众感到陌生的概念变成他们熟悉的事物,另外比喻能使语言增添生趣。

一般比喻有三要素组成:本体、喻体和喻词。本体用来说明或描述的对象;喻体用作比喻的事物;喻词用来连接本体和喻体,它是表示比喻关系的词语。

一般人们将比喻分为明喻、暗喻、借喻三种。明喻是最常见的比喻样式,也是应用最多的比喻类型。它是将本体、喻体用喻词明显地连接起来的句式。暗喻是指在本体和喻体之间,不出现喻词的比喻句式。借喻,是本体和喻词都不出现,直接用喻体代替本体的比喻方式。

与明喻和暗喻相比,借喻的形式简洁、用喻隐晦,喻体醒目,具有结构紧凑、文字洗炼的特点。如美加净防晒霜广告文案"阳光下的绿荫",就是直接把防晒霜的效果比喻为"阳光下的绿荫"。绿荫给人的感觉是清凉和防晒,所以,这一款广告不仅形象生动,而且直接传达了商品的效果,以此吸引消费者。

2. 飞白

明知有错故意仿效的,所谓的"白"就是"白字"的"白"。在广告文案里将词语故意写错或读错往往可以达到增加趣味性的效果,其形式有字形飞白、字音飞白、语义飞白三种。字形飞白就是故意用白字,以达到表达的需要。如谐音广告、成语运用等。如有一则酱菜广告叫"'酱'(将)出名门,传统好滋味";又比如古井贡广告"古井贡酒,'饮'(引)以为荣"等。

3. 双关

在特定的语境中,借助语音或词意的联系,使语言关联到两种事物,使语句构成双重意义的一种修辞方式。在广告文案写作中,主要的双关运用是谐音双关、语义双关和对象双关。

谐音双关是利用词语的谐音(音同或音近)所构成的双关,如三精葡萄糖酸锌口服液广告语"聪明的妈妈会用'锌'(心)";又比如中国移动神州行广告:"省"遍神州。语义双关是利用词语的多义构成的,如飘柔广告"成功之路,从头开始"。对象双关是指关涉到两个对象的双关。

双关的运用可以使文案风趣幽默、含蓄委婉、形象生动。如"一品黄山,天高云淡","爱我中华"等香烟广告巧妙的运用双关,不仅文辞含蓄优美,而且容易让消费者记住。

4. 对偶

又称对仗,指把字数相等、结构相同或相近的两个词句成对比地排列在一起,以表达相同、相关或相反的含义的修辞方式。它要求在声调、词性、词义、句形等方面的巧妙组合。对偶句可以使广告文案连贯一致、句式流畅、音韵和谐,看起来醒目,读起来顺口,听起来悦耳,符合我国受众讲整齐对称,求抑扬顿挫的阅读心态，便于记忆和传播，也可以使得广告画面构图均衡优美。

对偶有正对、反对、串对三种方式。正对，指对偶的两句子意思相近或相同，如四通打字机广告语："输入千言万语，打出一片真情"；反对，是指对偶的两句子含义相反，相对立，如太平洋保险公司的广告语"平时献出一滴水，难时拥有太平洋"；串对，只指两句子之间呈现主次或递进的关系。

蒙牛乳业集团厂区入口处有一广告牌，其文案为业界津津乐道："千里草原腾起伊利集团、兴发集团、蒙牛乳业；塞外明珠耀照宁城集团、仕奇集团……我们为内蒙古喝彩，让内蒙古腾飞。"很明显，其文案中对偶句式的运用使得文案整体上显得比较有气势。

对偶句是我国老百姓比较喜闻乐见的，也是灌输在民族血液里的文化内容，所以很贴近广大民众，容易引起人们的共鸣。

5. 夸张

是运用语言有意地对对象或事物作言过其实的表现，借以强调和突出事物本质特征的修辞手段，有扩大夸张和缩小夸张两种形式。运用夸张手法，对夸张的度要有严格的分寸，否则就成了吹牛，无人信则毫无意义。如广告语"亿家能，让一亿家庭用上太阳能"。

6. 借代

是指借用与事物具有密切关系的名称去代替该事物的修辞方式。该事物称为本体，而借用来作代替的事物，称为借体。如西铁城手表平面广告文案（"As exotic as parrot, As rugged as ram"）中将手表借代为"鹦鹉"和"公羊"，再配上眩目迷幻的色彩，构成了一种视觉上的冲击和语言上的回味。

7. 对比

又称对照，是指把不同的事物或事物不同的方面放在一起作比照，以使需要说明的对象和含义更加突出。比如 IBM 公司广告"没有不做的小生意，没有解决不了的大问题"；又比如高露洁牙膏电视广告中，文案中将使用高露洁的牙齿和没有使用高露洁的牙齿进行比较；又比如法国雷诺汽车广告文案："它不是一辆家用车，它就是家。法国的香水，法国的雷诺。"文案将家和汽车、汽车和香水进行对比，使得受众联想到家就想到雷诺，想到法国香水就联想到雷诺，造成一种持久的印象。

8. 析字

将字的形、音、义进行离合，而后产生一种新的词句和新的意义，在保留词语原意的基础上，使含义更丰富。析字的方式有化形、谐音、衍义三种。化形是在字的字形上进行离合，谐音是在音上进行离合，衍义是在字的含义上进行离合。

9. 比拟

用他物来比此物。比拟有两种类型：将物比成人，将人比成物。将物比成人，并赋予其人格化，称之为"拟人"；将人比作物，并使之物性化，即为"拟物"。将比拟用到文案写作上，将广告信息中的物性转化成为人性、人性转化成为物性，并赋予其形象特征。比如飞利浦电须刀50周年平面广告作品里，其文案是"飞利浦电须刀50周年合影留念",画面上是几排胖瘦高矮不一的电须刀,就好像一群高矮胖瘦各不相同的人的集体合影一样,显得很有趣也体现了人文精神。

10. 感叹

运用一些特定的词汇如感叹词造成了广告文案的抒情性,以增加诉求效果。这些词汇大多为"多么"、"啊"、"真是"等和感叹号一起表达。

11. 排比

用三个或三个以上的结构相同或相似、字数大体相等的一组词语、句子或段落,来表达相似、相关意思的修辞方式。它能以情感人、以气慑人、以势推人,使受众能在不知不觉之间被感染、被震撼。如伊利牛奶一则广告文案:饮着清澈的溪水,听着悦耳的鸟鸣,吃着丰美的青草,呼吸新鲜的空气。如此自在舒适的环境,伊利乳牛产出的牛奶自然品质不凡,营养更好!

12. 引用

在写作时引用成语、典故、谚语、诗词等来说明问题,形成新的意境,可使文案更生动,更有说服力。如央视广告部广告"上善若水,厚德载物",就是引用了老子《道德经》第八章中的内容。

13. 嵌字

将产品的品牌等关键性内容嵌入广告文案中,如华美月饼广告:"月满中华,美传天下",第一句的末字"华"和第二句的首字"美"正好构成了"华美"这个品牌。

14. 顶针

如丰田车广告语"车到山前必有路,有路必有丰田车"。

15. 白描

如中国电视报广告语"中国电视报,生活真需要"。语言简洁明了,富有口号宣传的特征。

除此之外,还有一些修辞如反复、回环、拈连等也是广告文案中常用的修辞手法。

6.3.2 如何恰当的运用修辞

1. 要明确修辞的目的

修辞的目的是为了更有效地传达和沟通,因此,修辞的运用不能违反广告文案语言的真实性、准确性、简洁性、生动性等语言要求,避免过度修辞和修辞不当所导致的传播障碍。

比如有些广告文案运用比拟,结果让人琢磨不透广告到底要卖什么?一些双关、飞白广告文案泛滥,破坏了汉语言文字的规范性和严整性,引起受众的反感。所以奥格威曾说:"优秀的广告人从不会从文字娱乐读者的角度去写广告文案。"运用修辞只是手段,不能哗众取宠。

2. 合理使用修辞方法

修辞方法要运用准确、恰当、适宜,由修辞所带来的语言和句式表现要达到生动形象的效果。一旦在修辞中出现比喻失当、双关模糊、排比无力、对偶不工等现象，其修辞的运用不仅不能使文案更加有效反而适得其反。

3. 注意修辞与广告的联系

修辞运用与广告信息、广告受众之间具有密切的关联性，如果不可能产生关联的，即使在形式上是很好的修辞方法，也不能运用，以免产生与传播广告信息无关的干扰信息、误导信息。如果能很好的利用事物之间的关联性，并以象征性语句表现出来，也就会有多种创意的产生。"与其将广告的词句当作修辞学的一部分，不如将之看成情感诉求的象征。创意人员必须找出最适合对消费者的情感进行诉求的词句，才能发挥广告的功效。"也就是说，修辞与广告之间要有默契，两者相得益彰才能使得广告效果得到充分发挥。

6.4 标题和标语的写作

6.4.1 标题的写作

1. 标题的作用

在明确标题的作用之后我们才能更好地进行标题的写作，具体说来，标题的作用有：

（1）提纲挈领，展现广告最重要、最吸引人的信息，以最醒目的方式引起受众的关注和兴趣。如美菱保鲜冰箱平面广告标题"美菱冰箱锁住水分"，简短的语言表现出了美菱冰箱富含的最重要的信息。又比如台湾兰丽绵羊霜广告标题："只要青春不要'痘'"，针对为青春痘而烦恼的青少年受众，将产品的利益点和盘托出，受众一目了然。

（2）从无目的阅读和收看的受众中间分离出目标消费者。广告标题表现出来的信息利益点能成为消费者消费欲望的触发动力，以及成为潜在消费者的培养元素，让他们自觉地对广告内容产生进一步的关注。有的广告标题一般都直接或间接地提出产品的品牌名或产品的突出利益点。如光大花园平面广告标题：光大拍卖健康，短短6个字，却把"健康"二字格外鲜明的突出出来，试想谁不爱健康，这种往往成为白领阶层最关心的话题成为了该广告的利益卖点。

（3）诱使目标消费者关注正文，如苹果服装平面广告文案标题："苹果服装缤纷登场"，当受众看到这个标题后，就会想，苹果又推出什么新款式的服装了，就会关注正文内容，具体了解苹果服装的新款服饰。

（4）直接促使消费者产生购买行为。一些有煽动性口吻的广告标题如可口可乐有一则广告标题是这样的："看足球，喝可口可乐"。这样的广告标题，受众都不用看正文就已经被利益点所劝导和吸引，直接促使他们产生购买行为。

2. 标题的特点

（1）简洁明快

标题一般不用长句子，因为长句子出现关联词，表现内容复杂，造成过度书面化，使受众因阅读或理解困难而自动放弃阅读。

（2）体现主题

受众在无意识的阅读中，总是先会注意比较醒目、比较有特色的内容，标题的写作就要抓住受众的这一心理。在受众的阅读心理面前，广告标题的写作不仅尽量运用标题的特色吸引受众的兴趣，也要考虑到受众不阅读正文现象。在写作时，标题要体现广告主题，使得广告读者在匆匆一览中，就能得到广告的最主要信息。如荷兰电信广告标题"我们已突破了世界语言的障碍"；春兰企业一则平面广告标题是"春兰金牌保姆始终追求最好——金牌保姆宣言"。

（3）体现消费者利益

在标题中体现消费者的利益，可以使广告抓住消费者的消费心理，诱使他们产生兴趣，对广告中的信息产生深入了解的愿望而继续阅读下文。如上海电信报纸广告文案标题："有空间，就有我们无所不在的服务"。消费者看到"无所不在的服务"就会继续关注"有哪些服务？"，因为这些都和他们的消费利益直接相关。

（4）诱发受众好奇

诱发受众的好奇心理，是广告文案的一种目标。受众被广告吸引，被好奇心驱使就会对广告产生继续阅读或收听收看的可能。诱发好奇一般有两种方法，可以从消费者利益点上引发，也可以灵活运用表现方法和创新表现形式。如新闻式标题——美国大陆航空公司广告文案："发现藏在海里的二分之一个世界"；设问式标题——总督牌香烟："总督牌给你而没有别的滤嘴能够给你的是什么？"祈使式标题——Cool Bid.com 平面广告作品："姐妹们，上！"

（5）直接促使消费者购买

在广告标题中直接出现让消费者行动的词汇或句子，如犹太裸麦"吃光它"；又如一品龙井茶杂志广告："请品一品龙井茶"，受众可以理解为"请品'一品龙井茶'"，也可以理解为"请'品一品龙井茶'"。画面上三个"口"字，形成一个大大的"品"字；三个青瓷茶杯，意象上也形成了一个"品"字。画面简单却富有一种对称美、古典美和朴素美，符合品茶的韵味。

3. 标题的表现形式

广告标题写作尽管没有一成不变的格式，但仍然是有章可循的，这里列举一些常见的广告标题表现形式。

（1）问答式

它是使用得最广泛的一种标题表现形式，通过提问和回答的方式来吸引受众的注意力。常用的词汇和句式是："难道……？"，"它是……？"，"谁不愿？"，"谁能？"，"怎么样？"，"为什么？"。

问答式具体表现有三类，设问式、反问式和疑问式。设问式广告标题如IBM e-business Starter杂志广告："谁能帮您轻松建立动态网站，从此一劳永逸？新一代动态网站设计师 e-business Starter Kit 在此听命！"反问式广告标题如某则感冒药广告标题："关键时刻怎能感冒？"疑问式广告标题如尼桑MARCH平面广告作品：

1000CC 的劳斯莱斯?

(2) 新闻式

为了加强广告的新奇性和可信性,将广告信息用新闻标题和导语的表现形式处理。采用这种标题的前提是,广告信息的本身必须具有新闻价值,必须是真实的、新的事物和事件的产生和发现。常用词汇有:新、最新、发现、推出、首次、目前、现在、消息等。如美国大陆航空公司广告标题:发现藏在海里的二分之一个世界。又比如舒味思奎宁柠檬水广告标题:"'舒味思'的人来到此地"。

(3) 假设式

提出某种假设并据此提出某种结果。其目的还是为了引起受众的注意并促使他们产生相关的思考和行为。如1994年台湾松下电器国际牌"省思篇"系列广告标题,就是运用了假设式的写作形式:"如果有一天,你聆听的只剩下这样的音符……;如果有一天,水中的世界不再有鱼类生存……;如果有一天,地球只剩下这样的植物……",这样的广告标题不仅可以引发受众深思,也会给受众留下深刻的印象。

(4) 承诺式

在标题中向受众承诺某种利益和好处,常用词汇有:免费、定能、可以、一定、优惠、美丽、气派、方便、减价、附赠等。除了用常用词汇直接承诺之外,还有间接型的承诺方式,如上海电信报纸广告文案标题:"有空间,就有我们无所不在的服务"。

(5) 进言式

就是用建议或劝导的口吻向受众提出某种消费建议,引导受众消费。常用词汇诸如请、千万不要、让、应该、无论如何、来吧、试一试、最佳选择、理想方式等。如美国大陆航空公司广告作品:"千禧良机,岂容错过"。

(6) 证言式

用证言和数字的形式进行表现的广告标题,利用名人效应或消费者的证言能获得受众的注意和信赖。如葛优版"神州行"广告:"神州行,我看行"。又如IBM杂志广告作品标题:"即使是天生高手,我也需要一个好的舞台"。

(7) 故事式

类似于故事、小说的标题,在标题中提示或暗示故事的发生和情节的展开,以此吸引受众阅读正文。如爱立信手机杂志广告标题:"谁来电,让我心头一震"。

(8) 赞美式

在标题中赞美、褒赞甚至夸耀炫耀广告中企业、商品、服务的特征、功能。它能在直接的赞美中让受众直接地抓住

图6-2 葛优版"神州行"平面广告

该产品的优胜之处。这种标题切忌失实,过度夸张,那样会造成受众的逆反心理。

(9) 否定式

运用否定词和否定句式进一步加强语气,使语言获得一种张力。如白兰氏鸡精杂志广告作品标题:"虽然我们肤色有别,但绝对不含人造色素"。

(10) 悬念式

在标题中设置悬念以迎合受众的好奇心理,吸引受众的注意力。如 Cool Bid. com 平面广告作品标题:"姐妹们,上!"

除此之外还有修辞式、对话式、解题式、口号式等。有学者总结了大概 20 余种广告标题的写法,如新闻式标题、问题式标题、承诺式标题、疑惑式标题、夸耀式标题、劝导式标题、悬念式标题、巧用成语式标题、证言式标题、幽默式标题、比较式标题、假贬式标题、情感式标题、时事式标题、比喻式标题、拟人式标题、双关式标题、历史悠久式标题、恭维式标题、引导式标题、名称析解式标题等。由此看来,广告标题千变万化,灵活恰当的运用是关键。

4. 大卫·奥格威的广告标题写作原则

(1) 标题好比商品的价码标签。用它来向你的潜在买主打招呼。若你卖的是彩色电视机,那么在标题里就要用上彩色电视机的字样。这就可以抓住希望买彩色电视机的人的目光。若是你想要做母亲的人读你的广告,那在你的标题里要用母亲这个字眼。不要在你的标题里说那种会排斥你的潜在顾客的话。

(2) 每个标题都应带出产品给潜在买主自身利益的承诺。

(3) 始终注意在标题中加进新的信息。因为消费者总是在寻找新产品或者老产品的新用法,或者老产品的新改进。

(4) 其他会产生良好效果的字眼是:如何、突然、当今、就在此地、最新到货、重大发展、改进、惊人、轰动一时、了不起、划时代、令人叹为观止、奇迹、魔力、奉献、快捷、简易、需求、挑战、奉劝、实情、比较、廉价、从速、最后机会等。在标题中加进一些充满感情的字就可以起到加强的作用。

(5) 读广告标题的人是读广告正文的人的 5 倍。因此,至少应该告诉这些浏览者,广告宣传的是什么品牌。标题中总是应该写进品牌名称的原因就在这里。

(6) 在标题中写进你的销售承诺。

(7) 在标题结尾前你应该写点诱人继续往下读的东西进去。

(8) 你的标题必须以电报式文体讲清你要讲的东西,文字要简洁、直截了当。不要和读者捉迷藏。

(9) 调查表明在标题中写否定词是很危险的。

(10) 避免使用有字无实的瞎标题。

6.4.2 标语的写作

1. 标语的作用

据调查,广告效果的 50%~70% 来自广告文案,而广告标语又是广告文案的灵魂所在。广告标语表现企业、商品、服务的精神、理念、特性，经过长期流传形成了企业、商品、服务与受众之间的认知桥梁。通过反复表现、统一表现和长期表现广告标语，能在受众心目中留下长期的印象。广告标语能够深化广告主题，凝结广告文案所要传达的信息，在广告中起到画龙点睛的作用；广告标语有助于打造品牌和塑造企业形象，通过多层次传播，形成口碑效应；广告标语能够推动企业文化的发展，广告标语所宣传的理念也是企业文化的一部分，为企业创造至关重要的无形资产，产生长远的销售利益。

2. 标语的特点

(1) 单一性。广告标语一般都用一两个完整的句子来表现一个观念和信息，所传达的信息单一，易于理解记忆。

(2) 概括性。广告标语是对广告文案的总结性、整体性概括，也是对文案中某些主要信息的重点提示，往往又是对广告诉求内容的结论性陈述。如乐百氏的一则广告标语"27层净化"。

(3) 简洁性。句式简短，朴素流畅。广告标语不能冗长和拗口，多用句式简短、琅琅上口的句子，具有朴素的口语化风格。有些广告标语像日常用语、顺口溜等。

(4) 反复性。广告标语在广告文案中相对其他部分的特点就是其稳定性，它在各种媒介中都以同一面貌、同一位置，甚至用同一种书写方式出现，长期不变地向受众传播同一种理念、同一个形象。如当年罗斯福总统说的"滴滴香浓、意犹未尽"一语被麦氏公司引用为广告标语，至今已有50多年历史，仍不失其独特的魅力。广告标语反复运用，能留给人们一个长久的、深刻的印象。

(5) 警示性。广告语是对受众的强调性提醒，一般具有比较深刻的寓意和本质性内涵。如诺基亚的广告语"科技以人为本"。

3. 标语的类型

从服务范围上，广告标语可以大致分为品牌广告语、产品广告语、服务广告语和企业广告语等。

从表现内容上，可以分为以下几种类型：

(1) 塑造形象型。表现和塑造广告主体的形象，塑造一个让受众和消费者信赖的形象，为广告发挥长期效果作良好的铺垫。如波司登羽绒服："创世界名牌，扬民族志气"；海尔广告标语："真诚到永远"；小天鹅广告"全心全意小天鹅"。

(2) 宣传优势型。直接宣传商品、服务或企业的优势，让受众直接感受。如农夫山泉的广告标语"农夫山泉有点甜"；芝华士"真味真情趣，尽在芝华士"；Intel PentiumⅢ处理器广告标语："联结世界脉动，宝马极速奔腾"。

(3) 倡导理念型。如海信的广告语"创新就是生活"；某绿茶广告标语："自然最健康，绿色好心情"。

(4) 呼唤情感型。用富有人情味的言词向受众呼唤和倾诉，以引起受众的情感共鸣，达到情感消费的目的。如雪竹内衣广告标语："雪竹温情，暖在身暖在心"；

第比尔斯珠宝公司的广告标语:"钻石恒久远,一颗永流传"。另外很多公益广告多采用这种类型。

(5) 号召鼓动型。如瑞士旅游广告标语:"登月之前,请来瑞士一游";桑塔纳轿车广告标语:"用你的双手,轻轻握住这里"。

(6) 警句格言型。如康师傅红烧牛肉面广告标语:"努力就会得到肯定"。

另外从表现手法上,广告标语可以分为陈述型、夸赞型、联想型、暗示型、幽默型、警告型等,可以参考标题的写法进行具体的创新。

4. 标语的创作技巧

(1) 在表现内容上首先要选择广告主体的最显著特征进行创作。比如在塑造企业形象的广告标语的写作时,可以选用企业的规模、历史、专利、荣誉等方面进行创作;在写作企业产品广告语时,可以选用产品的特殊功能来进行创作;在写作企业服务广告语时,可以选用广告主体的服务特色进行创作。其次要能表现广告理念,用反映广告主体本质的关键理念进行创作。第三要选择在情感上能引起受众共鸣的内容进行创作。

(2) 在语言形式上,要灵活恰当运用各种修辞手法如对偶、对比、双关、顶针、白描、嵌字、藏头、仿写、引用、谐音等,或者套用时尚话语、改写生活俗语谚语等,如商务通广告语"呼机、手机、商务通,一个都不能少"。

5. 标语写作注意

(1) 简单明了,让受众容易记住。一般单句不超过 10 个字,联句不超过 14 个字。

(2) 突出特点。使用形象化语言,便于加深消费者的理解和印象。切忌文不对题,词藻华丽却不知所云。

(3) 力求创新。创新是广告的生命所在,惟有创新才能使受众感觉到新鲜从而能留下深刻印象。切忌生搬硬套,拙劣恶俗。

(4) 讲究语言规范。尤其在运用谐音、双关和仿写时,要把握好"度",坚持适度原则,切忌滥用。

(5) 能够体现文化含量。广告文化属于企业文化的一种,而企业文化也属于社会文化的重要组织部分。广告人要传播先进文化,抵制恶俗文化,打造企业的文化堡垒,塑造企业形象。

6. 广告标题与标语的区别

(1) 功能不同

标语是为了加强企业、商品和服务的一贯的、长期的印象而写作的,而标题是为了使每一则广告作品能得到受众的注意,吸引受众阅读广告正文而写作的。

(2) 风格不同

标语立足于口头传播的特征,其表达风格体现出自然朴素、生动流畅、富于号召力、给人以琅琅上口的音韵节奏感和口语化特点。而标题要求新颖、有特色、能吸引人,因此,可以是口语风格,由于其提纲挈领的作用,在平面广告中,它更多的运用书面语言。

(3) 运用的时限和范围不同

每一则广告中的标题都是不同的，因此，标题运用时间短暂。而标语是广告主在广告的长期过程中的长期运用，因此，标语所运用的时间长。另外，标语的运用范围广，而标题的运用范围窄。

(4) 承载的信息不同

标语所承载的信息，一般是企业、商品和企业服务的观念和特征的体现，而标题为了吸引消费者的注意力，可以承载标语中的信息，也可以承载与广告信息不相关的内容，在信息的承载面上，标题与标语各具特色。

前面说过，广告文案的基本格式为标题、标语、正文、随文、准口号五部分。但是，在实际的运用中，我们可以看到无标题文案、无标语文案、标题和标语重合的文案等。所以，面对不断变化的广告市场，如何更好的发挥广告的功能，体现广告的价值和魅力，需要广告文案人员持续不断的努力。

6.5 正文和随文的写作

6.5.1 正文的写作

1. 正文的作用

正文对广告中企业、商品、服务、观念等的特点、功能、个性等方面进行详细说明和介绍，表现广告中企业、商品、服务、观念等的背景情况，商品的制造过程及其制造者的情况，甚至是关于商品的趣闻逸事，对标题中提出或承诺的商品或商品利益点给予解释和证实。告知受众获得商品的途径、方法和特殊信息免费、折扣、奖励、附赠等。在直接的销售促进的广告配合中，其折扣等特殊信息可以在标题、正文等各部分中给予表现。产品形象广告中，折扣等特殊信息就只能在广告正文中或广告附文中进行表现。

2. 正文的写作

正文可以综合的运用各种叙事方式和表达方式，采用多种修辞手法，融合贯通，有机组合，形成各种不同的类型。根据广告主体的不同的特点和要求，向受众传播广告主体的详细信息。在具体的写作中，我们要注意以下几点：

(1) 标题如何顺利地向正文转化，可以采用副标题，将副标题作为广告主标题和正文之间过渡的桥梁；也可以采用承接标题和释疑的方式。或者以特殊的段落承接，通过内容上的承接、转折、字体的变化，或运用鲜明特殊的行文标记，来提醒或吸引受众。

(2) 正文的写作要讲究写作顺序，做到有条不紊，条理清楚。

从表达方式上说，有接受心理顺序、需求心理顺序、解惑顺序等。

1) 接受心理顺序按照注意——兴趣——欲望——确信——行为这个接受心理顺序一步步引导受众。

2）需求心理顺序指特定受众在特定的环境中所具有的特殊需求所呈现出来的特殊心理顺序。按照这个顺序写作文案，能使受众的兴趣方向与文案的方向一致，受众便会继续阅读下文。

3）解惑顺序能较好地对应人们解决问题的本能性发展顺序，而不产生突兀的心理。解惑顺序能够让受众认为，广告中的信息为他提供了解决问题的方法，并由此产生感激之情。

从表达内容上说，通常有演绎性顺序、归纳性顺序、故事性顺序、描述性顺序等。

1）演绎性顺序，先写产品对消费者的利益点，然后以相关产品作证明，先提起兴趣后介绍相关产品的对应性功能。

2）归纳性顺序，先提出产品的特点和功能，然后发展出产品对消费者的利益点，以问题的解决作为文案的终结，先介绍后引发受众兴趣。

3）故事性顺序，类似于写小说或故事，受众往往比较容易被故事性所吸引，从而产生兴趣。只有通过有条不紊的叙述，合乎逻辑的情节和完整的故事才能满足受众的好奇心理。

4）描述性顺序，将广告信息进行由表及里、由浅入深的描述。

(3) 尽量运用实证方式说服受众，将企业、服务或观念的特色转化为购买理由。

正文的一个主要的任务是为了说服受众而提出大量的实在的、真实的证据。有了这些证据，受众就能排除怀疑，感受到广告和自身之间的某种关系，才能因此购买。

(4) 文案可分为长文案和短文案，根据不同的广告主体类型、广告信息类型、目标受众特征和媒介策略来决定运用不同的文案。

1）运用短文案的情况：普通商品、小商品；低价位商品；生活日用品；表现产品附加价值时或以产品的价格作为主要的诉求利益点时；用广播广告、电视广告、户外广告、销售现场广告作为媒介表现时；感性受众；面向文化层次不高的受众、儿童受众和老年受众等情况。

2）运用长文案的情况：一般为大宗商品，工业品；高价位商品；生活耐用品；商品宣传小册子；产品导入期推广；专版广告；理性受众；面向白领阶层或文化层次较高的受众等情况。

(5) 注意细节。比如广告中以消费者经验进行表现使用产品时的细节，比如商品生产时的细节表现以及商品本身细节特征表现等。文案细节也要注意，如广告正文结尾要与主体浑然一体又要能促进消费行为的产生。

我们来看一则VW车平面广告文案案例："VW车不需要长的车前鼻，因为它的引擎放在后面，这使得它比长车前鼻多了二三个优点。显而易见，它的车身较短，您可以从拥挤的车阵脱身，也可以轻易进出窄小的停车场，您车的保险杆被撞凹的几率几乎等于零。因为VW车的短车鼻，使您对前面道路状况一目了然。重点是：VW车的每件东西，包括改良点在内，都是有目的的。如果你没有多年开VW车的经验，你很难完全了解，车上的等距传导装置，以及我们更宁静、更强力的引擎，或是3021个改良点。外表上，VW车全然相同，而内部，却已不同。它的价值不会跌落，因为外形多年没什么大改变。车前鼻和所有其他的一切都是如此。最后的检查更严厉，质检员把每一辆金龟车从生产线开到测试场，通过189个检查项目，当开回自动刹车平台，50辆中总有一辆被评为"不合格"。这样细密的事前检查，使这辆车比其他车耐用，维修费也花得较少（二手车价比其他车要高）。我们剔除不良品，使您获得高价品。"

这则正文属于长文案，面对的受众也是理性的、有一定文化和生活品位的。所以，文案对商品本身细节表现到位，比如"等距传导装置"、"3021个改良点"等；运用一些数据让理性的消费者感到可信，如"3021个改良点"、"189个检查项目"；整体上运用对比，把VW车和别的车进行比较，突出了自己的鲜明特点和优势；通过告知车辆检查信息，使消费者感觉安全可靠……这一切都体现出从消费者心理诉求出发，以达到贴近消费者利益点。

6.5.2　随文的写作

1. 随文的作用

随文对正文起补充和辅助的作用。当广告的标题、标语、正文已经使目标消费者产生了消费的兴趣时，如果在广告随文中提供了购买商品或服务的有效途径，就会直接促使消费者产生消费行为。因此，广告随文可以形成一种推动力，促进消费行为的加速完成。另外，随文具体地表现品牌名称、品牌标志可以加深消费者认知和记忆，形成品牌效应和塑造企业形象。

随文往往通过硬销售方式或软销售方式直接引发消费者购买。硬销售方式一般在结尾处写上诸如："数量有限，欲购从速"、"活动截止到……"、"请赶快拨打电话订购……"等内容，以此来促进消费。软销售方式指的是正文的结尾部分虽然也是在促进受众发生购买行为，但通过软性的方式，并不期待受众马上就发生期望之中的消费行为。

2. 随文的内容

随文里面一般会包括以下内容：品牌和企业名称；企业或品牌标志；企业地址、电话、邮编、法人代表；购买商品或获得服务的途径和方式；权威机构证明标识；其他特殊信息，例如附赠的产品种类、数量和方法等。如果需要消费者反馈，随文还可运用表格的形式，让消费者更加一目了然。

3. 随文写作

首先，要明确随文的作用，不能忽视随文的写作。要知道，随文对正文的补充，主要是将正文中无法表现的有关问题作一个必要的交代和补充。

正文针对各个不同层面的消费者采用各种不同的表现形式，而这些不同的表现形式各有其自成一体的独特结构和内容。这就使得一些必要的、有关于消费的内容不能包含进这个结构。随文的作用在此时正好显现。它可以单独的将这些必要的信息交代清楚，直接地为消费者消费作积极有效的指导。

第二，随文的语言运用要注意准确性、正确性和现实性。随文切忌虚指的、模糊的、不准确的、无现实性的语言，只有准确的、合理的、适宜的、现实性的语言，才能保证不出现歧义，才能使内容具有可操作性。

第三，随文要注意表现的创意性。随文的写作不是纯粹程式化的，实际上，也是要具有创意性的表现的。谁愿意看千篇一律的随文呢？因此，在具体的写作中，要具体的对待随文的表现内容，要根据所传达的随文信息和广告目标受众、媒介特征，对随文进行有效的创意性表现。

为避免程式化、同一化的倾向，可以采用较为全面的表现方法，有重点、有侧重地将随文的内容作选择性的表现；或者采用一个表格型的形式来进行表现。具体运用哪一种，要根据广告的整体构架以及随文和文案中其他各部分之间的有机配合。有创意地表现随文，可以为广告作品带来生动的、促进消费的实际作用。

第四，要注意不同媒介情况下不同的随文表达应用。

随文在印刷媒体和电子媒体中的表现不一样。在印刷媒体中，随文由文字进行表现，在电子媒体中，随文一般用语言来表现，也有用语言和文字一起表现的。这就给随文的写作带来媒介适宜性问题。在选择电子媒体的时候，随文不仅要适应文字表现的特殊性需要，也要适应语言表现的需要。

6.6 系列广告文案的写作

6.6.1 系列广告文案的传播学原理：整合营销传播

整合营销传播是以消费者为中心，建立在对消费者的深入了解基础上的一种传播方式，它将所有的营销传播手段协调、统一起来，向目标受众传递统一的说服性信息，在企业与消费者间建立一种独特的关系，从而达到企业的目标。将一度各自为政的广告、公关、促销、组织传播等各种传播方式看作一个整体，从而使传播者从普通消费者的视角看待所有的信息。整合营销传播的运作特征具体表现在：

1. 以消费者资料库为运作基础，预测他们的需求，由此确定传播的目标、渠道、信息等，真正做到针对不同的消费群体采取相应的策略。

2. 整合各种传播手段塑造一致性"心像"，要求生产者提供的产品或服务的信息必须清晰、一致而且易于理解，从而在消费者心中形成一致性的形象。要做到这一点，必须充分认识消费者对于产品或服务信息的各种接触渠道。

3. 以关系营销为目的，整合营销传播的核心是使消费者对品牌产生信任，并且维系这种信任，使其长久存在消费者心中。然而，你不能单单靠产品本身就建立这种信任，因许多产品实质上是相同的，而与消费者建立和谐、共鸣、对话、沟通的关系，才能使你脱颖而出。

4. 以循环为本质，随着消费者的变化调整自己的生产经营与销售，才是未来企业的生存发展之道。

整合营销传播的核心是以消费者为中心，首先从消费者出发，研究消费者与潜在消费者信息，寻找他们的购买原因；其次要考察产品，了解产品的实质与消费者的认知状况，找出哪些人是该产品的潜在消费者；第三，研究竞争状况；第四，确定本产品的消费者利益，要求本产品能够解决消费者的问题，满足消费者的需求，给消费者以实实在在的好处，而且要求品牌名称便于消费者理解和记忆。第五，有效地说服消费者，使消费者确信本品牌可以满足他们的需求；最后一点，要对一个阶段传播效果的调查与评估，整合营销传播是一个循环的过程，对某一阶段传播执行效果的调查与评估，既是对上一阶段的总结，又是对资料库的补充与更新。

6.6.2 系列广告文案的特征

系列广告文案的特征与其写作目的有关。系列广告文案的写作目的是为了全方位、多角度、全过程和立体式地表现广告主体，从而形成广告影响力，满足受众对广告信息深度了解的需求。为了实现这个目的，系列广告文案就必须注重传播的连续性和信息的全面性。

系列广告的特征有：系列的完整性和传播的连续性；结构的同一性和因素的变化性；内容的关联性和风格的统一性。系列广告文案的特征由广告特征而来，具体有：

1. 传播的连续性

系列广告文案一般是用统一的主题和风格甚至是表现形式进行连续刊播，这种连续刊播是在广告战略的指导下，通过一定的广告策划，经过统一安排，有计划地进行的。这种连续的刊播可以形成广告效果的气势，对受众产生强烈的震撼。

2. 叙事的完整性

在系列广告文案的写作中，首先要考虑、强调的是整个系列中，广告文案如何表现完整的意义，如何以相互之间的照应达到整体形象的塑造。

3. 信息的全面性

表现不同内容的多则广告文案集合在一起，可以全面地、多角度地表现广告信息，满足受众对广告信息的全面了解的需求；表现相同广告信息的多则广告文案，可以反复地体现广告信息而使广告得到有效的传播。

4. 内容的关联性

在系列广告文案写作中，每则广告的内容互相关联，围绕一个中心展开。

5. 部分的均衡性

系列广告文案的各部分之间信息含量和信息层次的分布体现出表现力度和表现篇幅的均衡。

6. 表现的变化性

变化性是系列广告文案的丰富性所在，是广告创意的表现。变化性可以体现系列广告的优势和特征，可以使它在同样篇幅中表现最大的信息量。

获得2000年全国报纸优秀广告奖医药保健类铜奖的太太口服液系列广告是系列广告文案的代表，它的文案是：不让秋雨淋湿好心情，不让秋日带给女人一点点的伤，不让秋风吹干肌肤的水，不让秋夜成为失眠的开始。这四则系列广告作品中的每一幅在构图、布局、文案和风格等方面具有统一性，各部分又十分协调、配合，广告文案围绕中心四个方面进行了多角度有效的信息传播。

6.6.3 系列广告文案的构思方式

1. 横向构思方式

横向构思方式，就是运用横向拓展的思维方法从广告主体的各个侧面、各个角度来对系列广告文案的主题和内容进行表现，可以就同一种品牌的不同产品的横向表现来进行，也可以从一个信息点来进行放射性的横向拓展。

2. 纵向构思方式

纵向构思方式从一个信息源入手，然后一步步向纵深方向发展。实际中，可根据广告中企业、产品或服务的发展情况进行一步步的深入展开，来传递广告信息。

3. 纵横交错构思方式

将两种方式配合运用，可以使一则系列广告从广度和深度两方面对广告信息进行立体式、全方位的表现。

6.6.4 系列广告文案主要表现类型和写作步骤

1. 表现类型

按照表现形式不同变化可以分为：描述式、悬念式、论辩式、自述式、情景式。

按照表现结构不同变化可以分为：标题不变正文变类型、标题变正文不变类型、标题变正文变类型、标题正文均不变类型。

2. 写作步骤

第一个步骤，对广告主体进行全方位的分析，从广告目的、广告战略、广告创意和广告表现等方面，考虑决定是否运用系列广告文案形式。

第二个步骤，在决定运用系列广告文案形式之后，根据广告主体信息层次的同一性和各个信息含量之间的均衡性对广告主体信息的各个方面进行分类，决定系列广告文案的整体表现风格、语言以及画面构成因素。

第三个步骤，广告文案人员要恰当的运用各种表现手法和方式，从事先所确定的信息传播内容、风格等各个方面对每一则广告文案进行表现。

第四个步骤，在单则广告文案完成的基础上，对内容和风格进行整体协调整合，以符合系列广告文案的特色和要求。

3. 写作注意

既然系列广告文案在风格表现、语言特征、画面构图等方面都是统一的一个整体，所以在写作系列广告文案时要特别注意从整体上把握。不仅广告主题要明确，给人以鲜明的印象，而且还要保持受众对系列广告的持久兴趣。其次，要注意每一则单个广告要有自己完整的宣传重点，系列广告不能给人以头重脚轻，虎头蛇尾的感觉。再次，要注意系列广告的整体关联性，要求做到文案的表现方法、语言运用等要有统一的风格。最后，还要将媒体发布的广告组合情况考虑到位。

6.7 案例分析

松下电器系列广告文案

文案一：
标题：如果有一天，你聆听的只剩下这样的音符
文案：
想听清脆的鸟鸣声你可以从国际牌水随声听中一听究竟，
你会沉浸在优美快乐的歌声中，如临现场，
国际牌以高传真的音效带您倾听大自然的天籁之音，
也希望您能亲自去体会、关怀这群枝头乐；
但我们也忧心地看到，
目前鸟类赖以生存的森林、水域已经逐渐被砍伐、污染，
鸟儿无枝可依，快乐的歌声越来越少了……
也许有一天要听鸟鸣声，也许只能从音响中去寻找了。
国际牌呼吁：请留给它们干净的空间生长，
因为那也是我们赖以生存的资源。
如果有一天，你聆听的只剩下这样的音符，
给它们一片干净的空间歌唱莫等它们消失在我们耳畔。

文案二：
标题：如果有一天，水的世界不再有鱼类生存
文案：
想看海底丰富的世界，你可以从画王中一窥究竟，
你会沉迷于迷离的色彩、运动的身影，如临现场；
国际牌以高传真的影像，请您上天下海，优游自如，
也希望您能亲自去体会、关怀这群水中游龙；
但我们也忧心地看到，
目前鱼类赖以生存的水域，遭受工业废水、垃圾严重污染，青苔不生，水草难长，
鱼儿纷纷翻起了白肚……
也许有一天要看见鱼儿要从电视中去寻找了。
国际牌呼吁：请留给它们无污染的水域生长，

因为那也是我们赖以生存的资源。
如果有一天，水的世界不再有鱼类生存，
给它们一方清澈的水域生存莫等它们消失在我们的视线。

文案三：
标题：如果有一天，地球只剩下这样的植物
文案：
想喝新鲜的苹果、柳橙、番茄汁，你可以从国际牌果水榨汁机中轻松取得，
因为，凭着现代便利的家电技术，这是简单的事。
但是，以目前植物赖以生存的土地，遭工业排放的废水及化学药品的污染来看，
也许不出几年，地球将只适合仙人掌生存，
国际牌呼吁：请留给它们无污染的土地生长，因为那是我们赖以生存的资源。
如果有一天，地球只剩下这样的植物，
给它们一片丰腴的土地生长莫等它们消失在我们的身旁。
评析：松下电器是国际知名品牌，在全世界享有声誉。面对全球后工业化浪潮和地球环境的日益恶化，松下电器从人本主义出发，从关心地球环境出发，创作了这样一个系列广告文案，体现出了松下公司的企业文化，为其赢得了良好的口碑。

从文案的格式上来看，其主体包括广告标题和正文。由于是系列广告文案，所以它的每则标题各不相同。每则广告的标题都和其正文内容相关，三则广告文案内容相互关联，围绕一个中心展开，合并在一起形成了一种整合营销传播的气势。这则系列广告文案全面地、多角度地表现出了广告信息，反复地体现主题而使广告得到有效的传播。

从叙事方式上来看，采用了散文体，形式生动活泼，语言优美形象。读起来琅琅上口，不显生涩。

标题上采用了假设式标题："如果……"，引发受众思考和联想。可以说，它联系了当今世界的环保主题，引人深思。这样的内容不仅体现出该企业的文化精神，也让受众感受到该企业关心环保、爱护地球的良好心愿。

正文写作上，句式统一，字数相当，前后三则形成了一个统一的整体，发挥出了系列广告的合力传播效果。正文中还特别有"呼吁"，三则广告所呼吁的内容各不相同，分别从空间、水域和土地三个方面阐发了环保的要求，体现出了一定的公益广告特征，给受众以教育和警示作用。

此外，在修辞上，采用了对比、对偶、排比等手法，是一个难得的优秀广告文案。

思考题

1. 请联系具体案例阐述一下广告文案的格式及其特点。

2. 广告文案的叙事方式具体有哪些？各有什么特点？
3. 如何才能很好地运用广告文案的修辞方法？
4. 请说一说标题和标语的写作方法。
5. 广告标题和标语有什么不同点和相同点？
6. 广告正文的表达要注意哪些因素？随文的内容包括哪些？
7. 请说一说系列广告文案的特点。

参考文献

[1]（英）大卫·奥格威. 一个广告人的自白，林桦译［M］. 北京：中国物价出版社，2003.

[2]（美）费尔顿广告创意与文案，陈安全译［M］. 北京：中国人民大学出版社，2005.

[3]（美）博顿. 广告文案写作，程坪等译［M］. 北京：世界知识出版社，2006.

[4] 陈望道. 修辞学发凡［M］. 上海：上海教育出版社，2006-07.

[5] 陈培爱. 如何成为杰出的广告文案撰稿人［M］. 厦门：厦门大学出版社，2002.

[6] 吕叔湘，朱德熙. 语法修辞讲话［M］. 北京：中国青年出版社，1979.

[7] 高志宏，徐智明. 广告文案写作：成功广告文案的诞生［M］. 北京：中国物价出版社，2002.

[8] 樊志育. 实用广告学［M］. 上海：上海人民出版社，2006.

[9] 张微. 广告文案写作［M］. 武汉：武汉大学出版社，2002.

[10] 杨先顺，陈韵博. 广告文案写作原理与技巧［M］. 广州：暨南大学出版社，2004.

[11] 张浩新. 广告文案写作格式与范本［M］. 北京：蓝天出版社，2005.

[12] 丁柏铨. 广告文案写作教程［M］. 上海：复旦大学出版社，2002.

[13] 徐玉红，沈彬. 广告文案创作［M］. 杭州：浙江大学出版社，2007.

[14] 日经广告研究所编. 广告创意——表现的科学. 台湾朝阳堂文化出版.

[15] 张秀贤. 中外广告妙语金句10000条［M］. 北京：中国广播电视出版社，1995：1.

第7章 平面媒体广告文案

在为平面媒体广告准备文案时，文案构思的第一步是如何运用（或不运用）各自独立的几个组成部分，即标题、副标题、正文和口号。其次，文案还可以将图像、标题和副标题与广告界熟知的创意金字塔的各个环节联系起来，比如，兴趣环节一般与副标题和正文的第一段呼应。正文负责建立信用和欲望，而行动环节则由标志、口号这些元素来完成。切记，所有这些成分最适用于那些发布在杂志、报纸或直邮品中的平面广告，这些指导方针也同样适用于其他印刷媒介，如路牌、交通广告和礼品广告，但有一点必须清楚，那就是，所有的媒介实际上都是不同的。

7.1 平面广告文案的特点

平面广告是一种主要的大众传播媒介广告形式，具有与其他媒体广告形式不同的优势和劣势。结合平面媒体的特点，我们认为平面媒体广告主要有下面几个特点：

7.1.1 平面媒体广告是以文字为主的广告形式

平面媒体广告是以文字作为主要的传播手段和符号，这也是它区别于其他媒体广告的主要特征，虽然随着印刷技术的进步和读图时代的来临，平面媒体广告的图片显得越来越重要，但这丝毫不能动摇平面媒体的文字传播性特点，这一特点同样鲜明地体现在各平面媒体的广告中。

7.1.2 平面媒体广告是偏向于理性诉求的广告

文字传播符号的特点决定了平面媒体广告偏向于理性诉求，静态的文字和图片的表现力及生动形象性与电视相比差了很多，因此平面媒体广告对于卷入度比较高的产品，比如汽车、房地产等行业是一个性价比非常好的选择，同时平面媒体广告也可以充分进行相关理性信息的传递和说明，这一点是电视、广播类电子媒体难以做到的。

例如，诺基亚 6268CDMA 平面广告文案：CDMA 影音先锋炫然成风。

广告文案：

诺基亚 6268CDMA，影像和声音的完美融合！

让你无处不感受非凡影像和绝妙声响。

200 万像素数码相机，内置闪光灯

超大 320×240QVGA 屏幕，26 万色高清显示

视频摄录，MP3 播放器，随身影音享受

支持大容量的 miniSD 存储卡及蓝牙连接

支持视讯新干线及多项联通无限增值业务

诺基亚，科技以人为本（NOKIA Connecting People）

图 7-1

评析：该广告文案采用论证性诉求方式，列出了诺基亚 6268CDMA 五个方面的功能，对其无与伦比的"影音先锋"的卖点进行有力的证明和支持，给这款高档手机的目标消费群体提供了足够的关于产品自身的配置和功能的信息，充分发挥了平面媒体的文字的理性诉求的特点。

7.1.3 平面媒体广告种类上更偏向于产品广告和促销广告，特别是对于地区性平面媒体而言

平面媒体广告的文字符号特征决定了它的理性表现能力比较强，因此传达广告主要求的比较详尽的信息的产品广告成了平面媒体广告的主要形式。同时，平面媒体在营造风格、气氛等方面的确逊于电视媒体。而促销广告是追求即时销售效果的，全国性的广告主可以利用平面媒体的地域覆盖和选择性优势，使广告内容传播到其他媒体难以达到的特定地区，或者利用平面媒体强大的销售潜力传到特定区域；而地方性的广告主如零售商，自然对特定的市场或区域的媒体选择和投放更感兴趣。他们将自己的广告投放集中在目标消费群体最集中的区域，许多平面媒体提供了多个区域版或地区版满足广告主的这一要求，而本区域的强势大众类平面媒体，在吸引零售商等的促销广告方面，更是具有得天独厚的优势。比如武汉地区的《楚天都市报》就是国美、苏宁等家电连锁巨头武汉分店的促销广告的主要选择媒体。

7.1.4 平面媒体广告的受众参与和接受程度高

平面媒体不像广播、电视类媒体是强制性的广告媒体，读者选择阅读平面媒体广告是一种主动的态度和行为，因而读者参与度和广告的接受程度比较高。据调查，一个美国典型的日报读者，工作日平均每天花 45 分钟读报，周日平均花 62 分钟读报。平面媒体对于很多读者来说，不仅是获取新闻、娱乐和一般信息的主要手段，还是获取消费信息和作出消费决策的主要依赖，平面媒体上刊登的日常消费品广告

是媒体读者的主要的消费信息来源，许多读者购买平面媒体的实际动机主要就是为了获取上面的广告信息，利用零售广告来确定商品价格和购买地点，因而平面媒体广告的受众卷入度比较高。

平面广告还有以下一些缺点，由于平面媒体本身的局限性，平面广告文案写作也受到一定的限制：

1. 标题的制作要求高

平面媒体广告有时受其新闻信息影响只有一天甚至半天的广告效果，很快就失去了价值。大多数稳定读者每天只有半小时到一小时的阅读时间，且阅读的平面媒体种类多、范围广、内容杂，广告在其中所占比例就微乎其微。对此，平面广告文案写作对标题的制作有较高的要求，对标题的依赖性强。而文案的标题信息含量是非常有限的。

2. 版面位置的局限

有些主要平面媒体如报纸，始终以传播新闻为主，一般情况下，广告不会占很突出的位置，所占版面也有限制。各国均对广告在报纸中所占的篇幅有相关规定，以保证新闻信息的传播。这不仅限制了广告的数量，也限制了文案对广告内容的展开。同时，由于同一版面广告拥挤，会影响读者的注意力，文案所包含的特有的语言内涵无法借助视觉冲击力表现出来。

3. 表达效果不理想

我们仍旧以平面媒体报纸为例，报纸往往是急就之章，致使报纸广告中与文案相配合的版面、图画在艺术表现等方面难以达到令人满意的效果，因而也削弱了语言表达的效果。

4. 诉求目标的文化要求限制

由于大部分平面媒体要求读者具有一定的文化水平和阅读能力，就使一部分教育程度较低、无阅读能力的目标消费者无法成为平面媒体广告文案的信息接收者。另外，平面媒体广告文案为迎合普通消费者的阅读趣味，往往以大众化和通俗化为语言表现手段，降低了文案的文化品位，而对文案作者来说，没有两全其美的方法。

7.2 平面媒体广告文案的结构与表现

7.2.1 平面媒体广告文案的结构

1. 标题

平面媒体广告中的标题（Headline）通常是开头的一个或几个句子，一般在广告的上方或下方，起着吸引读者注意力、传达关键销售点或建立品牌识别度的作用。许多标题无法吸引读者，结果导致广告本身成了消费者生活中的噪声。毫无生气的标题不可能吸引读者去仔细阅读广告的其他内容，简而言之，标题既可以驱动读者继续阅读广告的其余部分，也可能永远丧失读者。

(1) 标题的作用

在写标题的时候，平面广告文案首先要考虑标题要在引起注意或说服消费者方面发挥哪些作用。一般说来，标题可以发挥以下几个作用：

1) 发布关于品牌的消息。标题可以表明某个与品牌相关的具有新闻价值的事件，例如"冠军（Champion）赢得喜玛拉雅山比赛"和"40 个重要奖项中的 25 个均被 Titleist 夺得"，这些标题都向受众传递出了冠军牌火花塞和 Titleist 牌高尔夫球的新闻事件。

2) 突出品牌的主张。品牌的主要特点或差别性特点可以充当标题的主题，例如"凡世通（Firestone）轮胎的里程多 30％"，就突出表现了这种轮胎的耐用性。

3) 提出忠告。标题可以给读者提供建议，然后（通常）再用正文提出使用本品牌的后果，如"提高你的阅读技巧"和"节省 90％ 的代理费"。两者都请求平面媒体的读者采纳。

4) 选择对象。标题会吸引有心的受众，"关节炎患者的福音"和"6 月毕业生注意了"，就利用标题达到了选择潜在目标对象的目的。

5) 引起读者的好奇心。用标题出谜语可以吸引读者，提高阅读率。机智的文字游戏或矛盾说法都可以刺激人们的好奇心，以下面这个标题为例："有了 MCI，Gerber 的宝宝话无人比得上。"随后，正文说明 Gerber 制品公司（一家婴儿用品制造商）为了自己的通信需求采用了 MCI 的高科技技术。

6) 确定一种基调或制造一种氛围。语言可以用来制造广告主希望与产品能产生联系的那种气氛，Teva 休闲凉鞋的一条广告采用了这样的标题："在你死的时候，他们给你穿上体面的衣服和亮铮铮的鞋子，好像死神还不肯善罢甘休"。即使广告没有直接提到做广告的产品，读者也已经对做广告的这家企业以及谁有可能购买这种产品多少有了一些了解。

7) 显明品牌。这是标题最直接的一个目的，或将品牌或标识中单独做广告的标题，或将它们与一两个字结合起来当做标题，目的就是为了显明品牌，提高品牌名称的识别率。Brut 男士香水的广告就经常只用品牌名称做标题。

(2) 标题的类型

根据不同的广告战略，平面广告文案会采用不同形式的广告标题，通常他们会选择最能体现大创意的标题。按传递信息的形式，平面广告标题可以划分为：利益式、新闻/信息式、启发式、疑问式和命令式。

1) 广告主利用利益式标题（Benefit Headlines）向受众许诺：如果使用某产品或服务，便会得到某种利益。利益式标题不应显得太精明，只需对产品最重要的利益进行简单说明。以下为两例优秀利益式标题："高泰（Gore-Tex）纤维，无论天上掉什么，令你温暖而干爽"；"30 天内讲外语，否则退款"。

注意上述两则标题都侧重于突出使用产品所带来的利益，而非产品本身的特点。

2) 新闻/信息式标题（News/Information Headlines）宣布新闻或提供信息，海洋世界（Sea World）用"它是女孩"这个标题来启动其新生鲸鱼的电视广告宣传。信息必须可信,像宣称某剃须刀"刮起来200%更顺滑",这样的标题就不可信。

3) 启发式标题(Provocative Headlines) 引起读者的好奇心,进而引起读者的疑问和思考,例如:"我的鸡吃得比你好"(百都鸡)。为了获得更多信息,读者只好读正文。当然,读者有可能就此打住,不再继续往下读。为了杜绝这种情况,创意小组设计出图形来进一步演示信息或进行情节性诉求。

4) 疑问式标题(Question Headlines) 提出问题,鼓励读者在广告正文中寻找答案。4天轮胎店(4day Tire Store)的一条广告问道:"为什么我们的轮胎用户比别人更精明、更富裕?"优秀的疑问式标题会激起读者的好奇心和想像力。但如果标题提出的问题让读者很快就能作出回答(或者更糟的是,作出否定回答),广告的其余部分就有可能被读者一晃而过。设想一下这样的标题:"你想买保险吗?"读者回答说:"不",然后翻过这一页。

5) 命令式标题(Commond Headlines) 命令读者采取一定的行动,因此有可能显得生硬,但读者对这类标题倒比较注意。浪花公司(Ocean Spray)用"渴望波浪"这个标题来瞄准青年人。有些命令式标题则提出请求:"请别揉佳美(Charmin)"(卫生纸)。

许多平面广告标题类型可以合并使用,但标题类型不像标题的运用方式那么重要。文案人员必须始终为受众的愉悦而非自己的愉悦而写作。

2. 副标题

副标题(Subhead)由几个单词或一个短句组成,通常位于标题的上方或下方,副标题包含着标题没有包含的品牌信息。副标题的作用与标题大致相同:迅速向读者传达重要的卖点或品牌信息。副标题的字体一般比正文大,但比标题小。在很多情况下,副标题比标题长,可以传达更为复杂的卖点。副标题应该加强标题,并引导读者继续阅读正文。

副标题还可以发挥另一个重要作用:刺激读者更加全面地阅读整个广告。如果标题能够引起注意,那么,副标题就能够刺激读者顺着广告的自然空间进行阅读,包括广告中的视觉元素:有一条好经验:正文越长,就越应该用副标题。不过,大多数创意总监总是尽量不用副标题,他们认为,如果广告的视觉元素和标题不能迅速而清晰地传达产品的利益点,那么,这条广告就不是一条非常好的广告。

3. 正文

广告主在平面媒体广告正文(Body Copy 或 Text)中讲述全部销售信息。我们前面说过,正文由兴趣、信任、欲望,甚至行动这几个环节组成,是标题和副标题的逻辑发展。平面广告正文的字体通常更小,正文的涉及范围包括产品或服务的特点、利益和用途。

十个读者中一般只有一个看正文,因此,文案人员必须努力引起读者的兴趣,表现产品或服务如何满足顾客的需求。好广告侧重于表现一个大创意或一个清晰的利益。文案人员应常常高声朗读自己所写的文案,看看听起来是什么感觉,因为耳朵也是有力的文案写作工具。

(1) 正文风格

经验丰富的文案人员为大创意寻找最具有销售诉求力的技法和风格。常见的平面媒体广告正文风格包括直接推销式、企业形象式、叙述式、对白/独白式、图片说明式和技巧式。

在直接推销式正文（Straight-sell Copy）中，文案以客观而直截了当的表现手法，直接说明或展开标题和图形。直接式技法针对受众的判断力进行诉求。由于它一般按产品销售点的重要程度进行简明描述，所以特别适宜需要人们仔细斟酌或使用难度较大的产品，尤其适用于直邮广告和工业或高科技产品。直接式技法是广告主最常用的一种技法。

广告主还用企业形象式正文（Institutional Copy）来推广某一理念或宣传某机构（而非产品）的优点。银行、保险公司、公共设施机构和大型生产企业常在平面媒介和电子媒介中采用这种技法。不过，大卫·奥格威警告文案人员要避免许多企业形象广告文案中常见的那种"自吹、浮夸之风"。

文案采用叙述式正文（Nurrative Copy）叙述情况，是创意文案比较理想的一种风格。叙述式正文先设定一个情景，然后在最后时刻让产品或服务挺身上前，解决问题。叙述式正文还为情感诉求提供了良机，例如，保险公司可以用它来讲述一个人猝死的辛酸故事，所幸的是，这人刚续签了保单。

广告主运用对白/独白式正文（Dialog/Monolog Copy），可以弥补叙述式正文有时缺乏的可靠性。平面媒体广告中表现的人物用自己的语言系统进行推销。但要注意，对白式正文若写得不好，会让人觉得单调乏味，甚至令人觉得矫揉造作，不真实。

有时，用插图带说明的形式更容易叙述一个情节，带有图片说明式正文（Picture-Caption Copy）的照片尤其适用于具有多种不同用途、款式或设计的产品。

无论采用哪种文案风格，文案人员都可以运用一定的修辞法来增强读者的注意、兴趣和记忆。技巧式正文（Device Copy）利用修辞（如双关、头韵、谐音和节奏）、幽默和夸张，语言技巧有助于人们记住品牌，一般会对读者的心理产生有利影响。林地广告的标题"自然天成"（Where the elements of design are the elements themselves）"就是利用element（成分、自然环境）一词的双重含义。

如果广告主需要在较短时间内产生较高的记忆度，或者想消除人们对自己的不良印象，或打算为某一大路货创造独特的个性，幽默比较有效。不过，使用幽默必须慎重，而且要注意品位。有些研究人员认为如果使用不当或用于金融、保险、殡仪这类严谨的服务业，幽默会削弱，甚至损害广告的销售信息。

(2) 正文格式

好的平面广告正文的关键在于简洁、有序、可信和清晰，或者像约翰·奥图尔所说的那样，行文应该"清楚、有趣、有力、易记、增长见闻、说服读者、令人激动、毫无雕饰等"。

文案人员在撰写较长的平面媒体广告文案时，采用四种基本格式元素：预备段落、内容段落、收尾和结尾。

1) 预备段落（Lead-in Paragraph）是连接标题和正文销售点之间的桥梁。如同副标题，预备段落属于兴趣环节，因而必须吸引读者并将读者的阅读兴趣转向对产品的兴趣。

2) 内容段落（Interior Paragraphs）为许诺和保证提供证明，建立广告的可信度，通过语言启发读者的想像力，培养读者的欲望。广告主应借助调查数据、证言和担保来支持自己的产品承诺，这类证明有利于广告主避免代价高昂的法律纠纷，使顾客确信产品真实可靠，增强对广告主的好感，最终刺激销售。

3) 收尾（Triaclose）交织在内容段落之中，建议读者现在就采取行动。好的文案会不止一次要求读者行动，邮购广告则会多次要求读者。消费者往往尚未看完全部正文就已作出购买决定。收尾为他们早作决定提供了机会。

4) 结尾（Close）属于实际行动环节，好的结尾鼓励消费者采取一定的行动，并告诉其方法。可以直接结尾，也可以间接结尾（不着痕迹的建议或直接命令）。直接结尾的反馈形式是：购买、光顾店铺、访问网站或查询详情。

结尾应简化受众的反应，便于他们订购商品、索取信息或光顾陈列室或网站，也许还应附上回执卡或免费电话号码。

当然，并非所有的广告都推销产品或服务，有些广告主也许希望人们改变态度，或解释自己的观点，也有的广告主是为了拉选票。现在，广告主可以通过提供网址的做法，让有兴趣的读者随意查询更多的信息。

4. 口号

许多平面媒体广告的口号（Slogans，又叫主题句"Themelines"或标题句"Taglines"）源自成功的标题，如美国电话电报公司的"伸出你的手，联络一个人"。经过持续不断的运用，口号变成了一种统一的声明，不光在广告中使用，也供销售人员和员工使用。

平面广告的口号有两种基本功能：(1) 为系列广告提供连贯性；(2) 将广告信息战略压缩成精练的、便于重复、便于记忆的定位声明。例如南加州滑雪胜地雪谷（Snow Valley）将自己定位为"年轻人的山"，第比尔斯的广告至今仍在沿用其著名的口号"钻石恒久远"。但按照《华尔街日报》的一篇文章，美乐淡啤酒陈旧的"此是此，彼是彼"口号简直"差劲透顶"，缺乏创意、没有创新，缺少让口号羽毛长丰的能力，所以很快就夭折了。

7.2.2 平面媒体广告文案的表现

平面媒体大部分是在空间传播、供大众阅读的媒体，而且在内容、风格和目标人群的选择上具有细分化的特征，因而它对广告文案也提出了不同于其他媒体的要求。

1. 以文字符号为主：简洁流畅

平面媒体主要是以静态视觉符号传播为主的媒体，诉诸人的视觉，虽然文字空间传播的特点，使平面媒体广告文案的语言可以较为书面化、理性化和复杂化，但广告毕竟不是新闻，对于读者而言不具有信息本身诸如检测环境的价值；与新闻符号比较，广告读者主动进行阅读的可能性比较小，因此平面媒体广告的文案必须简洁、流畅、优美和生动。

海外广告人概括了一个文案创作公式——KISS 原则，很好地体现了报纸广告文案写作的特点和要求。KISS 是 Keep it Sweet and Simple 这句话中每个英文单词第一个字母的缩写，中文的意思是指"令其甜美并简洁"，或者倒过来说"简洁加甜美"，合成后的英文单词刚好是"kiss"（亲吻），非常生动形象地体现了文案写作的基本要求，特别是报纸文案写作的要求。

2. 解释性媒体：表达方式的适度把握

平面媒体是偏向于理性的解释性媒体，但并不意味着平面广告就可以对诉求重点作极其枯燥无味的反复解说。在一个信息爆炸的时代，平面媒体读者的阅读都是抛弃型浅尝式的阅读，枯燥无聊的广告只会让读者避而远之，并且读者本身就没有义务来进行广告的阅读，所以刊登过分枯燥的平面广告无疑是广告主的一种自杀行为。平面媒体的受众一般比较广泛，因此平面媒体广告的文案应该尽量增加富有趣味性的解释和阐释。当然，表达的专业性与广告产品的具体特征以及读者的接受特征紧密相关，并无定论。比如，对于属于大宗耐用消费品的房地产，其广告就不厌其烦地对地段、交通、户型、价格、配套设施、环境、物业等信息进行介绍，毕竟，购买商品房对于谁都不是一件随便的事情，相关情况介绍得越清楚越好，但并不意味着将整个楼盘的楼书都搬到平面媒体上去，这样做既不经济也不现实。

3. 受众的关注和选择

我们上面进行过分析，与电视、广播媒体相比，平面媒体读者的受众处于一种主动性、积极性比较高的接受状态，读者的卷入度比较高，但前提是受众必须开始和进行阅读。由于平面媒体不像电视、广播媒体那样具有强迫接受的特征，所以平面媒体广告基本上属于最容易被消费者忽略的部分。这就要求平面媒体广告文案和图片必须增强创造力和吸引力，在庞杂的平面媒体内容中可以迅速、有效地吸引读者的目光。这对平面媒体广告的创意提出了更高的要求。特别是平面广告的标题，必须强烈、简洁、有力、富有创意，给出对消费者的利益承诺，最大限度地吸引读者的第一关注。

4. 文案对平面媒体风格和定位的配合

随着平面媒体市场竞争的日益激烈和媒体消费市场的分众化，针对不同的目标消费人群分别具有不同的平面媒体产品。这些平面媒体可能专门进行时政、军事、经济、娱乐、健康、体育或时尚等新闻信息的采编和报道，并且在长期的市场运作中，各种平面媒体都形成了自己独特的编辑报道风格和氛围，这些定位清晰、风格鲜明的平面媒体也会吸引长期稳定的阅读人群。

发布在不同平面媒体上的广告应该考虑到不同媒体自身所具有的风格和读者接受特征。比如一般时政、经济类媒体都追求新闻的客观和文字的理性以及评论的权威，所以它的报道风格一般严谨、冷静和公正，在这类平面媒体上刊登的广告应该尽量理性、客观和简洁，不玩文字游戏，不卖弄才情，否则就和整个媒体的风格冲突，破坏了广告和新闻的统一性，使读者难以接受；而在娱乐、时尚和体育类平面媒体上的广告文案则应该力求轻松、活泼和文笔灵动，不能死气沉沉、枯燥乏味，破坏媒体阅读的整体风格的一致性。

7.3 平面媒体广告文案的创作技巧

平面媒体广告文案和其他媒体广告文案的最大的区别在于，平面媒体广告文案是直接与读者见面的广告作品的最后形式，而其他媒体的广告文案（电波广告）都必须通过再制作，即配合其他符号元素形成广告作品后才能与诉求对象见面，因此选择平面媒体，实际上就是选择了以文字作为主要的表现形式和传播符号。文字是作为主要的传播手段而存在的，文字的效果是平面广告效果的最重要的影响部分，不像广播广告和电视广告文案，具体的制作和拍摄的结果对于广告效果的影响可能大于文案本身的影响。

平面媒体广告是惟一可以从完整的广告文案（包括标题、副标题、正文、口号和随文）来展开写作的，因此有关于标题、副标题、正文、口号和随文的写作技巧和方法都同样适用于平面媒体广告文案写作，并且具体地指导和制约着平面媒体广告文案写作。

在大卫·奥格威时代以及之前的时代，平面媒体是当之无愧的第一广告媒体，这从《一个广告人的自白》里可以看出来，我们现在所看到和学习的诸多经典广告作品和文案，绝大部分都是以平面广告作品的形式呈现的。与奥格威同时代和早于他的广告巨人们关于文案写作的技巧和方法，可以说都是从他们自身的平面广告（主要是报纸，当然也包括杂志、直邮等印刷媒体）文案写作的经验和体会中总结和提炼出来的，这些原则和方法当然同样可以指导其他媒体的广告文案写作。

约翰·坎普在《如何使你的广告为你赚钱》一书中，向人们提供了文案创作的12点建议：“不要等到灵感出现；从简单的开始；就像平常提笔写信给朋友一样；写一封信给你的朋友；把"该做"、"不该做"这些原则统统忘掉；描述产品；列出所有的利益；写出你最感兴趣的东西；从其他人那里获得启发；模仿成功的文案；从写标题开始；赶快写，稍后再整理。"

这些文案写作的建议同样为平面广告文案的撰写提供了有益的借鉴。我们下面将具体分析和介绍平面媒体广告文案的写作。

7.3.1 充分消化已有相关资讯

平面媒体广告文案的写作不是纯粹的文字游戏，也不是个人才情的表达和发挥，它主要是为传达产品信息和塑造品牌形象服务的，因此在动手撰写文案之前必须进行广泛的资料收集和思考，只有在充分地消化已有的资讯和信息的前提下才能顺畅地开始文案的写作。文案写作就是发现的过程，而不是拼命地想点子，在创意策略已经确定后，文案的职责就是以最好的、最具有创造性的文字表达方式将创意体现出来。这需要深入了解和研究产品，加深对产品和产品消费者的理解和认识，可以在动手写文案前，找和产品有关的人聊一聊，看一下他们对于产品的想法、观点、使用体验、主要期待卖点和现在产品的主要缺点，特别是与产品的目标消费群体聊一聊，文案首先要考虑消费者而非产品，毕竟文案是针对消费者进行诉求的，这也是人本观广告思想在广告文案写作中的具体体现和应用。

把与文案撰写相关的所有的资料都放在手边，不断地参考和浏览、不断地进行头脑激发和刺激，但要想使得撰写文案有效率就必须记住：思考时，不写作；写作时，不思考。如果你真的准备好可以动笔，就不必再费思量，否则，不要轻易动笔，先躲避开动笔的诱惑，做点别的事情，让创意简报里的东西沉淀下来，等到对产品的了解足以使广告灵感和思维源源而出的时候，再开始文案的撰写。

7.3.2 写出醒目的标题

在现代平面媒体中，标题的作用越来越重要，平面媒体标题也愈益新颖和醒目。而在平面媒体上刊登的广告正处于各种醒目标题的包围之中，如果没有醒目的标题，受众的目光就会转向别处，这是很自然的接受过程。如果标题制作缺少三个要素，即锁定广告主题；创造对话环境；提供利益承诺，就难以使受众顺利接受。

再者，广告文案中一般不要使用否定式的标题。根据受众的一般接受心理，人们在接受含有否定词或有否定意味的文字时，往往只会记住否定的东西。所以，文案标题必须正面宣传产品的优点，而不要只说它没有某种害处或没有某种缺点，例如一则报纸广告的标题是这样的：

标题：您的孩子早餐吃什么？

副题：忽视早餐就是忽视健康，忽视未来！

从这则标题中受众无法获得明确的信息，主题含义不明。这种标题对于受众来说是一个难题，不易吸引他们继续阅读。广告大师大卫·奥格威曾提出标题制作的几大原则：

a. 标题好比商品价码标签。若卖的是衬衫，就要在标题中用上衬衫字样，不要在标题中说那些会排斥你的潜在消费者的话。

b. 每个标题都应带出产品给潜在消费者自身利益的承诺。

c. 在标题中要加入新信息。

d. 标题中加进一些充满感情的字词就可以起到加强的作用。

e. 标题中要有产品品牌名称。

f. 引起人的好奇心。

g. 要避免制作故意卖弄的标题：双关语、引经据典或别的晦涩的语言，这是罪过。

h. 标题中不要用否定词。

i. 避免空洞的标题，即看完标题不懂什么意思的标题。

这些原则仍然在大多数情况下适用于今天的报纸广告。

7.3.3 赋予文案故事性，追求文案易读性

由于平面媒体广告的主要传播符号是文字，因而它追求理性的说服和文字结构的逻辑性，但这并不意味着平面媒体广告文案就可以写得枯燥、生硬、死板和公文化。没有电视广告的生动、形象、直观等优势，平面媒体广告利用和应用文字时更要流畅、清晰和明了，特别是通过文字来赋予广告文案故事性的情节和想像，是平面广告文案写作的一大技巧。普通的报纸读者对于故事性的内容更感兴趣。乔治·葛里宾为箭牌防缩衬衫所写的广告文案《我的朋友乔，他现在是一匹马了》，利用丰富的想像构思了一个人与马对话的似乎荒诞的童话故事，讲述了乔由于衬衫领子的收缩窒息而死的经历，同时将箭牌衬衫的特点一一地在故事中表现出来。整个文案由于具有很强的故事性，能够一直保持受众的吸引力和阅读兴趣，从而最终达到广告信息传递和说服的目的。

7.3.4 正文的长短把握应得当

平面媒体广告文案的长短并没有一定之规。如果广告中介绍的产品特点很多，事情也复杂，就可以使用较长的文案。一般情况下，看了标题还继续看文案正文的读者，往往就是对广告产品较感兴趣的潜在的顾客。根据产品的特定要求，正文可以很长，甚至可以不厌其烦。例如，我们在"解说法"里提到过的大卫·奥格威为劳斯莱斯汽车所做的广告，就有一个非常长的标题：这辆新型"劳斯莱斯"在时速60英里时，最大噪声是来自时钟

什么原因使得"劳斯莱斯"成为世界上最好的车子？

一位知名的"劳斯莱斯"工程师说："说穿了，根本没有什么真正的戏法——这不过是耐心地注意到细节。"

除了一则长标题，这则广告文案还有一则包括719个英文单词的正文。但这篇文案由于通篇叙述的都是与产品直接相关的事实，而不是虚张声势，从而达到了"你告诉消费者的愈多，你就销售的愈多"的效果，成为广告史上的经典之作。他为"波多黎各"所做的招商广告也是长文案的代表作，被大卫·奥格威称做是他"生平所写的最有效果的广告，拜尔斯利·鲁姆尔看过后一字不改地核准。这个广告给'波多黎各'带来了许多新工业。"

长短并不是衡量和评价广告文案优劣的标准，关键是符合产品的特定需要和受众的接受心理。

在信息爆炸日益加剧、信息渠道日益增加的今天，越明快、干脆、简洁、单纯的信息就越容易被受众注意和记忆。随着人们的生活节奏日益加快，广告文案创作也表现出简单、明确的趋势。

7.3.5 适当留白

一般广告为了追求醒目的效果都喜欢将广告版面用文字或画面占满，这样做往往效果不是很好。受众面对太多的文字通常会产生心理上的压力，满满的广告会使人产

生压迫感，而适当的留白反而能衬托主体，使主体更加鲜明、醒目，效果往往更好。

曾经获得广告金奖作品的"必扑"害虫杀手的广告，就大胆地运用了空白，从而取得了成功。画面的最右边有竖排的一行字："必扑一声，蚊虫扫清。"字中嵌着两只必扑药罐，整个广告一片空白，只有中间一行小黑体字："找找看，这上面哪儿有蚊虫。"整幅广告醒目、独特。大众汽车公司生产的金龟车在美国所做的广告也是如此：整个版中只有下面的1/5有广告文案，标题是"想一想小的好处"。剩下的4/5版面一片空白，只在版面的左上角位置，有小小的一辆金龟车，像只小甲虫卧在白纸上。这种大胆造白的做法引起强烈反响，广告一出，销售量激增，人们都喜欢上了这种小车的好处。

7.3.6　文案应直截了当作出承诺

如果是通过赠品促销的文案，就必须将赠品写在正文中靠前的部分。承诺应避免唱高调，华而不实，而应向受众提供有用的咨询和服务。曾有几种减肥产品在平面媒体上做了内容近似的"减肥+旅游"的广告，如"全科减肥成功中大奖，百人轻松游香港"，"喝中国的宁红，游我们的香港"，"喝宁红，成功减肥泰国游"、"康尔寿减肥泰国游"等。但市场反应并不热烈，最主要的原因可以说是广告中的承诺对消费者来说并不是他们真正需要的。因为减肥者购买减肥产品的目的就是减肥。尽管减肥和旅游之间可能存在某种程度的间接联系，但这种联系还不足以成为减肥者的购买动机。同时，中奖促销的方式屡见不鲜，但概率极小，可能性及可信度不高，以此作为利益承诺，反而容易使消费者有一定的抵触情绪。总之，直接、有用的利益承诺才是消费者真正的需要。

法国苹果联合会所做的一则广告，画面左边是一瓶护肤品，右边是一个红苹果，两者并列在一起。广告语是："左边：一个很好的护肤品（每公斤约4500法郎）；右边：另一个很好的护肤品，而且口味更佳（每公斤约10法郎）。总之，吃苹果吧。"通过对比，文案说出了苹果物美价廉的特点以及消费者可从中获得的收益，因而很有影响力。

7.3.7　大声朗读，自我修改

平面媒体广告文案主要是通过文字来进行信息的传递和广告对象的说服，消费者看广告时实际上是在"读"广告，因此文字的流畅和韵律的一致显得格外重要。为了保证文案行文流畅，在文案写完之后，自己应大声地朗读出来，感觉有没有不流畅的地方，如果自己都读得不顺畅，可想而知读者会是什么感觉。不妨自己先当一回读者，如果可以打动自己，相信也可以打动消费者。

朗读是一种窘困测试，想像自己站在全家人面前，大声朗读所写文案，仍然觉得骄傲和可以打动他们，那么这应该是一篇不错的文案。当然，也可以请同事来参加自己的朗读测试，旁观者的意见有时候弥足珍贵。自己大声朗读时可以模拟读者阅读广告时的状况，及时发现和调整文案的通俗性和流畅性，消除阅读的障碍和文字的冗杂。

任何文案写完后，都要经过不断修改，以追求完美。特别是对于直接与消费者见面的平面媒体广告和平面广告文案而言，将文案写完之后放一个晚上，然后再进行阅读和思考，看看文案是否有冗余的地方、文字是否凝练、创意是否符合要求等。要敢于删除、大胆删除，不要吝惜，好的文案都是通过多次的删除才最后成形的。

7.4 案例分析

案例一：箭牌衬衫平面广告文案

标题：我的朋友乔·霍姆斯他现在是一匹马了

正文：乔常常说，他死后愿意变成一匹马。

有一天，他果然死了。

五月初我看到一匹拉牛奶的马，看起来像乔。

我悄悄地凑上去对他耳语：

"你是乔吗？"

他说："是的，可是我现在很快乐！"

我说："为什么呢？"

他说："我现在穿着一件舒服的衣领，这是我有生以来的第一次。我衬衫的领子经常收缩，简直在谋杀我，事实上有一件把我窒息死了。那就是致死的原因！"

"天哪，乔。"我惊讶失声。

"你为什么不把你衬衫的事早点告诉我，我会告诉你关于箭牌衬衫（Arrow Shirt）的事，它们永远合身而不收缩，甚至用深灰色棉布织的也不收缩。"

他无力地说："深灰色棉布是最会收缩的了。"

我回答说："可能是，但我知道戈登标的箭牌衬衫是不缩的，我正穿着一件。它经过机械防缩处理，收缩率连1%都不到！此外，还有箭牌所独有的迷淘适领！"

"戈登标每件只卖两美元。"他说，"真棒，我的老板正需要一件那种样子的衬衫。我去告诉他戈登标的事，也许他会多给我一夸脱燕麦！天哪，我最爱吃燕麦！"

广告语：箭牌——机械防缩处理

　　　　　如果没有箭牌的标签

　　　　　那它就不是箭牌衬衫

　　　　　箭牌衬衫

　　　　　机械处理防缩——如果收缩

　　　　　免费奉送一件作赔！

评析：这是广告大师乔治·葛里宾为箭牌衬衫创作的一篇广告文案。在这篇广告文案里，他的朋友因为穿一种低质量的衬衫——领子常会收缩，终于窒息而死，而变成一匹马。意在表明：如果这个朋友以前穿的是戈登标的箭牌衬衫，就不会发生这样的悲剧了。从而将广告的诉求巧妙地表达了出来。这则广告在当时的传播和推销效果都十分突出，因为这种手段使受众觉得新奇有趣、异乎寻常，很容易给消费者留下难忘的记忆，并加入购买行列。

案例二：好利来蛋糕平面广告文案

正文：记得第一次过生日时，为了让我吃到美味的蛋糕，母亲排了4个小时的长队；

记得第一次家里的门框上画着我长个子的刻度，父亲在旁边仔细标注了日期；

记得第一次小学的暑假，我为拆坏了一个闹钟而害怕，却没被家人发现；

记得第一次高考的那三天的大雨中，父母在考场外淋湿的样子；

记得第一次和同学决定出游，每个人都拿出自己的那份压岁钱，我也刚好加入；

记得第一次离家求学的那天，母亲在车站一个小时没放开我的手；

记得第一次在异乡过生日，电话两头的沉默不语；

记得第一次在篮球比赛失败时，学会了用酒精缓解自己过度的悲伤；

记得第一次遇到让我心动的女孩，却成为隔壁班那个高大帅气男孩的女友，结果我只能与蛋糕相伴；

记得第一次工作时，项目失败老板并没有计较，只是说以后还有机会；

记得第一次老同学的聚会，每个人都从公司请了假，穿上在学校里常穿的衣服；

记得第一次用工资为父母买的礼物，但他们只是不停地抱怨我"乱花钱"；

记得结婚那天母亲在忙碌中忘记抹平鬓角的白发；

记得第一次我和妻子回家，吃饭时你夹的菜不仅为我，还有我的妻子；

记得第一次妻子让我感到当父亲不只是幸福还有责任；

记得第一次带着自己的孩子来到父母的身边，才想到曾经的自己；

记得第一次在你们的生日时，说了一声"生日快乐"；

记得第一次冬天的院子里，站立着小雪人一家三口；

记得第一次爱人在生日这天送给我想要了很久的红郁金香；

记得第一次激烈的争吵，感情是我们大家的，其实一切可以慢慢来；

记得第一次看到中国足球队在世界杯出现，激动之后只能抱着枕头在沙发上度日；

记得第一次回家大显厨艺，听到父亲对母亲说，我总想起他没有灶台高的样子呢；

记得第一次看着流星许愿，让我爱的人和爱我的人都会幸福、快乐、平安；

记得第一次在登上山顶的一刻，才发现高处不胜寒，不是所有的人都可以坚持；

我记得这一切，并祈祷岁月不要夺去我的记忆，记得这么多年，假如没有好利来蛋糕的陪伴，不会有机会再将回忆提起……

广告语：那些甜蜜的日子，有你相伴

评析：这篇广告文案很长，全部都采用并列句式，且只用一个完整的段落表现出来，没有所谓的起承转合、谋篇布局，但读下来并不觉得冗长、累赘，反而从内心深处让人觉得感动，激起共鸣。为什么呢？因为这篇文案讲述的每一个人生的"第一次"都富有极大的故事张力,可以让我们沉思、想像,回想那些生命中值得珍视和珍惜的无数个"第一次",回想生命中不可缺少的陪伴我们成长的关心、鼓励和支持,回想生活中那些温暖人心、滋润心灵的亲情、友情、爱情和所有美丽的情怀,整篇文案温馨感人、引人遐想、流畅易读。

思考题

1. 平面媒体广告如何分类?平面媒体广告的主要特点是什么?
2. 平面媒体广告文案写作具有哪些技巧?
3. 请举实例说明系列广告文案有哪些构思方式。
4. 按照文案创作 KISS 原则,创作一则无绳电话的平面广告文案。

参考文献

[1]（英）大卫·奥格威. 一个广告人的自白,林桦译. 北京:中国物价出版社,2003.

[2]（美）博顿,普伟斯. 什么样的广告最有效益?——50个广告文案撰写及设计的经典案例,肖家桦,武齐译,世界知识出版社,2006.

[3] 徐玉红,沈彬. 广告文案创作 [M]. 杭州:浙江大学出版社,2007.

[4] 冯露. 广告文案谋划与写作 [M]. 长沙:中南大学出版社,2006.

[5] 陈培爱. 如何成为杰出的广告文案撰稿人 [M]. 厦门:厦门大学出版社,2002.

[6] 黄升民,段晶晶. 广告策划 [M]. 北京:中国传媒大学出版社,2006 - 07:191.

第8章　电视媒体广告文案

也许在翻阅报纸或杂志时跃入眼帘的广告并不那么惹人讨厌，但看电视时的情形就大不一样了。很多人都记得突然插进的广告是怎样切断了他们与电视剧主人公的情感联系，也不会忘记看某些劣质广告连续播放五六遍的惨痛经历。当然除了这些，也有很多电视广告带给了观众视觉和听觉上的享受，并在这个过程中顺利地把广告要表达的信息传达给了观众。

这些电视广告拥有一些共同的特点：情节紧凑，特点突出，画面与音乐配合默契，广告词简练易记……可不要小看这5秒至1分钟的短小片断，它们从最初脑海中的一丝闪光，通过许多人的努力，才变成荧幕上生动的作品。它们是建立在许多个小时的构思和创作的基础上的。

这些构思和创作落实到纸面上，就成了本章节要讨论的内容——电视广告文案。

电视广告文案是广告文案在电视广告中的特殊形式。要了解电视广告文案，首先要明白广告文案的定义。虽然"广告文案"这一概念引进中国已有十几年，但国内在对这个概念的解释上仍存在一些误区，主要有三种观点：第一种观点把广告文案等同于广告语；第二种观点认为广告文案就是广告的文字方案；第三种观点则把广告正文视作广告文案的全部。这些观点或缩小或扩大了广告文案的范围，都不准确。

广告文案实际上是已经完成的广告作品中的全部的语言和文字部分。这里的语言部分，既包括广告中有声的话语（言语），也包括广告中的书面语或其他文字符号，还有影视广告中的体势语。

一份完整的广告文案包括四个部分：广告语、标题、正文和随文。电视广告文案也不例外。但由于受到时间的限制，这四部分在电视广告文案中的区分不是很明显。

电视广告和其他类型的广告相比，并没有本质上的不同，只在传播手段方面稍有区别。和平面媒体广告相比，它拥有听觉符号；和广播媒体广告相比，它拥有视觉符号，电视广告突出体现了在时空两个纬度上的高度综合性，它可以像电影那样通过升格降格技术在一个时间片断上延缓或者缩短物理时间，可以让几天甚至千百年的漫长岁月转瞬即逝，这种灵活的不受时空限制的表现特点，和一般的平面媒体相比有着极大的吸引力。另外，电视广告的综合性和体现在视觉效果和听觉效果的综合之上，电视作为一种新起的视听媒介直接从电影里借鉴了很多东西，画面对视觉的冲击力加上声音对于观众听觉的震撼，使得电视广告比平面媒体更容易抓住受众，影响受众。正是由于传播手段上的这些差别，使得我们有必要单独对电视广告文案进行讨论，从而找出它独特的创作规律。

8.1 电视媒体广告文案的特点

广告界的泰斗大卫·奥格威在《一个广告人的自白》一书中写道："在电视广告初期，我犯了一个靠语言来推销的错误，我习惯了没有画面的广播，现在我知道了，在电视中你必须制作你自己的画面去讲那个故事，你所播映的图像比你要谈的更重要。"

可见，虽然电视广告和其他媒体上的广告相比，并没有本质上的区别，但由于传播手段的特殊性，它便会具有某些独特的特点。而不管广告的创作人员多么有技巧，他们只有了解并掌握了这些特点，在创作的每个过程中都牢记着去配合这些特点，电视广告的优势才能被发挥到最大。

这些特点可以用三个词来归纳：直观性、视听结合和二次创作。

8.1.1 直观性

直观是指通过对客观事物的直接接触而获得的感性认识，而直观性就是指一个事物具有这种可通过感性认识的特征。除了语言、文字和声音符号，在电视广告文案的创作中最重要的一个因素就是视觉符号。因为电视广告是以镜头画面的形式直接呈现在观众面前的，它总是通过具体的形象来传递信息，并且用感性的方式来打动观众。电视广告的文案最后都要变成电视上鲜活的广告，所以文案撰写者即便是在构思语言和文字部分时，也要按照镜头顺序对其配合的画面形式进行构想，要使感性的形象具有感染力。这个过程和电影剧本的创作过程颇为相似，这就是为什么电视广告文案有时也被称作电视广告脚本。

在电视广告的写作过程中必须要运用蒙太奇的思维，用镜头进行叙述，多用视觉语言，要生动、形象。对文案撰写者的这些要求，使得电视广告文案具有了一种直观性，这在其他媒体的广告文案上很少能见到，比如，同样是惠普笔记本电脑的广告，平面媒体的文案是"惠普笔记本，绽放真我魅力。精致是一种生活态度……"而电视广告的文案则需要描述笔记本的呈现角度，在哪些部位给特写，做什么样的特技处理，以及配什么音乐、旁白和字幕等。这些必须直接、生动地在文案中表述出来，作为之后拍摄广告的蓝本中必不可少的部分。

电视广告以传播视觉形象（直接信息）为主，信息理论认为信息不是事物本身，而是事物的存在方式和运动状态，以及关于事物存在方式和运动状态的陈述，前者叫直接信息，后者叫间接信息。报纸和广播广告所传播的信息，是一种间接信息；而以图像为主声音为辅的电视广告传播则是一种以直接信息为主的传播，电视广告的图像优势是其他"第二信号系统传播工具"（报纸、广播）所没有的，图像比声音更有感染力，英国电影理论家欧纳斯特·林格伦（Ernest Lindgren）就在他的《论电影艺术》中说道："视觉在我们的感官中是最重要的，通过我们的眼睛，我们可以比耳朵更了解和熟悉周围的世界。"电视广告直观性的这一显著优点，要求在创作电视广告文案的时候，要使得文案尽可能地发挥、凸现这一优势，只有这样，才能达到事半功倍的效果，取得良好的传播效应。

8.1.2 视听结合

构成电视广告的两大要素是声音和画面，缺一不可。试想一下没有声音的电视广告和没有画面的电视广告，那无异于回到了平面广告和广播广告的时代。而电视广告把这两个要素结合在了一起，再加上其独特的文法句法——蒙太奇，从而成就了其独特的优势。

电视广告的本质是视觉的"画"和听觉的"声"有机结合的形象传播，"画"和"声"是视听艺术的两条腿、两个侧面、两个组成部分。它们共同承担着传播功能，从通体上说，它们是相互配合的伙伴关系，两者各显神通缺一不可，声音的作用和地位在电视广告的创作中是不容忽视的，我们说直观性是电视广告的最基本的特性，但是不是说声音不重要，更不是忽视声音的效果，有些电视广告创作者在电视广告文案创作中往往重视了对画面的处理或者只注重运用声音中的语言和音乐而忽略了音响这一重要因素，有的甚至把音响和音乐混为一谈，这些情况是值得注意的。声音可以渲染、烘托、刻画出任务心理，它使得电视广告具有不可忽视的真实感和亲切感。生活本身就是有声有色有形的，画面能再现现实生活的形与色，是连续的；声音则是现实生活的声的体现，是片断的；当声和画有机协调，巧妙配合的时候就产生了立体的、连续的、完整的艺术效果，给观众一种真实的立体感受，使得人们得到一种身临其境的艺术感知效果。明白了这个道理，这对于电视广告的文案创作来说，显然是十分有利的。

电视广告的声音部分主要包括：画外音、人物独白、人物对话和音乐。它可以弥补画面的不足，补充画面无法表达的内容。在这一部分文案的撰写中，必须使其配合画面，进一步深化主题，强调广告所想传达的信息。

电视广告的画面部分包括画面和字幕。画面体现在文案上就是对镜头的描写。电视广告文案要对将会出现的每个场景和人物动作进行描述。场景和人物动作要符合声音部分的内容，并与广告主题相吻合。

蒙太奇是从电影学中引用过来的术语，指的是不同的镜头或声音和镜头组接在一起时，往往会产生各个镜头或声音单独存在时所不具有的含义。在电视广告中，如果将这一手法运用得当，会产生意想不到的效果。

正是由于观众在收看电视广告时是处于边看边听的状态中，既不可能专注于画面，也不可能专注于声音，文案撰写者便要注意这一特性，使文案适应这一需要。

8.1.3 二次创作

有一点必须要了解：完成的电视广告文案并不是电视广告最后的模样，它只是为之后的拍摄提供一份详细的计划或说明。实际拍摄出来的广告可能在手法上和运用的镜头上与最初的文案截然不同，但广告的基调和主要内容在文案中就已经被定下来了。

导演拿到文案撰写者创作的文案后，会在这基础上写出一个分镜头脚本。这个脚本和最初的文案的不同之处在于前者更注重拍摄时的具体情况，而后者只需要通过各种方式尽力表达主题即可。演员在拿到脚本后，也会根据自己的理解或导演的要求对所扮演的角色进行处理。这些都是一个二次创作的过程。

所以文案撰稿人在写作时要留出一定空间，让导演和演员进行再创作。

以上便是电视广告文案的三个特点。如能在电视广告文案的创作过程中时刻牢记这些特点，便能发挥出电视广告的巨大魅力。

8.2 电视媒体广告文案的脚本与表现

8.2.1 电视广告文案的脚本

电视广告文案的脚本包括两种类型：文学脚本和分镜头脚本。

文学脚本有时又被称为剧本，类似于电影和电视剧的剧本，它是文案撰写者根据广告策划构思创作而成的，是分镜头脚本的基础。

分镜头脚本又称摄制工作台本，它是将文字转换成立体视听形象的中间媒介，由导演来完成。它是对文学脚本的分切与再创作。它的主要任务是根据文学脚本来设计相应的画面，把文学脚本描述的内容用电视的手法体现出来；配置音乐、音响；把握广告片的节奏和风格等。

分镜头脚本的具体项目主要包括：镜号、机号、景别、技巧、画面、解说、音乐、效果、时间、备注。

镜号：镜头的序号。

机号：摄影机的编号。

景别：一般分为远景、全景、中景、近景、特写和显微。

技巧：包括各种拍摄技法：推、拉、摇、移、跟、甩、升降与虚实；还包括画面组接的方式：切、淡、划、叠加、键控等。

画面：具体拍摄的内容。

解说：画面配音时的旁白。

音乐：包括配乐的内容、起始位置等。

效果：提供难以用言语表明的实际声响。

时间：标明镜头所占用的时间。

文学脚本和分镜头脚本相互连接又相互独立。不论是哪种类型的脚本，都需要按照电视广告自身的规律来进行创作。

8.2.2 电视广告文案的表现

文案在电视广告中主要有四种表现形式：画外音、人物语言、字幕和广告歌。

1. 画外音

画外音是指电视广告中声音的画外运用，即不是由画面中的人或物体直接发出的声音，而是来自画面外的声音。可以是人声，也可以是音乐或音响效果。它是电视广告的一种有效的表现手段，一种重要的叙事抒情的艺术方法，有助于变化镜头和交待有关情境。画外音的特点是声音和发生对象可能在同一个空间，却不在同一个画面里，电视广告中画外音的运用，是以人们感知外界事物的听觉特点为依据的。画外音是声音的画外运用，是声音作为独立的艺术元素的突出表现。画外音的主要美学特征在于它能突破镜头的限制，打破画幅四框的界限，把电视广告的表现空间扩展到镜头和画面之外。它以声音代替形象，以无形表现有形，丰富了画面内容，加强了艺术力量，它与画面内的形象和声音相互补充，相互映衬，造成了种种蒙太奇效果，画外音能够造成真实的声音环境，烘托和渲染气氛，给场景以实感，作用不可替代。

旁白、独白、解说是画外音的主要形式。

(1) 旁白原是电影独有的一种人声运用手法，由画面外的人声对影片的故事情节、人物心理加以叙述、抒情或议论。通过旁白，可以传递更丰富的信息，表达特定的情感，启发观众思考。一般分为客观性叙述和主观性自述两种。客观性叙述是广告创作者（或借助故事叙述者）以客观角度对影片的背景、人物或事件直接进行议论或抒发感情。主观性自述是广告中某一人物的自述，以主观角度追溯往事、叙述所忆所思或所见所闻。

旁白和独白的区别：首先，独白是"现在时"，发出者的影像表现和心理活动同步，旁白则不同步。其次，独白的发出者一定是影片中的某个人，旁白则既可以是剧中人，又可以是完全独立的局外人。第三，独白主要是披露人物此时此地的心理，伴随着人物强烈的情感波动；旁白则往往以时过境迁或超然事外的姿态来讲述，从而造成了很强的间离效果。

(2) 独白又称"内心独白"，从技术上看，声源来自画外；而从叙事上看，则是来自画面中某个人物的内心，是对人物心理活动的披露。这种披露在现实中当然是不可能出现的。因为独白是与之同步的画面中某个人物"发出"的，所以总是"现在进行时"，即它表现的是该人物此时此地的内心活动，是广告画面中人物的心理活动的语言表述，是揭示人物内心世界的重要手段。

(3) 解说是介绍、解释广告画面的内容、阐述广告创作者思想观点的表达方式。

画外音摆脱了声音依附于画面视像的从属地位，充分发挥了声音的创造作用，打破了镜头和画面景框的界限,把广告的表现力拓展到了镜头和画面之外,不仅能使观众深入感受和理解画面形象的内在涵义,而且能通过声音形象获得间接的视觉效果,强化了电视广告视听结合的特征。

2. 人物语言

人物语言包括广告中人物的对话和人物面向观众说的话。人物语言首先要符合人物的性格和广告风格的需要。除此之外,还要做到以下几点。

(1) 人物语言的个性化。人物语言应该是人物性格的自然流露。每个人说的话都会在不同角度、不同程度上表现出他的性格来。文案撰写者应该选择那些最能反映人物个性的语言来表现人物的性格。

(2) 语言的口语化、生活化。电视广告必须尽可能地贴近观众,广告中的人物语言也应该保持生活中的原本形态。

(3) 人物语言要和电视观众具有沟通性,调动起观众的参与意识。

(4) 保持人物语言与画面的和谐性,注意广告的节奏和画面意境的营造。

但仅仅通过人物语言把广告要传达的信息表达出来是不够的,还需要进一步考虑如何让观众记住这些语言。这些语言只有在观众的脑海里留下印记,才能作用于观众,转化成他们下一步的购买欲望。电视广告不同于平面媒体广告,它是不可保留的,转瞬即逝。而在短暂的时间里要诱发观众的记忆,语言的作用至关重要。通过语言的意义识记,才能收到长时记忆的效果。

3. 字幕

字幕是指在电视广告画面上叠印的文字。有理论研究者认为,"人接受的外界信息的70%来自眼睛"。且不说这一观点正确与否,视觉信息举足轻重的地位相信人尽皆知。如今字幕这一表现形式在电视广告中必不可少。其最常见的形式就是对产品信息的介绍,通常配合产品形象出现,或在广告最后出现。

在电视广告中使用字幕有众多好处,它可以引起观众注意,强化广告的视觉效果;可以补充画面的缺失部分,文字的抽象叙述可以为观众提供想像的空间,并由此激发观众的心理欲望;可以提供信息,使观众对产品更加了解;可以加深观众对产品的记忆。

4. 广告歌

为什么一听到某些歌曲,就会想起某些产品?这就是广告歌的魔力。

广告歌是一种特殊的形式,可以用画外音,也可以出自广告中的人物之口。广告歌能够深化广告主题,凝结广告所要传达的信息,在广告中起到画龙点睛的作用;它有助于塑造品牌、产品和企业形象;它使广告的形式丰富多彩。

此外,电视广告的一个先决条件,就是要吸引住观众,防止观众换台。可别小看了广告歌,它若选择得当、有创意,观众会马上被吸引住;在其他场合听到广告歌的时候,能让人们马上联想起该产品;当观众不在电视机前的时候,如果想把他们的视线重新引回到屏幕上来,画面已经无能为力,起作用的只有声音。这是因为,人的听觉任何时候都能容纳周围的全部空间,而人的视觉只能覆盖60°的角度。好的广告歌能从众多声音干扰中凸现出来，重新引起观众的注意。

那么怎样的广告歌才算好的广告歌呢？首先要切合广告所要传播的定位。广告的目标消费者是什么样的人群？广告的卖点是什么？这些是选择广告歌的时候必须要考虑的问题。其次，广告歌必须有感染力、琅琅上口、便于记忆。这样的广告歌才能打动观众，使他们在情感上产生共鸣，从而认同、接受它，甚至主动传播它。

8.3 电视媒体广告文案的创作

在第6章已经提到，当今的广告文案通常由四个部分组成：广告语、标题、正文和随文。但在发展之初，广告文案是只有正文部分的。经过了漫长的时间和许多广告人的努力，广告文案的结构才一步一步得到了完善。

但是不是每一类广告文案都要严格按照这四部分的结构来写作呢？广告策划家威廉·宝伯（William Bernbach）曾说："切勿相信广告是科学"，即是说，它并没有一套必须要符合的规范。广告文案也是这样，如果一味遵循套路，便只会丧失掉创造性。

本节接下来会依据电视广告文案的特性，分别介绍这四部分。但有一点必须说在最前面：不论形式如何，不论发表在何种媒体上，广告文案必须永远符合广告的定位。就像被誉为美国20世纪60年代广告创作革命代表人物之一的李奥·贝纳（Leo Burnett，1981~1991）说的："我一直在寻找，了解并熟谙如何做好广告的撰文与艺术指导人员，他们必须技艺娴熟，盖下的一砖一瓦皆有其旨趣"。

8.3.1 广告语

广告语是产品的标志性符号和销售承诺。我们听到"大家好才是真的好"，就会想起好迪洗发露；看见"因爱而生"，就会想起强生。这些广告语是成功的，就是这么简单。好的广告语在广告中起着画龙点睛的作用，但不恰当的广告语则会毁了整个广告。

电视广告语的特点是，既要有平面媒体广告语的画面构图美感，也要有广播广告语的听觉语言美感。它必须简练易记、口语化，并要运用对仗、押韵等修饰手法。

比如达能饼干的电视广告语"美味营养，快乐成长"。四字短语是中国人最喜欢也最习惯的表达方式之一，这两个四字短句在视觉上造成了一种工整感和口号感；"养"和"长"押韵，在听觉上又有一种和谐感。对仗和押韵使得这句广告语更便于记忆。

广告语按照性质功用分可以分为五大类：品牌广告语、品类广告语、产品广告语、服务广告语、企业广告语。这五类广告语，各伺其职，相得益彰，在整合营销传播中互为奇正，遥相呼应。

1. 品牌广告语，就是该品牌在市场行销时的主张、承诺，一般比较简练、短小、有内涵，有一定的外延深度和广度，容易与目标受众共鸣，有通感，富有哲理和人文气息，极具亲和力。通常情况下都会统领品类广告语、产品广告语、服务广告语，而他们只是品牌广告语的另一种诠释和延伸。

2. 品类广告语，就是该品牌同一产品不同系列或品牌在多元化发展战略下，企业猎涉到其他的业务范围所生产的产品的广告语，是主品牌的延伸，致而形成互补格局。

3. 产品广告语，大部分状况下是以产品上市推广主题或该产品的卖点的面目出现的，比如海尔金王子无霜系列冰箱的广告语（推广主题）："智高一等，天下无霜"。海尔金王子微笑系列冰箱的广告语（推广主题）："微笑金王子，微笑好生活"。

4. 服务广告语是品牌或企业赋予产品的附加值，一般都以专业承诺的形式出现。海尔品牌共同的服务广告语："只要您打一个电话，其他的事我们来做"。摩托罗拉的"MOTO 呵护，全心照顾"。

5. 企业广告语是以企业的目标、主张为诉求着眼点的，在一定程度上是为主品牌背书，有的企业广告语和品牌广告语是同一的，比如中国移动的"沟通从心开始"，海尔的"真诚到永远"等既是品牌广告语又是企业广告语。

广告语的表达忌空洞。不要使用一堆华丽的词藻，却没有表达出产品的特点。上文提到的达能的广告语虽然短小，但广告的主要诉求点都在其中明确表现出来了：美味、营养、快乐、成长。产品欲传达给观众的信息都蕴含在了这八个字中。

在风格方面，电视广告的广告语并不需要局限于某些特定的风格。风格的确定应该依据于产品的特性及广告的内容。

最后，要讲究用词用句，保证结构、语法的正确性。这是所有文案写作的基本要求，但经常被撰写者忽视，因为广告语是一则广告中最受关注的文字语言部分，所以务必要注意这一点。

8.3.2 标题

奥格威曾说："每则广告都应该是一件推销你产品的完整的作品。标题是大多数平面广告最重要的部分，它是决定读者是不是读正文的关键所在。在我们的行业中，最大的错误莫过于推出一则没有标题的广告。"但宝伯说："我不要对我的创作小组说，把图片放在上方，下面放进标题，把文案放在下面。在另一方面，我也不要说：不要那样做。有时没有标题才合适，有时有标题才合适，有时带有公司名称商标才行，有时用上公司名称是天下最糟的事。"

可以看出，奥格威的这段话主要是针对平面媒体广告的，宝伯的话则适用于任何类型的广告。但他们都重点说到了标题。标题的意义，在于将广告的精髓提炼出来。有时候标题会呈现给顾客，大多数平面媒体广告必须这么做；有时标题只给广告的制作人员看，一部分电视广告就属于这一类型。

在电视广告中，通常标题是由广告人物的口头语言来表达的，有时候甚至广告语就是广告标题。这一点在平面广告中不多见。因为平面媒体的读者通常通过阅读标题来决定要不要读广告正文,而在电视广告中并不是这样,观众通常是通过对广告片的第一印象(视觉效果、音乐等)来决定要不要换台。所以标题在电视广告文案中的作用并不太重要。

8.3.3 正文

正文是指广告文案中处于主体地位的语言文字部分,是广告文案中篇幅最大的一个部分。

正如上文所说,在平面广告中,标题比正文重要。那么在电视广告中,文案撰写者显然要更加重视正文,广告如何开始,音乐如何响起,都决定了观众在看到广告的那一瞬间会不会按动手中的遥控器。根据电视广告的特性,文案撰写者在写作这一重要部分时,有几个方面必须要注意。

首先,在写作的过程中必须运用蒙太奇思维,通过镜头语言来叙述内容,画面的因果关系要十分清晰。动作感要强,便于演员表现。并且下笔要简略,留出创作空间给导演和演员。这些在第一节已经详细说明,这里就不再赘述。

其次,除了画面部分,在写作电视广告的声音部分时,要注意其与广告画面的和谐。电视广告是视听结合的产物,只有声音与画面完美和谐才能发挥出电视广告最大的优势。

最后要注意的一点是,电视广告都有时间限制,通常以秒作为时间单位。所以在描述每个镜头的时候,都要考虑到时间性,因而不宜过长。一般来说,电视广告文案每秒不能超过两个字。

8.3.4 随文

在平面媒体中,随文包含的内容很多,既可以是企业名称、地址和购买渠道,也可以是权威机构的认证标志、联系电话、企业网址和标志,甚至还包括特别说明及意见反馈表格。但这些形式中的大部分都不会同时出现在电视广告中。因为电视广告的时间非常短,而随文部分也通常只出现在广告的最后一个镜头中,无法包含太多信息,面面俱到反而会影响观众的记忆,也不利于视觉美观。所以电视广告的随文通常只包括企业名称、标志、权威机构的认证标志、企业网址、特别说明中的一种或几种。具体使用哪些形式,则需要根据广告定位及广告风格来决定。

电视广告的随文还有一个特点,就是它可以在正文中间偏后的位置出现。这种手法如今被运用得越来越多。正文在进行到一半的时候戛然而止,然后出现广告随文,接着再给出广告的结尾。这种方式使得广告更具有故事性和视觉冲击力,便于给观众留下深刻印象。

在电视广告文案中,随文看上去仿佛和前面三个部分毫不相关,其实不然。在大部分电视广告中,通常只有在观众对广告呈现的产品产生兴趣以后,才会继续关注最后的随文部分。因此随文能否发挥作用,与广告语、标题、正文的好坏有很大关系。

由于电视广告的时间限制性和表达方面的特性，电视广告文案的写作并不一定要严格遵循这四个部分的内容结构，依据广告定位发挥出最大的视听觉效果才最重要。

8.4 手机电视广告文案的创作

在叙述手机电视广告文案的创作前，有必要了解一些手机电视的相关信息。

手机电视是基于自有主知识产权的视频压缩与传输技术建设开发的移动流媒体平台，为移动终端用户提供移动流媒体服务。就是说，有了这个服务以后，你在任何手机信号可以覆盖到的地方，都可以通过移动网络或手机电视网络欣赏到丰富的电视节目。

虽然目前手机电视在中国的应用远称不上广泛，但显然它也是一个发布广告的好地方，因为一直以来电视和广告都是不分家的。不过有些人认为手机电视不能只是简单地转送已有的传统电视节目，发布广告也不能依据原来的模式，否则观众为什么要付那么多钱来看这种电视（国内相对便宜的手机电视业务收费高达每分钟25元）？仅仅是为了打发一点无聊的时光？

为了迎合手机电视使用者的需求，技术人员和专家们已经开始着手研究手机电视广告服务了。但是没有任何资料显示他们也在研究手机电视广告文案的创作。这方面也许一开始容易被忽视，但随着手机电视的逐渐普及，其重要性将不言而喻。

手机电视广告文案的创作，有以下几个方面需要注意。

8.4.1 视觉效果

试想一下，如果把一部电视剧原封不动地压缩，放在手机上看，你会有什么感受？你一定会大叫，这里看不清，那里看不清。这就是为什么手机电视不能仅仅只转送已有的电视节目，手机屏幕的大小决定了手机节目的创作和制作方式。

由于手机的屏幕相对较小，对视觉效果的要求便更加严格。虽然现在的手机屏幕越做越大，但和日益普及的大屏幕高清晰度电视比起来，还是相差甚远。因此在创作手机电视广告文案时，要特别注意每个镜头的运用。

多使用小景别的镜头。从视觉效果上来讲，大景别画面对视觉的吸引力不太大，而小景别的镜头一方面可以让用户看得更清楚，另一方面比起大景别镜头更加有视觉冲击力。在写作镜头时，要使对象在画面中的形象尽量饱满充实，减少画面内空旷的空间，主体的细节要突出。

要重视画面曝光和色彩的运用，这些也会影响到视觉效果。

8.4.2 吸引力

用户在使用手机电视时，通常处于移动状态，例如在乘车过程中。这时会有许多其他的干扰因素存在，使得用户无法像在家看电视一样将注意力全部集中在手机上，如果遇到广告，很可能马上就转移注意力到别的事情上了。这个时候，手机电视广告需要做到的一点就是：吸引力。

在手机电视广告文案的创作过程中，实现吸引力有多种方式，例如：镜头转换要干净利落，切忌拖泥带水。比起渐变的镜头转接方式，小屏幕、时常处于晃动中的手机电视更需要有力的转换方式来吸引用户的注意。故事情节要紧凑，镜头节奏要快。拖沓的情节和缓慢的节奏不适合手机电视。在文案创作过程中若注意这一点，会有助于增强广告的视觉和心理效果。

广告要短，最好在一分钟之内。这一点虽然和传统电视广告差不多，但原因却大不相同。因为手机电视的用户通常处于行进过程中，很难将精力集中于手机上，过长的广告容易让他们遗漏信息，而短小紧凑的广告可以让他们在短时间内保持注意力而接收到广告信息。

8.4.3 收视习惯

和传统电视比起来，手机电视的优势之一，就是用户数据要详细得多。在以前，调查公司只知道哪些时段的哪些电视节目比较受欢迎，但当媒介和通讯公司合作以后，他们甚至可以知道每一个用户的收视习惯。受众不再是隐匿的无名氏，而成为了有年龄、有身份的一群真实的人。目标受众的范围突然一下子缩小了很多。这就是为什么迎合用户变得如此重要起来。

当文案撰写者知道了广告的定位和目标消费者，又知道了不同类别手机用户的收视习惯和收视心理以后，他若还不把这两者结合起来进行创作，那他一定是天底下最没有经济头脑的人。

文案撰写者具体的创作过程并不太受到这一因素的影响，只是在明确目标人群时要更加细化，并选择能代表这一人群的内容进行创作。

虽然手机电视的普及仍有很长的一段路要走，但优秀的文案撰写者并不理会这些，只要领会了广告文案的精髓，便可应对任何一种新媒介的需求。

8.5 手机报纸广告文案的创作

手机报纸是近几年出现的新名词，它是新的移动增值业务和传统媒体的结合体。简单来说，它就是以手机为媒介的平面资讯传播平台。它与传统报纸相比的优势，就在于它的即时性。因为手机是人们会随身携带的物品，手机报纸的编辑可以将新闻第一时间发送到用户的手机上，用户便会在第一时间读到。手机报纸的这种快捷性，比网络还略胜一筹。

手机报纸凭借其这种可随时随地传递信息的优势，以庞大的用户群作为支撑，迅速成为了一种新兴的广告媒介。

手机报纸广告和手机电视广告的载体一样，都是随身携带、移动性强、反馈性好、小屏幕的手机。

手机报纸广告通常使用的都是旗帜型（图片型）广告。但根据上文提到的手机报纸的特点，在进行广告文案创作中，可以注意以下几点：

可在广告中灵活使用意见反馈表格。和传统平面广告相比，手机报纸广告效果好，针对性强，信息的抵达率可达到100％。2005年12月10日，日本的NTTDoCo-Mo公司的互联网手机服务I-mode广告代理商D2C通信公司公布了I-mode广告效果调查报告，调查结果显示画面上的旗帜（banner）广告的点击率为3.6％，这一数字远高于仅有0.5％的个人电脑上网者对旗帜广告的点击率。另外，手机报纸用户进行网上确认与反馈十分方便，在这种载体上使用意见反馈表格，会取得很好的效果。

和手机电视广告类似，手机报纸广告的突出特点就是可测量性和智能化，因此文案撰写者可以根据时段和手机类型等因素更好地针对特定的用户来进行创作。手机报纸能按需提供分类新闻信息，用户可以通过短信和登录相关网站等方式订阅，根据这样的需要，手机报纸可以在每天的不同时段内为专门的用户提供快速、精炼的新闻消息。手机报纸服务个性化这个特性，就要求手机报纸广告文案写作时，必须面对特定人群使广告内容专门化，不仅要针对而定的人群设计和他们的年龄、职业、身份、爱好兴趣等相符的写作要素，还要求广告文案写作人员要在文案的创作过程中时时处处站在个性化受众的位置上，想他们之所想，急他们之所急，自觉淡化自我而强化个性化的服务意识，毫不犹豫地站在广告接受者的立场进行换位思考，这样的面对既有中外之分、南北之别、更有性格差异、禀赋不同但却因为有着某一共同兴趣点的受众，可以因时因地因主客观条件采取灵活的写作技巧，提供针对性的个性服务。

个性化文案写作提倡的是更为主动的受众写作，更多的强调在细微之处取得良好的效果，它有时可以用超出常规的方式满足受众的需求，这种满足又是建立在浓厚的感情因素基础之上。不同的受众，往往在情感上有不同的取向，只有在写作时把自己的感情投入到创作中去，真正地从广告要面对的个性受众角度想他们所想，理解他们，关心他们，才能让创作出来的手机广告引起他们情感上的共鸣，从而达到取得理想的传播效果的目的。

在手机电视广告文案创作的具体操作方面，还要做到几点，比如多用短标题，标题要吸引人、冲击力强；由于手机屏幕小，正文不能太长等。

8.6 数字电视广告文案的创作

中国从1998年就开始进行数字电视实验了，直到近几年数字电视才被谈论得比较多。但由于数字电视在国内仍未普及，许多人对它的了解也仅限于字面上，再加上在一些报道和文章上会出现模棱两可的概念，如"数码电视"、"多媒体电视"、"全数字电视"、"全媒体电视"等，使得数字电视的概念显得愈加模糊。

其实，数字电视的概念很简单，就是指从演播室到发射、传输、接收的所有环节都是使用数字电视信号，或对该系统所有的信号传播都是通过由 0、1 数字串所构成的数字流来传播的。这种传递技术信号损失小，接收效果好，保证了数字电视的高清晰度，克服了模拟电视的图像失真等不足。

数字电视采用了双向信息传输技术，增加了交互功能，赋予了电视许多全新的功能。有了它，人们可以按照自己的需要获得各种服务，比如视频点播、网上购物、远程教学、远程医疗等，其中，数字电视提供的最重要的一个服务就是视频点播（Video On Demand）。顾名思义，观众可以通过这个服务点播自己想看的节目或广告，这有效地提高了节目的参与性、互动性和针对性。

针对数字电视这种特性，在广告文案创作过程中，需要注意以下几个方面的问题。

8.6.1 信息量

在数字电视中，广告的播出方式与以往不太相同。以英国作为例子，2000 年英国 Sky 的数字电视频道中曝光了第一个采用 DAL（Dedicated Advertiser Location）格式的数字电视互动广告，观众可以在一般电视广告（非互动）播映时间根据画面上的提示，按下遥控器上的红色按钮进入另一个为该广告商品所设的专属互动环境，以获取更进一步的产品信息和其他服务，观众可以通过遥控器上下左右移动画面上的菜单箭头或选框，来选择所需要的内容项目。

在这种模式下，广告要尽可能使观众产生进一步了解产品信息的需求，这便要求文案撰写者尽可能多地提供有关产品的信息，使更多的观众寻求到各自的需求点。但也不能因此而一味在广告文案里堆砌信息，找到那个平衡点才能发挥出最大功效。

8.6.2 产品特色

由于数字电视承载的广告要尽可能多地向观众提供信息，这就容易使一些文案撰写者走入一个误区，正如上文说的，他们可能会一味在文案里堆砌信息，而忘了简洁的美感。

所以这一点将要说的，就是要在广告文案中突出产品的特色。要将该广告商品不同于其他同类商品的最主要特点放在最重要的地位表达出来。这一点看似和传统电视广告差不多，但传统电视广告可以通过不同的视觉创意表达类似的产品特点而获得成功，但在数字电视提供的信息海洋中，要使观众按动受众的红色按钮，必要发觉广告商品的独特之处。

8.6.3 广告标题

数字电视对广告的另一大革新，就是观众可以点播广告了。他们可以在任何时间选择任何想看的广告，并可以重复收看。数字电视为观众提供海量的信息和节目，同样是洗发水广告，观众为什么选择这则而不选择那则？

这就要谈到如何使广告商品在一大堆同类广告中脱颖而出的方法了。与传统电视非常不同的是，广告标题在这里起着举足轻重的作用。

在观众点播广告的时候，他们会看到一长串的广告标题，有时可能还有这些广告缩小的视频展示窗口。他们作出选择时间不会超过 7 秒。在这短短的几秒钟里，决定他们选择的就是广告标题。

也许在以前，传统平面广告的文案撰写者们更擅长创作广告标题，但以后数字电视广告的文案撰写者们很可能会在这方面赶上他们。

8.6.4 视听效果

数字电视与模拟电视相比，其中一个最显著的不同之处就是，数字电视的收视效果要好得多。数字电视可以提供高清晰度的电视画面，可与 DVD 媲美；数字电视有优质的音响效果，伴音更加逼真。这些都在更大程度上满足了观众的感官需求。

结合这一点，在数字电视广告文案的创作中，要更注意感官效果的表达，视觉和听觉上的处理要能发挥出承载媒介的优势。

电视数字化是电视发展史上一次重大的技术革命，广告数字化也将会成为广告发展史上的一个转折点。在那之前全面了解数字电视广告文案的创作，对广告从业人员而言，将能更好地适应未来的转变。

8.7 案例分析

案例一：麦当劳早餐电视广告文案

背景：Chateau Le Foot 旅馆

音效：铃声

服务生：早安，××先生太太。

××先生太太：早安！

服务生：在 Chateau Le Foot 旅馆还愉快吗？

××先生：愉快极了！

服务生：我想你一定也会喜欢我们的早餐。

××先生：早餐？

服务生：是啊！吐司加蛋，上头还撒了鲑鱼肉，只要17块4毛9，经济实惠。

××太太：哦！不了，我们要去麦当劳。

服务生：麦当劳？

××先生：他们早上推出的特餐只要9毛9。

服务生：9毛9？

××太太：奶油炒蛋两颗，英国烤松饼，外加一客香脆薯条。

音效：脚步声渐远。

服务生：哦，原来如此，那祝你们愉快。

（稍候，另一位先生出现）

嗨，××先生！

××先生：早！

服务生：要吃我们美味的特制早餐吗？

××先生：特制早餐？

服务生：一颗好大的蛋和鲑鱼肉一起煎得喷香，配上超长厚吐司，才12块4毛9。

××先生：不！

服务生：4块……

××先生：不，我要到麦当劳吃炒蛋，英国烤松饼，还有香脆薯条。

服务生：啊，好极了！（小声）有什么了不起。

××太太：早安！

服务生：啊！××太太，在我们这儿用早餐吗？

××太太：不了，我……但是我……

服务生：我把门锁上了，你去不了麦当劳了。

××太太：救命啊！救命啊！

音效：喧哗、喊叫、骚动不止……

画外音：惊喜价9毛9，特制早餐就在麦当劳。

评析：这篇广告文案让人一看完就会会心一笑，幽默是这则文案最突出的亮点。西方的文化很重视幽默，幽默会产生一种贴近感，运用在广告中会让观众觉得亲切，产品的形象便马上得到了认同。而这个手法在国内的广告中却很少能被运用得恰如其分。

其次就是故事情节的递进。在第一段故事的情节和情绪还比较普通，到第二段的时候开始有点起伏了，到最后一段的时候整个快乐的情绪都被调动起来了。这样一个渐进的过程，使得观众会随着故事情节的发展融入到广告中，等到最后一句广告语出来的时候，一定已经在观众心中留下了非常深刻的印象。

从文案的形式上来看，这篇文案的结构很简单，只有标题、正文和广告语。电视广告文案由于其时间限制性和灵活性，对格式的要求并不严格。这篇文案的用词也很简洁，这符合广告制作流程的需要，文案撰写者只需要把创意的意思清楚地表达出来，要留下一定空白让导演和演员进行再创作。

思考题

1. 使电视广告接近消费者的撰写策略有哪些？
2. 电视广告文案写作的专业性如何体现？
3. 今后还需要专门的电视广告文案撰写者吗？

参考文献

[1]（美）奥格威. 一个广告人的自白 [M]. 北京：中国物价出版社，2003.

[2]（英）欧纳斯特·林格伦. 论电影艺术 [M]. 北京：中国电影出版社，1979-12.

[3] Mobile Advertising Services, Informa Telecoms & Media, 2006-09.

第9章 广播媒体广告文案

以广播作为传播媒体的广告叫做广播媒体广告，它是通过无线电波或金属导线传播，以电波为载体向听众宣传和传播企业、商品及服务等的广告体式。由于广播是一种单纯诉诸于听觉的传播媒介，所以努力突出声音的表现力对广播媒体广告而言是极为重要的。欲使广播媒体广告文案在耳朵上妙笔生花，需先了解广播媒体广告的如下特点：

第一，传播及时，覆盖面广。广播媒体广告编辑制作相对简单，所以播出的速度快，机动灵活，能够及时地配合市场营销活动。同时，电波不受时间、空间的限制，能够跨越五湖四海，传播范围十分广泛。特别是在交通不够便利，电视信号难以覆盖、报刊送达不够及时的偏远地区，广播媒体广告的传播效果尤为凸显。

第二，声情并茂，引发联想。广播媒体广告抑扬顿挫、声情并茂的声音，能够自然地感染听众的情绪，使听众在愉悦中产生共鸣，引发听众无尽的遐想。由于广播是最具人际传播色彩的媒介，其互动性、交流感以及声音的亲和力和感染力都比较强，这在一定程度上减少了听众对广告的抵触心理，听众往往能够自觉地创造着更为丰富的听觉形象。当然听众在进行声音符号的转换时所产生的听觉形象也具有一定的模糊性，这就使得广告传达的精确度不够高，听众有时难免产生一些误解和歧义。

第三，接收方便，稍纵即逝。广播广告不受环境及收听方式的限制。特别是随着科技的进步，接收设备越来越轻巧和先进，接收广告极为方便。然而，相对于文字符号而言，语音符号不利于记忆，具有即时即听的特点。广播媒体的受众注意力相对分散，其漫不经心的伴随性收听方式使得广播的易逝性进一步加剧。

第四，针对性强，价格低廉。广播的"窄播化"和"广播频率专业化"，使得广播广告能够朝着有效目标消费群靠拢，所以针对性较强。另外，广播媒体广告价格低廉，这也使得广播媒体广告在激烈的竞争中仍具有一定的发展空间。

广播媒体广告的这些传播特征要求我们在进行文案创作时要充分重视媒介特点，巧妙构思，扬长避短，有的放矢。

9.1 广播媒体广告文案的特点

既然广播媒体广告是听觉的艺术,那么广播媒体广告文案也需要围绕听觉下足功夫,为听而创意,为听而写作,为听而表现。由此,广播媒体广告文案具有如下的特点。

9.1.1 文字精心推敲

由于汉语中有很多谐音词、同义词或多义词,所以广播媒体广告文案的文字在转化成有声语言的时候就容易伴随着歧义和误读。这就要求我们在进行文案创作时,要特别重视文字的使用,认真精选,反复推敲,尽量避免使用谐音词、同义词和多义词,以及其他容易产生歧义的词语。

以下是一些广告中常见易混淆词语的对照。比如:

"钱"——"前";"切记"——"切忌";"著名"——"注明";"西洋"——"夕阳";"履行"——"旅行";"事例"——"势力";"散步"——"散布";"销售"——"消瘦";"必需"——"必须";"商风"——"伤风";"本产品全部合格"——"本产品全不合格"。

如果在广告文案中同音异字无法避开,那么为了避免歧义,我们要对文案词语尤其是一些关键性的词汇,加以解释。如矛盾牌系列洗衣粉广告,对厂址开封的解释就非常精彩:开是开放的开,封是封闭的封。选择"开放"与"封闭"这一解释不仅使听众确切无误地记住厂址,而且还不遗时机地进一步强化了产品的品牌——矛盾牌,这在无形中又提高了产品的知名度。

另外,简称的使用也要格外规范。简称便于听众记忆,但是运用不好,就会产生歧义,影响传播效果。因此,除了约定俗成或广泛使用的简称外,最好不要使用简称。

9.1.2 词语悦耳动听

广播媒体广告文案不仅要写在纸上,还需听在耳上,不仅要好懂,还要好听。广播媒体广告文案的书面文字最终将转化为有声语言广泛传播。这就决定了广播媒体广告文案的语言多使用自然语言、日常语言和个性语言,文案选择的词语具有悦耳动听的特点。在撰写广告文案时,创作人员应当熟练把握有声语言与书面语言的异同,使广告文案的语言充满亲和力和表现力。广告语言还应该从消费者利益出发,了解受众心理,根据受众的需求选择恰如其分的表达方式,使听众能够字字听得清,句句听得明,从而准确地传递广告信息。

9.1.3 句子结构简单

广播媒体广告文案要求语句简洁。为了适应口播的需要,文案中多使用短句。

相对于长句而言，短句具有便于沟通的优势。简短的句子结构接近口语表达，使听众易于理解和接受。因此，在广播媒体广告文案的创作中，撰稿人要善于将复杂的长句变成结构简单的短句。一些修辞手法如排比、对偶等常常有助于解构结构复杂的句子，使句式具有韵律感和节奏感，便于听众理解和记忆。一些特殊句型如倒装句等，不符合听众的收听习惯，应尽量少用。广播媒体广告文案的句子结构通常是主语在前，谓语在后；动词在前，宾语在后；修饰语在前，中心词在后。反之，则不符合读和听的习惯。

9.1.4 文案体裁多样

广播广告文案的体裁相对于报刊、电视媒体来说要宽泛许多。它不但可以运用报刊广告文案、电视广告文案的一般体裁，如说明型、论述型、文学型等，而且还能够大量运用报刊、电视媒体广告中出现频率较少的曲艺文学样式来创作文案，如快板书、相声、评书等，还有地方性说唱文学如苏州评弹、河南坠子之类。

9.1.5 文案题材局限

广播媒体广告文案利用的是听觉媒介，但不是所有的商品广告都能够只凭声音说明清楚，因此做创作广播媒体广告文案时，要对广告商品有所选择，对广告对象有所取舍，从而使得广播媒体广告文案的题材选择具有了一定的局限性。一般来说，广播媒体广告选择的商品都是一些与人民群众的物质和文化生活密切相关的产品，这些产品在广播媒体广告中容易说得清楚，听众也听得明白或者有一些商品还比较熟悉。对于某些单纯用声音不容易解释的商品，则不适宜作为广播广告文案的撰写宣传对象。如某些高科技产品，其符号多而复杂，或者外文字母较多，仅凭声音很难表达清楚，这样的商品就不属广播广告文案的选材范围。

9.1.6 信息注重反复

由于广播媒体广告具有转瞬即逝的特点，所以为使听众加深印象，文案应当特别强调某些重要信息，对某些关键性的词语加以反复，从而强化记忆。

如以下一则广告文案：

孔凤春化妆品广告
浙江人民广播电台

（唱）西湖，西湖，飞起美丽的孔雀，
西湖，西湖，飞起金色的凤凰，
展开春风的翅膀，要把人间来梳妆。

（白）哪个姑娘不爱美，爱美就爱孔凤春。百年的孔凤春化妆品厂为人们艳丽多彩的生活，献上朵朵鲜花。

（唱）孔凤春，孔凤春

文案选自：张农主编《全国广播广告获奖作品选析》第3页。

看这则广告文案，我们会发现，在短短的几句广告词中，关键的信息点"孔凤春"重复了四次。

应当强调的是，品牌名称或者是广告意欲突出的诉求点以及产品的突出特点、产品的独特理念必须反复强调。

9.1.7 音声搭配和谐

广播媒体广告诉诸于受众的听觉，由语言、音乐和音响三要素构成，但是在广播媒体广告中，这三要素并非只是简单相加，而是高度融合，搭配和谐，共同塑造出品牌形象，传播广告信息。三要素的具体组合方式是多样的，根据广告内容、艺术追求和艺术风格的不同而定。但目的是相同的，那就是为了更好地传播广告信息，保证良好的广告效果。为了实现最佳的组合搭配，广播媒体广告文案要充分考虑三要素的特点，扬长避短，合理使用，以多元的艺术境界来强化广告对消费者的吸引力和关注度，并最终实现广告目标。

如以下一则广告文案：

辽宁本溪水洞游记广告

（出本溪水洞赞歌——压混）

滴水叮咚奏仙乐，云雾缭绕舞彩带，

若在人间寻仙境，请到本溪水洞来。

裴晓云这优美动听的歌声，把我们带入了人间仙境——我省著名的游览胜地本溪水洞。我们在银河码头上登上游船。

（歌曲隐没，出实况汽船声）

导游员解释说：我们九曲银河洞的自然情况啊，分为五宫、三峡、九曲、二门等七十多景……现在游船进入银河宫……现在游船进入芙蓉城……

将近五十分钟，我们饱览了九曲银河的七十多个景点。这里微风拂面，四季如春，泛舟其中，真有梦幻仙境之感。

游船返回码头，我才如梦初醒。

啊，真是钟乳奇峰景万千，轻舟碧水诗画间，此景只应仙界有，人间独此一洞天。

（歌曲突出，结束）

文案选自：金涛声等主编《中外广告精品栏目》第64页。

评析：这则广告文案，语言优美，音响丰富：有声情并茂的人声，有美妙悠扬的音响，还有音效的配合即实况汽船声。三要素配合默契、自然和谐。使听众有身临其境之感。

9.2 广播媒体广告文案的脚本与表现

广播广告文案是广播广告制作的依据，一般称为脚本。主要由标题、口号、正文和随文构成。

9.2.1 广播媒体广告文案的脚本

1. 标题

即一则广播媒体广告的题目。通常情况下,广播媒体广告标题不播出,只作为写作时的标志。广播媒体广告在播出时会直接进入正文,故标题可以省略,或以品名、企业名称、活动及宣传内容等为标题。

2. 口号

广播媒体广告中出现的广告口号。通常能够概括主旨,语言凝炼,传情达意,富于神韵,琅琅上口,便于传播。

广播媒体广告的口号,常常夹在广告正文中播出。

3. 正文

广播媒体广告的正文部分,是文案的主要内容,其写作方法和表现形式灵活多样。

广播媒体广告的正文结构包括开端、中心段、结尾三部分组成。开端引出话题,推介商品;中心段具体明确地介绍广告信息;结尾一般交待联系电话、联系人,有时因业务需要亦说明企业地址、邮编、账号等有关内容。

正文的内容依据广告类别、特点等而不同。在正文写作中,要加入音乐、音效等的说明。

4. 随文

广播媒体广告的随文在文案的最后,往往较为简短,内容主要是联系电话、咨询电话、经销商场等广告信息。有时,随文也会重复强调企业名称,品牌名称等信息。

广播媒体广告的随文既可放在最后逐项播出,也可穿插在正文中顺带播出。

需要强调一点,广播媒体广告文案,结构灵活多变,不能用印刷媒介广告文案的结构范式来约束广播媒体广告。多数广播媒体广告文案没有标题,有的标题是广告商品的名称,这通常是文字编辑们添加的。很多文案没有口号,多数结构不完整。

9.2.2 广播媒体广告文案的脚本表现

广播媒体广告文案的表现形式,主要是由广告的内容所决定的,当然也受到媒介特点的影响和制约。广播媒体广告文案主要是运用有声语言的艺术,其语言悦耳动听,内容的贴近生活,创意的巧妙多变,表现形式也因此灵活多样,不拘一格。如直陈式、对话式、故事式、小品式、戏曲式、相声式、快板式、歌曲式等。在广播媒体广告文案中,无论哪种表现形式,均以有声语言为惟一的表现手段,声情并茂的声音和丰富多彩的音乐音效的有机配合,形成了广播广告文案的独特面貌,使得广告媒体广告生动活泼,情趣盎然。

1. 直陈式

即广告文案直接解释说明产品及其特性功能，再由播音员在录音间直接播出的广告形式，有时近似于新闻稿的广播。直陈式是广播媒体广告中最常见也是最基本的表现形式。又称"直接式"、"直截了当式"。由于这种形式可进行现场直播，所以也将其称为"直播式"或"单人播送式"广告。直陈式广告播出简便、快捷、时效性强，且价格低廉。但其形式简单，容易流于单调。因此使用直陈式需在文案写作上下足功夫，充分发挥有声语言的亲和力和感染力，选择适合的播音员演播，且要求音乐、音响要与人声融为一体，和谐一致。

直陈式广告的侧重点往往在于突出产品优势，脚本简单明了，通俗易懂，关键信息清楚，通常情况下，商品的卖点都会用不同的语汇重复多次。

直陈式的一种变化形式是直线快节奏式，即加快讲话节奏，使信息更为密集。当然，这种方法有一定的使用条件，要根据广告商品而定，精美、温馨或华丽的商品显然不适宜。

以下是一则直陈式的广告：

TANG 果珍

"在寒冷的日子里，要特别照顾家人的健康，所以要让他们喝热的果珍，TANG 果珍饮品……"

这则直陈式广告信息明确，情境温馨，具有良好的传播效果。

2. 对话式

即采用两个或两个以上的人物对话的形式传播广告信息或介绍产品和组织。对话式是广播媒体广告中常用的一种表现形式。对话中的人物常常采用一问一答或一唱一和的方式将产品或企业的主要信息传达给受众。

有的脚本中对话人物各扮演着特定的角色。在这种情况下，对话在想像的角色间进行，播音员扮演代言人的角色。对话主要是对某种形式的产品进行推荐，可以对产品的特性进行详细的描述，也可以只是简单地介绍。在这种对话式广告中，播音员所饰演的与产品消费相关的角色，再现了人们解决生活问题的需要，展开了人们对广告信息的诉求。也有的脚本无明显具体的角色分配。如男声提出一种观念或问题，女声对其进行深化和补充，最后一起喊出某个口号。这种对话式脚本实际上侧重于对关键信息的强化。

广播媒体广告的对话自然有趣，生动活泼，富于生活气息，能够给人留下深刻的印象。再加之音乐和音响的烘托配合，更是营造出特定的情绪和氛围。如此，对话者便成了小品中的人物，比较容易吸引听众的注意力和收听兴趣。

需要注意的是对话者不可有过重的表演痕迹，那会让听众感觉非常不自然。也不能自说自话，让听众一头雾水。对于不太明晰的信息，脚本当中应加以区分，作出明确的解释说明。

以下是一则对话式广告：

松下环保冰箱

富有现代气息的背景音乐

旁白［男］："松下冰箱全新登场！"

冰箱（电脑式声音）："我用我全新的静音设计带给您舒适的生活。"

中年男："恩，我喜欢。"

冰箱（电脑式声音）："一次冷冻远红外除臭保证新鲜不串味儿。"

老年女："用的放心。"

冰箱（电脑式声音）："先进的无氟双冷技术无须除霜保护环境。"

青年男："真不错。"

冰箱（电脑式声音）："您拥有松下彩电、录像机、微波炉，现在需要的是松下冰箱。"

旁白［男］："松下电器，与您共创造美好未来！National。"

这则对话式广告脚本用四个人的对话一同来展现松下冰箱和电器的优越性。四个不同类型的人物的一致认同容易让人产生信服感，从而达到广告效果和销售目的。

3. 故事式

即脚本通过构思精彩的小故事或截取情节片断，来传播广告信息，通过电波由播音员有声有色地讲述出来。故事式的脚本生动有趣，引人入胜。娓娓动听的故事吸引听众的注意力，使听众减少对广告的抵触情绪，自然而然地接受广告内容。

以下是一则故事式广告：

参参口服液

朋友，我给你讲个故事。

(音乐起，压混)

在美丽的西子湖畔，有一对好夫妻，男的叫生晒参，体格健壮，是个东北大汉；女的叫西洋参，身材苗条，来自遥远的美国。那么是谁做的大媒，使这对国籍不同的夫妻和睦相处，心心相映呢？原来是杭州胡庆余堂制药厂的古一先生。后来他们生了孩子取名叫参参。小参参取了父母的优点，而且爱打抱不平，很快成了人类健康的挚友、病魔的克星。朋友，你听了我的故事，我相信您一定会喜欢，这清火滋补的参参口服液的。

这则故事式广告，匠心独具，想像丰富。利用拟人化的手法，为听众讲述了一个美丽的爱情故事。故事的结局是诞生了"参参口服液"，它是"人类健康的挚友、病魔的克星"，能够"清火滋补"。这些关键的信息点水到渠成地流露出来，使听众能够自然而然地接受。

4. 小品式

小品式与对话式有点类似，主要也是运用人物的对话。但与对话体不同的是，小品式的脚本更注重情景的逼真性和情节的曲折性。情景的逼真性主要是通过具有现场感的音效和人物的对话来体现；情节的曲折性旨在吸引听众的注意力，通过富有趣味性和戏剧性的故事情节来表现。

5. 戏曲式

即通过各种传统的戏曲方式，如京剧、评剧、黄梅戏、粤剧、山东琴书、河南豫剧等，来传播广告信息。戏曲式脚本往往需要把广告文案写成戏曲剧本，编成符合曲调的唱词，加上道白，配上锣鼓等民族乐器，构成戏曲情节，通过演员演播，将广告内容表述出来。特点是文艺性强，曲调多为听众所熟悉，容易为听众所接受，从而拓展广阔的销售市场。

6. 相声式

即以相声这种为广大群众所喜闻乐见的曲艺形式来传播广告信息。它以说、学、逗、唱为艺术手段，具有风趣、诙谐的艺术特色。文案脚本需先写成相声小段，再请演员演播，以达到幽默风趣、生动活泼、引人入胜的传播效果，使听众在会心一笑中自觉地接受广告信息。

相声式广告文案的写作关键在于如何抖亮"包袱"，并将"包袱"与产品联系起来。其形式有单口相声、双口相声和三人以上群口相声三种，尤以双口相声最为普遍。

7. 快板式

即以快板这种广受欢迎的艺术形式来传播广告信息。快板，又称"顺口溜"、"练子嘴"、"数来宝"等。脚本需将广告内容写成快板词。快板式广告讲究合辙押韵，其节奏感强。快板式可以采用偶韵（即逢双句押韵，首句可以入韵，也可不入韵）、排韵（句句押韵）和随韵（几句换一韵）等方式。句子以七言句为主，也可用三言句和五言句，三言、五言最好能成双成对出现，才易朗读。有时也可根据需要间插旁白。一般分为单口、双口和三人以上群口快板几种形式。

快板式广告节奏明快，琅琅上口，节奏悦耳，气氛热烈，其灵活多样的形式能够使听众在愉悦中接受广告信息，因而也是广播广告中常用的一种方式。

快板式文案切忌信马由缰、不得要领。要善于抓住实质性问题，对关键信息进行解释和演绎。

8. 解说式

即用说明广告意境的解说词对产品的性能、特点以及联络方式加以客观地、冷静地介绍和阐释，通常表现为播音员的旁白。解说式的表现关键在于解说词。精彩的解说词自然、生动、悦耳、感人，再加上配乐，会营造出良好的传播氛围。

解说式的长处在于解说者可以采用全知视角，对商品进行全面的介绍，不足之处是易产生单调之感，所以在进行解说式的创作时，要尽可能合理地利用音效和音乐来避免沉闷。

9. 演唱式

即将广告宣传的主题内容写成歌词并演唱，使人们在欣赏音乐时，自然地接受了广告信息。广告歌节奏明快、生动活泼，很受听众的喜爱。成功的演唱式广告要做到歌词通俗易懂，针对性强，演唱者吐字清晰，声音优美。歌曲最忌喧宾夺主，如《我的未来不是梦》原为一首广告歌曲，但这首优秀歌曲的创作不适宜作为广告曲，结果人们记住了优美的旋律却忘记了广告的产品。

10. 报道式

报道式是采用新闻报道的方法对产品进行宣传报道以传播广告信息。报道式多数选用现场采访的形式，使广告宣传具有真实感，造成较强的心理影响。

其余还有戏剧式、歌曲对白组合式、效果声式、抒情散文式、诗歌式、谜语式等多种表现形式。在这些表现形式中，有时也会出现两种或多种一同使用。

9.3 广播媒体广告文案的创作

在以上的两节中，我们对广播媒体广告文案的基本特点及其脚本与表现有了一定的认识。那么在具体撰写时应如何进行文案的创作呢？

9.3.1 关于广播媒体广告文案的创作原则

广播媒体广告是听觉广告，它利用声音来塑造形象，抒发情感，从而达到说理劝服的目的，因此，如何将声音的可听性最优化就成为广播媒体广告文案创作的核心问题。

1. 重视开头，先声夺人

俗话说："良好的开端是成功的一半。"广播媒体广告的开头非常重要。因为听众在收听广播媒体广告时，其伴随性的收听特点表现得更为明显：与有目的有选择地收听新闻、天气预报等节目不同，听众大多是在无意之中收听广告的。因此，为达到良好的广告效果，文案必须要努力设计好开头部分，要达到先声夺人的目的。这就要求广告文案开头的写作既不能繁冗拖沓，也不能平淡无奇，而是既要直入主题，又要别具一格。撰写人只有遵循这一原则，才能够使文案在播出后迅速抓住听众的注意力，引起听众的收听兴趣。

设计出人意料的开头方式也很多，比如以一段熟悉的音乐，一个引人深思的问题，或一首音乐短歌开头等。成功的短格式广告开头四句就可以把销售信息全部容纳进去。在撰写文案时，创作人员应当有尽早推销的意识，尽量在开头的 10 秒钟内介绍产品名称，并且至少要暗示一下卖点，开门见山，直奔中心。

2. 直截了当，抓住要点

听众对于广告并无多少期待的心态，有时甚至是厌烦，这就决定他们无暇收听冗长不知所云的广告。因此，在精彩的开端之后，仍要坚持直截了当的原则，不要迂回表现。要抓住实质，阐述要点，重点突出，诉求鲜明，简明扼要，实事求是。

3. 通俗易懂，活泼有趣

广播媒体线性传播的特点要求写作者要运用通俗易懂的表达方式将广告内容说清楚，并能在短时间内畅所欲言，使听众能够迅速接受，即时理解。与此同时，由于广播的随意性较强，听众是一种伴随性的收听，所以广播媒体广告还需兼具趣味性，要使语言与创意新鲜而有趣，使听众轻松愉悦，记忆犹新。

当然，广告的最终目的是传达销售信息，而不是"广告语音"，所以我们不能为了片面地追求活泼有趣而喧宾夺主，不能只为了赢得听众的笑声而选择一些幽默但可能淹没产品信息或销售信息的话语。

4. 语言运用，精心锤炼

广播媒体广告为达到影响、劝服消费者的目的，需要最大化声音的优势，利用广播语言声情并茂，亲切悦耳的特点同消费者建立感情上的联系。这就要求广播媒体广告文案在写作时必须有明确的对象感，即明确自己的受众群，并在此基础上精心锤炼语言，使文案创作要力求做到生活化、口语化和形象化。在精心选用语汇时，要做到以下几点：

（1）用词准确，简洁凝炼

广播媒体广告用词讲求准确，要尽量避免误解和歧义；词语组合要符合逻辑，符合实际；要尽量避免语句的多义、不良的引申义或远离广告的中心主旨。广播媒体广告的时间通常较短，所以要求语言运用简洁凝炼，要在短暂的时间内将信息量最大化，最忌冗长啰嗦，不着边际。广告是按照时间收费，繁絮的语言不仅浪费听众时间，而且达不到诉求效果，浪费广告费用。

（2）生动可感，形象性强

声音媒介的特点要求广播媒体广告文案用生动的、具体的、形象化的语言来表现内容信息。因为在广播媒体广告中，受众不是有意识地去欣赏广告作品，也不会有意识地去记忆广告文案，只有亲切挚诚的话语最能激发听众的感情，引起听众的共鸣，并使听众浮想联翩，自觉地创造听觉形象，仿佛身临其境。所以，为了贴近受众，使文案达到广告的传播和说服的目的，播音员要用亲切的口吻、自然的语调和生动可感的语言来传播信息。

（3）语言规范，个性鲜明

广播媒体广告文案的遣词造句符合基本的语言规范，是一条基本的原则，绝不能片面地为标新立异而失去规范性，甚至造成沟通障碍。在规范性的基础上，广告文案应根据广告产品、企业、服务或观念的个性特征，来组织语言，尽量凸显鲜明的个性，如此精心撰写的文案才会在众多的信息中脱颖而出。

（4）运用反复，讲求韵律

广播媒体广告的不足之处在于声音稍纵即逝，为了弥补不足，我们在文案创作时需要关键信息反复强调，多次重复，以加深受众的印象。文案中一些关键词，如商标品牌、产品卖点和联系电话等，均可作适当的重复。同时，为了克服声音的易逝性，便于记忆，广播媒体广告文案还很注重巧用韵律。文案通过撰写合辙押韵的词句，使听众在回旋的节奏中自然地接受广告信息。

9.3.2 关于广播媒体广告文案的创作内容

在广播媒体中一则广告的时间非常有限，60秒、30秒、15秒，甚至是几秒钟。在这有限的时间里，怎样才能吸引目标听众的注意力，激起受众的购买欲望呢？这就涉及到文案的写作内容问题。在进行广播媒体广告文案创作时，我们该写什么？

怎样写呢？

1. 文案内容的确定原则

广播媒体广告文案写作要遵循下列原则：

（1）针对性强

每一种产品都有自己特定的目标消费群，广告的目的就是刺激目标消费者的购买欲望，从而导致他们的购买行为。因此，文案在确定内容是要特别考虑到针对性，从而使文案语言也具有较强的针对性。另外，不同的消费群体关注产品的侧重点也不同。比如，购买一台手机，时尚的年轻人会考虑它是否具有别致炫酷的外观，而高效的商务人员则会特别注重它的实用和便捷。那么在进行广告宣传时就要充分考虑到产品的特性、卖点及目标客户群，从而针对性地选择广告点，进行文案的创作。

如我们所熟悉的乐百氏的广告，是针对孩子发问："你今天喝了没有？"，娃哈哈的广告也是孩子说："妈妈我要喝！"这些广告就是充分考虑到了产品的消费群体是孩子，其针对性极强。可见，广告只有针对目标受众，才会取得良好的效果。

（2）可信度高

在广告中，某一产品或服务为区别其他，常常突出强调其与众不同的特点，用以吸引消费者的注意力。但是如果过于夸大，则会引起消费者的怀疑，这样的广告无疑是失败的。所以广告文案在选择广告点进行巧妙构思时也要恰如其分，不可弄虚作假，要用事实说话，增强广告的可信度，这样才会积累起消费者的情感和信任。反之，如果失去了消费者的信任，那么消费者对广告的抵触心理会与日俱增，这也就很难使消费者再去购买广告宣传的产品了。

（3）诉求点准

在确定广播媒体广告的内容之前，我们首先要分析一下产品的消费者有哪些可能的购买动机。对于同一产品，消费者的购买动机各异，在这些购买动机当中，有些是消费者愿意承认的，有些则是消费者不愿意承认的。如果在广告中表现或强化消费者不愿承认的消费动机，那无疑会失去部分目标受众。所以，在进行广告文案创作时，要将消费者的购买动机与产品的特点联系起来，找到一个最佳的诉求点。

比如，某种月饼的广告。如果它以馈赠佳品的形象出现，那么广告需要强调它能够向亲朋好友传递感情的作用，而不能突出它的价格低廉，否则人们会因为担心被看作是吝啬、小气的人而不购买这种产品。尽管人们购买这种产品时，潜意识里是希望物美价廉，但在作为礼品时，这就成为人们不愿承认的消费动机，相应地，广告文案也要据此作出调整，以选择最有力的诉求点。

2. 文案内容的信息来源

广播媒体广告文案在选择和创造广告卖点时，可根据以下四个信息来源进行选择和取舍。

（1）背景资料

即企业的发展历史、品牌的发展经历、商家的经营理念、企业业绩、调查报告、改进与发展等资料。

(2) 使用情况资料

即对产品进行客观描述，如大小、形状、重量、质地、色彩、声音、气味等，或对经营场所、经营时间、价格、服务与售后进行介绍；或使用细节进行阐释，如何时、何地、何故及如何使用等。

(3) 使用后情况资料

即使用某产品的反馈，如身体反应、情感反应、消费者态度的调查以及支持许诺的证据等。

(4) 偶然情况资料

如商品特卖、节庆或季节活动、比赛、奖励、优惠等。

广播媒体广告文案的创作者要善于根据这些信息来源，选择最佳的卖点，在此基础上撰写文案，会更加便于消费者接受，取得良好的传播效果。

3. 文案内容的语言要求

有了具体的写作内容，接下来就要考虑到如何用合适的语言来表达。广播媒体广告的语言风格概括起来就是简单准确。广播媒体广告的时间较短，一般在一分钟之内，每分钟字数在200～250个左右。具体有以下几方面的要求：

(1) 多用口语

广播媒体广告文案要求语言通俗易懂，简洁明快，这样才便于听众的收听和理解。因此，在撰写广播媒体广告文稿时，书面语一般要改写成口语词。

以下是一些书面词与口语词对照的实例：

函——信，乘——坐，足——脚，该——这个，诞辰——生日，即将——就要，睡眠——睡觉，至此——到这，途径——路过，偶尔——有时候，是否——是不是，上述——上面说的。

(2) 多用双音节词

现代普通话中的许多双音节词，在书面语中都是单音节词。但在广播媒体广告中，使用这些单音节词就不便于理解和接受。

以下是一些单音节词与双音节词对照的实例：

是——时候，如——例如，虽——虽然，故——因此，即——马上，前——以前，现——现在，且——并且，达——达到，曾——曾经，因——因为，或——或者。

(3) 多用无歧义的词语

由于受众在收听广播媒体广告时，不是通过字形来判断语意，而是通过字音来判断，而汉语中的同音字（或近音字）很多，所以在撰写广播广告文案时应当消除同音词或近义词所带来的歧义。例如常见的"治癌"与"致癌"这两个词在广播中播出后就会产生歧义。另外，广播媒体广告文案中应尽量使用全称而不用简称，并少用缩略语。

(4) 多用行为动词和形象名词

在广播媒体广告中使用一长串的形容词会给人夸夸其谈的感觉，而行为动词运动感强，利于在头脑中转换成画面并促使人们采取行动，如投掷、驾驶、翻阅等。

同样，形象名词，如典礼、大厦、火车等也在头脑中迅速转换成形象的图像和画面。这样的词语都是十分便于听众联想和记忆的。但是并不是说形容词不可用，而是不能用得过多，要适当，恰到好处。总之，文案应浑然一体，无论是在词汇的选择上，还是在情感的发展上，都要注重风格的和谐统一，创造美好意境，引导听众不知不觉中进入广播媒体广告的世界。这则广告是借相声的形式进行产品宣传的。作为中国一种古老的民间曲艺，相声相当重视语气词的作用。因此，该广告在短短的篇幅内"呀"、"嘛"、"呵"、"嘿"、"吗"、"呐"等语气词，符合相声体广告的要求，同时也让文案变得生动活泼，富有感染力。

（5）多用短词短句

广播媒体广告的语言要口语化，而口语中使用词汇是简单朴素的，句子结构较短。因此，文案创作时要尽量使用短词、短句，比如可以用"家人"代替"爸爸和妈妈、孩子……"。相对于复杂的长句而言，短句的节奏明快，沟通起来会更容易，更易于被听众所接受。一些结构复杂的长难句、倒装句以及绕口令的形式、包含有大串的数字符号的句式，在广播媒体广告文案中都应尽量避免。

（6）多用主动语态

广播媒体广告文案语言需要多使用主动语态。使用主动语态会使句子字数更少，更为简练，表达的力度也比被动语态要强。一般说来，多使用主动语态会使广告文案的节奏更为明朗，更利于走近听众。

（7）多用反复和韵律

广播媒体广告文案语言常常使用反复和韵律。对于一些关键的信息点和语句，特别是标语，品牌名称和联系方式等，都至少要重复3遍，从而令听众加深记忆。广告在整体上还要符合一定的韵律，才会使人感到韵味别致，令人记忆犹新。

4. 文案内容的结构类型

广播媒体广告文案内容部分的结构，根据是否使用音响和音乐效果而分为单一式和复合式两种。

（1）单一式结构

单一式结构的广播广告主要是指只有单一的文字，没有音乐和音效的广播广告。某些商品或服务不适宜用音效或音乐来塑造声音形象，如刻意使用，反而会画蛇添足。此时，使用单一式结构，反而会取得良好的传播效果。

单一式结构中比较常见的是直陈式和对话式。直陈式欲达到一种人际传播的示范效果，对话式则试图通过一种再现的方式来劝服听众，使听众产生联想。

以下为一则对话体的单一式结构文案：

小鸭洗衣机

女儿：竹外桃花三两枝，
　　　春江水暖鸭先知。
　　　这不是小鸭圣吉奥的那个鸭吗？

妈妈：是啊。

这则即是通过母女俩的对话来表明小鸭的知名度和美誉度,以此来引导受众购买。

(2) 复合式结构

这种文案结构不只有文字,而且还包括音响和音乐效果,它可以利用多声优势发挥广播广告的综合效果。在广播媒体广告中,文字要转换成有声语言。有声语言、音乐和音响是广播媒体广告声音的三要素。广播媒体广告,正是以自然亲切、声情并茂的广播语言,以充满亲和力和感染力的优美旋律,和富于现场感和真实感的环境音响来吸引听众,影响听众。三要素的有机融合,使广播媒体广告更加丰富多彩,使听众不但能闻其声,也能如见其人,如视其物,如临其境。

1) 有声语言

有声语言是指人所发出的语音符号。文案中的文字在广播中最终会转换成话语声,即有声语言播出。一则广播媒体广告可以没有音乐和音响,但不能没有有声语言,所以有声语言是三要素中最重要的。

关于广播媒体广告文案语言的运用,上文已在特点和内容层面详述许多,这里再简述一些与有声语言相关的要求:①在文案写作时需衡量每一个字在信息销售力和发音力度方面的作用;②应该避免容易在话筒前产生咝咝声和嚓嚓声的词语;③避免过分使用第一人称;④注意声音的差别和个性,以选择合适的声音代言人;⑤选择声音的重要标准是"相关",即声音要与广告目标相吻合;⑥有声语言为广告信息增添了真实感,广播媒体广告应当站在消费者的立场上发出自己的声音,这样才会取得良好的传播效果。

有的时候,文字跳跃在纸上是生动的,但读出来却索然无味,所以文案的创作人员在完成写作之后,应当大声地朗读所撰写的广播文案,根据有声语言的听觉效果来作适当的修改和调整。

2) 音乐

作为仅凭声音传递信息的广播广告,音乐是其又一重要构成要素。广播媒体广告中的音乐是指为广告配制的广告歌曲或广告的伴奏音乐。主要有三种类型:

其一是标题音乐。即专供配音时使用的音乐,音带上附有标题,在节目开始时播放。

其二是背景音乐。即用来表现主题、塑造形象、烘托气氛、暗示背景等。背景音乐可以专门创作,也可以采用音乐资料。

其三是主题音乐。即专门的广告歌曲,贯穿广告始终,成功的广告歌曲有助于树立良好的品牌形象,为产品带来巨大的商业价值。

音乐的作用主要是增强广播媒体广告的感染力、吸引力和记忆度。广播媒体广告中的音乐往往以优美的旋律来传情达意,渲染气氛,增强节奏,引起共鸣。音乐的使用逐渐拉近了广告与听众之间的心理距离,在给听众以艺术享受的同时,提高了广播媒体广告的传播效果。音乐还使广告语言更富有新意,增强了广告表现的情趣和美感,能够积极调动听众的参与意识,强化广告信息,增进记忆,促进哼唱与流传，延续广告的传播效果。

在使用音乐时，广播广告文案的撰稿人要注意以下原则：

第一，音乐要为文案服务。广告音乐的最终目的是达到最佳的广告效果，促进销售，而非进行纯粹的艺术创作，因此广告音乐必须坚持为广告文案服务的原则。在广告中音乐不能喧宾夺主，要与有声语言和音效协调一致。过于优美的音乐会使听众将广告内容过滤掉。所以创作者不能过于突出音乐，应保持整体的浑然天成。

第二，音乐要简单明快。近些年来，世界各国的广告界人士都非常重视广告音乐的创作，广告音乐已逐渐形成了自己的独特风格。总体上，广告音乐是简单明快的。深奥的歌词或复杂的曲调难以让听众接受和记忆，听众会因此对广告宣传的产品产生拒斥的态度和心理。所以广告歌曲在创作上既要新颖独特，明朗动听，又要通俗易懂，简洁顺畅。许多优秀的广告歌曲，虽只有三五句的歌词，却能够突出主题，感染受众，曲调也清新简练，美妙动听。

3) 音响

音响，又称音效。音响是广播媒体广告文案的重要构成要素，它指的是除了有声语言和音乐之外的各种声音，是为塑造广告形象，体现广告主题服务的又一辅助手段。它包括以下四种类型：①大自然中的各种声音。如风声、雨声、雷声等；②各种动物的声音。如鸟啼、犬吠、鸡叫声等；③物体运动发出的声音。汽车疾驰而过的声音，飞机盘旋呼啸的声音等；④人在活动时发出的声音。如鼓掌声、脚步声、叹息声等。

音响在广播媒体广告中也具有重要的作用。它能够增强广告的逼真性，使广告富于生活气息和运动感，在一定程度上交代背景、渲染气氛、表达情绪、引发联想等。当然，更多的时候，音响是解释和深化广告的有声语言，能够诠释和深化广告的主题。

需要说明的是，音响是效果声，无声也属于音响的范畴，因为无声也是声音的一种效果。

以下是一则音响效果明显的广告文案：

冷饮可口可乐

冰块相互碰撞的音响效果，3秒后加入人声并作为背景音响。

冰块冻冻［男］："冰块玲玲，别往我身上靠！大热的天！！"

加入人声嘈杂的背景音响。

冰块玲玲［女］："冰块冻冻，别挤我，热死啦！！！"

背景音响停，加入易拉罐拉环的声音及拉环落地的"啪"声，还有气体喷出的"嗞——"声，（表明可乐已经被打开）

冰块玲玲［女］："那是什么啊？"

可乐被倒入杯中的"咕咚咕咚"声

众冰块："哇——可口可乐啊！"

众人欢乐的笑声音响效果（表明冰块的愉悦心情）。继而是人"咕咚咕咚"喝下

可乐和喝完后"啊"的舒畅声音

旁白[男]:"这个夏天,可口可乐,带给你清凉一刻。"

这则广告中音响效果的运用会使听众有身临其境的清凉感觉,并传达出了重要的广告信息,因此能够取得较好的广告效果。

在使用音效时,广播广告文案的撰写者要注意以下原则。

第一,音效要清晰易懂。音效运用得好,会成为点睛之笔,反之则会成为噪音,误导听众。自然界的声音是不可枚举,有的声音含义明确,有的则需联系语言环境。所以,为了便于听众理解,广播媒体广告要精心选择那些音质清晰、音义明了的音效。

第二,音效要典型鲜明。典型鲜明的音响传达的信息更直接,更容易清楚地反映人物活动和现场气氛,更有利于听众的理解和创造,所以在选择音响时要注意其典型性。

4)三要素的配合

一则成功的广播媒体广告不一定同时包含有声语言、音乐和音响这三要素,但当它们中的两个或三个同时出现在广告中时,就一定要注意它们在节奏上和气氛上的配合,以达到最佳的广告效果。

第一,节奏的配合。广播媒体广告中各要素的节奏应当和谐一致,零乱的节奏会使听众感到混乱无序。一般来说,缓慢的语速要用缓慢的音乐和节奏来陪衬;反之亦然。当然,用什么样的节奏来表现广告内容,要依据不同的创意要求而定。强调要素间节奏上的和谐统一,并不是说一个广告中就只能有一种节奏,恰恰相反,如果广告有节奏的变化,比如由快到慢,或由慢到快,或是快慢相间,会更容易吸引听众的注意力。但是,这种节奏上的变化一定要有一个自然的过渡,以免令听众感觉突兀和不适。

第二,气氛的配合。广播媒体广告中各要素所表达的气氛应当互相呼应,协调统一。跟节奏一样,广告中要营造什么气氛同样是由广告总体创意所决定的。需要注意的是气氛与节奏并非完全一致。同样是慢节奏的音乐,萨克斯管表现一种浪漫,而竹箫却吹出一份苍凉。要素间节奏的和谐并不意味着气氛的和谐,我们在注重节奏的配合时也应当考虑到气氛的一致。

9.4 案例分析

"泸州大曲酒"广播广告文案
泸州人民广播电台

(《祝酒歌》由强渐弱……)

泸州大曲,中国名酒,

浓香,醇和,酒中泰斗。

(斟酒声)

为老山英雄庆功,
为革命先辈祝寿——
请干了这杯泸州大曲酒!
(碰杯声)
巴拿马荣获金奖,
驰名中外历史悠久。
(斟酒声)
庆贺女排凯旋,
欢迎各国朋友——
请干了这杯泸州大曲酒!
(碰杯声)
泸州大曲,陈年老窖,
祝您节日快乐,祝您事业成就,
祝您新婚美满,祝您健康长寿——
请干了这杯泸州大曲酒!
(忙乱的碰杯声,音乐混入)
泸州大曲酒,您的好朋友!

文案选自:张农主编《全国广播广告获奖作品选析》第 65 页

评析:这则广播媒体广告文案,语言简洁准确,句式整齐,节奏明快,赋予韵律且层次分明,主题突出,气势磅礴,错落有致。

文案有机和谐地利用了广播媒体广告声音的三要素。开头播放《祝酒歌》,利用音乐先声夺人。之后开门见山,直奔主题,迅速点处"泸州大曲"的特点和卖点,即"泸州大曲,中国名酒,浓香,醇和,酒中泰斗。"用词简单凝炼,工整押韵。随后,加入音响,即斟酒声来渲染气氛。接下来的几个排比句式,与音响效果有机配合,共同勾勒出了一幅幅激动人心的画面:"为老山英雄庆功""为革命先辈祝寿""巴拿马荣获金奖""庆贺女排凯旋""欢迎各国朋友"。这些情节的选取,既表现了泸州大曲酒卓尔不群的品质,又表达了酒文化背后的人文价值和关怀。最后,用"祝您节日快乐,祝您事业成就,祝您新婚美满,祝您健康长寿""泸州大曲酒,您的好朋友!"来传递和表达泸州大曲酒的真诚祝福。忙乱的碰杯声和音乐的混入使广告达到高潮与听众的心理期待相暗合,引起听众的强烈共鸣。

这则文案可以说是一篇积极调用各种元素而丰满成功的典范之作。

思考题

1. 广播媒体广告文案的特点有哪些?
2. 广播媒体广告文案有哪些表现形式?
3. 广播媒体广告文案的语言运用有什么要求?

4. 广播媒体广告声音三要素是什么？在文案中如何理解和运用这三要素？

参考文献

[1] 朱旭晨. 广告写作实例全书 [M]. 吉林：延边大学出版社，1998.

[2] 殷涵 陈莞. 怎样写好广告文稿 [M]. 北京：中国档案出版社，2001.

[3] 张农主编. 全国广播广告获奖作品选析 [M]. 北京：中国广播电视出版社，1991：146.

第10章 DM 广告文案

广告销售创意——不仅仅在于内容，还在于它千变万化的形式。传统媒体已经逐渐失去了统治地位，被称作"长翅膀的销售人员"的 DM 成为了广告人的新宠。

DM 是英文 direct mail advertising 的省略表述，译为"直邮邮件"、"广告信函"、"直接邮寄函件"等。是指具有个人资讯（Personal Information）的功能，即通过邮寄、赠送等形式，将宣传品送到消费者手中、家里或公司所在地，从而创造顾客的一种方式。大公司用 DM 作为有益的补充，小公司则利用它作为一种重要的媒介。

第一，DM 广告有许多的优点，例如它的针对性非常强——你不会将老年人保健品的 DM 分发到高级写字楼的信箱里，也不会把烟草广告递送到孩子们的手中。这样的错误却容易发生在报刊广告、电视广告以及 POP 广告上。为什么 DM 不容易犯错？因为 DM 广告商知道广告主所要针对的目标受众，再根据人口统计因素和地理区域因素进行综合权衡，从而汇总这批受众的信息，生成一份"Mailing List"，据此发出对症下药的 DM 广告。但电视广告或电台广告则不可能做到——除非在某些家长分级频道和频率的特殊广告，而一份关于洋酒的 POP 广告由于制作精美也可能被孩子们拿去把玩。此外，POP 广告容易造成对资源的浪费，而电视、广播、网络产生的（特指传播学范畴的）噪声亦难以杜绝。

第二，DM 广告持续的时间远远超过传统广告媒介。再精彩的电视或电台广告在 30 秒后也只能落得烟消云散的命运，而报刊广告并不能刊登过多的信息，否则该报刊会遭到读者的投诉。DM 则不同，读者可以充分地翻阅、比较商品信息，甚至在购买商品的时候都可以携带着 DM 随时参考。

第三，DM 广告能产生良好的效应。在购买之前反复利用 DM 提供的信息进行考量的消费者，大都是到了商场之后直奔心仪商品的柜台，一次性购买成功，不会存在犹豫不决的问题。对应地，在市场营销理论中，购买前所获得的商品信息会对消费者的决策过程产生极大的影响。举例来说，G 先生想要购买一台新的 DVD 播放机，他在阅读了 DM 广告手册并反复比较之后，决定购买 P 品牌的新款多功能播放机。然而到了商场，他突然发现有另外一个品牌的播放机更加便宜而且功能更加强大——经过一番现场比较之后，他最终还是决定购买早就选好的 P 品牌的 DVD 播放机。为什么？因为 DM 广告在 G 先生做决定——即信息收集和可供选择方案评价——的过程中，潜移默化地教导了他，从而在购买决策时巩固了 P 品牌播放机的"地位"。

第四，DM 广告有更强的可测性和可控性。所谓可测性，就是广告主能够根据 DM 广告发送的份数和销售额变化幅度来测试广告效果，这一点上，DM 广告比起其他广告要强很多，它甚至可以小小地对广告界的名言"大约 90％的广告费是浪费了，但我不知道是哪 90％"加以反驳——"我的浪费绝对小于 90％，并且我知道这些费用都花在了哪儿。"而对于 DM 广告的形式、数量以及接收者，广告主都可以根据销售目标来制定合理的计划，一旦发现有所欠妥，可以立刻停止 DM 广告的发送，即时调整策略。这都源于 DM 采用的"主动选择"模式：DM 可以主动出击，而不是被动地等着受众来翻阅或者领取，广告主能够掌握主动权，这是它最有竞争力的筹码。

第五，DM 广告还具有隐蔽性，它不易被竞争对手在第一时间察觉，是一种非轰动性广告，不像电视广告会在最短时间内吸引对手注意。DM 的竞争是在平静表象下的暗战，而不是激烈的捉对厮杀。

随着大众传播日新月异的发展，DM 的形式也会越来越广泛，如何写好专属 DM 广告的文案，就成了每一个文案人员面对的新挑战。

10.1 DM 广告文案的特点

DM 广告文案的特点和 DM 本身的特点是不同的，根据 DM 广告自身的特点，可以对其广告文案的特点作出以下几点概括：

10.1.1 针对性

DM 广告"知道"它的目标消费群是谁。他们可能是已经购买、重复购买的忠诚顾客，也有可能是也许会购买的潜在顾客。DM 广告所要做到的是尽最大可能弹无虚发，不把成本浪费于无关的消费群体，对于已经瞄准的顾客，DM 广告文案人员就要不遗余力地投其所好，这一切都建立在先期市场调研的基础上。

宝洁（P&G）公司会调查客户的一些个人信息，并定期联络客户、更新资料。打个比方说：经常购买玉兰油（OLAY）产品的 S 小姐在去年 1 月结婚了，一年后她生下了一个男孩，宝洁也许可能就会在新产品的 DM 广告中提及育儿知识，并夹寄帮宝适（Pampers）纸尿裤给 S 小姐的儿子试用。因此，DM 广告文案要对症下药，面向什么样的人，就写什么样的文案。

10.1.2 完整性

既然 DM 广告给了读者充足的时间来翻阅，那么就要有充足的内容提供给读者。

电视、广播广告必须在有限的时间（1分钟、30秒，或者5秒）之内把关键字传递给受众，DM广告就不那么仓促，因此要将细节问题都说清楚。你可以在DM广告中写上"如有疑问，敬请垂询"的字样，并附上电话和客户服务邮箱，但客户和其他人一样都是有惰性的，大多数的客户并不会真的去打这个电话来"垂询"，只有真的非常非常地想要购买的客户，才会打这个"费事的"电话。可你知道，这样的客户是——非常非常地少的。

珠宝首饰的DM广告就要充分说明原材料的产地、使用何种加工工艺、适合怎样的人佩戴、某种材质有怎样的特殊功效……这些信息都需要在DM里面阐明，以此"喂饱"消费者的好奇心——当然，只能七分饱，剩下的，要让消费者购买了之后才能了解到。

10.1.3 渗透性

渗透到受众的脑子里去，准确地说，是一种感化受众的过程，我们称之为"态度管理"。不是说篇幅长、信息丰富就一定是好文案，在和图片、试用装等等保持一致的前提下，DM广告文案必须有很强的渗透力、影响力，才能成功说服消费者，在其脑海中形成占据主要位置的第一印象。

就像导语里面说的，G先生的购买行为受到了DM广告文案内容的"洗脑"，P品牌的DVD播放机先入为主，牢牢地占据了G先生的决策制高点。DM广告文案要像这样教育公众、培养受众群体，让其受到影响。当然，公众并不都欢迎说教，文案想要达到渗透，也是需要在反复研究受众特性之后才付诸实践的。

10.1.4 可控性

DM广告文案可以设置一些问卷调查性质的回执，在对商品的意见调查之余，也要对DM广告本身进行调研和评估。有些时候文案人员的心血可能不被受众认同——这是经常发生的，所以要随时紧密地和市场有所交流和接触，才能减少更多可能的浪费。

这类可反馈信息通常会在一些电子DM广告中出现——使用E-mail来回复一些反馈信息比起平信要方便得多。比如某服装品牌会发给某位客户一封DM广告邮件，在邮件的最末会写道：如果您不喜欢收到这样的广告邮件，请回复"no"至我们的客户服务邮箱（给出地址）。

类似这样的例子很常见。DM广告能够控制收发数量、对象和一些可以量化的效果。良好的反馈能够使收集的信息便于统计，广告主就能更直观地了解到DM广告的效果高低。

10.1.5 耐读性

DM广告文案没有定势，所以其内容当然是千变万化、多姿多彩的。好的DM广告是不会乏善可陈的，除了精彩的图片之外，当然还需要耐得住细细品读的文案。

市面上的许多 DM 广告都忽略了文案部分，过于注重图片的效果，文案部分则随便找一位文笔基本流畅的人员来完成——他也许不懂得市场营销的操作要点，也不明白广告文案的写作目的（销售产品，获得盈利），因此这样的 DM 广告文案是不够好的。一份 DM 广告可能会被保留，然后反复被阅读，如果文案经不起时间的考验，消费者对于商品本身也就会逐渐兴味索然。

哈根达斯（Häagen-Dazs）的 DM 广告《Cool》专门寄给它的 VIP 客户，顺手翻到某一页，一句"不记得多少次，我用哈根达斯吻掉她的眼泪"，反复咀嚼这句话，勾起对于故事情节的绵长遐想。至于哈根达斯冰激淋是不是真的有这么大的"功效"和"功勋"——一试便知。

10.2 DM 广告文案的信函内容

事实上，DM 广告并没有一种固定的写作方式，并且在欧美国家，DM 的内容不仅仅是广告，还可以是生活指南。但在中国，DM 的运作成熟度尚不够高，因此只能继续在广告领域尝试，并期望尽早突破"广告"这一单独领域，更加广泛和深入地发展。

作为单一的商业销售信函，DM 的内容不外乎推销产品，但越来越多的广告人意识到，光推销产品是远远不够的，于是他们在 DM 中开始推销广告主的企业文化和经营理念，逐渐让 DM 变得精彩起来。

Web2.0 时代，DM 广告已经不限于平面媒体印刷。精美、高科技并且更环保的电子 DM 杂志也逐渐成为一种时尚。图文并茂并且还可能伴有声音和视频；索取赠品只需要简单地填写信息并回邮；不喜欢可以点删除键便轻松消除……不过，在电脑上阅读对眼睛是一种伤害，文案长度还是受到一定的限制，不如用淡绿色再生纸印刷的、伴有绿茶清香的 DM 广告那么令人心旷神怡。

不同作用的 DM 广告需要不一样的内容，广告文案人员要先明确 DM 广告主的用意，才能构思和动笔。下面列举三个常见的 DM 广告文案形式。

10.2.1 为促销而制作的 DM 广告文案

这是当下最被接受的——但也是最单调的——DM 广告形式。促销 DM 通常是大量发行的，凡是有可能购买的人都是它的目标受众。它的信息简单直观，尽量把数字和一些有利于促销的词汇（诸如"进口商品"一类）印得很醒目，文案人员可以帮助强调优惠程度和商品效能之间的性价比，以便读者在里面寻找最实惠的折扣信息，然后奔赴商场按图索骥地购买。

但促销式文案也是各有千秋的，最常见的就是家乐福（Carrefour）和麦德龙（Metro）这样的大型超级市场的 DM 广告，开门见山地传达给读者关于促销的信息，在这样的 DM 广告之中，除了促销，还是促销。不过，有时麦德龙会举行"红酒节"，促销世界各地红葡萄酒的同时，在 DM 中夹寄一个关于葡萄酒常识（产地、类型以及配餐原则等等）的小册子，是一种不错的做法。这样"信息供给"式的文案还会引发公众的好奇心（好奇心是广告文案人员的重要筹码!），没准他们会期待麦德龙的下一个"××节"，能提供更多有趣或有用的东西。

10.2.2　为吸引投资而发出的 DM 广告文案

这类 DM 广告也很常见：广告代理公司、形象设计公司会召集内部一些具有美工设计才能和文案创作才能的人员来为自己先做包装；教育机构、金融理财机构会把以往的工作成就集结成册……这些都是用以证明"我们有实力为他人服务"的 DM。

然而，对于消费者来说，这样的 DM 有时显得有些"鸡肋"：它既不能像单纯促销的 DM 广告那样过时即可丢弃——毕竟是广告主的心血，扔了有些可惜；但也的确不足以作为收藏。于是就被束之高阁，其中没有任何的内容可以给消费者造成太深的印象。A 学校的 DM 宣传册可能被顺手放在了某个报架的最底层，但谁也没想起来。到了孩子该作出选择的时候，恰好 B 学校的 DM 信函飞进了邮箱——那么，即便 B 学校最终也没有成为孩子的归宿，可是谁还会考虑 A 学校呢？

所以，聪明的广告主会把这类 DM 广告制作得更加富有生活气息。招商银行信用卡专刊名叫《SMART 慧生活》，它的内容涵盖旅行、饮食、家居、娱乐、美容、汽车、公益事业等等信息，将其与招商银行信用卡的使用巧妙结合，同时为自身和以上各个领域的品牌做了广告（经费的问题也就得到了解决）。这是一本指南式的 DM 广告，言下之意是：如果你需要这样的生活，就请办理招商银行信用卡吧——一种不会引起反感的推销，即便你不喜欢招商银行，也可以时常参考 DM 广告里的信息，潜在顾客仍然会被不断地吸引过来。类似的还有很多公司都是用 DM 广告来为自己招商引资，或者他们自身并不拥有足够的知名度，但拥有一本 DM 杂志的发行许可，就可以手握众多品牌的广告刊播权。这样的公司往往拥有一批广告文案写作能手，承担起把这种 DM 手册变得精彩纷呈然后让人掏出荷包的沉甸甸的责任。

10.2.3　为宣传企业形象而努力的 DM 广告文案

企业形象体系（CI）包含三个重要方面：形象识别（VI）、理念识别（MI）和行为识别（BI）。在这样的 DM 之中，首先能看到无处不在的企业标识（logo 或口号等）；其次会有成文或不成文（隐含）的关于企业核心价值观与愿景的陈述；最后，一些关于企业社会责任实践（公益、慈善活动以及社区工作等等）的报告会用大小不一的篇幅来作展示。

迷你库柏（Mini Cooper）高级轿车的 DM 制作得相当精美，除去印刷以及纸张质量非常符合"高级轿车"的定位之外，其内容的丰富性和趣味性都十分引人入胜，库柏轿车的历史和传统、车体的设计构造、车主的驾驶乐趣，运用生动的图文配以活动插片、翻开的双层图、可逐步收集的 15 款库柏轿车贴纸……这已经不仅仅是 DM 广告，更是一本具有收藏价值的纪念册。

如此，DM 在尽到"广告"的义务之后，于一定程度上也实施了公共关系的职能。这是当下 DM 必须实践和探索的一个重要改革方向。如果你只能在 DM 上看到枯燥乏味的食品和日用品打折信息，那么相信你会对宜家（IKEA）传递的高品质居家理念感到心旷神怡。DM 的目的是要在教育和引导目标客户的情况下引起他们的购买欲——醒目的降价标志的作用是很有限的，在消费者越来越聪明的时代，他们需要的不仅仅是低价。当然，有一些奢侈品品牌，本身已经不需要过多的广告宣传——时尚杂志上的高级时装广告是没有除了品牌标识之外的广告文案的，DM 纯粹是为了知名度和亲和力而制作。

10.3 DM 广告文案的写作与赠品

DM 广告文案的写作方式和它的内容一样不拘一格，根据商品和品牌自身的特质来定位 DM 广告文案的风格以及言语组织是基本的原则。

DM 广告的形式是多种多样的，目前在市场上可以看到的有信件、海报、图表、产品目录、折页、名片、订货单、日历、挂历、明信片、宣传册、折价券、家庭杂志、传单、请柬、销售手册、公司指南、立体卡片，以及小包装实物等等。它可以以任何一种面貌出现在你的面前：躺在信箱内、呈现在电子邮箱或手机收件箱里、分发到你手中、夹在时尚杂志内、摆放在你的办公桌上……总之，DM 广告以自身的优势和良好的创意、设计、印刷及诚实诙谐、幽默等富有吸引力的形式来吸引目标对象，以期达到较好的效果。

在写作 DM 文案的时候，可以采用循序渐进的方法，从封面，到内页，一步一步引导读者。事实上，没有关于 DM 广告文案写作的硬性规定，文案人员可以发挥自己的创意，结合企业文化自身的特点，做出成千上万的 DM 广告来。不过有一点是绝对不能被忽视的，那就是 DM 广告的封底——空白的封底或只印有企业标识的封底是广告文案人员容易犯的低级错误。通常读者拿到一份 DM 广告，会先看封面，随即顺手翻阅封底。如果封面和封底的内容都吸引了他，他才会有打开广告来看的兴趣。因此，封底是一个需要加以大肆利用的地方，你甚至可以在封面上设置悬念，并在封底给予解答。也有一些不适合在封面上印刷，但同等重要的信息，也可以借助封底来完成。

需要铭记的是：出彩，出彩。一定要出彩，要比你的对手更特别、更有魅力。DM 广告本身就占据了"我在暗处"的优势，对手不知道你是何时出击、用何种方式出击的——直到他们也拿到你的广告，但他们占不到任何先机优势。因此，要在对手获悉之前一击即中，是 DM 广告文案的重要特性。我们每天都被信箱里各种各样的不速之客造访，那么，在消费者手中一大叠 DM 广告里，你的广告凭什么被第一个挑出来阅读？是华丽繁复的设计？醒目夸张的字体？还是第一时间抓住读者需求的词汇？……没有限制，也没有答案。但必须保证的是——在打开之后仍然被继续阅读下去。

此外，不得不说说赠品。赠品是某些DM广告之中非常重要的一部分，比如大学女生会收到飘柔洗护系列新产品的广告，其中必然有一页粘贴了一份（或更多）洗发水和护发素的试用装。一些特殊的消费品需要事先的感官感受才会购买，就像超级市场里经常有某种新产品试吃的小摊位，有笑容可掬的女孩为你递上小份的金枪鱼或小杯的水果茶。赠品也是一种变相的、先行一步的实惠，一些消费者会被这样的实惠吸引，从而引起购买行为。要记得，要么给质量上佳、完全符合商品实际情况的赠品，否则就干脆不要给。

有一种赠品给予的方法——分期赠送。如果某广告主的产品是可以被拆开再装起来的——比如木制的儿童拼插玩具，我们姑且设它是一辆一级方程式赛车（F1）吧，可以在每一期DM广告之中赠送给目标家庭的孩子一片或若干片零部件的缩小版——鼻翼、尾翼、侧厢或者龙骨，让孩子期待下一期DM广告的到来。也许在下一片零件送到之前，他已经成为这家公司的客户之一了。那么你——文案人员要做什么呢？很简单，写下这些零件的名称、作用、在车体上的结构，以及关于F1的一切，让这本DM把感兴趣的孩子变成一个专业的车迷，他们——广告主和孩子——都会感谢你的。不过这只是一个简单的例子，你一定会有比这更好的想法。

你的直邮信函有效吗？来看看安德鲁·J·伯恩的21条核查表：

1. 给真正的潜在消费者（而不是"读者"）提供信息。潜在消费者需要并渴望得到信息，以便作出购买决定。回答他们提出的每一个合理问题。这意味着你要回答的内容可能比较多。

2. 因为你所注重的是那1%～2%会听从你的劝告而购买你所推销的商品的人，不是那98%不予反应的人群。所以，不要让任何人说你的文案过于冗长，否则会影响到其他人阅读的欲望。

长文案的作用不在于它的篇幅，而在于它完整的内容。你的目的是让别人消费，所以，信息和劝服是不可少的。但短信息做不到这一点。

3. 斯通安迪尔公司（Stone & Adler, Inc.）副总裁唐·肯特（Don Kanter）说："文案人员觉得他们的工作就是编写文案。这和一个推销员说'我的工作就是与别人谈话'毫无差别。其实，他们的工作是销售，而不是谈话。销售才是最终目标，编写文案只不过是我们达到最终目标而使用的一种手段。"

4. 对于那些炫耀自己创作才能的广告人，不要因为他们说别人如何欣赏他创作的广告或因为他们得了某个奖，或因为他们是技术上的专家，就被他们说服。相反，你应该让他拿出曾引起过行动的信函样本，这才是你的鉴别标准。

千万不要把"创造性"与"效力"相等同。

5. 不要在意人们对你的信函广告的看法。如果你的信函广告与众不同、巧妙、可爱、有趣，人们就会喜欢。但是，你做广告的目的并不是要供人们娱乐和消遣，而是要告知并劝服潜在消费者进行消费。这种广告绝不可能在知名度竞争上取胜，而是在销售竞争中取胜。

6. 人们阅读广告信函的目的是想获得新鲜的东西、有用的信息、实惠或工作建议。他们能从你的文案中找到这些东西吗?

7. 你的文案千万不要忘记描述新商品的特性。这对你来说非常重要,也许还能赋予你竞争优势。但是你的读者同时还渴望了解你的商品具有哪些好处。所以不要在大肆描述新产品特殊性能的时候对那些常规的利益轻描淡写。

8. 必须要向人们证明产品的重要作用,而不只是向你的读者大谈你的产品以及它在竞争中体现出的优越性。为此你可以运用个案研究、案例分析和官方数据,还可以举出产品怎样解决实际问题的案例。

9. 空口无凭,一切都需要事实证明。每个人都可以发表声明,但只有属实的声明才能令人信服。所以,要用事实和数据支持它,利用证书和案例证明它,并(向读者)提供担保。你的产品特性可以证明你所承诺的产品利益全部属实。记住,"质量"、"价值"、"服务"和"可靠"等这一类字眼并不能证明什么。

10. 测试,测试,测试。假设100个收到销售信函的人会购买产品,那么回报率为1%。现在假设测试向你显示99个原来不曾购买你商品的人中有1个买了。喔!你的销售率提高了100%,而广告成本降低了一半(但要达到如此显著的成果,必须首先确定自己测试的范围具有销售潜力)。

11. 宣传手册不是推销员,但信函是。所以要用信函进行推销,但千万不要让它们成为"封面"信函。如果因为宣传手册的成本高就觉得它更重要,那就大错特错!信函远比它重要得多(我是指你应该选用的信函类型)。

把埋没在宣传手册里的重要卖点放进信函中。即使你的信函只有三四页长,也不必担心。

12. 放松、自然。忘掉那些"我们的"(你并不真的那么自大)之类的措辞,尽量使用"您的"。记住,你的信函是在和另一个人交谈,不是一个人自话自说,如果你的信函读起来让人感觉像宣传手册,那封信就写得太糟糕了。

要让文案人员以为提及"我"是一种不礼貌的说法,这种亲切的措辞有利于个人沟通,这是一个人与另一个人之间的交谈。

13. 运用简洁的措辞、精悍的句子和简短的段落,这能达到最好的沟通效果。但不要指望靠短小的销售解说或简短的信函来完成销售。简短的信函可以达到先导性销售的目的,但却无法使人作出购买决定。

14. 易于阅读的文案。精悍的句子和简短的段落还能让文案读起来简单易懂。试着只用一句话作为开头的一段。在每一个新段落的第一个词前留出5个空格①,在四周留出足够宽的空白,在关键词和短语下面画上线,利用副标题隔开大块的文字。保留你收到的全部"简单易懂"的信函,把它们的技巧运用到自己的信函中去。

15. 不要在信函中采用印刷体以外的字体。(可以考虑使用一位出色的打字员)。信函看起来越像一封真正的信函,它的作用就越好(不要让一位根本不懂这些的美

---

① 在写中文信函时当然是两个空格——编者注。

术指导来做这件事）。

16. 直截了当，尽快切入正题，你的"要点"就是你将向读者提供的主要实惠。在回答读者尚未说出口的问题时要直接："这桩买卖怎样？""从中我可以得到什么？"对于读者而言，没有什么比它们可以得到的实惠更重要的了！

有人说，很多信函都通过删掉第一段而得到了改善，我甚至见过删掉前四段而得到改进的信函。

17. 用对照表来确保所有的重点已经囊括在内。不要因为在前一封信函里提过这一点，就在这一封信把它删掉。再重申一遍这个重点。

18. 除非经过比较，新信函的确比旧信函吸引力更大，否则，不要把成功的"旧"信丢在一边而重打锣鼓另开张。毫无疑问，你和销售人员都看够了那封旧信函，但你的潜在消费者并没有看够。"新的"和"不同的"并不意味着是"更好的"。

19. 采用感情色彩强烈的（信的）附笔。用它重申最重要的内容，或附上证书，或者给出要潜在消费者马上采取行动的充分原因或理由。

20. 尽最大的努力促使潜在消费者采取行动！你可以提供免费参观吗？有没有时间限制？没有退款保障吗？有没有简单的支付方案？可以收常用的银行信用卡支付账单吗？

21. 在信的结尾明确地告诉读者该做什么、什么时候做、怎样做，以及如果他不这样做将会失去什么。

这是一个基本的核查标准，但它不是一个硬性规定。很多情况下要兼顾这21条是不那么容易的，因为我们总是会或多或少地受到一些外界的影响——例如广告主的要求（尽管他根本不懂DM广告该怎么做）、市场的反应等，要坚持自己的原有想法就变得困难。不过，不要苟且地认为：既然不能全做到，那么多漏掉几条也是允许的。答案是：不允许。这21条法则并不一定广泛地成为广告文案人员的金科玉律，但至少它是前人所总结出来的最精练的（也许最初有120条呢）经验之谈。你的文案作品也许不是如此尽善尽美，但你的态度必须是。

10.4 案例分析

宜家（IKEA）DM广告

宜家（IKEA），来自瑞典的家居行业巨头，早在半个多世纪之前就深谙DM之道，第一本宜家产品目录于1951年诞生。虽然不如现在的产品目录印刷精美，但其超前的思维方式较之其他同行公司就是最大的优势。

今天，宜家的DM已经成为千家万户报刊架上不可或缺的一员。它们可能成为你在想要为家居生活改头换面的时候的"高参"，也有可能在你闲来无事的时候被当作一本赏心悦目的杂志信手翻阅。DM内页充满设计思想以及生活气息的照片让人心向往之，在无形中既推广了产品，也销售了企业文化。

"家是世界上最重要的地方"，是宜家的宣言。随意地打开一本宜家的 DM 广告，扑面而来的生活气息、别具一格的设计理念总能让你忍不住想为家里添上这个，又想买那个。每一件物品都被清晰地标出质地、产地、规格和设计师姓名；宜家 DM 的摄影师也是非常专业的，一个小小的蜡烛台都能够在镜头下熠熠生辉——这一切都在试着告诉你，宜家是一个集合众人智慧的、为了构建每一个家庭的美好生活的"世界"，而不仅仅是个"卖家具的"。

宜家的 DM 广告里偶尔会有额外促销的出现——因为这不是维持他们盈利的主要手段——不过物以稀为贵，宜家曾经推出过凭 DM 广告领取调味瓶的活动，那么，如果你本来就有去宜家逛逛的计划，正好可以借此机会成行；如果没有，至少你知道宜家也会偶有这样的实惠（这儿的"实惠"不包括产品特价），那么也会多一分关注——或许调味瓶吸引不了你，下次没准是别的呢？

品牌经营的初期是销售产品，但最终目标应该是销售理念和精神，当全世界任何一个城市里的人想要买质量上乘、设计独特而又不会贵得离谱的家具时，他们会条件反射地想到宜家，想到莫门特（MOMENT）沙发、斯格帕（SKOPA SKOPA）椅子和丘比思（KUBIST）储物柜。

思考题

1. 从 10.3 中找到市场上常见的 DM 形式，并分别举出一个你看到的例子。
2. 将全体学生组成若干小组，设计并制作 DM 广告成品，并试着互相推荐，最终投票产生最让人产生好感的广告产品。
3. 构思、创作除了广告之外，更广泛的 DM 内容。

参考文献

[1]（美）菲利普·沃德·博顿. 广告文案写作 [M]. 北京：世界知识出版社，2006.

[2] 樊志育. 实用广告学 [M]. 上海：上海人民出版社，2006.

[3] 万秀风，高金康. 广告文案写作 [M]. 上海：上海财经大学出版社，2005.

[4] 郝慧珠. 广告文案写作 [M]. 北京：团结出版社，2003.

第11章　网络媒体广告文案

2007年7月18日,中国互联网络信息中心(CNNIC)发布了第20次《中国互联网络发展状况统计报告》,报告显示,截至2007年6月30日,我国网民总人数达到1.62亿,仅次于美国2.11亿的网民规模,位居世界第二。据估计,中国有望在2009年成全球用户规模最大的互联网市场。

随着互联网的飞速发展,网络广告的市场规模也越来越大。网络广告不仅已经成为网站收入的主要来源,而且也被作为一个新广告媒体的代表而广受赞誉。2007年1月,由中国互联网协会、DCCI互联网数据中心联合发布的数据显示,2006年网络广告市场营收规模达到49.8亿元人民币(不包含搜索引擎广告)。而从2007年度的最新研究、统计来看,2007上半年中国网络广告整体市场规模达32.70亿元人民币(不含搜索引擎在内),预计下半年较上半年增长率为32.5%,增长势头良好,2007年全年的增长率预计将超过原来的预期。DCCI预计到2007、2008年底网络广告市场营收规模将分别达到75.8亿元人民币和117.83亿元人民币(均不包含搜索引擎广告)。

网络广告发轫于1994年的美国。当年10月14日,美国著名的Wired杂志推出了网络版Hotwired(www.hotwired.com),其主页上开始有AT&T等14个客户的网幅广告。这是广告史上里程碑式的一个标志。中国的第一个商业性的网络广告出现在1997年3月,传播网站是Chinabyte,广告表现形式为468×60像素的动画旗帜广告。Intel和IBM是国内最早在互联网上投放广告的广告主。我国网络广告一直到1998年初才稍有规模,至今已走过了近10个年头。

作为一种新兴的媒体,网络与其他传统媒体相比具有许多得天独厚的优势,例如时效性强、传播范围广、信息的多媒体化、传播模式灵活、互动性强等。传播媒体对于广告形态有很大的制约性,与传统媒体广告相比,网络广告拥有许多无法比拟的优势和特性,网络广告文案的写作也因此而呈现出不同于其他媒介广告文案的独特之处。

11.1 网络媒体广告文案的特点

11.1.1 传播范围的广泛性

在网络时代，网络广告的承载媒体是全球化的互联网，这是网络广告的最基本特点。网络广告传播是可以通过国际互联网络把广告信息全天候、24小时不间断地传播到世界各地，这可以说是风雨无阻的传播。

传统的广告形式是独立的、非网络化的。报纸发行和广播电视节目播放都受到时间和空间的限制，上海的读者不能看到《北京晚报》的报纸广告，而电视广告也不能在一天24小时都不停地播放。但在网络环境中，这些局限都不存在。网络的超链接功能给网络广告提供了重要的支点，网民可以在任何地方的Internet上随时随意浏览广告信息，这些效果是传统媒体无法达到的。实际上这正是网络媒介区别于传统媒介的传播优势之一，体现在网络广告上就是可以面向全世界发布。

广告传播的网络化使得广告跨越了时空的局限性，覆盖面达到了前所未有的范围。这使得网络广告文案与生俱来便具有了广泛的全球化传播范围，这也成为影响其后期创意写作的重要因素之一。

11.1.2 发布投放的针对性

近年来迅速崛起的互联网被认为是一种适合于细分化市场营销趋势的新媒体，使用"定向传播策略"，把生动的网络广告放在能吸引某些特定细分市场的站点上，对提高企业或品牌知名度非常有效。"市场细分的最后一个层次是：'细分到个人'、'定制营销'或'一对一营销'。"传统广告形式的针对性较差，一般来说都是点对面模式，很难将细分进行到底。而网络广告可以通过分析网站、网页访问者的喜好，建立相应的数据库，从而对广告对象进行精确定位，投放点对点式的广告。

众所周知，广告主都希望自己的广告针对特定区域的人群，而不是面向所有人，否则会导致吸引力以及广告效果下降。互联网通过特定方式，如电子讨论组、电子新闻组、娱乐网站等，构成虚拟社区，将兴趣相近的人吸引到一起。事实上这反映了网络受众细分化程度高的特点，也就是说，每一个板块的受众都有其自身的特点，这就是一种完全意义上的人际传播。对于广告主来说，他们便可以选择不同的BBS进行有针对性的广告发布，以提高广告的传播效果。而对于电子邮件广告，受众细分程度则已经达到了一对一，即每一个企业主都可以给每一个受众单独发送广告信息。

网络广告的发布投放针对性如此之强，细分程度如此之高，也给网络广告文案的写作提出了更高更具体的标准与要求。准确选择目标受众，把广告发给希望得到有关信息的人，是这种广告策略成功的关键。

11.1.3 信息传播的交互性

网络媒介属性赋予网络广告的一个重要属性是它的多媒体性——可以通过对视频、音频、图像、文字等的组合运用来增强网络广告的表现力，达到所期望的广告效果。多媒体的更重要一层含义在于，它突破了传统媒介只能进行大众传播或至多进行窄众传播的限制，将大众传播、窄众传播和人际传播有机地结合在一起，特别是人际传播的存在，使得广告主与网民之间可以进行一对一的交互式对话。

对于网络广告，只要受众对该广告感兴趣，仅需轻按鼠标就能进一步了解更多、更为详细、生动的信息。最能够体现网络传播交互性的是电子商务网站，这类网站对商品分类详细，层次清楚，可以直接在网上进行交易。

与传统媒体的单向线性传播方式不同，由于网络媒体交互性高、反馈时间短的特点，网络广告可以实现信息在受众与媒体间的双向传播，消费者在主动选择接受广告信息后，还可以根据自身的需要及时对广告信息作出回应，甚至与广告主进行沟通和交流，从而产生显著的促销效果。互联网突破了传统媒体单向传播的局限，为受众与媒体间的双向交流提供了可能。受众不再是被动的接受者，他们也可以发布信息，可以主动寻找信息，对信息作出回应等。

注重交互性的网络广告文案充分调动了网络媒介的多媒体特性，创造出了众多独特的诸如网上游戏方式的互动广告，为广告的有效发布开辟了新的传播渠道。

11.1.4 内容更新的实时性

由于网络媒体可以随时更改信息，因此，网络广告的广告主如果需要更新产品价格、补充或删减广告内容、调整广告表现形式，都可以在很短时间内完成，可将最新的广告信息最快地传递给消费者。相对于一般印刷媒体和电视、广播来说，广告发布的及时性是广告投放商最为关注的问题，也直接影响着产品的销售情况。网络的自由链接的特性，使得互联网几乎成为一个没有任何界限的广告发布媒体。人们可以在第一时间了解产品广告的内容，并作出相应的反馈。

在传统媒体上发布广告后更改的难度比较大，即使可以改动也需要付出很大代价。例如，电视广告发出后，播出时间就已确定。因为电视是线性播放的，牵一发而动全身，播出时间改一下，往往全天的节目安排都要重新制作，代价很高，如果对安排不满意，也很难更改。而对于网络广告而言则容易多了，因为网站使用的是大量的超级链接，在一个地方进行修改对其他地方的影响很小。网络广告制作简便、成本低，容易进行修改。当然，随着网络技术的进步和网络带宽的改善，为了追求更好、更震撼的效果，网络广告的制作会越来越复杂、体积会越来越大，修改也会相应的提升成本，同电视媒体广告的差距会越来越接近。但是从目前来说，修改一个典型网络广告的成本和难度都比传统媒体要小得多，这就是网络广告对于传统广告的一个很大的优势。

11.1.5 资讯选择的自由性

在网络上，通过超链接方式，广告主可以向广告对象提供理论上无限多的广信息，而受众也可以有目的地在这些信息中寻求自己所需要的部分。较于报刊、广播、电视等大众媒体广告及户外、直邮、POP 等小众媒体广告，网络广告的接受没有强迫性，完全是开放的。消费者有更多的自主选择权力，可以根据个人的兴趣和喜好选择是否接受以及接受哪些广告信息，这一点同传统传媒有本质的不同。

网络广告可以让人自由查询，将上网者要找的资讯集中呈现出来，这样就节省了时间，避免无效的被动的注意力集中。从人性化的角度看，网络传播的开放性是一个非常得网民心的优点。由于消费者是心甘情愿地主动选择，从而避免了传统广告在信息传递方面的强迫性和被动性的局限，增强了广告的有效到达率。

互联网的自由链接特性可以帮助广告主完成网上促销，将 POP 广告成功地移植到虚拟世界中来，当然这也对广告文案的写作提出了新的要求，究竟什么样的语言才能吸引受众点开这些链接呢？

11.2 网络媒体广告文案的类型

11.2.1 旗帜型

旗帜型广告是网络广告中最常见的基本形式，它包括网幅广告（Banner）、图标广告（Icon）、按钮广告（Button）等多种形式。

1. 网幅广告

网幅广告也称标志广告，通常是一些色彩艳丽的矩形图片，它以 GIF、JPG、FLASH 等格式建立图像文件，置于网页的顶部、底部或醒目处。这些设计和制作都很精致，含有经过浓缩的广告词句和精美画面的图片，具有很强的视觉吸引力。

网幅广告标准尺寸是 486×60（或 80）像素，文件大小一般不超过 20K，这一规则是 IAB（Internet Adv. Bureau，网络广告署）在 1997 年制定并在全球推广的。此外，网幅广告的尺寸还有多种规格：全幅为 468×60 像素，有菜单（Menu）的全幅为 392×72 像素，半幅为 234×60 像素，竖幅为 120×240 像素等等。

从外形上分，网幅广告分为横式和竖式（如图 11-1）。横式一般出现在网站主页顶部和底部，出现在中间的网幅广告一般也兼作栏目分隔之用。竖式网幅广告一般出现在网站主页的两侧。

从形式上分，网幅广告分为静态、动态和交互式。静态的网幅广告就是在网页上显示一幅固定的图片，它也是早年网络广告常用的一种方式。动态网幅广告拥有会运动的元素，或移动或闪烁，通过不同的画面，可以传递给浏览者更多的信息，也可以通过动画的运用加深浏览者的印象，它们的点击率普遍要比静态的高。当动态网幅广告不能满足要求时，一种更能吸引浏览者的交互式广告便产生了。交互式广告的形式多种多样，比如游戏、插播式、回答问题、下拉菜单、填写表格等，这类广告需要更加直接的交互，比单纯的点击包含更多的内容。动态广告和交互式广告的高级发展形态是富媒体广告，它在更大程度上是一种技术，是一种采用动画、音频、视频等互动形式的综合传播方式。富媒体广告的最大优势就是其丰富的表现形式,它可以让网站、网络广告及电子邮件表现出特殊效果,给人留下深刻印象。

图11-1 网幅广告示意图

2. 图标广告

这种广告是出现在网页上任何一个地方的图标(Icon)(如图11-2),这个图标可以是一个企业的标志,也可以是一个象形图标。它在自身属性、制作以及发布方面,与网幅广告没有区别,只是尺寸比较小,内容也较简单。它采取与有关信息实现超链接的互动方式,用鼠标点击它时,可链接到广告主的站点或相关信息页面上。按照 IAB(Internet Adv. Bureau,网络广告署)的标准,图标广告的尺寸一般为120×90像素、120×60像素、125×125像素和88×31像素。它的特点是纯提示性的,没有广告正文。有些网站会有在屏幕上移动的图标广告,通常称为"游标",但这种类型的广告对浏览者干扰较大,且每个页面一般只能放置一个。因此目前大型网站使用这种方式的已经较少,而一些中小网站仍在使用。

3. 按钮广告

按钮式广告的形式类似于人们熟悉的电脑窗口软件中常用的按钮形式,其实质和图标广告一样,也是网幅广告的缩小形式。按钮广告的不足在于其被动性和有限性,它要求浏览者主动点选,方能了解到有关企业或产品的更为详尽的信息。

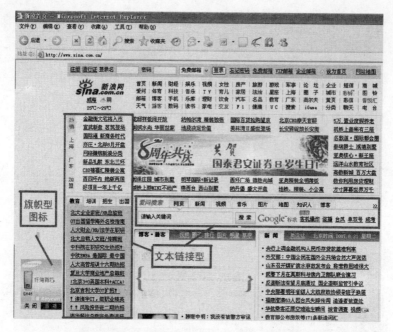

图11-2 旗帜型图标（Icon）、文本链接型示意图

11.2.2 文本链接型

文本链接型的广告（如图11-2所示）指广告链接位置没有图片，只有简短的文字，多为企业名称或相关短语，点击后链接到广告主的主页上。这种文字链接形式的广告通常出现在网页的一些分类栏目中，是一种收费较低、对浏览者干扰较少，但却较为有效的网络广告形式。文本链接广告位的安排非常灵活，可以出现在页面的任何位置，可以竖排也可以横排，每一行就是一个广告，点击每一行都可以进入相应的广告页面。

文本链接型广告发展的最新形式是关键字/词广告。当用户在搜索框内查找所需关键字时，根据其检索的关键字，页面右上角显示相应的厂商广告，并链接到厂商指定的网址。文本链接式广告的特点是对用户的影响较少，甚至是一种吸引用户主动寻求的过程。广告主可以买下流行搜索引擎的流行关键字，凡是输入这个关键字的用户统统可以被吸引到一个公司网站上去，从而达到宣传企业的目的。这个广告是根据浏览者输入的关键词而变化的，当浏览者输入其他的关键词时，文本的内容也会相应地改变。这种广告的好处就是能根据浏览者的喜好提供相应的广告信息，对于这一点，其他的广告形式是很难做到的。

中国搜索引擎营销市场相比较于国际市场显得起步稍晚些，从2001年9月搜狐正式对目录索引收费、百度推出竞价排名服务开始算起，国内搜索引擎营销收费市场还不足6年，但发展的态势却是相当的迅捷。据上海艾瑞市场分析的数据显示，中国国内的搜索引擎营销市场规模将从2003年的区区5亿元人民币，一下子飙升到

2006年的12亿元人民币，预计2007年甚至可以达到让人咋舌的33亿元人民币。在所有网络营销方式中，搜索引擎营销毫无疑问是投入产出最高的一种。

11.2.3 主页型

主页型广告又可大体分为企业网站和在线分类广告两大类。

企业网站，顾名思义，即网络服务商将客户所要发布的信息分门别类制作成主页，放在自己或企业自行建立的站点上。这种广告可让客户全面地了解企业所发布的信息。对于大多数企业来说，进入网络广告领域的第一步就是建立自己的企业网站。有些企业把自己的网站视为一条广告，但实际上网站的作用远不止是一条广告，它其实就是另一个"门市"：顾客、潜在顾客和其他利益相关者都可以在此找到更多有关企业、产品与服务及其立场的信息。有些企业将自己的网站当作宣传手册的延伸，以达到促销产品与服务的目的；有些企业把自己的网站当作一种再现目录店铺，直接在网上进行交易。建立一个好的企业网站也就是在顾客心目中建立起了极高的品牌忠诚度（如图11-3）。

图11-3 企业主页广告（美特斯·邦威 服饰）

在线分类广告指的是网站将各种广告信息综合起来，按照产品和服务的类别进行详细归类，向网民提供各种各样的广告信息。它类似于报纸杂志中的分类广告，通过一种专门提供广告信息的站点来发布广告，是在站点中提供按照产品目录或企业名录等方法可以分类检索的深度广告信息。这种类型的广告对于那些想查找广告信息的访问者来说，途径无疑是快捷而有效。在线分类广告是比较专业的广告形式，因为大量的广告信息被聚合起来后将是非常巨大的一笔资源。在线分类广告通过网络搜索、数据库功能、快捷的更新，争取到了很多的用户，对传统报纸的分类广告形成了极大的冲击。

11.2.4 播发型

播发型的网络广告是指利用电子邮件列表和新闻组列表，将客户的广告信息按信息类别发到相应的电邮地址和新闻组。因此它主要包括电子邮件广告和新闻组广告两大类。

电子邮件广告（EDM），指利用网络服务商根据用户的许可所收集到的电子邮件地址，将广告资讯发送到特定用户的信箱中，使收件人通过查阅邮件来获得广告的信息。它是传统的直邮广告（DM）在网络时代的变身，内容分电子期刊中的广告和纯广告两种形式。其优势是针对性比较强、覆盖面广、到达率比较高、费用低廉等，并且其广告内容在目前也不受限制。缺点是阅读率不高，垃圾邮件充斥，而且涉及到网络隐私权的保护问题。通常情况下，网络用户需要事先同意加入到该电子邮件广告邮件列表中，以表示同意接受这类广告信息，他才会接受到电子邮件广告，这是一种许可行销的模式。那些未经许可而收到的电子邮件广告通常被视为垃圾邮件。

新闻组广告（News Group）中所谓的新闻组，即在线交互式讨论组，不同时间、不同地点上网的任何人都可以通过它，就一个相同的主题进行直接的交流。许多新闻组专门用于交流买卖信息，也有一些广告代理或厂商在相关主题的新闻组中发布商业信息。我们所熟知的BBS就是一种以文本为主的网上讨论组织。在BBS上设有很多讨论区，通过文案的形式可以在网上发表文章，可以与别人讨论感兴趣的问题，可以与网友通信，还可以相互聊天。这种轻松的环境吸引了大量的网络爱好者，使BBS的信息量不断增加。随着受众的增加，它的商业价值也不断显现出来。于是有关商品买卖、旧物交易的信息就多了起来。对于广告主来说，他们可以通过某一类主题找到相对应的重要客源，然后利用网络新闻组参与者需求特征非常集中类似这一特点，在论坛上粘贴广告信息，或非常隐蔽地发送相关消息，这种广告的阅读量很高。

11.2.5 插播型

插播式广告（Interstitial）和自动弹出式广告（Pop-up Ads）都属同一类型，指用户在登陆网页时强制插入一个广告页面或弹出广告窗口。它们有点类似电视广告，都是打断正常节目的播放，强迫观看。

插播式广告有各种尺寸，有全屏的也有小窗口的，而且互动的程度也不同，从静态的到全部动态的都有。浏览者可以通过关闭窗口不看广告（电视广告是无法做到的），但是它们的出现没有任何征兆。广告主很喜欢这种广告形式，因为它们肯定会被浏览者看到，只要网络带宽足够，广告主完全可以使用全屏动画的插播式广告。这样屏幕上就没有什么能与广告主的信息"竞争"了。插播式广告的缺点就是可能引起浏览者的反感。"自动弹出式广告是以损失品牌亲和力的代价来建立品牌意识的。[①]"这是一种不请自来,类似于电视插播广告的强迫性网络广告,也是最不受欢迎的一种。此外,泛滥的弹出式广告为黑客所利用成为网络病毒传播的又一途径。

鉴于一些用户对各类插播式广告的抵触情绪,在选择广告显示方式和时机时应该给予特别的注意。比如,使用小于全屏的插播式广告。小尺寸的插播式广告比全屏的插播式广告更容易被浏览者接受。它们通常只有1/4屏幕那么大,或者比如在浏览者下载软件的过程中出现广告,这样可以避免引起对它们的反感,因为这不会打断浏览者的浏览,反而能让他们在无聊的等待过程中带来一点消遣。另外,还可以利用与网络在线软件有机结合的广告形式,如在QQ、联众世界、PPLIVE等软件中插播的广告就很少有人抱怨,因为这是一种公平交易,因此也最易博得眼球,这种网络广告不仅针对性很强,还为企业提供了以各种手法创新和改革产品及服务促销模式的条件。

11.2.6 其他类型

网络广告的类型随着互联网的发展而日趋复杂化、多样化,以上提到的五种类型只是对经常出现的网络广告形式作的简要概括,除此之外,还有一些诸如赞助式广告、书签和工具栏广告、指针广告等形式没有一一列出。另外,网络广告也正积极地向无线领域进军。已经有公司研发出可以用在 PalmPilots 和 Windows CE 下的广告软件,随着无线上网用户的增加,无线广告的前景颇被看好。

11.3 网络媒体广告文案的写作

11.3.1 写作原则

1. 目标性

网络媒体广告的定向传播策略决定了其文案写作必须要有明确的目标性和针对性。网络广告首先是一种营销模式和销售手段,有着很强的功利性和实用性,好的网络媒体广告文案能够将广告创意和产品营销有机地结合在一起。

网络媒体广告要千方百计地吸引消费者的注意力,使其关注广告内容,因此,任何文案在写作之前都要考虑:我的广告要采取什么创意,达到什么目的以及要达到什么样的效果。其中,互联网的最大优势就在于,它能比其他传统媒体更精准地锁定目标受众,把生动的网络广告放在能吸引某些特定细分市场的站点上,对提高企业或品牌知名度非常有效。尽管网络广阔,但还是可以细分成很多部分,这些细分的受众有特殊的兴趣与需要,为定向传播提供了更精确的传播途径。

2. 互动性

互联网突破了传统媒体单向传播的局限,为受众与媒体间的双向交流提供了可

---

① 《调查显示自动弹出式广告无法抓住消费者》http://www.chinabyte.com/20010727/1412451.html.

能。受众不再是被动的接受者，他们也可以发布信息，可以主动寻找信息，对信息作出回应等。

从营销和传播角度来说，网络广告大大增加了消费者获得信息的渠道，也大大缩短了消费者的消费活动时间，达到了从单一告知性广告转变成互动性产品的角色转换。这种新型置入式营销，使消费者不但可以浏览产品信息，还可以将产品把玩在十指之间，这也是网络广告最有魅力的地方。另外，一些"交互式"网络广告的出现，使消费者拥有比传统媒体更大的自由。他们可根据自己的个性特点，根据自己的喜好，选择是否接收，接收哪些广告信息。一旦消费者作出选择点击广告，其心理上已经首先认同，在随后的广告双向交流中，广告信息可以毫无阻碍地进入到消费者的心中，实现对消费者100%的劝导。

3. 简洁性

过多的文字是网络广告的大忌，用户没有时间也没有耐心读一段过长的网络广告文案。简洁原则又称为"KISS原则"，KISS是英文"Keep It Simple Stupid"的缩写，意思是"使之简单笨拙"。网络媒体的广告文案必须简单明了、纯真质朴、切中主题，才能使人过目不忘，印象深刻。

11.3.2 写作要点

1. 内容明确，主题概括

广告标题是一句吸引消费者的带有概括性、观念性和主导性的语言。明确有力的广告标题作用很大，特别是在网络广告中，根据统计，上网者在一个网络广告版面上所花的注意力和耐性不会超过5秒钟。因此，一定要在这短短的时间内吸引人潮进入目标网页，并树立良好的品牌形象。这时广告标题的设计就显得十分重要。

网络媒体在同一时刻拥有比传统印刷媒体更加海量的广告信息，因此大多数的访问者在众多内容的页面上只能作大概的浏览，阅读一些关键的字词或者标题。如果标题鲜明独特，访问者才可能有兴趣浏览整篇内容。标题要出新，不是说故意将标题弄得很花哨，精准地提炼主题是很关键的一步。客户目标站点可能同时提供很多内容服务或产品，但可以选择一个最具有吸引力的内容来作为广告写作的重点。泛泛而谈或者夸夸其谈都只能增加访问者不必要的负担，让用户浪费时间去琢磨标题的含义反而会消磨掉其新鲜感和耐心，从而造成传播效果的适得其反。

2. 语言简洁，生动有趣

在网络上，强烈清晰的文案比制作复杂的影音文件更能吸引上网者点选。这是由于带宽的限制，图像过多的广告（如动画设计）传输速度较慢，上网者往往会放弃。网络广告应该确保出现的速度足够快，通常在10KB~20KB（依不同媒体和版面而异），这是一般网络媒体接受的图像大小，也是上网者能够接受的传输速度。所以，网络广告信息在目前互联网上发布时应力求简洁，多采用文字信息。至于深入的信息传播，可以通过吸引受众点击，连接到企业主页实现。

另外，针对目前网络的绝大多数访问者都是年轻人，网络甚至在年轻人的推动下形成了独特的网络语言体系，因而在进行网络广告文案创作的时候就不能不考虑到语言的生动活泼，适合大多数人的口味。

3. 设置悬念，利益诱人

各娱乐性、综合性网站上发布的图标广告、旗帜广告以及其他广告形式，可采用设置悬念或诱导性、号召性语言与形式，引发访问者的点击与参与。因此，在文案写作中就应注意设置悬念，利用令人感兴趣而一时又难以作出答复的话作为标题，使读者由于惊讶、猜想而想要点击阅读正文。不把信息说尽；或者设置参与性内容，引起访问者兴趣，此类标题文案应具趣味性、启发性和制造悬念的特点，并能引发正文作答。

在进行文案构思时，还应多使用有震撼力的词汇。如 Free（免费），这个词在网上被使用的频率是很高的。互联网中"免费"并不就意味着一定要免费赠予物品或服务，它还有另一层意思，即浏览者可以自由点击广告，我的网页是可以让你免费浏览，看我信息是不收费的。如果你有一些服务、演示版或样品希望免费赠予客户，那么就更有理由使用"免费"这个词汇了。利用悬念和利益效应，提高广告的机会价值是提高广告点击率行之有效的方法。

4. 亲和温馨，树立品牌

网络广告文案的语言不但要生动有趣，而且，还应让访问者在打开页面浏览的时候，觉得轻松愉悦。因此，在进行网络广告文案的创作时，要感觉就像是和自己的一位老朋友聊天那样，自然亲切。而不能只是自己陶醉在其中。网络广告的浏览者众多，如果能在文案设计上让浏览者感觉文案内容是为他专门编写的，就会让受众产生很强的认同感，吸引力也会大许多。比如，在具体写法上，可以将浏览者设定为第二人称，像"你一定很想知道你梦中的那个他（她）在哪里吧"，语气亲切随和，富有感染力，无形中就拉近了与浏览者之间的距离。

温馨亲和氛围的营造是为了在产品推销过程中将产品背后的公司一起推销出去，即利用树立公司的威信让消费者对产品产生信心。但是考虑到各种媒介之间的差异性，在传达同一信息时必须各有特色。在网络广告中，对于品牌的过分宣传有时也会降低网友的好奇心，从而影响点击率。文案写作时应对此予以足够的重视。

5. 创意为先，文图并茂

网络广告创意是广告人员对确定的广告主题进行的整体构思活动。好的网络媒体广告不但要能告诉受众一些基本的信息，更重要的是让品牌进入人们的心里，让人们记住广告的同时，更加记得所做的产品，这才是最重要的。随着新技术的不断开发和应用，网络广告的形式是越来越丰富多彩了，在这个时候广告文案的创意就体现得犹为重要了。特别需要注意的是，由于网络广告的多媒体技术的存在，导致网络广告在创意之时会经常陷入夸张繁复，一味地炫技炫彩就会本末倒置，缺乏卖点或产品信息的广告就失去了最起码的广告构成要素，反而给受众留下不好的印象。

一般认为，动画技术的运用为网络广告增强了不少吸引力，因而在很多网络广告中,语言文字都被放在不起眼的位置上或干脆被忽视了。而实际上,在网络广告的文案写作上,不仅应充分利用动画技术所产生的视觉效果来吸引受众眼球,更应加强文字的精心锤炼,以增加信息传播的趣味性和表现力。二者互为补充,缺一不可。

11.4 案例分析

案例一:中国网通公益广告:盲人版①
制作公司:北京电通广告有限公司
广告主:中国网通

图 11-4

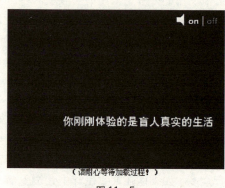

图 11-5

图 11-6

图 11-7

---

① 节选自现代广告:2006 年第四届中国网络广告大赛金奖作品,http://www.maad.com.cn/function/HD_b_7_z_gold1.asp.

广告内容：广告一开始，眼前是一片漆黑，只听见连续不断的声音"向左，向左，向左，向左……"（如图11-4所示），直到用户用鼠标点击黑色屏幕，声音中断消失，画面上由小到大渐显渐隐出四行文字（如图11-5～图11-7）："你刚刚体验的是盲人真实的生活，黑暗中我们学会寻找，当光明成为奢求，人们能从失落中学会坚强……"文字消失，黑色屏幕上又渐显出海报样式的文字（如图11-8），公益主题为"残缺的世界依然美丽"。

图 11-8

广告主创意阐述：他们看不见，只能听，或依靠工具来辨别方向。我们把背景设定为黑色，并加入了一些灰色的纹路，来体现苍桑感；以声音控制的互动表现手法，全面还原盲人世界的生活状态，当最终找到重点的时候，活动口号/标语（Slogan）、文案及直播时间表现出来，吸引网民届时关注。

广告通过模拟盲人的生活世界，让正常人能从广告的实际体验中理解盲人的真实生活，体验他们的世界，体验他们的感受。

创意评析：这是一则网络媒体中典型的文案表现型广告，即主要以文案内容为主，或以文案为主以图形图像为辅来构成画面的广告表现形式。这种手法特别要注意从字体及布局上争取浏览者的注意和兴趣。概括来看，这则公益广告的出彩之处主要有以下几点。

1. 先"声"夺人

与其他用炫目的色彩和画面来吸引人眼球的网络广告不同，网通公司的这则公益广告选择了以"声"夺人。广告一开始便是令人沉闷又诧异的黑屏，两三秒钟后，出现声音，指示你向左或向右行走，这是在模拟盲人的生活世界。这一广告创意首先便给人以新奇感，设下小小的悬念，引人进一步探试，直到用鼠标点击画面，声音停止，文字出现。在这里，也很好地利用了互联网的互动特性，适时调动受众的参与情绪。随着网络技术的开发，网络广告必定朝着互动性的方向大步发展，这是体现网络广告优势的必由之路。因此，如何更出人意料又引人入胜地吸引受众参与到广告传播过程中来，是广告策划人员必须要认真思考面对的问题。

2. 以情感人

这则公益广告最让人印象深刻的部分莫过于中间四句意味深长的文字。"先声夺人"之后大家短暂地体会了盲人的生活状态，因此鼠标点击过后渐显在黑暗之中的白字，会让所有正常人感觉到光明是多么可贵，以及作为盲人的无奈和艰辛。尤其是这几句"黑暗中我们学会寻找，当光明成为奢求，人们能从失落中学会坚强……"，写得真切纯朴又感人至深，继"先声夺人"之后又进一步用文字的巨大力量作用于人的心理，让受众从心理上就接受了这则广告，从而很好地收买了人心。

3. 简洁明了

最后定格的公益海报主题简洁明了，请大家关注 12 月 4 日的盲人主题活动——"残缺的世界依然美丽"。一则网络广告即使开头创意再好，中间文字再感人，结尾还是啰里啰嗦地不切中要点，也会让广告失去重心，让上网人失去兴趣。因此，这时就要求我们的广告语一语中的，简单利索，绝不说废话。

案例二：M-ZONE 彩铃唱作先锋——吸引耳朵篇[①]
制作公司：北京华扬联众广告公司
广告主：中国移动

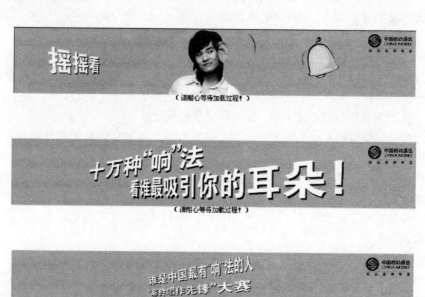

图 11-9

广告主创意阐述：号召网民投自己喜欢的彩铃一票。

创意评析：中国移动的这则广告属于图文融合型的广告形式，这种结合手法融传达性与艺术性为一体，可以营造比较有力的视觉传达效果。该广告结构设计简洁清晰，一目了然，运用小游戏式的互动吸引人注意到广告信息，要浏览者用鼠标"摇摇看"，随着鼠标左右移动，人的耳朵也跟着左右变大。随后出现的文案信息进一步交待了小游戏的本意，"用你的耳朵来投票！"文字和画面的含义得到了有机的整合。在此例广告中，网络媒体广告文案在写作应注意的主题清晰、文字简洁、设

---

① 2006 年第四届中国网络广告大赛银奖作品
选自《现代广告》http://www.modernadvertising.net/function/HD_ b_ 7_ z_ y10. asp.

置悬念、引人入胜等方面都得到了很好的体现。

思考题

1. 网络媒体广告文案的特点有哪些？根据其不同的表现特点决定了网络媒体广告文案的写作应遵循哪些原则？
2. 试论述富媒体网络广告的发展前景，并指出在构思富媒体广告文案时应注意的细节。
3. 联系实际，找出一种你认为形态最完备或最有发展潜力的网络媒体广告类型，并试阐述其"文"与"形"的关系。

参考文献

[1] 王靖韬：中国网络广告大事记，http：//www.blogchina.com/new/source/222.html.

[2] 万秀风，高金康．广告文案写作［M］．上海：上海财经大学出版社，2005.

[3] 菲利普·科特勒．营销管理．（第11版）．

[4] 电子商务观察：http：//www.zhangxun.cn/adv/2006-11-18/OnlineADanalysisCommunication.asp.

[5] 王怀明，王咏．广告心理学——广告活动中心理奥秘的透视［M］．长沙：中南大学出版社，2003.

[6] 蒋旭峰，杜骏飞．广告策划与创意［M］．北京：中国人民大学出版社，2006.

[7] 中国搜索引擎营销2007展望．http：//news.iresearch.cn/0483/63637.shtml.

[8] 黄升民，段晶晶．广告策划［M］．北京：中国传媒大学出版社，2006.

[9] 网络广告资源网：网络广告类型，http：//www.new54.com/type1.php.

[10] 中国广告下载网：http：//www.addown.com/Article/chuanbo/xueyuan/2006127/2194.html.

[11] 陈培爱：多媒体时代的广告创意思考，http：//www.nwnu.edu.cn.

第12章 户外媒体广告文案

在现代社会，谁在装点我们的生活？

白天，车水马龙的人潮车海中，大幅的滚动广告牌千姿百态，变幻无穷，向喧嚣的城市眨起眼睛；夜晚，点点霓虹熠熠闪烁，媲美漫天剔透的星辰，灯箱广告牌流光溢彩，缤纷夺目……我们身边的种种户外广告，正在渐渐渗透并刷新人类的生活。这些文字符号与图像符号的结合体，不仅融会了优秀广告创意人的心血，同时也折射着当今传媒文化的独特风貌。首先还是让我们来了解一下林林总总的户外广告吧！

简单来说，户外媒体广告可粗分为电子类媒体广告和非电子类媒体广告两种，前者有公交电视广告、楼宇视频广告、大屏幕电子滚动条广告等，后者包括路牌广告、POP广告、灯箱广告、车体广告、横幅广告、热气球广告等。

作为一种视觉符号，户外广告一般通过图文并茂的形式来接近潜在消费者群体。也许大家都有这样的体会：许多广告恰是从目光触到它的那一刻起，就牢牢地攫取了我们的注意力，引起我们想要关注它的欲望。一方面，不可否认的是精美、独特的画面起了相当大的作用；而另一方面，就要归功于广告的文案魅力了，在这个"读图时代"，文字的创意和功效同样不可小觑！

广告文案（Advertising copy）是借助语辞来进行广告信息内容表现的形式。广告文案有广义和狭义之分，广义的广告文案就是指通过广告语言、形象和其他因素，对既定的广告主题、广告创意所进行的具体表现。狭义的广告文案则仅指"广告作品中的语言文字部分，不包含绘画、照片、色彩、布局等非文字部分。"由此我们可以对户外广告文案这个概念作一个比较合理的界定，即：以各类户外媒体为传播平台的广告作品中的语言文字部分。广义广告文案包括标题、正文、口号的撰写和对广告形象的选择搭配；狭义的户外广告文案包括标题、正文、口号的撰写。从广告运作的全过程看，文案写作属于广告表现环节，实际上就是策略和创意之后的执行环节。下面我们将就此作全方位的探讨。

12.1 户外媒体广告文案的特点

毋庸置疑，广告中涉及的图片、图形和文字符号，都是诠释广告产品内核的有力表现形式，而在这个视觉先行的时代，往往是广告图片和画面抢占先机，带给受众强大的视觉冲击力和震撼。然而，在很多情况下，文字却起到了前者所不能实现的作用：对画面接受力不强或者不够敏感的受众，往往在看到一句点睛的广告词后提起观察兴趣；对图片和图形感到困惑不解、不明其然的人，会因为旁边睿智诙谐的广告语而陷入沉思，或会心一笑；还有的户外媒体广告，甚至只是由简单的广告文案构成，并没有任何图像符号的辅助，也会因为或琅琅上口或幽默深情使消费者记忆犹新，而刚刚在头脑中掠过的大幅宣传画早已抛到九霄云外……自此，我们已经不难看出，户外广告文案并非一潭死水、了无生趣，在与人们头脑和视觉交汇的一刹那，同样可以迸发出炫目的花朵。它的内涵，丝毫不逊色于那流光溢彩的图片风景。

鉴于户外媒体广告的多种表现形式，户外媒体广告文案也不可能是单面的、扁平的，而是立体多样、千姿百态的，以此来适应不同媒体的表达方式。因而，从总体上说，我们可以将户外媒体广告文案的基本特点归为以下几个方面。

12.1.1 醒目

这是户外媒体广告文案最普遍的特点。主要可以通过对字体、字号的设置以及色彩的安排设计、户外媒体的材料选择等方面来达到醒目的效果。其最终的目的就是要引起受众的注意力，引发大家对作品产生关注，进而达到扩大广告产品认知的普及程度、使产品宣传广告深入人心的效果。

我们以"耐克"体育运动用品商的一则户外广告为例（图12-1）。在这则广告作品中，文字本身的要素并没有什么出奇出新的地方，倒是整个画面借助大范围

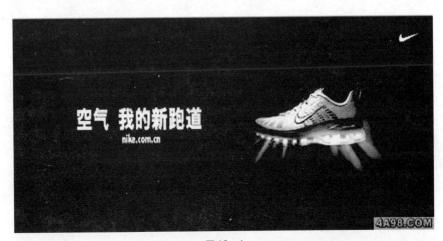

图12-1

的黑色背景和白色前景，使得短短的广告文案异常鲜明，一双最新款式的耐克运动鞋在虚构的深层空间里熠熠生辉，而恰好鞋子的颜色和它透出来的光亮也都是如文案一样的纯白色，连同品牌本身的 logo，这一切都使得画面得到了完美和谐的统一。因而，从一开始，这则广告作品，尤其是其简明而富有创意的文案，就带给人视觉上的强有力的冲击，让人有兴趣进一步玩味广告语言所表达的内涵——不仅感受到产品的轻便透气，也很容易想像到穿上鞋子后箭步如飞的形象，从而获得预期的传播效果。

12.1.2 吸引力

户外广告作品给人的第一印象是很重要的，因为受众大都是行色匆匆的路人，可能对广告的注目也只是一眨眼的功夫。所以，想在这短暂有限的时间里攫取受众的目光并提升回头率，广告作品本身就要具备强大的视觉冲击力，广告创意人往往通过各种表现手法以及色彩、元素的结合让人一眼就能看到产品卖点。如果说上面一则耐克的户外广告文案还是有点抽象不易理解的话，那么下面的这幅户外广告（图12-2），其文案的清晰明了就不必言说了。大字号的"美味"和"营养"在第一时间就吸引了受众的注意力，因为这两种特质已经成为现代人越来越重视的东西，因而对这样的字眼变得格外敏感。同时，广告也要易于让人将视觉效果转化成自然、舒服的心理感受，在符合大众审美标准的同时加入个人的风格与品位，才能吸引目标人群的注意力。这幅广告作品用牛奶淋过堆积的草莓的有点夸张的形式，带给受众审美上的惊喜和享受，草莓表面上大大的"MIX"（混合，融合的意思），与广告作品所要传达的信息是一致的——道出了伊利"味可滋"品牌的雪糕产品是如此地诱人：它融美味、营养于一身，这也正是产品的卖点所在。其粉红色的背景营造了温馨甜美的氛围，让人仿佛能感受到产品的香甜可口。

图12-2

12.1.3 完美的创意展现

户外广告媒体需要与电视广告、其他平面广告区分开来,而不是单一地使用与其他媒体同样的手法、画面来表达。比如电视广告和报纸广告都可能会用一种直线形的、比较平面的方式来表现文案;而户外媒体广告,由于其操作空间的开阔性和可使用道具的多样性,就可以选择符合自身特点的表达形式来凸显主题,强化宣传内涵。像下面一幅户外媒体广告作品(图12-3),别具匠心。可能第一次看时我们会问:广告文案在哪里呢?仔细观察就可以看到,在广告牌的右上端,有一个金属架,它与地面平行,当太阳照在上面时就会投影到下方的大红色广告牌上。在不同的时间分别投影到可乐、汉堡、薯条……上面,再看一看投影所形成的图像吧:刚刚好是麦当劳的品牌logo——那个大大的"M"标识。一个简单的设计,却凝聚了奇妙的创意,正是用这样一种无声的语言,麦当劳传达给我们一种强有力的信息——它是无时不在的,分分秒秒注入我们的生活,给大家带去活力和快乐。

图12-3

12.1.4 精确的信息传达

通过有效的广告文案内容,让受众明白你在"说什么"。户外广告所传达的信息,需要很清晰,很快使人了解。即使受众无法通过广告画面很快地搞清楚作品的主题,也可以在接触广告文案的一刹那心领神会。由于户外的环境具有干扰性,同时目标人群经过广告牌的速度不同也会影响对信息的接收,所以需要有目的、有层次地将信息明确传达给消费者,方能达到预期的传播效果。

以下面这幅户外广告作品为例(图12-4)。看到作品的第一眼,我们很容易被其左半部分所吸引,因为有名人的吸引力——刘翔在那里。而且在限定的这一方空间里,也比较容易看出是在为一种牛奶品牌作广告,但是怎么解释整个画面的故事或者意义呢？在以空旷的体育场和澄蓝的天空为背景的构图下，体育明星刘翔和一个小男孩分别斜倚在一个硕大的牛奶杯的两面，他们或许是陌生的，但是都手举一盒同样包装的牛奶，向对方投以友善的微笑，那两双目光中所包含的意味，也许是不尽相同的。如果不同，又是怎么不一样呢……这就留给我们很大的思考空间，同时也形成了理解广告作品主题的一种无形的障碍。如果没有点拨，很多人会不理解作品所传达的要义，认为反正是要利用名人来做广告嘛，只要让明星本人摆好一个姿势，手中扬着广告产品招摇几下或者说几句话就完全足够了。其实，这也正好从一个角度折射出了广告文案的重要性，短短几句话甚至几个字的旁白，可以改变整个构图的意义，颠覆受众"误入歧途"的想像力。从这则作品来说，其广告文案起到了对整体的点睛作用。"我与梦想只有一杯之遥"，很明显可以作为刘翔成功后的一句论断，但是同样也可以出自那个小男孩之口。在他的眼中和心目中，刘翔的形象是高大勇敢的，同时也是创造奇迹的"天才式的"，从而成为他所崇拜的偶像。现在他作为一个小孩子最大的梦想就是将来有一天可以像刘翔一样，刷新历史，成为顶天立地的运动英雄。那么帮助他实现这个梦想的是什么呢？是一杯"伊利"牛奶。在"一杯之遥"的广告文案的暗示下，我们仿佛已经可以看到小男孩摇身一变，成为又一个刘翔式的体育健将……至此，广告产品的功效已经不言而喻。

值得注意的是，此广告作品并没有如同伊利雪糕的广告文案一般，直接将产品的特点表现出来，而是用一种巧妙的方式将其功效展现得淋漓尽致，从而强化了牛奶的营养价值。其实也从一个侧面凸显了广告文案的巧妙之处。

图 12-4

12.1.5 人性化诉求

通过饱含感情的语言和感性的字眼，来求得消费者的心理认同和情感共鸣。

行色匆匆的消费者，如果能看到一则给他们带来心里温暖或是心灵呵护的广告文案，无疑会平添几许对产品的好感，同时也会对广告内容多留意几分。相应地，广告作品的影响力就会在他们心头萦绕得更久。这对于拓宽广告的宣传范围、保持受众对广告信息的记忆效果都起到了十分关键的作用。例如在2007年春节前，大概一月份的时候，上海的地铁站里换上了新的广告牌——"带上可口可乐一起回家过年"，广告图片内容早已忘记，但这句广告语依然记忆犹新。这句广告文案有点模仿金六福酒——"春节回家，金六福酒"的模式，不过还是从整体上给人一种比较亲切的感觉，一方面让人感觉到可口可乐的亲近和人情味，另一方面更暗示了广告产品是逢年过节家庭团聚不可或缺的元素。上海是一个外地人口聚集的城市，在人来人往的地铁站中投放这样的广告，无疑可以唤起很多人的思乡情绪，而广告文案使用了一种建议性的温和语调，既温暖了消费者，又宣传了自己，可谓一石二鸟。

以上几点对户外媒体广告文案的特点进行了简要归纳。因为户外媒体广告形形色色，不计其数，很难将其特点一一列举并呈现在读者面前。虽然举例不少，可能还是有些方面没有囊括其中，那么，这第6、第7点，读者可以自己加以补充、丰富和完善。这也是我们所期待的。

12.2　户外媒体广告文案的类型

广告文案分类，有不同的划分标准。如果按照广告文案的形式，可以分为平面和立体的广告文案，当然这是由广告媒介的特性所决定的；根据不同的终极目标，户外广告文案分类为商业广告文案和非商业广告文案。商业广告文案是以赢利为主要目的的广告语言，非商业广告，指的是不以赢利为目的，而是为了说服公众关注某一社会问题、公益事业或者政治问题等内容的广告符号。一般来说，我们将广告文案分类，是指在文案的写作过程中，针对不同的产品类型、不同的诉求对象运用不同的广告诉求手法。在不断寻找有效的说服途径的过程中，针对消费者认知和情感的投入的差异，广告业主要发展出理性、感性和情理结合三种最主要的诉求手法。广告使用的手法应该视消费者在消费购买不同的产品时理性和情感投入程度而定。理性诉求可以以多种方式传达具体信息，进行观念说服；感性诉求则可以充分挖掘与消费行为相关的多种情感与情绪。

12.2.1　理性诉求

理性诉求定位于诉求对象的认知，真实、准确地传达企业、产品、服务的功能性利益，为诉求对象提供分析判断的信息，或明确提出观点并进行论证，促使消费者经过思考，理智地作出判断。理性诉求可以作正面说服，传达产品、服务的优势和购买产品、接受服务的利益；也可以作负面表现，说明或者展现不购买的影响或危险。

理性诉求的基本思路是：明确传递信息，以信息本身和具有逻辑性的说服加强诉求对象的认知，引导诉求对象进行分析判断。理性诉求的具体内容多种多样，但手法主要有以下几种：

1. 阐述重要的事实：直陈、数据、图表、类比

当广告集中传达产品特性、性能、购买利益时，阐述最重要的事实并作利益承诺是最常用的手法。阐述的语言要求精炼、准确。经常采用直接陈述、提供数据佐证、列图表、与同类产品类比等方法，提供给诉求对象以信息。

2. 解释说明：提供成因、示范效果、提出和解答疑问

在传达产品特性时，广告还可以作一系列的特性演示并示范功能和效果，从而加深诉求对象的理解。提供成因或示范均可以图文结合的方式展现，增加可信度。而提出疑问并解答的方式可以有效地将诉求对象的关心点引向广告的诉求重点。

3. 理性比较：比较、防御和驳斥

比较主要采用理性诉求的方式进行，和竞争对手作比较，以凸显自身优势。既可以含蓄地比较，不指明品牌，也可以针锋相对地比较。优势品牌通过比较可以展示自身的优势；弱势品牌通过比较可以提升品位，展示独特处。

4. 观念说服：正面立论与批驳错误观念

理性手法还可以就本产品或服务给诉求对象带来新的消费观念、产品选择观念、企业的理念或者观点时进行深入说服。可以从正面来阐述自己的新观念或理念，也可以反驳旧有的错误观点。

5. 不购买的危害：恐惧诉求

恐惧诉求也是理性诉求的常用方法，展现购买的利益和不购买的危害，描述某些使人不安、担心、恐惧的事件或发生这些事件的可能性。但要注意广告展现的恐惧程度要适当，恐惧诉求必须与定位对象有适当的距离。

12.2.2 感性诉求

感性诉求的基本思路是：以人性化的内涵接近消费者的内心，让他们参与分享产品或者服务所带来的某种愉悦的精神享受，使之与品牌之间建立情感上的联系，对企业、产品或服务产生情感化的偏爱和信任。

如果找到产品或产品的使用情景与某些情感有直接的关联，我们就可以利用这种情感，使之成为有效的情感诉求工具。主要有以下几种表现形式[①]：

1. 爱与关怀：爱情、亲情、乡情与怀旧、友情及陌生人之间的交流

爱与关怀是人类感情的基础，最能引起人们的共鸣。广告中快乐、幸福、满足、温馨等容易感染消费者的氛围，主要依靠爱与关怀的主要情感因素——爱情、亲情、乡情与怀旧、友情来营造。如"春节回家，金六福酒"的户外广告作品，体现了企业浓厚的文化底蕴和深切的人文关怀，给受众留下深刻的印象。

---

① 如何创作优秀的广告文案，世界经营者 [J]，2006-02-15。

2. 生活情趣：好奇、休闲、幽默及其他

生活中蕴涵着丰富的情趣，如享受悠闲、品味幽默、满足好奇心等等，它们虽然不是情感，但是可以唤起积极的心理感受，如轻松、自得、惬意等，很容易感染诉求对象，因此也是感性诉求的常用手段。来看下面一则 BBDO 广告公司（中国台湾）为 De Mon 睫毛膏所做的系列广告（图 12-5）。

广告文案是"让我们一起为世界变可爱而努力"（字体较小，白色，位于画面下方的正中间）。

看惯了美女的明眸善睐，这么可爱而富有童趣的睫毛膏广告，让人不禁眼前一亮。无论豪猪、河豚还是仙人掌，原本凶巴巴的利刺都变成了卷翘的睫毛，赶走了防范，拉近了距离。于是，广告的作用也获得了进一步的提升——在宣传产品功效的同时，以幽默的诉求方式塑造了温情亲切的品牌形象。

3. 自我观念与期许：个性、价值观、自我实现感

以个性化内容和个性化风格，充分展示诉求对象鲜明的自我观念与期许。个人对社会形象的向往和追求，包括个性、价值观念、自信、自豪、自我实现

图 12-5

的感觉，是感性诉求的另一重要方式。阿迪达斯品牌的户外广告语"一切皆有可能"，伊利牛奶的"我与梦想只有一杯之遥"等均是利用了此种诉求手段。

12.2.3 情理结合

情理结合诉求手法的基本思路是：采用理性诉求传达客观信息，又用感性诉求引发诉求对象的情感共鸣。它可以灵活地运用理性诉求的各种手法，也可以加入感性诉求的种种情感内容。在很多情况下，这二者可以合而为一，通过相同的广告文案内容来表达。

情理结合手法在广告文案的写作以及广告运作中更为常用，但前提是产品或服务的特性、功能、实际利益与情感内容有合理的关联。高露洁牙膏的系列广告文案既有理性诉求，示范坚固牙齿的同时，又提出"让你的牙齿更坚固"的感性诉求。比如下面一则户外广告作品（图 12-6），就是结合了理性和感性两种诉求。"让世界没有蛀牙"既可以看作是牙医（或者受众）对高露洁品质的一种鉴定和认可，也可以认为是出自这些可爱的孩子之口，一句简单的口号展现了他们心灵中的小小的渴望和大大的爱。给人一种活泼向上的生命力。

图 12-6

弱水三千，只取一瓢饮。在选择广告诉求手法时，不必追求当前流行的某种诉求方法，选择适合产品自身特点最重要的。"坚持原则"在广告诉求中也是一种原则。

12.3 户外媒体广告文案的写作

在讨论文案的写作以前，有必要先来了解一下户外广告设计中应当遵循的美学原则。在户外广告中，图形最能吸引人们的注意力，所以图形设计在户外广告设计中尤其重要。图形可分广告图形与产品图形两种形态。广告图形是指与广告主题相关的图形（人物、动物、植物、器具、环境等）；产品图形则是指要推销和介绍的商品图形，为的是重现商品的面貌风采，使受众看清楚它的外形和内在功能特点。因此，在图形设计时要力求简洁醒目。图形一般应放在视觉中心位置，这样能有效地抓住观者视线，引导他们进一步阅读广告文案，激发共鸣[1]。

除了图形设计外，还要配以生动的文案设计，这样才能体现出户外广告的真实性、传播性、说服性和鼓动性的特点。广告文案在户外广告中的地位十分显著，好的文案能起到画龙点睛的作用。它的设计完全不同于报纸、杂志等媒体的广告文案设计，因为人们在流动状态中不可能有更多时间阅读，同时由于受众接触户外广告的距离远、时间短，户外广告通常非常精简，只出现企业或品牌标识、名称、一句广告词，或者一句简短的标题。所以户外广告文案力求简洁有力，一般都是以一句话（主题语）醒目地提醒受众，再附上简短有力的几句随文说明即可。主题语设计一般不要超过十个字，以七八字为佳，否则阅读效果会相对降低。一般文案内容分为标题、正文、广告语、随文等几个部分。要尽力做到言简意赅、以一当十、惜字如金、反复推敲、易读易记、风趣幽默、有号召力，这样才能使户外广告富有感染力和生命力。

---

[1] 参考：户外广告设计基本常识，中国 LED 广告照明网，2007-07-25。

下面我们将从创作的主体——我们自身以及创作的客体——户外媒体广告文案两个方面分别阐述，如何规划户外广告文案的写作。

从我们自身来讲，需要注重与文案写作相关的以下几点。

12.3.1 构思

1. 构思的过程

构思的过程，是广告文案写作的深化和发展创意的过程。在构思过程中，我们要运用一些创意的方式进行文案的结构构成、语言的排列、语言的意境营造。在构思过程中，我们的文案大致上在头脑中形成了一个雏形：标题该怎么写？可以用怎样的语言风格和语言排列？正文中要表现哪一些信息？这些信息的表达次序怎样？是用短文还是用长文？如果用长文，要不要用小标题？小标题可分哪几个？小标题之间的承接关系该怎样……当雏形形成后，才是捉笔写作的真正开始。

2. 构思的方式

（1）直觉构思法。指文案写作时是以广告策略中的创意概念为中心，将广告信息进行直接的而不是间接的、复杂的表达。以直觉构思法产生的文案容易写、容易懂，在广告信息本身就很吸引人的前提下，是一种简单明了的表达方式。但因为太直接，可能会失去一些生动和吸引力。

（2）头脑风暴法。是一种集体性的创作活动。各相关人员共同思考、共同产生头脑碰撞，发展出广告文案的写作和处理方法。在多种不同的文案表达方式和文案风格中，选取或嫁接出一种独特的文案表现形式。

（3）联想构思法。这是利用联想能力进行的构思活动。丰富的联想是我们文案人员写作的必备条件，运用联想，可产生出生动而有效的文案。联想构思法可以运用接近联想（由一个意象联想到与它在时间和空间上较为接近的意象，并运用此接近意象表现广告信息）、相似联想（由一个意象联想到另一个与它相似的意象，并运用此相似意象进行广告信息的表现）、对比联想（由一个意象联想到另一个与它相对立的意象，并运用此对立意象表现广告信息）等几种联想方式实施构思。

（4）反向构思法。不是正面地构思对广告信息的表现，而是以反向构思来表达广告信息。

将通过构思而获得的文案写作的方式和风格界定，用语言形诸于文字，文本就出现了。在用语言形诸于文字的过程中，富于表现力的语言排列技巧和表达技巧，是一个文案人员的基本功，也是文案的特色所在。

12.3.2 使文案生效

要达到这一目标，需要从以下几个方面着重考虑：

1. 准确地覆盖潜在目标顾客群

这条好像是营销业的陈词滥调，不过，迄今为止，这条仍然是使广告奏效的最重要途径。譬如每家报纸、杂志、电台、电视台和网站,都有其特定的受众。对方的受众特征和你的潜在顾客特征越吻合,户外广告文案效力就会越大。

如何获知对方的受众特征呢?和对方的广告部或销售部联系,人家会给你一份相关资料,上面应该有该报受众特征、发行量(访问量、收视率等)、广告报价等信息。除此之外,你还需要看对方的媒体内容、现有的广告,以互相印证。看看做广告的都是什么样的业务?营销的是什么产品或服务?什么样的人可能会消费?从年龄、性别、生活方式、收入和教育水平等方面,进行分析研究,一家家过,最后必将锁定受众覆盖准确的最佳广告载体。

2. 做好广告标题

标题对广告文案效果的影响相当大,对分类广告尤其明显。在生活节奏匆匆、信息爆炸成灾的当今社会,人家没有时间一字一句地读过每一单元信息,通常只浏览一下标题,在电闪石火的瞬间,作出决定是不是有必要浏览正文的内容。所以,你必须在标题上下足功夫,才不至于使你的广告"出师未捷身先死"。

在什么方面下功夫呢?通过关键词传达关键的信息,要简炼,忌拖泥带水。举个例子,比如你营销电脑产品。对于一般的受众,可以选择这样的关键词:电脑,功强,价廉。用三组词,你就传达给受众这么多的信息:什么东西、质量如何、价格怎样。同样产品的广告,如果放在专业网站,你就得换个说法:奔Ⅲ,128G内存,8000元(上广告时的最佳性价比)。

3. 广告正文简短

广告越简短,成本越低廉。即使拥有较大的腾挪余地和空间,也要尽量精炼。记住,分类广告无须使用完整的句子,只需用最简单的词素,展示出你产品或服务的卖点、对顾客有哪些益处,再加上联系办法就行。通行的格式是:基本信息,难以置信的好处,马上联系:×××。

分类广告有一些经典的词汇,可以借鉴使用,如"免费"、"新"、"惊人"、"马上"、"如何"、"容易",还有像"发现"、"方法"、"计划"、"揭示"、"简单"、"先进"、"改进"等等。而我喜欢用"你",第二人称,有缩短距离、营造氛围的作用。

4. 撰写有效的文案检测表

(1) 让读者容易看懂——运用简短的句子,使用亲切易懂的字句。

(2) 不要浪费文字,说你必须说的——不要填塞文字,也不要太空洞。如果的确需要100字,就写100字,只要没有任何文字是多余无用的。

(3) 固守现代时态和主动时态——这样比较有活力。避免使用过去时态和被动时态——这些形式趋于迟缓、拖拉。例外情形应深思熟虑,以达特殊效果。

(4) 对于人称代词或名词不必犹豫。记住,你正试着告诉某个人某些信息,你应当像对朋友说话那样,使用"你"或者"你的"。

(5) 不要陈词滥调。明快而令人惊讶的文句或片语,会使读者精神大振,继续读下去。

（6）标点符号将阻碍文案的流畅，过多的逗点是主要的致命伤。不要让读者找到任何借口放弃阅读。

（7）尽可能地运用简略语，这些字较快速、自然而个人化。

（8）不要自夸或吹嘘。每个人都厌恶无聊的人。说明让你引以为傲的产品特质及能带给消费者的利益，这对读者较有成效。要以读者的立场来撰文，而不是以自己的主观意见，避免使用"我们"或"我们的"。

（9）表达单一的概念，不要总试图表达太多。如果太贪得无厌，将一无所得。

（10）多写几种文案。

（11）如果可能的话，自己尝试一下商品。

5. 佛莱齐公式

佛莱齐公式是较有代表性的可读性测试公式：

文案中所有语句的平均长度；广告文案中所用词汇的音节的平均长度；广告文案中使用的涉及人称的文字占文案中所有文字的百分比；在100字长的广告文案中涉及人称的语句占语句总数的百分比。

在此公式中指出，最容易读的广告文案为每句有14个字、每100个字有140个音节、10个涉及人称的文字、总计有43%的涉及人称的语句的文案。

优秀的户外广告文案如得体的衣衫，能彰显人类的修养与魅力。其所蕴含的创意机智在很大程度上支配着消费者购买决心。当广告中的文字/画面或音乐和消费者产生情投意合的交流时，我们的广告创作便能将产品的魅力宣泄出，产生惊人的销售力。

从广告自身的结构来说，我们需要对其结构逐一分析，做到具体问题具体分析，依照各部分具有的特殊性来采取不同的应对完善措施。

12.3.3 广告语、标题、正文、随文

在广告的发展过程中一代一代文案人员的经验积累下，广告文案形成了以广告语、标题、正文、随文四个部分分别传达不同信息、发挥不同作用的信息传递模式。这一模式可以有效地提升信息传达效果，也提供文案写作的基本思路。也许在某一广告文案中缺少某一项或多项，不必讶异，只要达到制定目标的文案都是好文案，或许更出色。文案人员如果只知道墨守成规，那结果只能是做出失败的广告文案作品。

1. 广告语——品牌标志性符号和销售承诺

广告语又称广告口号、主题句、标题句，是为了加强诉求对象对品牌、企业、产品或服务的印象而在广告中长期、反复使用的简短口号性语句。它基于长远的销售利益，向消费者传达一种长期不变的观念。

广告语在广告运作中有着画龙点睛的作用，它有着既定的特性：

（1）简短有力的口号性语句：不简短就不利于重复、记忆和流传。

（2）浓缩的观念性信息：通常是产品和企业的核心观念。

(3) 长期广泛地反复使用：有利于将企业、产品的观念延续，不断加深受众的印象。

广告语在长期的发展中形成一定的风格，在写文案时可以根据企业和品牌的特性以及广告的内容，选择不同的风格。

一般陈述：使用正式的语言、普通的句式，陈述性语气。这种广告语不事张扬，但是可以显示企业或品牌沉着自信的气质。如诺基亚电子"科技以人为本"。

诗化：传达感性信息时，使用稍具文学性的语言风格更能营造氛围。"钻石恒久远，一颗永流传"、"不求天长地久，只求曾经拥有"。

口语：口语生动活泼，语气鲜明，适合生活类产品，如"牙好，胃口就好，身体倍儿棒，吃嘛嘛香"。

一些企业的广告语使用郑重语气，作宣传式表达，这种风格可以突出企业的气魄。如菲利浦的口号"让我们做得更好"以及海尔电器的"真诚到永远"，都是典范。

广告语的写作忌讳流于空洞，写作要领如下：

(1) 力求简洁，浓缩就是精华，去掉不必要的修饰。

(2) 单纯明确，体现的观念要单一明确。

(3) 避免空洞的套话，使之有独特性，语句不能晦涩难懂，更要避免虚假的大话。

(4) 要有很强的适应性，既要避免时间和地域色彩，又要能适应各种媒介的广告使用。

(5) 广告语在用词、内容、句式、语气等方面还应该追求个性，以能够在众多的广告语中脱颖而出，被消费群体记住。

2. 标题——信息、趣味和创意展现

标题是每一广告作品为传达最重要或最能引起诉求对象兴趣的信息，而在最显著位置以特别字体或特别语气突出表现的语句。标题的作用就在于在最短的时间内传递出最重要的信息或者引起诉求对象的注意。

标题与广告语在广告作品中的作用同等重要，但二者的本质迥异。就长远效果来看，广告语的重要性无疑超过标题；但就一则广告语作品，尤其是平面作品标题远比广告语重要，它是文案的关键点。大卫·奥格威认为："标题是大多数平面广告最重要的部分。它是决定读者读不读正文的关键所在。"它还是文案与创意的纽带。精妙的标题可以一针见血，直指创意核心，让广告的创造性充分展现。

要吸引诉求对象，标题必须有足够的吸引力。标题的吸引力蕴涵在它的内容和形式上，引人入胜的标题会使正文的阅读率成倍提高。在标题的撰写过程中必须注意以下几个要点：

(1) 紧扣创意，把创意的最巧妙之处融入标题，准确地直指核心，并且要集中一点。

(2) 避免平铺直叙，平铺直叙最能准确表述，但无助于吸引读者，应去寻找出人意料的角度。

(3) 语言简洁凝炼，注意使用个性化的语言，能有助于体现产品的特性。

现代广告对标题越来越重视，广告标题也越来越新颖、醒目。因此要想在众多的广告中脱颖而出，广告的标题更需要一些创造性手法，下面列出常用的手法，供诸公参考。

(1) 类比式标题：寻找诉求对象司空见惯的事物，与广告诉求重点作贴切、生动的类比。保时捷汽车曾做过一则平面广告，它的标题是"她就像一个孩子，你还没有就不会理解拥有的感觉"，相当的生动。

(2) 新闻式标题：以发布新闻的姿态传递新的信息，或者为了强调广告信息的价值，类似新闻式的标题以新来吸引读者。派标管业为突出其新型管材的防腐性做的广告语"派标反腐行动"很有新意，也切合当前消费心理。

(3) 疑问式标题：以设问或反问的方式引起诉求对象的好奇心，把读者拉入广告。Timberland 野外休闲鞋曾做过一则以精湛的制造工艺为诉求重点的广告，就是以深具趣味性的标题吸引读者的，"鞋上有342个洞，为什么还能防水？"确实很有吸引力。

(4) 故事/叙事式标题：暗示一个引人入胜的故事即将开始。经典之作有广告大师乔治·葛里宾为箭牌衬衫写的标题，"我的朋友乔·霍姆斯，他现在是一匹马了。"

(5) 命令/祈使/建议式标题：站在企业或产品的立场针对诉求对象说话，也可以诉求对象的口吻说出，有着一定的敦促力量。"现在流行第五季"、"不要告诉我怎么做才是对的"。

(6) 悬念式标题：设置某种悬念，引发诉求对象的好奇心理，引导读者寻求结局。"这是我的秘密"、"我们寻出了琼的底细"，这是伯恩巴克写的一条经典的广告标题。

优秀的标题可以说是整个文案的灵魂，也是整篇文案创造力的凝聚点。只有思路开阔，并且尝试语言文字表达的多种可能性，才能写出有效传达信息或有效吸引读者的标题。

3. 正文——完整信息和深度诉求

正文是广告作品中承接标题、对广告信息进行展开说明、对诉求对象进行深入说服的语言或文字内容，是诉求的主体部分。出色的正文对于建立消费者的信任，令他们产生购买欲望起关键性的作用。正文还能展现企业形象，构筑产品销售氛围。

广告的诉求目的不同、广告主和产品不同，广告的具体内容也会千变万化。但要写入正文的内容，不会脱离以下三个层次。

(1) 诉求重点：诉求重点是广告的核心内容。在企业形象广告中，诉求重点常常是企业的优势或业绩；在品牌形象广告中，诉求重点集中于品牌特性；在产品广告中，诉求重点集中于产品或服务的特性和对消费者的利益承诺；在促销广告中，诉求重点是更具体的优惠、赠品等信息。

(2) 诉求重点的支持点或深入解释：正文必需提供更多、更全面的信息使诉求重点更容易理解、更令人信服。如果广告的目的不在于传达具体的信息而是在于情感沟通，情感性的内容也需要深入展开，以增加感染力。

（3）行动号召：如果广告的目的是直接促销，而不是建立品牌形象，正文还需要明确地号召购买、使用、参与，并说明获得商品或服务的方法与利益。

不同的产品或服务、不同的企业在广告中的表现形式各不相同，正文的表现形式也会是多种多样。适当的表现形式能使广告更具有说服力。

1）客观陈述式：不借助任何人物之口，直接以客观口吻展开诉求。这是最常用的方法。从形式上看，似乎没有创意，其实不然，创意再与众不同的广告，当它要在正文中展开诉求时，都会以诉求对象看得懂的外在形式来表现。只要文案撰稿人在写作正文时能够准确把握创意概念，即使是客观陈述，也能让创意的力量充分发挥。

2）主观表白式：以广告主的口吻展开诉求，直接表白"我们"将如何或正如何。这种方式在表述企业观点、态度以及在产品或服务上所做的努力方面有更大的自由。但前提是必须有好的创意概念。美国著名的 DDB 广告公司为 S&W 罐头所做的一系列平面广告，可以说是主观表白的典范。

3）代言人式：以代言人的口吻向诉求对象说话。这是各种形式的广告比较常用的方式。让代言人说出自己了解的情况，语言必须符合身份与个性。

4）独白式：以虚构的人物或者广告中的角色内心独白的方式展开诉求。这种形式不是直接向诉求对象说话，独白者可以回忆自己的经历、表明观点、抒发情感，可以有鲜明的感情色彩以诱发诉求对象的情感共鸣。

5）对白式：通过广告中的人物的对话与互动展开诉求。这种方式常用于电视广告中。

6）故事式：将正文写成一个完整的故事，描述有吸引力的故事情节，让企业、产品或者服务在故事中担当重要角色，将广告诉求以常理的逻辑关系自然地融入故事中。这种方式常用于平面广告中。

在正文的写作过程中，一些反复出现在成功广告中的手法值得注意，也算是写作技巧方面的东西。现今小结一下，仅供参考。

1）多讲述一些不为人知的事实：人们总是对新鲜事特别感兴趣，产品背后有许多鲜为人知的素材，如果被挖掘出来会是绝佳的题材。

2）尽量增加趣味性：正文越长，越需要有趣味性。新鲜的事实、生动的人物和情节、另人忍俊不禁的幽默都可以增加正文的趣味性。

3）诚实的态度：不仅仅是介绍信息时的真实度，在文字表现形式上也不能夸夸其谈、花言巧语，不能粉饰，更不能欺骗。

4）如同白话：不必刻意追求精致，广告讲究实效，过分华丽却空洞的词藻会让人敬而远之。

也有一部分广告目的是建立形象或只传递非常明确而容易理解的信息，几乎没有正文。这通常需要广告的视觉效果好或者标题已经能够明确传达信息。

4. 随文——最后的推动

随文又称附文，是广告中传达购买产品或接受服务的方法等基本信息，促进或者方便诉求对象采取行动的语言或文字。一般出现在影视广告的结尾或印刷品的最边角,但是它不是可有可无,它是正文的补充,是广告诉求的最后推动。

随文包括购买产品或获得服务的方法、权威机构的认证标志、与诉求对象联系的电话号码、公司的网址、品牌名称与标志,可能还包括特别说明以及意见反馈表格。随文既可以直接列明,也可以通过委婉的附言形式出现。

户外广告的文案有一定的信息传递模式,但并不意味着按照这模式写下来就是成功的文案。在这一模式下,文案撰稿人有广阔的自由发挥空间,展示自己的创造力,写出富有魅力的佳作。若一味地生搬硬套,即使写成了,该文案最终必然会被弃之不用。问渠哪得清如许,唯有源头活水来。在这一领域,此语同样适用。

12.4 案例分析

房地产广告:淡雅的画风、恬淡的色彩、淡泊的宁静

图 12-7

这是西安市一家房地产公司所打出的系列户外广告作品。

淡雅、恬淡、淡泊。广告文案与图片结合后产生的视觉效果正是如此。它向我们诉说了一种生活理念。是的，现在优秀的房地产类户外广告，都在用自己的方式展示并引导一种生存方式，而不仅仅把力气用在吹嘘建筑的奢华或价位上。通过一种生活方式的感知和体验来打动、说服消费者，体现一种感性诉求和理性诉求的融合，无疑是明智的选择。

在本章12.1中，我们已经说过，户外媒体广告文案主要可以通过对字体、字号的设置以及色彩的安排设计、户外媒体的材料选择等方面来达到醒目的效果。这则房地产广告作品就是成功运用此举的典范。这四幅图画中，广告文案都对文字的字体动了脑筋，使四幅作品的文案都多多少少带有了一种书法的飘逸感。在第一幅作品中，书法字体的遒劲有力赋予了"花动"两个字"动"的感觉，在背景的暗示下，这种动感仿佛是花朵飘落的动，又好像是碧水流波的动。艳丽的玫红色与点缀的粉嫩花瓣相得益彰，给人一种分外明丽的感觉，同时也展现了春晓苑的"春之气息"。第二幅作品中，书法字体用于"传世宅"三个字，有一种不容置疑的霸气在里面，厚重的笔墨彰显了宅子的底蕴和积淀，同时也暗示宅子像传家宝一样，弥足珍贵，值得拥有和珍藏。第四幅作品中，强调的是"豪宅"和"生活"，前者有点流俗，有炒作奢侈之嫌，但最终的落脚点还是"生活"，回归了企业本身所要宣传的核心价值——臻于完善的生活方式。

从色彩上分析，前两幅作品明显具有相似之处，就是用桃红湖绿的书法样式带给受众视觉上的春意和生机盎然，以此来凸显建筑的绝佳地理位置，而后两幅作品很明显也有风格上的雷同，就是用水墨一样的青黛笔触书写一个宁静淡远的湖畔小园，使人们置身于如同山水画一样淡泊清幽的意境中。从整体上，我们仿佛可以感受到一种"绿"的气息，其实这也全然是广告文案的功劳，第一幅中的"春"字、第二三幅中的"青"字，以及最后一幅中的"林"和"湖"字，无不汇集了一股浓郁纯然的葱翠感，给我们以视觉和心灵上的清爽怡然。

要体现文案的淡雅，尤其是这个"雅"字，就一定要从广告文案的内容上作一番细致全面的分析了。文案也是有气质的，从它的内容就可以界定，这则户外广告作品的文案有一种典雅的气质美。不仅仅是因为在形式上，这些文字被书写得很艺术、很流畅，还在于文字本身的运用体现了一种古典的文学色彩，让人感受到"雅境"的存在。

"花动一江春"，很像是五言诗中的一句场景描写，蕴含了古朴的静态美于其中，却不尽然。"动"和"春"二字都渲染了一种诗意的动态美，给人以无限的遐思和畅想。

"曲水青园"用的很妙，"曲水"是暗合了此建筑的名称，同时也使人想起一个名词叫做"曲院风荷"，景致虽然变动了，雅趣却丝毫未损。青园，暗合了建筑所处的地理位置的绝佳自然风貌，一个青字，足以涵盖一切。

第三幅是图文结合的典范之作。"满目青翠，一院静谧"，是对图片内容的解释和补充，如果只看画面右边的一尊瓷瓶，很多人都会摸不着头脑，不知所指。它的典雅、恬淡的寓意，是通过"一院静谧"的"静谧"导出的。同时，两个短句做到了简单的对仗工整，因而可以琅琅上口，简洁易诵，有助于提升传播效果和产品记忆度。

最后一幅作品把我们从幻境的美好缅怀中轻轻拔出，提醒你广告是在售卖一种舒适安然的生活方式，虽然身处林木葱郁的空间，却不掩其奢华雍容的本质，"近林"、"湖岸"强调了一种隔绝尘世繁华与喧嚣的生活方式，"让家成为忙碌之外一个最亲近宁静、最淡远从容的休憩港湾"，这也符合现代都市人渴望已久的价值理念和生存态度。

思考题

1. 如果要你为这项名为"曲江－春晓苑"的楼宇建筑工程设计户外广告文案，你是不是也能用一种独特的方式达到现有文案的效果？会选取怎样的一个切入点呢？

2. 户外媒体广告文案的价值体现在哪些方面？

3. 有人说，有的户外广告作品只有图片，也能把信息表达的很清楚，文案就是多此一举。你的看法呢？

参考文献

[1] 如何创作优秀的广告文案. 世界经营者 [J], 2006 - 02 - 15.

[2] 户外广告设计基本常识. 中国 LED 广告照明网, 2007 - 07 - 25.

[3] 张节末. 广告文案写作 [M]. 杭州：浙江大学出版社, 2002.

[4] 如何把握文案的四大块. 千寻创意网, 2006 - 01 - 03.

[5] 何修猛. 现代广告学 [M]. 上海：复旦大学出版社, 2005.

第13章 经济类广告文案

经济广告，主要涉及生产、流通领域以及服务行业的广告。在所有的广告中，经济类广告无论在数量还是影响上无疑处于主体地位。

经济类广告有以下的特点：

它是一种信息传播，包含着丰富、复杂的信息量。

它的对象是社会的整个受众，在具体策划时可能会有所侧重，但它不是个人行为。

它的信息发布是经过周密计划和仔细运作的，有较强的整体性。

它是依附媒体形式开展活动的，传播是广告有效的关键环节。

它不是仅为欣赏而作，其初衷和目的是要影响公众，促使公众采取购买行为。

由于经济类广告的以上特点，经济类广告文案也有其自身的特点和写作要求。

13.1 经济类广告文案的特点

13.1.1 不拘泥于结构的完整

经济类广告文案文本在结构上比较完备，标题、正文、广告语、随文等几项内容构成了一篇广告作品的整体结构。各部分各司其职，层次分明、主次有序，使文案包含完备的信息内容。但是要注意，经济类广告文案的结构并不拘泥于形式上的完整，应该从广告的传播目的出发，以发展创意、表现创意为根本，有机地安排和取舍。有些文案只采用了结构中的某一部分，以独特的结构和诉求方式，形成更有效的传达力、说服力。

13.1.2 运用并借助各种表现方法

经济类广告文案的表现手法多种多样，文案人员应该以一种最吸引人的表现手法将信息传达出来，所以表现方法往往不拘一格。从专家的证言、名人的推荐，到带有亲切感的生活片断；从朴素直白的性能介绍，到出人意料的新颖创意，在其他文体中使用的表现方法在文案写作中都能找到。文案形成过程中表现手法的选择和运用，应该有助于达到有效传播，提升感染力和销售力，实现广告目的。例如：

作品名称：禁酒令

广告客户：贝克啤酒

广告公司：上海奥美广告有限公司

广告文案：

查生啤之新鲜，乃我酒民头等大事，新上市之贝克生啤，为确保酒民利益，严禁各经销商销售超过七日之贝克生啤，违者严惩，重罚十万元人民币。

评析：此广告文案借用了公文中"令"的写作形式和语言风格特点，将广告信息用规范的公文形式表现出来，产生了一种独特的说服力。整个广告文案句子结构简要、语言表达严正，使人感受到贝克生啤制造商对推出这一营销新举措的严肃、认真、深究的态度。同时，用如此严正的形式来表达，令受众领悟到创意者所提供的幽默玄机。会心一笑间，印象深刻。

图 13-1

13.1.3 语言文字风格多种多样

在语言文字风格上，经济类广告文案打破了文体间的区隔，论文的严谨、诗歌的优美、散文的随意、新闻的纪实，都可以为文案所用，只要是有助于吸引受众、使广告信息得到有效传播的风格，广告文案都可以吸收和结合①。

跃进牌汽车曾在广播中运用了诗歌式的广告文案，给人耳目一新的感觉。

（配乐声中）

男：春天的溪流

女：夏天的海滩

男：秋天的原野

女：冬日的阳光

男：跃进车以广阔的视野

女：跃进车以新颖的造型

男：跃进车以精湛的工艺

女：跃进车以最低的油耗

男：创造最高的效益

---

① 引自 广告文案的概念和特点，http://blog.sina.com.cn/s/blog_4ac53367010007e4.html，2006-12-24。

女：追逐美好的时光

合：跃进牌汽车

13.1.4 传达信息的同时注重对受众的说服

经济类广告文案应该传达有效信息，也只有在传达广告信息的活动中文案才能得以存在，广告文案的写作活动，也只有在广告信息的传达过程中才能得以展开。并且，经济类广告文案写作的根本任务，是如何在传达的同时说服和劝诱目标受众。

13.1.5 经济类广告文案写作与文学写作的区别

1. 写作的目的不同

经济类广告文案写作功利性很强，广告文案要传达广告信息、获得与目标消费者沟通的效果，应该能促使消费者产生购买行为和购买愿望，广告文案写作不应该游离或凌驾于这个广告目的。文学写作有其自身的规律和表达方式，让读者陶醉在对文学作品的审美过程之中，不带有任何功利色彩和商业化气息。

2. 写作的主体倾向不同

经济类广告文案写作首先注重传达企业、商品或者服务的信息，而不是如何表达和体现广告文案人员的思想情趣。广告文案人员应该运用才智将信息处理和表达得更准确、更有表现力和吸引力。文学写作历来讲究"抒情言志"，倾向于表现作者自身的思想感情，可以张扬写作主体的个性色彩。

3. 对文学表现手段的运用不同

经济类广告文案写作往往采用文学的表现手法，以加强文案的吸引力，诱导受众读完整个文案。但文学表现手段，在这里只是广告作品实现自身目的的工具。文学语言、文学笔法的运用，只是为了让受众在文学的氛围里得到感染，对产品、服务产生消费欲望。而文学表现手段在文学作品中则完全服务于作者对人物、情节等要素的表现[①]。

13.2 经济类广告文案的类型

经济类广告文案的类型主要包括产品广告、服务广告、促销活动广告、企业形象广告等基本类型。

13.2.1 产品（或服务）广告文案

产品（或服务）广告是经济类广告中数量最多、地位最为重要的一种类型。从最基本的创意策略的角度看，产品广告主要有 USP 型、品牌形象型、定位型等三种不同的存在形态。

---

① 引自 广告文案的概念和特点，http：//blog. sina. com. cn/s/blog_ 4ac53367010007e4. html，2006 - 12 - 24.

1. USP 型

USP（Unique Selling Proposition），即"独特的销售说辞"，是世界著名广告大师达彼斯全球集团总裁罗瑟·瑞夫斯于 1961 年在其《广告的现实》一书中第一次提出的。他认为每一个产品都应发展一个自己的独特销售主题，并通过足量的重复传递给受众。USP 策略问世之后，在广告界引起了极大反响，创造出无数辉煌的销售业绩，出现了不少成功的广告。

在立白洗洁精《剪子石头布》一篇中，夫妻两个用剪子石头布来决定谁洗碗，输了的妻子抱怨道，洗碗很伤手哎，这时的丈夫提醒道，用立白洗洁精啊！最后妻子手持洗得干干净净的盘子"用立白吧！真的不伤手哎！"——画龙点睛立即凸显了立白洗洁精的核心卖点，同时也在消费者心目中淡化了其他洗洁精在这方面的功效。

在一条车流稀少的美国州际公路上，一对父女驾驶的汽车正在行驶，突然车抛锚了，他们急忙下车准备修理汽车，但当他们揭开汽车引擎盖后，一股股滚烫的烟雾冒了出来，开了锅的水箱根本不敢用手去碰。这下真是麻烦了，两父女一时间束手无策。

这时另一辆汽车停在了他们前面，从车上走下来一个英俊且带有一种"野性"的青年男子，他的目光猛然被年轻貌美的姑娘所吸引，谨慎的父亲赶紧把女儿挡在自己的身后。那青年人开始脱掉他的牛仔裤（姑娘惊讶，而后是好奇和渴求的眼神——父亲警觉的表情）男青年拿牛仔裤垫着自己的手去拧开滚烫的水箱盖子，但是他遗憾地发现水箱可能已经坏了，无法在这里修理了。于是他把牛仔裤的两只裤腿分开，一头拴在父女俩的车头，另一头拴在自己的车尾，年轻姑娘挣脱父亲的手勇敢地坐上了那青年男子的车。他们的汽车被男青年的牛仔裤牵引着开走，在原地还留下惊讶和无奈的父亲。

片尾出现商标：李维斯牛仔

通过本片，消费者最先接受到的信息无疑是"李维斯"牛仔裤的坚固和结实，而且竟然是这么的令人惊讶。没错，李维斯通过这条广告的确是把它需要告诉给目标消费者的李维斯牛仔的"坚固、结实、耐用"的产品信息传达到位。的确在那霹雳、街舞盛行的时代，有一套"时尚"而又"结实耐用"的牛仔无疑是最佳的选择。

2. 塑造品牌形象

当同类产品愈来愈丰富，且同质化成为一个不可阻挡的发展趋势后，USP 策略所受到的限制越来越大。正如"品牌形象"理论的创立者大卫·奥格威所说："相互竞争的不同品牌越来越相似了。生产这些商品的人都可以采用同样的科学方法、生产技术和调研资料。"严峻的现实迫使营销者和广告人去进行新的创造，于是"品牌形象论"便应运而生了。所谓品牌形象，实际上是指它"具有功能的、符号意义（如情感经验）的要素，它们在消费者心智与记忆中形成一个总体的集合或网络，它们之间具有相关关系而可被消费者陆陆续续地回想起来"。

广告塑造产品品牌形象的方法，主要有下列几种：

一是被赋予业主或营销者自己的形象，如美国著名的波杜鸡的品牌形象就是由业主波杜亲自在电视广告中充当主角而树立起来的,他诚恳自信、严肃粗犷、严格细心,从而使波杜鸡名声大震,成为美国市场上销售量最大的著名品牌。二是借助广告模特或明星人物来创造产品品牌形象。在热闹的娱乐圈里,陈道明算是一位特立独行的人物,演戏之余,往往深居简出;即使不得不参加一些公开的宣传活动,也是惜字如金。于是,"孤芳自赏"、"特立独行"这些就成为一些人对陈道明性格的描述。其实简约与智慧一直是陈道明坚持的处事原则和个性的底线,或许这是陈道明的一种生活态度,或许这是他的与众不同之处,或许这也正是他的表演灵感所在。记得在一次采访时,陈道明说过这么一番话:"坐在酒席上对我来说是一种煎熬,一个问题说5遍,一张名片要递8次,这让我特别烦,简直愤怒!"在回答媒体的问题时,更是显出简约与智慧的一面,没有一定的功底,要从容面对众多的媒体实属不简单。

当我们回归到利郎新篇广告中来,陈道明,那份简约智慧更是让人尽收眼底。几个简单的镜头特写,一段真实的告白,在举手、投足间陈道明就把利郎品牌形象勾勒出来。简约、智慧是陈道明一种风格,也是陈道明一直坚持的一种处事原则,陈道明手拿报纸从容从成功男士中穿梭而过的那一幕,就像雨后天空的一道彩虹与北极上空的极光,简约而美丽,也许这也是一种酷,简约的酷,智慧的酷。这正是利郎商务男装概念追求的风格,以陈道明的形象来演绎商务休闲的简约风格,可谓相得益彰。陈道明——简约男人、智慧男人,在简约中彰显智慧。

3. 定位型

美国著名营销学家艾·里斯和杰·特劳特在20世纪70年代初提出了具有影响深远的"定位"理论。他们指出:"定位从产品开始,可以是一件商品,一项服务,一家公司,一个机构,甚至是一个人,也可能是你自己……定位是在我们传播信息过多的社会中,认真处理怎样使他人听到信息等种种问题之主要思考部分……定位并不是要你对产品做什么事……定位是你对未来的潜在顾客心智所下的功夫,也就是把产品定位在你未来潜在顾客的心中。"这样看来,所谓定位在本质上是指将广告产品在消费者心中定下一个与众不同的有价值的位置。

例如:"大众甲壳虫"的外形的确很丑,而且小得令人发笑,在强手如林的美国车市,怎么能和福特、通用和克莱斯勒相媲美呢?世界著名广告大师伯恩巴克为德国大众汽车公司金龟车所做的广告堪称产品定位的经典之作,他看到了豪华汽车卡迪拉克以及马力强、容量大的雪佛兰和别克等充斥美国汽车市场,而大众化的金龟车却形状古怪、体积小、马力不强,在美国上市十年一直受到冷落。但伯恩巴克却从美国家庭经济型用车的普遍现象和社会文化中存在着的反传统、反潮流、反权威的新的价值观中,找到了美国消费者心智中的一个未被占领的空隙,那就是小车自有小车的好处,从而将广告产品定位为油耗低、易于停靠、冬天毋需防冻剂的经济型小车。由于它适应了当时一大批美国消费者的心理,故获得了极大的成功,使被冷落十年的金龟车销路大开,取得了非凡的销售业绩,并得到了大卫·奥格威的高度评价:"就算我活到一百岁,我也写不出像福斯汽车的那种策划方案,我非常羡慕它,我认为它给广告开辟了新的门径。"

13.2.2 促销广告

促销广告是为传播促销活动的信息、吸引更多消费者参与而进行的宣传。促销广告的对象为某个促销活动，因此由于其产品和活动方式的差异，此类广告在媒体运用和方法选择上更具表现力。

促销活动有许多组合方式，促销广告因此随着这些活动的变化而变更其内容和表现。

1. 减价优待

所谓减价优待，就是将商品以低于正常的定价出售，消费者因而可以较少的钱购买到同样等级的东西。其最常见的方式是折扣优惠。由于办法简单，应用得最为广泛，深受广告主和消费者的欢迎。一般减价优待的广告包括：

（1）旧品大清仓：百货公司、服饰店的换季折扣大拍卖；或是某种商品滞销时，打出原价×元，特价×元等。

（2）节庆大优惠：新店开张，或是逢年过节，常是举办折扣的大好时机。

（3）每日特价品：近年来由于商业零售业竞争激烈，不少商店为吸引顾客推出每日特价品，让消费者得到实惠。

2. 随货附赠

购买商品时所获得的随货赠品对消费者而言，常是最直接、实际、有效的利益，往往能使促销期间创下较高销售业绩。这种随货附赠的促销方式，不失是一种简便又有效的促销术。由于随货附赠在各行业、各类商品乃至商店本身都较风行，所以广告、货架上陈列和包装上标示是最理想的宣传方式。通常随货附赠有三种附赠的方式：

（1）包装上（On-Pack）：为将赠品放在产品包装上，以收缩膜或胶带结扎在一起，供消费者购买的一种方式。如：雀巢奶粉针对儿童所好随罐送玩具，高露洁牙膏包装上附赠高露洁牙刷。

（2）包装内（In-pack）：将赠品放在产品包装内，或是与产品结合，都属包装内促销。如东洋麦片包袋内附赠卡通杯，儿童食品袋内送贴纸。

（3）包装外（Near-Pack）：赠品并未与该商品包装在一起，而是分开放置，由零售点再另外赠送的都属包装外促销。虽然处理较麻烦，但因赠品的选择性灵活，实用性和价值都较高，深受消费者欢迎。一般以家用电器举办这种促销的比率最高。如：买格兰仕微波炉，送鸿运扇、饭煲等；买长虹彩电，送长虹 VCD。

3. 现场兑奖

购买现场的立即兑奖，是将抽奖的刺激和随货附赠的直接效果相结合的促销方式。如可口可乐的易拉环兑奖，一些大型商店用"刮刮乐"兑奖。

4. 抽奖或猜奖

抽奖或猜奖的促销活动常伴有丰富的奖品和丰厚的大奖，在短期内有明显的促销效果。

（1）抽奖：参加方式较为简单，只要将主办单位要求的凭证寄至收件处，即可参加幸运抽奖。

（2）猜奖：参加者须回答问题或猜出答案，再连同主办单位要求的凭证寄至收件处，才可参加幸运抽奖。这种方式颇富趣味，并可增加参与感。

此外还有折价券、加量优待、集点赠送、以旧换新折价优惠、免费送样品等等促销方式。

13.2.3 企业形象广告文案

企业形象广告，就是旨在向公众展示企业实力、社会责任感和使命感的广告，通过同消费者和广告受众进行深层的交流，增强企业的知名度和美誉度，产生对企业及其产品的信赖感。企业形象广告基本上可以分为三大类，一是展示企业规模和实力的广告，比如白沙集团"我心飞翔"的电视广告；二是公益广告；三是活动类广告，借助企业的某项活动，如周年庆典、赞助活动、会议展览、重要促销等来展示公司的形象。我们还需要特别注意的是，产品或者品牌广告之中，往往在展示公司名称的时候，附带一句"广告语"，这句话是企业形象的集中体现，作用非常的重要，比如诺基亚的"科技以人为本"、摩托罗拉的"智慧演绎，无处不在"、宝洁公司的"宝洁公司、优质产品"、海尔的"真诚到永远"等，最后这句话，就是对企业文化的展示。

对企业的实力和规模形象广告不要面面俱到，一定要有主题和点睛之笔，这就需要很好地提炼企业文化，并与品牌特征和企业定位相结合，这可以从下面几个方面入手。

1. 核心价值观

核心价值观是企业秉承的核心观念和做事原则，比如"以人为本"、"顾客至上"、"追求卓越"等。任何优秀的企业文化都不可能不重视顾客，关键是如何把这样的理念传达给顾客，让顾客感受到。诺基亚的文化核心是"以人为本"，海尔的是"真诚"，菲利普的是"追求更好"，但是他们并没有直接这么表述，而是用一种"广告的语言"，更能够引起顾客的共鸣，如诺基亚的"科技以人为本"，海尔的"真诚到永远"，菲利普的"让我们做得更好"等等。

2. 使命或宗旨

在企业的形象广告中，为了展示企业实力和责任感，也可以用企业使命来传达企业的文化。比如著名的惠普公司，他们的文化非常优秀，被称为"惠普之道"。惠普文化里非常重要的部分就是崇尚科技，希望通过不断创新的科技来满足顾客的需求。因此，惠普标识中有个词叫做"invent"，就是"创造"的意思；另外，在其形象广告中，"惠普科技、成就梦想"这句话也放在非常醒目的位置，不但是为了打造品牌形象，更重要的是弘扬了企业的文化。汇丰银行的形象广告中"环球金融，地方智慧"的主题，也是对其企业文化的阐释，表明了自己全球视野和本土化的经营宗旨。Sun 公司的标识下面有一句话"we make the net work.（我们做的是网络）"，明确了企业的宗旨，用来区别于微软公司，让人感觉到企业清晰的定位和过人的自信。

3. 愿景和目标

企业愿景和目标是企业对未来的展望，可以用来展示公司的远大理想和气魄，比如格兰仕的愿景是"成为全球名牌家电生产制造中心"。格兰仕在其标识上清楚地表明自己是"全球制造、专业品质",这句话是其企业文化的核心代表,反映了企业的远大理想。

4. 经营理念

企业的经营理念是个比较宽泛的概念,包括企业的质量观、人才观、营销观、成本观等,是企业经营管理的指导原则。企业选取哪些部分对顾客进行传达,取决于公司的企业和品牌定位,不能一概而论。

企业形象广告策划遵循的基本原则:

(1) 求实原则。对企业形象广告来说,求实也就是指所传播的信息必须具有客观性、真实性。

(2) 目标原则。企业形象广告是为实现企业经营目标服务的。企业的目标决定企业形象广告目标。

(3) 持久原则。企业形象广告策划一开始就应有远见卓识,不能过分急功近利,刻意追求即时效果。

(4) 求奇原则。凡是广告宣传无不刻意求新求奇求成。新颖、奇特、卓有成效等品质从效果的角度可以概括为"一鸣惊人"。

(5) 变通原则。根据企业近期的经营目标,在广告的主题、标语、形象、语言、传播方式、频率、媒介等方面作出适当变化,以适应公众的心理和经营形势。

(6) 超然原则。即企业形象广告应尽力避免流露推销商品的痕迹,要具有超商业意识。

与产品的服务广告、促销广告相比较,企业形象广告有两个显著的特征:

第一,表面上是在谈论那些有关民族、国家的发展问题和企业的文化、业绩等等,但实际上还是在努力促进企业产品销售额的增加,因为在社会上为企业树立良好的形象,其最终目的还是在于通过提高企业的知名度和美誉度来诱导广大消费者多多购买企业的产品,不过它不像产品的促销广告那样追求迅速及时的利益回报,而是追求一种虽然效果来得较为缓慢但却更为长远、持续性较强的经济效益。

第二,企业形象广告文案一般在篇幅上都比较长,因为它的信息容量较产品的促销广告大得多。

13.3 经济类广告文案的写作

经济类广告文案的写作与所有的广告文案写作有一定的共同点,但同时有自己特殊的一面。

13.3.1 经济类广告文案的写作要求

1. 广告文案写作要真诚

对经济类广告来说,只有对产品、服务进行实事求是的介绍,才能赢得受众的信任。消费者的利益是第一位的。商业广告无疑是一种消费引导，对受众抱以真诚的态度，遵循市场规律，才能不断地提升企业自身的知名度和商品的美誉度。对商品和服务所制作的广告，只有立足于真诚才能做到文案信息的真实可靠。

2. 广告文案写作应该通俗简明

有助于实现广告目标的文字和表述都应保留，而一切与此无关的都应抛弃，力求文案简洁明了。应尽量使用短句而不用长句，除非用短句不能确切表达含义。文字应该形象生动，要通俗易懂。一篇广告里若包罗了过多的思想内容或广告信息，往往也就不能吸引受众。

3. 广告文案写作应该表现广告创意，体现广告的主题

广告作品的表现过程是对广告创意的传达和表现的过程。文案人员要对广告创意进行到位的表达，要运用语言文字对广告创意进行表现、深化和发展。只有广告主题在文案的字里行间得到充分表现，广告文案的写作才是成功的。

4. 广告文案写作要立足于说服

不管是何种类型的文案，其目的都是为了诱发共鸣，激发受众潜在的需求，以达到说服受众的目的。只有让受众对企业产生信任，对商品及服务产生好感，对公益事业产生热情，对服务产生兴趣，广告文案的价值才能真正得以体现。

5. 广告文案要独创

独创才有可能产生魅力。广告文案的写作，只有在借鉴的基础上创新才能不落窠臼；只有在充分感受社会氛围和时代气息的基础上，运用创造性的语言，才能使文案产生魅力。

13.3.2 经济类广告文案各部分的写作

1. 标题

广告标题是整个广告文案的总题目。写作广告标题时，应该将广告中最重要的、最吸引人的信息进行富有创意的表现，以吸引受众对广告的注意。标题应该去昭示广告信息中的精华、广告创意中的亮点，使受众继续关注正文。这一点对于经济类广告文案的创作过程尤为重要，它的精彩与否很大程度上决定了整个文案创作的成败，也是广告效果大小与否的决定因素。

经济类广告文案标题的写作有以下创作要求：

（1）生动活泼，别具一格。标题的用语应精炼、独特，具有打动人心的力量。

（2）突出重点，协调一致。广告标题必须结合广告主题，突出商品、服务或企业的独特之处，才能使受众加深印象。同时，广告的标题与广告的其他因素如正文、插图、色彩相配合，力求形象贴切，协调一致。

（3）简洁明快，一目了然。广告标题宜文字简练，字数不能太多，便于受众能在瞬间留下深刻的印象，在可能的情况下尽量用短句，而不用长句。同时还要文字生动、简洁易懂，如果晦涩难懂，过于抽象，就难以取得应有的效果。美国派克钢笔公司为派克做的广告标题即为：总统用的是派克。标题虽简单，但我们就此明白

了派克的巨大吸引力和优秀的性能。

(4) 造型别致，形象醒目。广告标题只有生动形象，才会具有吸引力和艺术感染力，把受众吸引过来，并深深打动和感染他们，实现广告的预期目的。

(5) 鼓动性要强。这一点对于经济类广告文案的写作有着更高的要求。标题要有鼓动性，鼓动性强才能有竞争力，促使受众尽快采取购买行动。

2. 正文

广告正文是指广告文案中处于主体地位的语言文字部分。在正文中，我们要展开解释或说明广告主题，将在广告标题中引出的广告信息进行较详细的介绍，对目标消费者展开细部诉求。我们写作商业广告正文，应该使受众了解到各种希望了解的信息，使受众在正文的阅读中产生对产品或服务的了解和兴趣、信任，并产生购买欲望，促进购买行为的产生。

正文主要对标题中提出或承诺的商品或商品利益点给予解释和证实，也可以对广告中企业、商品、服务、观念等的特点、功能、个性、背景等方面进行详细说明和介绍。

3. 附文

广告附文是在广告正文之后向受众传达企业名称、地址、购买商品或接受服务的方法的附加性文字。在广告作品中的位置一般居于正文之后，也称随文、尾文。在附文中我们可以具体写以下内容：(1) 品牌和企业名称、标志；(2) 企业地址、电话、邮编、联系人；(3) 购买商品或获得服务的途径和方式；(4) 权威机构证明标志与促销措施等。

4. 口号

广告口号，也叫广告语、广告中心词、广告标语等。应该注意，广告口号的作用是为了加强受众对企业、商品或服务等的一贯印象，广告口号应该简明扼要，必须能够表现商品特性或企业理念。它是基于企业的长远利益，向消费者传达长期不变的观念的重要渠道。广告口号表现的信息要单一，但是内涵要丰富。一般的广告口号句式简短，朴素流畅。广告口号反复运用，给受众留下深刻印象。

联想以"科技创造自由"这句话作为自己的广告语，反映了联想的企业文化，那就是以科技为基础，注重创造性，并且能为顾客创造更大的价值——"自由"。这句话深刻地体现了联想的企业价值观，并且用一种生动富有内涵的话加以表述，让人回味。

13.4 案例分析

案例一：希尔顿酒店广告两则[①]
标题：耳之所闻尽是赞赏之声

---

① 摘自《新民晚报》2002年2月6日、10日。

文案：2002年2月10日完美见证——重庆希尔顿酒店隆重开幕，由餐厅到客房，由康乐设备到酒店大堂，在重庆希尔顿饭店，我们对您每一项指示、要求都会倾心聆听，因为我们相信，只有完全明了你心底所想，服务才能超越期望，让你衷心欣赏，在重庆希尔顿饭店，完美不再是追求，因为我们已经为你做到。

口号：经典时刻，尽在希尔顿
标题：眼之所见尽是完美无瑕

文案：2002年2月10日完美见证——重庆希尔顿酒店隆重开幕，由品位豪华的欧洲家具到细致精雅的东方装饰，希尔顿酒店不但在整体布局上汇集中西方精神，匠心更表现在每一个细微之处，眼之所见，皆让您衷心赞赏，在重庆希尔顿酒店，完美不再是追求，因为我们已为你做到。

口号：经典时刻，尽在希尔顿

评析：这是重庆希尔顿酒店的两则开幕广告，为了让广大消费者认知企业，两则广告分别从"耳闻"之言和"眼见"之景两个角度介绍企业主要信息。第一则广告"耳之所闻尽是赞赏之声"，用消费者赞美近乎完美的服务来给与公众承诺，有一定感染力。第二则广告"眼之所见尽是完美无瑕"，消费者了解希尔顿饭店从布局到家具、装饰都是经典之作，突出其优雅的环境和与众不同的品位。此外，两则广告采用中国传统的书法绘画形成，清新淡雅，摆脱了以往开业广告追求喜庆的单一模式，给人耳目一新的感觉。

案例二：北京地铁通成广告公司广告文案

标题一：地心引力
标题二：北京地铁广告每天吸引着1400000乘客

评析：这两则广告是北京地铁通成广告公司为本企业创作的形象广告，荣获1999年全国广告银奖。于1999年张贴在北京地铁的站台、车厢和通道上。广告由"地心吸引力"和地下"吸引乘客数"两篇组成。贯穿系列广告的串连物主体是长颈鹿，每一头长颈鹿都目不转睛地凝视地铁通成广告公司的灯箱广告。在表达方式上，广告不是自我夸耀式的直白表露，而是借科学术语与统计数字传递主要信息，寓强热于平静，寓张扬于含蓄。以活泼幽默的画面和简洁精炼的语言，巧妙地表现了北京地铁通成广告公司所独有的、与众不同的广告发布

图13-2

强势，展示了公司的实力，塑造了公司形象。该广告是一篇不可多得的优秀企业形象广告。创意者在画面上突出"地心吸引力"，在文案上突出企业实力，并赋予了它更多的文化与科学内涵。

思考题

1. 请列举你喜欢的一则经济类广告，并分析其中采取了什么样的表现手法？
2. 请指出经济类广告文案写作与文学写作的区别，我们应该怎样运用文学写作中的表现手法？
3. 请指出选用名人作代言人的电视广告应注意哪些问题，并选择几个成功和失败的案例进行分析。
4. 现在的促销广告可谓铺天盖地，请指出现在促销广告做得比较好的几种方式，效果不明显的促销方式应该怎样改进？提出你自己心中最佳的促销方案。

参考文献

[1] 李海龙. 能增长1倍销售额的七种广告武器. 精品资料网，2007-02-14.

[2] 广告文案的概念和特点. http：//blog.sina.com.cn/s/blog_4ac53367010007e4.html，2006-12-24.

[3] 金励勤. 解析魔方——中国广告创意十五人谈 [M]. 北京：知识出版社，2000.

[4] 广告促销赠品手法. AE广告王网站. 2007-05-01.

[5] romen. 广告文案的概念和特点. 中国营销咨询网，2007-07-07.

第14章 贸易类广告文案

随着经济全球化的速度不断加快，人们已经进入到一个迫切需要沟通、需要交流的商业社会，市场经济的发展使产品（或品牌）的信息传递和理念传播上升到了前所未有的高度。企业要将其产品（或品牌）推广出去，广告，毋庸置疑地成为一座重要的桥梁。对于一些日常生活消费品之外的产品来说，制造商往往需要通过发布贸易类广告达到销售的目的；对于一些企业而言，也往往需要贸易类广告将其形象正面地宣传出去……而作为贸易类广告的语言，则是决定传播效果的一个重要因素，语言符号在市场中的运作便产生了一种新的文体——广告文案。美国广告业知名人士史戴平斯指出："文案是广告的核心"。广告的内容依托文案来体现，因此必须对文案进行清楚细致的了解。本章将从特点、类型以及写作三个方面带领大家详细解读贸易类广告文案。

14.1 贸易类广告文案的特点

14.1.1 什么是贸易类广告

贸易类广告就是直接面向批发商、零售商或销售代理的广告，并通过他们来销售产品。制造商通过贸易类广告来向批发商和零售商推销自己的产品。贸易类广告强调的是产品利润，以及零售商能够从制造商那里得到的广告支持。此外，贸易类广告所推销的是零售商经营自己的业务所需要的产品和服务。对货架、清洁服务和收银机等所做的广告都属于贸易类广告。

贸易类广告的传播者以盈利为终极目标，它必须对自己发出的信息的真伪负法律责任，适时、适地、适人地按照既定计划，达到影响目标市场和目标对象的既定目的。受众在作出购买决定之前，要根据手中掌握的相关信息资料、技术资料、价格资料及售前、售后服务情况从众多卖主之间加以选择。他们只有在进行充分研究和比较之后，才能作出最终的购买决定。

贸易类广告有着多种目标：

1. 获得更多的分销渠道。制造商都希望自己的品牌能有尽量多的分销渠道,并可以给金融界留下好印象,使你以较低的代价融资——而且可以实现更多的收购。

2. 增加贸易支持。制造商需要和其他无数的品牌竞争货架空间以及批发商的支持。贸易广告能够激励零售商将某一品牌放在货架上比较显著的位置,或者采用制造商提供的购买点促销资料。

3. 宣布消费者促销活动。很多贸易广告都会提供未来的产品促销计划。制造商希望通过这些活动向批发商表明他们会通过广告来支持自己的品牌。

14.1.2 贸易类广告文案的特点

1. 明确指向性的市场取向

作为一种纯商业性文体,贸易类广告文案的市场取向是显而易见的。贸易广告活动是一种经济活动,必然要求创造效益,因此贸易类广告文案要求创作者准确地驾驭文字来对批发商、零售商、代理商等目标受众产生作用。衡量一则贸易类广告的成功与否,最重要的是看该广告文案是否有效地传播了商品信息或企业形象信息,是否促进了产品的销售或企业形象的建立。

贸易类广告作为整个贸易往来中的一个重要环节,有它自己特定的目标市场和目标对象,这个方面在文案中体现得尤为突出。无论用何种语言、何种形式,最终都应该达到影响目标受众的效果,使目标受众了解产品给自己带来的利益,以有力地推动产品的大规模销售,赢得目标市场的青睐。

此外,随着市场竞争的日趋激烈,同质化产品大量增加,品牌影响力在消费者的购物行为中起着越来越重要的作用。有长远发展规划的企业都在不遗余力地做品牌广告,以期在批发商、零售商、代理商中树立良好的品牌形象,寻求长期稳定的合作前景。

对于贸易类广告文案而言,明确的市场取向是至关重要的,也是最为基础性的要素,有了明确的市场取向,是一则成功的贸易类广告文案的第一步。

2. 平实严谨的语言符号风格

符号学认为,符号是传达一种信息的有意义的中介物,如十字路口的红绿灯就是传达让机动车、行人停停走走的中介物。人类创造了形形色色的符号,并在自己创造的符号包围中生存着,所以德国哲学家卡西尔把人定义为"符号的动物"。贸易类广告文案中所运用的语言符号传达的是一种商业信息或市场信息,所以它其实就是语言符号的市场运用。

由于目标受众是特定人群,他们在接触到广告文案后第一步是需要经过详细的思考、分析、比较,所以贸易类广告文案蕴含的信息应该是巨大的,而且是缜密的,它不需要任何附带感情色彩的词句,而是要客观准确地将产品、企业的信息传达给受众,尽可能全面公正地呈现在受众面前。

贸易类广告文案的语言在传达信息的时候,不但可以采用明言的方式说出的正面型广告文案,而且可以用隐含的方式从字里行间暗示出来的侧面型广告文案。

【范例1】 正面型形象广告文案

美国梯莫肯公司企业广告文案

标题：我们又做了一次

内文："咬子弹"总是很不容易的，虽说你过去常这样做。数年前，当 Timken 公司"咬了子弹"，并投入5亿美元，用四分之一世纪的时间建立了美国第一家合金钢厂，结果我们所得到的比投入的价值更多。

对你来说也是如此，因为它的报偿不仅是世界最高质量的合金钢，而且还有用这种钢制造出来的更好的轴承。

这就是为什么我们在反复考虑后决定再做一次。

但这次集中于轴承业务，并且"咬"得更厉害。

5年内将投资10亿美元以上，也包括在钢上的一些生意。

我们将如何使用这些投资？

将投入到新产品、生产设备和其他东西上，他们将在世界任何地方带给你最好的滚锥轴承和优质合金钢。

但是或许比"如何"更为重要的是"为何"要使用这笔投资。

为了将来。

为了你们的和我们的利益。

这就是为什么 Timken 公司曾经并且将继续把每一分钱投入到优良的产品和加工方法中去，这两方面我们都要参与竞争。

虽然我们期望最近的这10亿美元能让我们跨出更大的一步，但如果需要，我们还将去做你期望我们去做的事情。

我们将再做一次。

广告语：梯莫肯：一个新型的供应商

【范例2】 侧面型形象广告文案

标题：出人头地的代价

内文：在人类活动的每一个领域，得了第一的人必须长期生活在世人公正无私的判决之中。无论是一个人还是一种产品，当他被授予了先进称号后，赶超和妒忌便会接踵而至。在艺术界、文学界、音乐界和工业界，酬劳与惩罚总是一样的。报酬就是得到公认；而惩罚则是遭到反对和疯狂的诋毁。当一个人的工作得到世人的一致承认时，他也同时成了个别妒忌者攻击的目标。假如他的工作很平庸，就没有什么人去理会他；如他有了杰作，那就有人喋喋不休地议论他；嫉妒不会伸出带叉的舌头去诽谤一个只有平庸之才的画家。无论是写作、画画，还是演戏、唱歌或从事营造业，只要你的作品没有打上杰作的印记，就不会有人力图赶超你、诽谤你。在一项重大成果或一部佳作已完成后的很长一段时间里,失望和嫉妒的人仍会继续叫喊,"那是不可能的"。外界的人早已将惠斯勒(Whistler)称颂为最伟大的艺术大师之后,艺术领域中仍然流言纷纷,将自己的艺术大师说成是江湖骗子;当人们成群结队到音乐殿堂 Bayreuth 向瓦格纳(Wagner)顶礼膜拜时,而一小撮被他废黜或顶替的人却气势汹汹地叫嚷,"他根本就不是音乐家";当众人涌向河边观看轮船行驶之时,少数人仍坚持说富尔顿(Fulton)决不可能造成轮船。杰出人物遭到非议,就是因为他是杰出者,你要是力图赶上他,那些人就设法贬低和损害他——但只能又一次证实他所努力想取代的事物的优越性。

这一切都没有什么新鲜,如同世界和人类的感情——嫉妒、恐惧、贪婪、野心以及赶超的欲望——一样,历来就是如此,一切都徒劳无益。如果接触任务确实有其先进之处,他终究是一个杰出者。杰出的诗人、著名的画家、优秀工作者,每个人都会遭到攻击,但每个人最终也会拥有荣誉。不论反对的叫喊声多响,美好的或伟大的,总会流传于世,该存在的总是存在的。

相比较第一篇正面形象的贸易类广告文案,第二篇改变角度,并不直接将产品的信息铺陈在受众面前。这则世界名牌豪车凯迪拉克轿车公司的著名广告文案"出人头地的代价",于1915年1月2日刊登在美国《星期六晚间邮报》,是一篇篇幅很长的广告文案,却在当时取得了意想不到的良好效果。

3. 高度的理性诉求

贸易类广告与其他广告不同在于,它并不是直接面对消费者个人,而是面对批发商、零售商以及销售代理等诸多群体,所以它的文案语言尤其要突出理据性,中国有句成语叫"以理服人",这在贸易类广告文案中表现得恰到好处。大部分的贸易类广告尽量避免较多地运用华丽的词藻修饰,甚至不需要刻意的情感性赞扬,只需要将创作者严密的逻辑性思维外化在受众面前,从而达到影响和打动受众的目的。

以上面第二篇广告文案为例,它的无穷的理性魅力,不仅使得该广告文案的广告主——凯迪拉克轿车公司得到了产品的卓越品牌塑造,使之成为世界名车,而且,在此文案中所散发出来的理性光泽,似一轮太阳,光照着人们去对这一永久的人生命题作进一步的思考。经过了发奋之路,得到出人头地位置的人们,会对此文案的深刻和独到发出由衷的认同和赞叹,而他们,恰恰是凯迪拉克的潜在受众。一份精彩的广告文案就这样造就了一个优秀的品牌。

4. 完整的产品和企业信息

贸易类广告文案应注意向受众展示完整的产品或企业信息,使受众能够清楚明了的对产品、企业进行了解,从而做出进一步决定。

【范例1】

供进口、合资胶合板水曲板特供泰柚贴面板

泰柚贴面板木质细腻,木纹飘逸清晰,高贵典雅,糅合了传统与现代的气息,

脱俗于一般的装饰板材而成为国内外宫殿、大厦、楼宇及家居装修设计的首选。我厂引进德国紧密创切设备，采用上乘的进口柚木，大量生产泰柚贴面板，板面光洁油润，胶合力强，可与国外产品相媲美，部分产品远销日本、新加坡及欧美地区，是国内大型生产柚木贴面板的生产基地。

本企业可供3～18mm各种规格进口、合资胶合板、水曲板、榉木（银榉、白榉、红榉）等各式贴面板及各款保丽板，并有大量进口柚木（方材、原材）批发零售，欢迎各界人士垂询。

地　址：广东省南海市利丰胶合板厂（南海市南庄大道）
电　话：(0757) ×××××　×××××
传　真：(0757) ×××××
联系人：×××　×××　邮政编码：××××××

【范例2】

请认准"新讯牌"电力线载波电话机
——内部通信　理想选择　荣获金奖

我厂是国内最早生产载波电话机的厂家，引进国外全自动生产流水线，规模大，技术先进，质量保证。该机使用方便，插在220V电源插座上，便可在同一变压器供电范围内拨号通话，不用中心交换机，不需另架线路，每台电话机设有一个固定号码，使用时与普通电话机一样。我厂还可根据不同行业的需求进行不同的设计生产，现已在火车、轮船上试机成功。该产品荣获全国著名高校科技成果博览会金奖。

该机保修保换，终身维修，代办托运，服务周到，欲在各地诚征经销商。

厂方驻全国各地经营部
北京××××××
联系人：×××　电话：×××××××
云南××××××
联系人：×××　电话：×××××××
郑州市××××××
联系人：×××　电话：×××××××
厂　址：新乡市×××××××
电　话：×××××××　传　真：×××××××
电　挂：×　×　×　邮编：×××××
交　通：
开户行：×××××××
账　号：
新乡市工行××支行　　账号：×××××××

以上两个范例都是销售生产资料的贸易类广告文案，全篇的内容以产品的质量、功能和服务诉求为主，强调产品给企业带来的效率，以及如何为企业解决生产经营的难题。其中穿插着大量专业术语，使其目标消费者群完全能够理解，增强了权威性和专业性。在这两篇文案的后半部分，都有详细的企业地址、电话、传真等一系列联系方式，使受众在决定购买的第一时间就能够与厂家联系，方便往来贸易的快速及时进行，同时也增强了企业主给人的诚实感与信任感。

14.2 贸易类广告文案的类型

要对贸易类广告文案进行分类，我们可以从不同的角度来划分。前面已经谈到过，所谓贸易类广告，是针对经销产品与服务的中间商（批发商和零售商以及销售代理），他们购买产品再转卖给顾客。

14.2.1 传达不同内容的广告文案

根据贸易类广告文案所要传达的不同内容，我们可以将其分为工业广告文案、专业广告文案以及形象广告文案三种类型。

1. 工业广告文案

工业广告是面向制造商的广告，内容涉及他们想要购买的机器、设备、原材料及生产所需的零部件。

制造商必须购买机器、设备、原材料和其他零部件来进行生产，为了将这些产品销售给制造商，销售商多通过适当的工业出版物、直接邮件、电子营销手段和人员销售的策略来发布自己的广告。这种与消费者广告截然不同的方式被称为工业广告。工业广告的受众一般较少，且非常专业。

工业广告很少直接销售某一产品。工业设备的购买通常是一个比较复杂的过程，可能包括不止一个决策者。工业广告文案的作用一般只是介绍产品或者建立一定的产品知名度，为该产品的销售代表的后续工作做一定的铺垫，以最终达成交易。

【范例1】

复盛空压机
高科技动力　世界级品牌

复盛空压机作为跨国经营集团——台湾复盛机构的主营项目之一，其整体技术居世界领先水平，最新的第三代螺杆式空气压缩机获美、英等多国专利，具有节能高效、振动小、噪声低、稳定性强等特点，强大的人才优势，完善的售后服务措施更是强化了其成为世界品牌的地位。

第三代最新齿型，获多国专利：

美国专利号—No. 4890992
英国专利号—G. B. 2230563B
质量认证：ISO9001
（随文略）

【范例2】

3R、4R型雷蒙磨粉机暨高压悬辊磨
郑州黎明机械制造有限公司制造

  3R、4R型雷蒙磨粉机（3R2115型　3R2615型　3R2714型　4R3216型）暨高压悬辊磨，均适宜对矿山、建材、化工、冶金等行业中，莫氏硬度7级以下的300余种物料制粉加工。成品粒度在80～325范围内自由调节。高压悬辊磨结构上有重大改进，与雷蒙磨粉机相比具有以下特点：辗压力提高1000公斤，产量高；磨辊上下并列分体结构，可互换倒置，使产量稳定，使用寿命延长；采用无转子无级分选，年节电13500度；除尘效率达99.5%，无污染。

  地　址：郑州市大学路××号
  业务联系：公司销售科　　　电话：（0371）×××××××
  电挂：0229　　　　　　　邮编：450052
  驻广州办事处：荔湾路林业厅招待所207房付克钦
  电话：（020）×××××××
  驻长沙办事处：长沙车站饭店112房张敬坡
  电话：（0731）×××××××
  驻成都办事处：人民北路万福桥十九冶办事处302房
  电话：（028）×××××××

  这则广告文案使用了较多的专业术语和专业编号，对于想要购买该设备的制造商们来说，信息是十分详尽的，权威性和专业性都大大增强，比较容易得到目标受众的信赖。

  工业广告的文案内容讲求突出机器、设备、原材料及生产所需的零部件的质量、功能和服务诉求，并强调产品给目标受众能够带来效率的提高，为目标受众解决生产经营的难题。所以说，工业广告文案的语言表达方式上是以理性诉求为主的，适当运用一些专业术语和数据图表，还可以增强权威性和专业性。

  2. 专业广告文案

  专业广告是医药、法律或建筑等行业的人员向他们的客户推荐使用某一特别的产品或服务的广告。

  专业广告和其他贸易类广告的主要区别在于专业人士对于客户的购买决策的影

响能力不同。一方面，杂货店固然可以通过推销自己所销售的品牌来引导消费者作出购买决定，但人们仍可以选择其他商店，那里也许品种更多、价格更低或者商品质量更好。另一方面，一个人很少会因为医生没有开某个品牌的药品而更换医生，或者因为银行使用某种特定的打印机打印支票就更换银行，或者根据建筑师复制设计图的方式来选择建筑师。

专业广告文案对于特定的群体是有非常大的劝服作用的，它以极强的针对性有的放矢，以达到影响目标受众的目的。

【范例1】

（画面为三只难辨真伪的古代瓷瓶）

……当然，这里的门道只有内行才看得出

因为这世上的许多东西，表面上看都差不多，实质却有天壤之别！

就说电梯，您说衡量它好坏的最高标准是什么？内行人会说：是那扇看起来都差不多的门！现在的购买者购买小、中、高层住宅时，为什么多会在电梯门前止步？就因为那是电梯事故的多发地（占整个电梯故障的50%以上）。现在，上海三菱GPS-CR系列住宅电梯全面问世，从根本上改变了这种状况。因为它采用了先进的微机控制变压变频（VVVF）调速驱动机系统！10年前，上海三菱电梯率先引进VVVF技术，使中国电梯制造水平走在世界前列；今天，又将这项技术率先运用到民用小、中、高层住宅，使这些住宅楼具有了更强的市场竞争力！如果您是一个内行的房产商，当然看得出表面上大同小异的电梯门，科技含量却大不相同，对于楼盘的销售，更有大不相同的影响。

上海三菱电梯

（随文略）

这是"上海三菱电梯"的报纸广告文案，电梯这一产品虽然是供住楼者使用，但购买的是房产商，是房产商造楼的"生产资料"，因此广告文案不是针对大众消费者，而是针对房产商，向他们阐明三菱电梯能给住宅楼带来更大的市场竞争力，语言恳切，容易赢得信赖，加上技术术语的适当运用，更增加了权威性和专业性。

【范例2】

食用醋精系酸性食品添加剂

技术领先　均已鉴定　提供原料

包出产品　现场培训　食用醋精、烧碱生产技术

食用醋精系酸性食品添加剂，酸变是食醋的17~28倍，每公斤醋精加水17~28公斤即成食醋。每公斤成本8分，质量超过传统食醋，经质量检测部门测定，各项

理化指标均符合国家卫生标准。四季均可产销,永不变质。生产醋精利用民房3间,投资500元即可生产。办厂规模可大可小,每瓶成本6角,市场价1.5~22.1元。三人日产800瓶,减去工资、税收等开支,日利最少500元。近几年醋精将占领整个食醋市场,而目前我国生产醋精的厂不足10家,产品供不应求。本部即日开始培训,保证学员亲手操作,制出合格产品,并提供原料、设备、销路。技术培训费:单位800元,个人600元。

烧碱是国内外十分重要的化工原料,广泛应用于造纸、印染、肥皂、石油等行业,价格由原来的每吨1200元上涨至2400元,且供不应求,缺口极大。预计近几年内市场不能缓和,所以乡镇企业、联合体生产烧碱前景非常可观。采用本技术生产烧碱投资少(3000~5000元)、见效快(当月可收回全部投资)、设备(火锅、池等)简单,原料(纯碱或土碱、石灰)易购。厂地80m^2,8~210人日产1吨,成本1400元左右,无三废污染,质量达工业标准,年产200吨,年利8万~10万元。培训费:单位1000元,个人700元。上述两项设备有鉴定书、分析报告,汇10元即寄。要求去人办厂费用面议。

专业广告文案中会运用大量的专业术语和数据,对于一般的消费者是难以理解的,它是针对特定行业的客户所作的广告,因此受众范围比较狭窄,但同时广告目标也是比较明确的。

3. 形象广告文案

形象广告是由某个组织就自己的工作、观念和存在的问题所做的广告,其目的在于获得公众的好感和支持而不是为了销售某种具体的产品。又称为"公关广告"。

尽管形象广告一直被看作是树立企业长期形象的方式,但近年来,形象广告的传播意图也开始向鼓励购买方面转变。同其他类型的广告一样,形象广告也是在一定的目标下针对特定的目标受众。形象广告文案的目标受众一般包括:最终消费者、股东、金融界、政府领导以及他们的员工。

形象广告文案的目标有:确立公共身份;改变对于公司的负面态度;阐述公司多样化的使命;增强公司的地位或企业形象;改变公司的负面形象;在目标受众中建立知名度,引导他们今后购买公司的产品;将公司和有价值的特定项目联系起来。

【范例1】

中国远洋运输总公司愿为您提供优质运输服务

中国远洋运输总公司成立于1961年。20多年来,船队建设和业务发展取得了很大的成就。目前已拥有和经营全集装箱船、多用途船、杂货船、混装船、冷藏货船、子母船、散装货船、油轮、木材船、客船600艘,1270万载重吨,航行于全世界150多个国家和地区的600多个港口,成为国际上具有重要影响的航运企业之一。(总公司在广州、上海、天津、青岛、大连设有远洋运输公司。并和江苏、浙江、河北、安徽、江西省合营建有省公司。在世界各地如日本、新加坡、叙利亚、巴基斯坦、科威特、澳大利亚、埃及、阿尔及利亚、罗马尼亚、荷兰等国家的主要港口和香港地区设有航运代表办事机构。)

为了向国内外货主、客户提供安全、优质、价廉、迅速、方便的海洋运输服务，中国远洋运输总公司已开辟中国至日本、中国香港地区、新加坡、澳大利亚及地中海、非洲、欧洲等地的集装箱、杂货班轮和定期航线，并将随着外贸的发展，扩大和开辟新的班轮航线。

这些班轮航线已与港口、代理、装卸公司签订了装卸延滞、速遣合同，并将在外贸、港口等有关部门的大力支持、配合下，做到准班、准点、安全、迅速，并以具有竞争性的优惠运价为外贸运输提供优质服务。

"货主第一、信誉至上、安全可靠、快速经济"是公司的服务宗旨。本公司承包各条航线全部货运业务。热诚欢迎国内外客户前来洽谈业务，定航托运。

中国远洋运输总公司

地址：××××××

电传：×××××

电话：×××××××

【范例2】

造中国最好的空调

要造中国最好的空调，需要最先进的技术和设备。华宝空调器厂是我国家电行业第一个运用CIMS（计算机集成制造系统）的企业，在世界同行中也属罕有。CIMS是中国"863"工程的项目之一，是当今世界的尖端科技。CIMS从产品开发到销售由两个计算机网络控制和管理，对产品质量有高精度的要求。采用CIMS，确保了华宝空调的优秀品质。

四凯冷气专营华宝空调已五年，数年的安装、调试、维修，培养了一支高质量、技术精良的专业队伍。购华宝空调，你无需有后顾之忧。经我公司员工共同努力，1996年度获售后服务先进单位称号。

买华宝空调，四凯冷气服务更精良！

华宝专营店地址：红星中路一段99号（海利电视厅对面）

电话：×××××××

华宝空调维修中心电话：×××××××

形象广告文案要求对整个行业有全局性的了解，奥美广告公司创始人及前创意总监大卫·奥格威曾说过，与产品广告不同的是，企业（形象）广告代表着企业最高行政主管以及整个董事会的观点,不应随便委托于人。所以形象广告的文案创作者必须对作为广告主的企业有全面、细致、深入的了解,才能抓住要领,以权威的姿态吸引目标受众。

14.2.2　不同承载媒体的广告文案

根据贸易类广告文案的不同承载媒体,我们可以将它分为印刷媒体广告文案、电波媒体广告文案及网络媒体广告文案。

1. 印刷媒体贸易类广告文案

顾名思义,这类广告文案就是发布在报刊、杂志等平面媒体上,以及其他印刷媒体如招贴、产品介绍手册、企业介绍样本上的贸易类广告文案,它们具有以下特点:

(1) 信息容量大,密度高。广告主能够将企业或产品的详细情况介绍给受众,使受众对此有清晰、透彻的理解,从而慎重考虑购买与否。

(2) 针对性强。贸易类广告文案的特别之处在于,它是针对特定的受众群(批发商、零售商、销售代理等)发布的,因此它也会针对各种印刷媒体不同的定位进行选择性刊登。

(3) 在印刷媒体上用文字向读者展示企业或产品信息的贸易类广告文案,容易给人一种可信度较高的感觉,更具有权威性。

【范例1】

杜邦公司泰维克纸张广告文案

标题:就是这面茶招子,解决了茶掌柜的问题

正文:从前,茶掌柜的常为茶招子伤脑筋,纸招子要向过往行人打招呼,又要质轻便于悬挂,特别要耐得起风吹雨打。传统的布或PVC等印制素材,总是无法做到。因此,尽管时代进步,茶掌柜的烦恼依然存在,直到现在。请您用手来感受这一页,试试看要用多大的力量,才能撕破它?这就是杜邦泰维克,无论印制任何海报、旗帜,挂在风雨艳阳下,始终亮丽招摇。

(小标题) 当然,杜邦泰维克的优点还有很多,下页见真章……

强韧耐用,一般人的力量撕不破。

受潮或浸湿后仍能保持原有的强度。

重量轻,方便悬挂,比同样大小的牛皮纸轻一半。

印刷精美,耐久不褪色。

完全燃烧后,仅会剩下水和二氧化碳,最符合环保要求。

请带着这份纸样,告诉你的客户,杜邦泰维克好在哪里……

2. 电波媒体贸易类广告文案

电波媒体贸易类广告文案包括发布在广播、电视上的广告文案,视听相结合,

富有冲击力，更能吸引目标受众的目光，并对其购买心理产生影响。

【范例2】

（画面一）晴朗的天空下，一位美丽的女孩正在与男友热情拥抱。合体的连衣裙勾勒出迷人的曲线，以至于在她与男友相会的路上，每个见到她的人都为之倾倒。一个小丑因为看她而忘记了手中的杂耍。是什么使她如此出众？原来，在赴约之前，她在时装里选择了那件杜邦莱卡（它是杜邦1959年的科技发明，人造弹性纤维品牌）制成的连衣裙……

（画面二）一名青年男子驾车撞在电线杆上，车头凹陷。惊魂未定的他从车中出来却安然无恙。他是为了躲避一群踢球的孩子而出的车祸。他之所以未受伤害，是因为他刚买来的新车在出厂前安装了杜邦研制出来的薄膜……

（画面三）一间香气四溢的茶楼里，顾客们正在品尝精致的糯米点心。为什么这些点心如此可口？因为厨师选用了上好的糯米，农民们在稻田里投放了杜邦的稻田除草剂，这是创造精良稻米的保证……

（广告语）许多梦想，因杜邦而实现

杜邦公司是生产系列工业产品的综合性大公司，这则电视广告文案涉及了与人们日常生活密切相关的衣、食、行三方面，向人们表达了杜邦创造生活的理念。最后简短的广告语画龙点睛，让观众了解到杜邦不仅是原材料供应商，还全方位地影响我们的生活，拉近与目标受众之间的关系。

3. 网络媒体贸易类广告文案

通过互联网发布的贸易类广告不受时空限制，可以利用网站发布，也可以利用电子邮件有针对性地发到客户的电子邮箱里，及时得到反馈，比较容易达到既定的贸易目标。

【范例3】

马可波罗在线 Maxpolo. com

马可波罗在线·中国

您的位置：主页——信息查询——机械——设备——食品加工设备——详细信息与发布信息者取得联系

供冷藏集装箱——山东

冷藏集装箱。冰轮冷藏集装箱有限公司依托韩国先进的冷藏集装箱生产技术，以服务客户，满足客户为宗旨，大力开发生产特种冷藏集装箱，满足冰轮客户不断变化的要求和期望，奋力开拓，勇于创新，为客户提供更完美的箱式气调保鲜库。库体前端框架内装气调及制冷系统。库体设观察孔，内部温度及气体成分，均可按需要进行调节。内部容积 $30m^3$ ……本产品适应各种果蔬及其他易腐货物的冷藏。

公司名称：烟台冰轮集团有限公司
联系人：王晓梅
电话号码：0086-535-6269158
传真号码：0086-535-6269158
信用度：何不立刻行动，与信息发送者取得联系，获得更多的信息。
您的姓名或称呼
填您的电子邮件
填写您相关信息

14.3 贸易类广告文案的写作

美国广告界知名人士H·史戴平斯认为："文案是广告的核心"。在整个广告创作环节中，文案写作占据着举足轻重的地位，它是广告主题的文字表现，是广告创意的显化和具体化，它为平面设计提供文字的内容，为电视片制作和广播录音提供文字脚本。据调查资料显示，广告效果的50%~70%来自广告的文字，也就是文案的写作。

对于贸易类广告文案的写作而言，与其他类型的广告文案写作在流程上并无太大的区别，但在各个运行阶段，却有其特殊之处所在。

贸易类广告文案的写作程序，大致有四个阶段，即准备阶段、构思阶段、撰文阶段以及修改阶段。

14.3.1 准备阶段

这一阶段的主要工作是收集材料、整理材料和分析材料，明确产品的定位，了解目标对象的需求情况等，一篇优秀的广告文案是以全面的调查和缜密的分析为基础而产生的。

就贸易类广告文案的写作而言，由于它的专业性以及目标受众的针对性，文案的创作人员必须通过收集大量的有关材料，通过整理、分析从而掌握全面的专业知识，这样在进行写作时才能拿捏到位，将火候掌握得游刃有余。

1. 了解特定的品牌、产品与服务。不论是推销产品、服务，还是树立企业、品牌形象，贸易类广告都是围绕特定品牌、产品和服务展开诉求的，因此，在创作广告文案之前，必须认真研究特定的品牌、产品和服务，全面掌握专业知识，尤其要注意挖掘它们别具一格的特点。

2. 了解目标受众的构成、心理，以及目标受众对特定品牌、产品和服务的反馈意见。弄清楚目标受众的构成和心理，在发布广告时才能有的放矢，具有较强的针对性，达到事半功倍的效果。听取目标受众的反馈意见，能够及时发现前期的不足与缺点，适时修正，不至于误导的情况发生。广告文案的创作者在市场调查研究的过程中，要努力发现特定品牌、产品和服务的市场空间，特别要注意发现并开拓消费者心理空间的有效途径。

3. 了解竞争对手的现状。在如今市场经济的条件下，一个企业、一个品牌、一种产品、一项服务，很难是独一无二并无可取代的，因此，特定的品牌、产品和服务在市场上总是面临着激烈的竞争。知己知彼，才能百战不殆，广告文案的创作者不仅应对广告主的有关情况加以详细了解，还应当对广告主的竞争对手加以了解。了解竞争对手的与自己类似的产品、服务；市场占有率等销售情况；产品、服务的广告情况，如广告策略、广告发布的媒体、广告作品等，只有对竞争对手的情况了如指掌，方能创作出独具一格的广告文案。

14.3.2 构思阶段

这一阶段的任务在于明确广告文案的主题，确定采用什么样的诉求方式和表现手段，寻找最能表现主题的切入点和叙事角度，按主次顺序树立广告信息等。

对于贸易类广告文案的写作而言，首先必须弄清楚它要传达的具体信息要素是什么。在前一节我们已经了解到，贸易类广告文案有工业广告、专业广告、形象广告之分，是要宣传产品，还是强调服务，抑或树立品牌形象，不同的传达内容决定了在构思阶段的不同工作。

1. 对于宣传产品的贸易类广告文案而言，它的信息主体是工业用原料或产品等，写作时应侧重于对新信息的表现，在目标受众心目中建立产品形象和产品的利益诉求，进一步扩大产品的知名度和好感度，促进产品的市场占有率。

2. 对于强调专业服务的贸易类广告文案而言，由于服务的即时性特点，这类广告文案的写作必须为"服务"这种无形的产品塑造出一个有形的形象来，要在人们尚未接受真正的服务之前，就进入一种特定的服务氛围之中，从而将一种无法保留的感觉对目标受众产生一种渗透性的诱惑。

3. 对于树立品牌形象的贸易类广告文案而言，它的直接目的是为了建立一个被目标受众所接受认同的良好企业品牌形象，在文案写作中应尽量传达企业正面的信息，有效的建立和展现企业的良好形象，使目标受众了解并认可这些信息。

14.3.3 撰文阶段

通过前两个阶段的充分准备，接下来应该将已经确定的构思用文字表述出来。通常完整的贸易类广告文案的结构有标题、正文、随文及口号，有些贸易类广告文案则根据具体情况选取自己表现所需要的部分，如有的没有标题，有的没有口号等等。

1. 标题写作

好的广告标题，能够起到画龙点睛的作用，引导受众阅读广告正文，并直接影响广告效果。据调查表明，阅读广告的人80％是先看标题，然后根据标题的内容决定是否还要继续往下阅读正文。

对于贸易类广告文案的标题而言，大部分是直接表意的，如"中国电子技术应用公司（CCEA）隆重推出天工 CEA-3500 型大幅彩色喷绘系统"（企业名称＋商品品牌）；"供进口、合资胶合板水曲板，特供泰柚贴面板"（商品名称）。

也有间接表意的，如"为地球做的事"（杜邦公司形象广告），"虽然我们并不制造汽车，却能令汽车生产线运作通畅"（施耐德电气公司）。

或是将直接标题与间接标题合为一体的复合式广告标题，多采用双行标题的形式，如"复盛空压机——高科技动力　世界级品牌"（台湾复盛机构）；"请认准'新讯牌'电力线载波电话机——内部通信　理想选择　荣获金奖"（"新讯牌"电力线载波电话机厂）。

对于一些以画面传达信息的贸易类广告文案而言，由于几乎没有太多的文字描写，标题就显得尤为重要。如日本三菱重工业株式会社的广告，就是利用从陆地到海洋到天空的画面，展示"三菱"产品在各种领域的先进技术，并配有醒目标题："运用综合技术，开拓未来世界。"上海浦东发展银行的广告画面是在碧绿的旷野之中，蓝天、白云的映衬下，一系列风车由远及近，巨大的标题"融通供应之链，汇聚共赢之源"，很明确地展示了上海浦发银行的创富服务理念。

2. 正文写作

广告正文是广告文案的中心部分，是承载广告信息的主体。一般的广告正文就是承接在标题之下，用来解释标题并将标题揭示的理念进一步具体化。

贸易类广告文案的正文部分通常包括以下内容：

（1）向目标受众提供产品的性能、功用、质量、特征，产品包含的成本、基本原理，产品的外观、型号、规格、使用方法、价格等一系列有用信息。

【范例1】

中国石油化工总公司××石油化纤公司向国内外工商界致意

国家二级企业——××石油化纤公司是集炼油、化工、化纤于一体的特大型现代化联合企业。主要产品：化纤单体、化纤原料、塑料原料等。所产"××牌"产品质量优良，赢得市场赞誉。

力求发展和振兴，××二期工程已于19××年×月经国家批准正式立项。主要产品：聚酯20万吨、尼龙66盐5万吨及后加工产品。作为国家"八五"规划重大项目的××二期工程正在实施，欢迎国内外朋友合作。

（随文略）

（2）对目标受众作出明显承诺，强调一系列服务的周全性，并主动提出解决问题的方案，从而使目标受众愿意合作或购买，树立企业以及品牌的形象。

【范例2】

开家服装翻新店

韩国的技术、原料和设备，是成功的保证。

服装穿一段时间后,会出现褪色、洗花,或颜色不鲜亮,显得过时了,扔了吧可惜,穿出去吧又难看。每个家庭都有好几套这样的衣服。

本公司最新引进韩国技术及全自动化的机械设备,能将旧服装翻新。纯棉、纯毛、纯麻、化纤类的服装,医院、酒店、餐厅的床单被套、浴巾、蚊帐、台布等都可以翻新。一般翻新一件衣服成本1.50~2.50元,收费15~30元不等,店员1~2人,店面积15平方米以上,用电220V。这是刚兴起的朝阳产业,它会像干洗一样很快普及到全国。

本公司计划发展1000家加盟店,每县级城市1~2家,免收加盟费,免费培训1~2人,统一使用"太空人"品牌,统一店面形象设计,统一店员服饰,形成全国规模化经营。

提供全套设备:A型8800元,B型12800元,质量"三包",长期供应原料。

陆续投入500万元的广告支持,以提高各加盟店在当地的知名度,做到加盟一家成功一家。

这篇贸易类广告文案在开篇就将一个很普遍的问题提出来,即旧衣服扔了可惜、穿上难看,随后推出可以解决这些问题的商品和服务,并说明其特征、优点、性能和效用,同时还告诉受众企业的团体优势和对成员的优惠措施,很好地传达了广告的诉求点,吸引了受众的目光。

(3)我们在14.1中说过,贸易类广告文案的特殊性决定了它大多采用理性的诉求方式,通过说明、劝告、提醒、比较等方法,说服目标受众作出理智的选择。

【范例3】

亲爱的爸爸:我刚刚从DOW公司面试回来,
这次面试使我觉得我好像适合我的研究工作
我的工作是寻求新的提高食品质量的办法,
寻求帮助病人的方法,
我打算去应聘,爸爸我一定会尽量让您满意的。

爱你的戴维

这篇简短的贸易类广告文案出自DOW公司,用写信的方式来夸耀产品,可谓标新立异。表面上,正文是在描述一个为了理想能够实现而感到兴奋的年轻人。但事实上,却是在阐述DOW公司的经营理念。这一精巧构思和聪慧的表达方式,刺激了受众的情感,使得DOW公司树立了口碑良好的企业形象。

总的来说,贸易类广告文案的正文部分在包含以上内容之外,还应注意语意的精准。不同于其他类型的广告文案,它要求将产品或企业的信息用平白朴实的语言传递给目标受众,不需要文字上的舞文弄墨,不需要运用一些精巧的修辞手法,一些华丽、优美的词藻也大可省去,最重要的是要真实可信,准确地表达出广告主的信息。

3. 随文写作

广告随文是写在正文之后，传递补充特定的信息。在贸易类广告文案中，随文一般是提供产品的销售地点、购买方法和联系电话，还有的为经销商提供了厂名、厂址、电话、邮编、联系人、开户银行和账号等，为联系业务提供了方便。

【范例1】

（上海麦香姆快餐刊登的诚邀加盟店广告文案的随文）
连锁总部：上海麦香快餐管理有限公司
热线：021－58209987　58209082　58209081
传真：021－58209082
开户行：中国农业银行上海市浦东分行东昌营业所
邮编：200122

【范例2】

（清水埠健身武术器具厂广告文案）
以上产品不收邮杂费，购者请将款汇至浙江省永嘉县清水埠健身武术器具厂。
联系人：泮芹兰
开户行：×××银行
账号：1234567

4. 口号写作

不管是对贸易类广告文案或是其他类型的广告文案而言，广告口号在某种意义上来说就像企业的商标一样，是企业或品牌营销的一个重要标志，也往往反映出一个企业或品牌的个性。通常企业或品牌都会长期使用一种广告口号，通过反复宣传，给目标受众留下深刻的印象和记忆，从而在不同的时间和场合中能够清楚地辨识。

【范例1】

我们是第二，我们更加努力
　　　　　　——艾维斯出租汽车公司
乘坐日落列车去加利福尼亚真是惬意
　　　　　　——美国南太平洋铁路局
施耐德，一流输配电技术，工业自动化专家。
　　　　　　——施耐德电气公司
梯莫肯：一个新型的供应商
　　　　　　——美国梯莫肯公司

14.3.4 修改阶段

一份精彩的广告文案不是一次就能轻松制作完成的，往往需要反复斟酌反复修改才能达到最终理想的效果。创作者在拿出广告文案的初稿后，需征求各方面的意见，对文案进行修改润色，有时甚至会推翻原先的文案，另行撰写。

14.4 案例分析

施耐德广告文案

施耐德电气是全球配电、自动化与控制领域的领导者和专家，为能源与基础设施、工业、建筑、民用住宅四大核心市场提供全面的产品、软件、系统及服务。以下是它的一则贸易广告文案。

虽然我们并不制造汽车

却能令汽车生产线运作通畅

施耐德提供电力分配、工业控制以及自动化设备，令世界各大车厂的汽车流水线运作通畅，保持高效率的生产规模。

施耐德在输配电、工业控制和自动化设备方面颇负盛誉，旗下拥有四大世界性品牌：梅兰日兰、莫迪康、美商实快电力和TE电器，以及遍布全球130个国家的6万多名技术专家。

我们的信念：安全、经济、高效地满足您每一天的需要。

施耐德电气公司

电话：（略）

传真：（略）

施耐德，一流输配电技术，工业自动化专家。

从类型上说，施耐德电气公司的这则广告文案面向广大制造商、供应商，产品涉及电力分配、工业控制及自动化设备，强调了产品背后的技术实力以及工业自动化为企业带来的高效率，很明显属于一则工业贸易类广告。

从结构上看，这是一则完整的贸易类广告文案，包括了标题、正文、随文及口号四个部分，下面从各个要素进行分析。

1. 标题

"虽然我们并不制造汽车，却能令汽车生产线运作通畅"这个标题用暗示的方法含蓄地传递了广告信息，属于间接标题。它并不是中规中矩地将企业、产品的形象直接展现在目标受众面前，而是运用生动形象的语言将公司的核心功能传达给目标受众，吸引大家的注意，并强调"通畅"，给受众心理上的保证，使他们有兴趣继续看下去到底是如何使得生产线运作通畅的。

2. 正文

该广告文案的正文分成三段，第一段是介绍能给目标受众带来的好处，即关于利益点的诉求；第二段是介绍电气公司的概况，强大的规模给受众一种可信赖感，有理由相信选择该电气公司是没有错的；第三段阐释公司的信念，一句话为受众提供更多的保证。这种段落的分法令人一目了然，语言简洁、明了，读来结构清楚明白。

3. 随文

随文部分提供了电话及传真，方便感兴趣的目标受众能够及时联系公司，开展贸易洽谈，以赢得更多的市场机会。

4. 口号

"施耐德，一流输配电技术，工业自动化专家。"简短的几个字将施耐德电气公司的定位及个性展现给目标受众，强调自身技术，标榜自己是某方面的专家，让受众在遇到这方面问题时很容易想到该公司，浓缩凝练的语言形式给人留下经久难忘的印象。

总的来说，这是一则成功的广告文案，虽然字数不多，短小精悍，但准确全面地传达了公司的旨意，明确了公司的定位，有的放矢地针对目标受众，能够取得良好的广告效果。

思考题

1. 贸易类广告文案具有哪些特点？
2. 贸易类广告文案的类型有哪些？
3. 简述贸易类广告文案的写作程序。
4. 实践训练：根据以下材料，为杜邦公司创作一则贸易类广告文案，以更有效的打开中国市场。

杜邦（Dupont）公司是一家以科研为基础的全球性企业，提供能提高人类在食物与营养，保健，服装，家居及建筑，电子和交通等生活领域的品质的科学解决之道。两百年前，杜邦主要是一家生产火药的公司。一百年前，业务重心转向全球的化学制品、材料和能源。在杜邦进入第三个百年时，杜邦提供的是能真正改善人们生活、以科学为基础的解决方法。

杜邦的核心价值始终是致力于安全、健康和环境、正直和具有高尚的道德标准以及公正和尊敬地对待他人。

2003年12月1日，为进一步强化公司在全球市场的竞争力，杜邦推出"以客户和市场为导向的业务增长和生产率提高"为核心的"新杜邦"战略。通过整合内部架构以及充分利用和加强基础设施，使杜邦的业务部门更专注于服务世界各地的客户，调动杜邦全球化和规模化的优势，达到销售收入每年提高10亿美元的目标，赢得在各个市场的成功，实现可持续发展。

中国市场被确定为"新杜邦"战略的重点之一，面临着更大的发展机遇和公司更多的资源投入。杜邦秉承科技为本，以科技"飞跃"造福人类的企业宗旨，通过引进和推广杜邦的高科技、优质生活产品，支持中国的社会发展和人民生活水平的提高。

杜邦"可丽耐®"Corian®实体面材、"特富龙"Teflon®不粘涂层,"耐力丝®"Tynex®高级刷毛等高科技生活产品都为国内消费市场带来清新的气息,将科学的奇迹转化为全新的生活概念和时尚,让人们生活得更美好、更舒适。

在杜邦,引进优质生活产品即是引入先进技术。杜邦的消费产品推广也以帮助国内同行发展为根本,通过严格的品质认证计划提高国内厂家的国际竞争力,让杜邦的品质信誉能为中国企业进军国际市场助一臂之力。

参考文献

[1](美)J. 托马斯·拉塞尔 & W·罗纳德·莱恩. 克莱普纳广告教程(第十五版)[M]. 王宇田,王颖,钟莉译. 北京:中国人民大学出版社,2005.

[2] 丁伯铨. 广告文案写作教程[M]. 上海:复旦大学出版社,2002.

[3] 杨先顺. 广告文案写作原理与技巧[M]. 广州:暨南大学出版社,2000.

[4] 郝慧珠. 广告文案写作[M]. 北京:团结出版社,2003.

[5] 柴少恒. 广告文案写作与赏析[M]. 北京:经济管理出版社,2006.

[6] 胡晓芸. 广告文案写作[M]. 北京:高等教育出版社,2003.

[7] 陈培爱. 如何成为杰出的广告文案撰稿人[M]. 厦门:厦门大学出版社,2002.

[8] 张浩. 新编广告文案写作格式与范本[M]. 北京:蓝天出版社,2005.

[9] 夏晓鸣,钱正,曹晓燕. 广告文案写作[M]. 武汉:武汉大学出版社,2006.

[10] 李东进. 现代广告学[M]. 北京:中国发展出版社,2005.

第15章 文化类广告文案

随着社会物质和精神生活水平的不断发展提高,除政治、经济等传统社会因素以外,文化因素对人们生活所起的作用和影响越来越不容忽视。文化类行业是社会生产力发展的必然要求,是随着社会主义市场经济体制的逐步完善和现代生产方式的不断进步,而发展起来的新兴产业。文化行业的兴起、发展不仅给人们提供了更多的精神食粮,同时也成为推动社会经济发展的一大推力。而文化行业的社会化和商业化过程也催生了文化类广告的从无到有,形式和内容的从简至繁,进而深入到社会生活的方方面面。2007年发布的《中国文化产业发展总报告》指出,"我国目前宏观经济环境持续改善的情况下,文化消费对产业发展的影响程度将逐步提高……而新兴消费形式不断涌现,新的产业空间之门次第打开,必将引发城市居民文化消费从形式到内容的深刻变革。"[1]

文化是指人类所创造的精神财富,如文学、艺术、教育、科学等。[2] 文化行业包括影视业(包括电影、电视、广播、影视基地等)、音像业、文化娱乐业(包括文艺表演、音乐酒吧等)、文化旅游业、图书报刊业(包括出版社、图书批发零售商、杂志、报纸等)、文物和艺术品业、文学艺术(包括艺术博物馆、音乐厅等)、动漫等门类,以及信息产业的一部分。[3] 这些行业在市场经济环境下,进行着适应市场的改进,走产业化之路。在这一过程中,他们一改以前单纯广告发布媒体或者为其他广告主服务的地位,转变为广告主进行广告发布,进行自身宣传,即文化类广告。[4]

文化行业本身具有的特性决定了文化类广告不同于其他行业广告的特点,而这些特点又决定了其广告文案的写作与其他行业广告文案的相异之处,决定了言说的

---

[1] 《中国文化产业发展总报告》http://cnci.gov.cn/news/Policy/news_4688_p1.htm.
[2] 基于维基网搜索:http://www.wikilib.com/wiki?title=%E6%96%87%E5%8C%96&variant=zh-cn.
[3] 参见《上海文化年鉴》2005年第1期,第15~19页。
[4] 《新编广告文案写作格式与范本》一书中定义为:文化类广告,主要指文化、科技、教育、卫生、娱乐、出版等方面的信息广告。

必要。文化类广告的这些文案在具有最普遍意义上的广告效果的同时，也成为文化行业本身的一个重要的相辅相成的组成部分。

我们可以看到在一些经济、贸易行业的广告中，运用了相当多的文化视野、文化概念和文化手法，借以树立产品形象、企业形象等。在运用不同的分类标准时，这些广告也可以划入文化类广告的范畴，因为它们的内容是有文化理念的。但在本章节中，我们以行业为分类标准，由此本章的文化类广告文案仅指文化类行业作为广告主所做广告的文案。

15.1 文化类广告文案的特点

文化产品是文化行业提供的产品，也是文化类广告的主要承载物，它的特性以及文化行业的行业特性决定了文化类广告文案的特点。文化产品是一种精神产品，不同于大多数经济、贸易行业的产品，它常常依靠物质形式存在的衍生品进行传播。文化产品不是一次性消费，不像食物吃掉以后会消化，也不像服务行业的产品在客户享受付款后就结束，文化产品的影响是深远而长久的。

15.1.1 文化产品的生产过程是一个形成概念的创作过程，其广告文案是一种基于创作的创作，是对于概念的第二重释义。

文化是共有的，它本身是一种时间的沉积，是一种共有的概念、价值观和行为准则，文化产品由此具有同样的特性，它包含从古至今的符号、语言、行为、理论、情感，是一种思想的承载和体现，并不是简单的牙刷、水杯。对于文化产品而言，它的生产过程是复杂的，要画一幅油画，不可能用流水线设好程序进行画作，只能由艺术家进行创作。

报纸，作为日常生活中最为常见的文化产品形态之一，它有不同的类型，如都市报、经济报、时政报、娱乐报等等；同时根据地区的不同，这些林林总总的报纸所关注的对象也有很大的差异。在当下各大报业集团林立的竞争态势下，各大报纸如果还以以前的单纯采编发行方式简单地运作是不行的，他们必须要有自己的品牌，要有自己响亮的概念和广告语，才能让读者眼前一亮，才能用自己的理念把握住自己的读者群。

【范例1】 各大报纸概念广告语

《羊城晚报》：真知影响人生
《21世纪经济报道》：新闻创造价值
《经济观察报》：理性、建设性
《三联生活周刊》：一本杂志和他倡导的生活
《新周刊》：中国最新锐的时事生活周报

《外滩画报》：公信就是生命力，有观点就有预见
《纽约时报》：所有适宜刊载的新闻
《21世纪经济报道》：新闻创造价值
《国际金融报》：资讯创造财富
《南方都市报》：中国最好的报纸
《东方早报》：影响力至上
《南方日报》：高度决定影响力
《新京报》：负责报道一切

由上面的例子可以看到，这些报纸都有自己的口号，也就是报纸本身作为一种文化产品所内在的概念，是其生存下去的主心骨。现在的读者已经不再满足于只是摄取新闻事件本身，他们需要更多的思考和立场，在这样的诉求环境下，一个没有自身明确理念和追求的报纸是没有竞争力的。当一个明晰的口号提出之后，报纸就要一步步地围着这一核心发展，进而形成其特有的风格和立场，而这样的风格和立场正是一份报纸长期生存下去的必要条件。

当报纸作为一个创作主体，要将自身概念进行发布宣扬、让更广大的读者了解的时候，广告成为不二选择。而广告应该如何对于一个文化产品、一个理念进行宣传和广而告之，就要依靠基于报纸理念的二度创作。《北京晚报》的广告语是"晚报不晚报"，下面是两则麦肯光明广告公司为《北京晚报》所做的广告文案：

【范例2】《北京晚报》形象广告文案

标题：来一份昨天的晚报
广告语：晚报不晚报
内文：一场深秋的雨
从昨天午后一直下到今天
雨过天晴
我第一个愿望就是跑到街上
尽情享受清新的空气
看一看北京的天空中
有没有久违的彩虹
细细的风吹着暖暖的阳光
我走向那个熟悉的报摊
阿姨刚刚摆好摊位，对我笑笑，问：
"来一份儿刚到的？"
"来一份儿昨天的晚报！"我说
阿姨愣了一下
然后在报纸底下翻了翻

拿出一叠皱皱的北京晚报，说：
"昨天下雨，没来吧……"
我点点头
我喜欢收集老电影
却从没有买到过昨天的晚报

评析：文案的描绘了一个最生活化的场景，就在身边熟悉而简单的对话却有着戏剧性的逻辑，特别最后两句"我喜欢收集老电影却从没有买到过昨天的晚报"，对于"晚报不晚报"的核心概念进行了全新的诠释。

标题：报纸不是那样读的
广告语：晚报不晚报
内文：
早上9点上班，下午6点下班
然后加班到凌晨
一切是那么自然
工作的时钟已将我程序化
我一直认为紧张的生活才会不断前进
所以微笑也变得很有效率
我更明白保持头脑新鲜才能不落后
所以每天坚持像读文件一样读报
直到有一天
一位同事递给我一杯咖啡说：
报纸不是那样读的
那报纸还能怎么读呢？
或许是阅读与效率无关
"程序"间断的时候
我听到了光线穿透玻璃窗的声音
穿透空气的声音
穿透文字的声音
穿透心的声音
光芒中
每一个文字散发着新鲜的油墨味道
只有手边刚刚煮好的咖啡才能与之媲美
我发现我还会感动

评析：看报纸会感动？初听时会觉得结论很奇怪，但是细细体味，发现生活中我们读报时似乎是有过这样的瞬间，而这时读者就能感受到《北京晚报》所传达的一种人文关怀。报纸不是冰冷的印刷纸，而是一种可以让人感动的声音，透过空气、文字和独特的油墨味道。

15.1.2 文化产品的原始创作成本高,但机械复制成本低,因此广告文案是达成其更深层次附加心理价值的重要手段。

文化产品的生产是一个创作过程,但另一方面,它的机械复制成本却是异常的低,文化产品生产者不仅要面对不法商贩的盗版,还会遇到消费者的盗版(如 MP3 歌曲的下载及传播)。于是对于文化行业来说,在有广泛普及宣传的同时,还必须传达一种"正版"的观念,让受众感受到不是在教育他们不盗版,而是让他们意识到文化产品是应该感受原始创作的。

随着消费者掌握的文化产品数量增加,其对文化产品的理解程度逐步加深,文化产品对其所产生的效用也越来越大,这就是文化产品的附加价值。而与此同时,消费者购买某种产品,并非仅受一种需求的驱使,商品提供给消费者的也不仅仅是它的使用功能,而更多的是它的附加心理价值,这正是商品满足了消费者的社会性和多层次的需要所致。

就如同正版的唱片宣传的应该不仅限于告知人们它可以提供更好的音质和听觉享受,而应该让人们不自禁地想到这样的音乐只能在持有原版唱片的状态下才有它最大最本质最保值的价值。当然在现实生活中,大多数人会因为价格的关系而却步。举一个更加明显容易选择的例子,一出排演多年的歌舞剧演出,当然你可以买到盗版光盘感受一下,但是这个和现场观看是有天壤之别的。这时,如果基于一个好的广告文案进行宣传推广的话,相信是有很多的人会选择花比买盗版光碟多几十倍的钱到现场观赏的。这是对一个剧目演出吸引力的考验,更是对它的广告文案的考验。

【范例3】[德州巴黎] 电影原声 CD 唱片宣传文案

标题:[德州巴黎] 电影原声 CD

广告语:感人至深的经典配乐 最值得收藏的电影原声唱片
HI-FI 级至尊发烧天碟 电影史上最感人的 9 分钟的爱情告白

内文:这是 1984 年荣获戛纳电影节金棕榈大奖的那部感人至深的经典影片——《德克萨斯州的巴黎》的原声唱片。该片直到 2001 年 8 月才在欧洲院线下映(档期持续了 17 年),电影的成功可见一斑。如果说电影的成功是由那位著名导演威姆·文德斯和性格演员亨利·迪恩·斯坦顿与红极一时的那塔沙·金斯基共同铸就,那么作曲家和吉他演奏家瑞·库德尔(Ry Cooder)则用他伟大的音乐,几乎将这部影片推向不朽。音乐与情节,演员的表演以及镜头的节奏配合得丝丝入扣,是

图 15-1

一种唯美的忧伤,当你听到第一个音符时就会说:"啊,这就是经典!"。唱片中除收录了瑞·库德尔为影片创作并演奏的极具迷醉效应的全部配乐外,还收录了由主演亨利·迪恩·斯坦顿演唱的改编自一首墨西哥民谣的主题歌"Cancion Mixteca",最吸引人的是,唱片十分体贴地将也许是电影史上最感人的那段长达9分钟的对白"I Knew These People"收录其中。

也许因为瑞·库德尔是位出名的乐器鉴定家,所以他的每款录音都有着杰出的音响效果,其中尤以这张《PARIS, TEXAS》最具口碑。使人瞠目结舌的是,瑞·库德尔用一把滑棒吉他竟然征服了每一个发烧友。此前,你无论如何也想像不出这件乐器居然能幻化出如此丰富动人的音色。已臻顶级的录音把音乐家演奏时的每一个细微变化都呈现得十分清晰,人声也录得真实无比,HI-FI 的每一项指标都得到具体示范。因此这张唱片被同时收于京文"电影原声珍藏馆"和"最值得收藏的声音"系列中,无条件向所有乐迷推荐!

图 15-2

华纳唱片中国(香港)有限公司提供版权 文音进字(2002)493 号
中国文采声像出版公司出版
ISRC CN - A51 - 02 - 322 - 00/A. J6

01. Paris, Texas
02. Brothers
03. Nothing Out There
04. Cancion Mixteca
05. No Safety Zone
06. Houston in Two Seconds
07. She s Leaving the Bank
08. On The Couch
09. I Knew These People
10. Dark Was the Night
PRODUCED BY RY COODER

评析:看完内文的叙述,唱片的专业性和巨大的收藏价值马上展现在眼前,面对这些,脑中的概念是这样的好唱片买盗版还不如不买,这是一张一定要好好放起来的唱片。在欣赏之余它更是一种品位的象征,而这正是文化产品除了实际使用价值以外的附加心理价值。

15.1.3 人们对于文化产品的购买动机是多样化的,因此文化类广告文案更加具有针对性,体现高度的人文关怀。

广告传播效果的实现是建立在全面了解产品或者服务信息的基础上,只有充分认识清楚消费者的心理状况、态度、需求以及动机等,才能更好地为产品服务。根据马斯洛的"需求层次理论",人的需要从低级到高级分为五个层次:生理的需要、安全的需要、归属与爱的需要、尊重的需要和自我实现的需要。这些需要从低到高排列成了一个阶梯,只有当低级需要得到满足或部分满足之后,高级需要才会产生。在物质产品发达的今天,文化产品作为人较高层次的需要,与爱、尊重以及自我实现相联系;在这种情况下,文化类广告必须符合文化产品的这一特性,同时针对人们的购买动机和诉求,在广告文案中投入更多的人文关怀和情绪。

1. 针对满足"缺失"的诉求挖掘消费者的深层需求

首先,对于文化产品的诉求最常见的是满足"缺失",即对于本身缺失的东西从内心需要,也或者是拥有了但是并不满足,需要更好的以满足需求。而与之相对应的,广告文案针对这些诉求去挖掘消费者的真正深层次的需求,然后将之进行表达,提供有力的购买理由。

【范例4】台湾诚品书店敦南店广告文案两则

标题:德国 TASCHEN 书展

为什么读 TASCHEN?

因为天堂,因为 HUNDERWASSER。

因为梦想,因为 DALI。

因为童话,因为 MIRO。

因为寂寞,因为 VAN GOGH。

因为爱情,因为 PICASSO。

因为这世界上没有业余的艺术家。

从现在起,您不必专程跑遍世界美术馆欣赏真迹。

这些 TASCHEN 上都有记载。

评析:对于世界美术馆的渴望,是每一个爱艺术的人所憧憬的,而诚品抓住这个,它办到了。而文案中对于"天堂、梦想、童话、寂寞、爱情"几个词的提炼,更容易唤起人们对于内心的询问,"我少了什么?""我在追寻着什么?"……当询问结束,回头也就记住了这个书展,并决定前往,不是为了书,而为了找到内心缺失的东西。

标题:关于游戏

白天是塞车过不来的马路。

白天是8:30 的打卡钟。

白天是24.5度的会议室。

白天是样样急件的文书档案。
白天是老板付薪水买的，晚上是自己的。
今年仲夏夜，困在台北水泥森林的人，不必选择出走。
在敦化南路上，有古典、摇滚、民谣、戏剧和啤酒，
连续十三周周末夜，欢迎所有白天身不由己的天使来夜夜堕落。
夏日游戏的联想
三十九小时仲夏夜的游戏，夜夜夜狂。
架灯延长夜晚的生命力，
全程监看穿冰淇淋色紧身长裤的异议分子，
ROCK的舞步在地上全面搜索啤酒释放的激情。
夜阑人未静，
请假如我们的黑名单，
所有的失踪人口，都将集结在诚品的月光下，
我们都保有欢闹的权利。

评析：在"台北水泥森林"生活的人们看到这则广告一定会激起强烈的共鸣，这是一个充满反抗因子的时代，"白天身不由己的天使来夜夜堕落"这样的话语说到了很多表面中规中矩的人心中，内心对于释放和自我的要求被唤醒。同时，拉近了诚品与读者的心理距离，能提出这样感受的书店是与现代生活同步的，而不是一个充满书架、散发着老书气息的屋子。

由文案实倒可以看到，诚品广告文案站在人内心深处看到的东西也就是它能获得成功的要素，把握住消费者坚硬亦脆弱的心理。对于"缺失"的需求还有一种情况是预防的心理，希望通过产品对将来的一些不愿发生的事情予以预防。如同台湾山叶钢琴的广告文案，它的广告语是："学琴的孩子不会变坏。"它没有直接讲钢琴有多么地好，而是恰当地抓住了父母的心态，从学钢琴有利于孩子身心成长的角度，让父母心服口服，这是非常高明的。

2. 针对期望认可、提升的诉求突出产品的品位和价值

如果说我们对于食物的要求是美味、健康，对于衣服的要求是合身、时尚，那我们对于文化产品的要求是什么？是享受？是生活品质的追求？还是地位的象征和认可？作为较高层次的需求，文化产品所代表的意义远远大于它本身所具有的特质。在物质生活得到满足之后，人们渴望更有品位的生活，希望提高自己的修养和认识，得到一些阶层的认可，这也是为什么当今文化消费在居民日常生活支出中所占比重越来越大的原因。

而基于此诉求，文化类广告一大特征便是牢牢抓住了人们这一心态，从品位、价值上进行广告创意和包装。这既是文化产品本身的一种表达，也是对于文化产品的一种精神层面的延伸；同时，广告由于基于文化概念进行的创作，虽然有极重的商业气息，但俨然也成为了一种文化艺术品。

"一纸风行20年"的《南方周末》可以说是国内最尖锐的报纸之一，在人们的

口口相传中,这是一份"知识分子看的报纸"。在一个知识为上、人才最重要的时代,这是人们对于一种思想层次的追求。试想你在公车上看到有人在读《南方周末》,你会认为他是什么样的职业或者说文化水平呢?下面例举了《南方周末》系列广告文案中的两则,它们从不同的形象阐释了"深入成就深度"这一概念。

【范例5】《南方周末》广告文案

宣传语:
以服务改革、贴近生活、激浊扬清为特征,以正义、爱心、良知为诉求,坚持讲真话,坚持公信力。
让无力者有力,让悲观者前行。
深入成就深度。
系列广告文案:
笛子篇
标题:静有所听
正文:
在这浮躁的年代,
静,也是一种责任,
在静中聆听最细微的声音,
在静中思想得到最真实的感悟。
南方周末,思想人生,思想新闻。
广告语:南方周末,深入成就深度。
评析:我们都说现在的生活节奏太快,太浮躁,《南方周末》就以笛子作为具象,"静"作为关键词,告诉人们他们的"思想",以最安静的方式和最冷静的心态洞察世事、思考时代。对于追求更高层次的人来说,这可能正是他们所希冀的。
卵石篇
标题:恒有所得
正文:
在这多变的未来,
恒,也是一种信心,
曾经,多少次的妥协换回失落,
曾经,多少个梦想被遗忘。
思想守恒,只因希望在路上。
南方周末,思想人生,思想新闻。
广告语:南方周末,深入成就深度。
评析:在高扬团队合作精神的当下,我们有时也会无奈感觉到"恒"或者说"坚持"是一件太难的事情,我们不得不去妥协和遗忘。而《南方周末》告诉人们,他们在坚持，他们在追求梦想。如果一个他，他的成功来自于他的坚持和寻梦，那当他看到这则广告的时候，一定会引起共鸣，进而形成强烈的认同感，而关注这份报纸。

15.2 文化类广告文案的类型

15.2.1 艺术演出类广告文案

艺术演出类广告文案在一定程度上与演出的策划文案相通，阐述了整个演出的基本要素及总体概念等，其中详细的广告文案还可以有招商的部分。

【范例6】"和谐油城、清爽怡夏"×××汽车文化展演文案

前　言

为响应党中央"共建和谐社会"的号召，贯彻大庆市政府"创卫大庆、文明大庆"的精神，《大庆油田报·都市生活》特别策划了"和谐油城、清爽怡夏"×××汽车文化展演，旨在丰富油城老百姓的业余文化生活，宣传推广时尚汽车文化，为广大消费者提供就近认知、选择、购买汽车产品的机会，刺激当地的汽车消费，带动地方商贸服务业的繁荣，推动地方经济的发展。本次"和谐油城、清爽怡夏"×××汽车文化展演为开放式展示，现场活动丰富多彩。组委会将会同油田各大企业，组织参展厂商在现场进行汽车主题日推广、新车发布、车型推介、优惠促销、现场团购、购车咨询和试乘试驾等品牌推广和促销活动；组织观众进行汽车知识问答、汽车品牌和价格竞猜、消费者问卷调查和油田老百姓最受欢迎车型评选等观众互动活动。作为对汽车文化的演绎、传统会展和品牌推广方式的创新，组委会还将推出广场消夏啤酒节、广场消夏电影节、广场消夏羽毛球赛等系列活动，本次"和谐油城、清爽怡夏"×××汽车文化展演具有鲜明的优势，将为参加合作的所有商家提供超乎想像的发展机遇！！

八大优势缔造无限商机、创造财富神话

一、零距离互动消费者，以汽车文化展演丰富油城老百姓的业余生活，是构建和谐社会的重要文化生活组成部分，预计现场参观人数将达30万人次，是广大消费者期待的消夏盛宴、是合作商家的财富宝地。

二、对地方商贸服务业发展的带动作用受到了各区政府的重视，各区政府、各大企业及有关部门在活动期间配合举办了各具特色的文化活动，丰富了活动的内容，活跃了现场气氛，展现了魅力大庆风貌。

三、活动形式被大部分汽车厂商认识和接受，参展企业的数量和品牌全，规模大。而且活动周期历时近2个多月贯穿整个夏季，为消费者和商家真正打造了互动交流的平台。

四、内容和组织形式不断创新，更加符合了企业和消费者的需求。在组织形式上，由活动组委会搭台，各商家粉墨登场唱戏，更有利于企业直面市场，在品牌推广的同时直接实现促销；在时间安排上，尽可能利用双休日，以利消费者有时间到现场参观、购车，提高了现场的人气，增强了现场效果。

五、汽车文化活动更加丰富，除举行现场观众汽车知识问答、汽车品牌和价格竞猜、现场团购等，还增加了汽车运动等汽车文化活动、汽车美食文化活动，活动的文化品位和内涵大大增强。

六、组委会加大了对活动的宣传推广力度，油田文化集团增加了广告投入，同时整合了优势的记者队伍对活动进行及时和深度的报道，增加参展企业及合作伙伴的曝光度、使参展企业及合作伙伴获得更多的超值回报。

七、活动附加价值进一步增强。通过对汽车文化的推广宣传对引导大庆地区汽车消费具有重要指导意义；为参展商家营销业务拓展对提高营销技巧和水平具有一定促进作用。

八、使活动的组织力量强大，工作更加规范。高效敬业、成熟稳定的活动团队为活动的顺利举办提供了有力的保障，使巡展的组织工作逐步走上规范、有序的轨道。

活动主办单位：
大庆油田文化集团《大庆油田报·都市生活》
活动承办单位：
《都市生活·油田汽车港》
活动协办单位：
大庆地区各大汽车经销商
油田各大企业
活动主题：和谐油城、清爽怡夏
● 活动时间地点：
2007年7月20日至8月26日，将在全市范围内开展6大广场的汽车文化展演活动。具体时间地点安排如下：
第一站：7月20日至22日　铁人广场（让胡路区）开幕式
第二站：7月27日至29日　石油广场（东湖社区）消夏运动比赛
第三站：8月3日至5日　创业广场（八百晌）汽车电影节
第四站：8月10日至12日　街心广场（新村）消夏啤酒节
第五站：8月17日至19日　中心广场（龙凤）少儿英语比赛
第六站：8月24日至26日　时代广场（新村）闭幕式（待定）
参与合作方式：
A. 独家总冠名合作伙伴
● 参与方式：
(1) 名额数量——1名。

（2）参与方式——赞助资金、赞助产品。
（3）资金数量——人民币 25 万元。

● 回报内容：

1. <u>独家总冠名合作伙伴</u>将获得此次活动冠名权益，冠名形式为："和谐油城、清爽怡夏"汽车文化巡展。（暂定）。

2. 独家总冠名合作伙伴拥有其行业惟一参与权、冠名权益将体现于媒体宣传活动的相关广告宣传品及公关活动中。

3. 独家总冠名合作伙伴将作为本次活动主办单位参与宣传和推广的策划，并列名于相关宣传、推广活动之中，拥有此次活动中其他活动的优先参与权（具体情况一事一议）。

4. 名称使用：经公司授权，<u>独家总冠名合作伙伴</u>自签约之日起至 2007 年 8 月 28 日，可使用"和谐油城、清爽怡夏"×××汽车文化巡展<u>独家总冠名合作伙伴</u>名称，并可以此名称及活动之影像（不含出席人员之肖像权利）进行各种宣传，包括电视、等多种媒体。

5. 独家总冠名合作伙伴将作为本次活动主办单位之一，该企业领导将出席新闻发布活动及庆功酒会，具体出席人数双方协商解决。

6. 活动现场回报（展示场地、宣传方式等具体情况双方协商决定）。

7. 媒体回报（报纸、电视宣传及专题报道具体情况双方协商决定）。

B. 特约赞助合作伙伴

● 参与方式：

（1）名额数量——8 名。
（2）参与方式——赞助资金、赞助等价值产品。
（3）资金数量——人民币 12 万元。

● 回报内容：

1. 特约赞助合作伙伴将获得此次活动特约赞助合作伙伴称谓享用权益，形式为："和谐油城、清爽怡夏"×××汽车文化巡展<u>特约赞助合作伙伴</u>（暂定）。

2. 特约赞助合作伙伴称谓享用权益将体现于媒体宣传活动的相关广告宣传品及公关活动中，拥有此次活动中其他活动的优先参与权（具体情况一事一议）。

3. 名称使用：经××公司授权，特约赞助合作伙伴自签约之日起至 2007 年 8 月 28 日，可使用"和谐油城、清爽怡夏"×××汽车文化巡展<u>特约赞助合作伙伴</u>名称，并可以此名称及活动之影像（不含出席人员之肖像权利）进行各种宣传，包括电视等多种媒体。

4. 特约赞助合作伙伴将作为本次活动协办单位之一，该企业领导将出席相关发布活动及庆功酒会，具体出席人数双方协商解决。

5. 活动现场回报（展示场地、宣传方式等具体情况双方协商决定）。

6. 媒体回报（报纸、电视宣传及专题报道具体情况双方协商决定）。

C. 指定用品赞助合作伙伴

- 参与方式：
    (1) 名额数量——10 名。
    (2) 参与方式——赞助活动相关用品或提供相关服务。
    (3) 资金数量——人民币 8 万元。
- 回报内容

1. 指定用品赞助合作伙伴将获得此次活动指定用品赞助合作伙伴称谓享用权益，形式为："和谐油城、清爽怡夏"×××汽车文化巡展指定用品赞助合作伙伴（暂定）。

2. 指定用品赞助合作伙伴称谓享用权益将体现于媒体宣传活动的相关广告宣传品及公关活动中。

3. 名称使用：经××公司授权，指定用品赞助合作伙伴自签约之日起至 2007 年 8 月 28 日，可使用"和谐油城、清爽怡夏"×××汽车文化巡展指定用品赞助合作伙伴名称，并可以此名称及活动之影像（不含出席人员之肖像权利）进行各种宣传，包括电视、等多种媒体。

4. 指定用品赞助合作伙伴将作为本次活动协办单位之一，该企业领导将出席相关发布活动及庆功酒会，具体出席人数双方协商解决。

5. 活动现场回报（展示场地、宣传方式等具体情况双方协商决定）。

6. 媒体回报（报纸、电视宣传及专题报道具体情况双方协商决定）。

D. 其他回报方式

突出体现的部分：

置　　景——场地内外、主席台背景、主持台、地面、条幅、彩虹门、空飘等。

服　　装——主持人、选手、工作人员、观众方阵。

佩带饰物——胸牌、服饰、头饰。

指定用品——赞助活动的各指定用品或服务。

现场采访及跟踪报道——嘉宾、企业领导。

※ 以上各项侧重体现下列单位全称及 LOGO。

独家总冠名合作伙伴

特约赞助合作伙伴

指定用品赞助合作伙伴

主办单位全称："和谐油城、清爽怡夏"×××汽车文化展演组委会

地　　址：××××××××

联 系 人：××先生

电　　话：×××-××××××

传　　真：×××-××××××

邮　　编：××××××

15.2.2　出版业及零售、批发书店广告文案

出版业通过广告发布其征稿启示以及其相关活动消息，以下是北京出版社的一

则征稿信息，这则征稿虽然没有特别的创意，但是简短的语句十分清楚地说明了出版社的征稿及出书方向。

【范例7】 北京出版社征稿

策划编辑，以社科类图书为核心，涉及畅销书、励志类、人文类、保健类、生活类、教育类图书以及学术普及类图书。面向图书工作室、自由撰稿人、媒体编辑记者、学者、专栏作家、网络写手以及一切有志于、有潜力、有实力、有兴趣的作者群征稿，欢迎提供成熟的书稿、也欢迎提供有创意的选题、并欢迎你成为我们一线的编操作者。同时热情承办自费出书业务，有大量书号、刊号可以对外合作，拥有包装新作者的丰富操作经验，多位年轻新概念作者在我们的精心策划下已经成为畅销书新生代表。

当人们说到文化的时候，最容易想到的就是书店，环顾我们生活的城市，书店也可以说是最具代表性的城市文化地标之一。在书店中我们最常看到的新书推荐一类的广告，其实同时，书店也有着其本身的文化定位和形象广告，下面的案例是台湾诚品书店的广告文案两则，一则是告知新店开幕的广告，一则是书店楼层简介，两则广告都融入了诚品本身的文化追求和理念，而多年来诚品书店的系列广告被奉为广告文案的典范。

【范例8】 台湾诚品南京店开幕

标题：发现南京东路的新况味
离开会议发现安静的快乐，离开策略发现创意的快乐，
离开同事发现和平的快乐，离开权利发现安全的快乐，
离开网络发现无知的快乐，离开键盘发现书写的快乐，
离开饭局发现美食的快乐，离开办公室发现新况味的快乐。
美食·咖啡·彩妆·饰品·书店……发现南京东路的新况味。
十月十二日，诚品南京店全面开幕。
标题：楼层指南
2F——诚品书店
在广大的知识页岩中，提供您最期待的矿源。文字零国界，资讯零时差，诚品书店——最广域的书香，交换你的品位。
1F——知性，风采
签约用的笔，写情用的纸……格式的书房文具展示区，是您眷恋生活的精品空间。
GF——美馔，风尚
食物恋的起源，三角形的味觉地图，在这个小小的世界上，惟一能唤醒您的只

是一种简单却独特的味道。

B1——创意,生活

品时工业下生活提案空间,保留创意最盛期,与您重质不重量地相处。

B2——艺术,人文

创意自治,艺术自立门户,您灵感的潜意识层,现在出土。

15.2.3 招生广告文案

教育素来跟国民文化紧密联系,而它跟广告的联系就是招生广告。学校通过招生广告让大众了解学校的情况、优势、招生信息,这是学校对外宣传自己的一个重要组成部分。一个好的招生广告应该全面地对招生专业进行介绍,同时给出明确的基本信息,如招生计划、报考条件、时间地点等。

【范例9】同济大学2007年艺术本科专业(音乐类)招生简章

同济大学音乐系成立于2004年11月,是学校建设综合性大学学科体系、规划艺术学科布局的最新成果。音乐系依托学校雄厚的学科资源和国际化背景,与美国卡耐基梅隆大学建立合作培养机制,并酝酿双学位教育。音乐系坚持小而精的办学模式,重视学生实践能力的训练,以向专业演出团体输送高水平音乐人才为己任,以结合学校优势学科,创建音乐工程等交叉学科为发展方向,形成全新的艺术人才教育培养平台。

同济大学的音乐教育始于20世纪80年代,钢琴、声乐等音乐类选修课至今长盛不衰,学生的音乐艺术欣赏能力受到中外艺术家和各大音乐团体的普遍好评,周小燕、李民铎等著名音乐教育家担任我校兼职教授,还有一批资深音乐工作者在校内任教。

一、招生专业

1. 音乐表演:**钢琴演奏**

     声乐(美声)演唱

     西洋弦乐器演奏(小提琴、中提琴、大提琴)

     西洋管乐器演奏(长笛、双簧管、单簧管、大管、圆号)

2. 学制四年,每学年学费10000元。

二、招生地区及招生计划

1. 招生地区:上海、北京、陕西、甘肃、山东、江苏、辽宁、福建、湖南、河南、新疆。

2. 招生计划:全国共15个(艺术文科)。

- 招生计划在专业考试后根据生源情况分配到各省市、各个专业方向

三、报考条件

具有高中毕业或同等学力以及一定的音乐基础、良好的文化素养,具备高等音

乐教育学习条件、符合国家高考要求、无生理缺陷的艺术文科考生。

四、专业考试报名

本专业属于艺术类招生，要求考生参加全国普通高等学校招生文化考试和同济大学艺术专业考试。有相应2007年艺术类专业统考省、市的考生，还须参加当地艺术类专业统考，并取得专业统考"合格证"。

1. 报名时间、地点：

时间：2007年2月25日~2月26日（上海考生加试报名：3月2日）9:00~16:00

地点：上海市四平路1239号同济大学行政南楼113室

2. 报名时须备材料

（1）身份证、高考报名号、各省规定的艺术类考试报名号、专业统考合格证；

（2）高中学历证明（或同等学力证明）；

（3）本人近期一寸正面脱帽半身照片四张（照片背面注上姓名及报考专业具体项目）；

（4）报名考试费：初试费100元，复试费100元。

● 专业考试的确切时间和地点，以专业考试准考证上规定为准。

● 请初试开始后留意考区张榜的考试信息。

● 考生专业考试合格者以信函方式通知考生，同时网上可查询合格考生名单。

● 所交材料及报考费，无论录取与否，概不退还。

五、专业考试

1. 考试时间：2007年2月28日~3月4日

2. 考试地点：同济大学工会俱乐部（上海市彰武路同济新村88号甲，同济大学四平路校区正门对面）

● 考生凭准考证、身份证参加考试。

3. 考试科目：

（1）专业初试

A 钢琴演奏：一首练习曲（选自肖邦、李斯特、拉赫马尼诺夫、斯克里亚宾），一首巴赫十二平均律。

B 声乐（美声）演唱：备考三首中国作品（艺术歌曲或歌剧选曲），三首外国作品（艺术歌曲或歌剧选曲、必须用原调原文演唱），初试时自选两首作品（一中一外）。

C 西洋弦乐器演奏：● 小提琴需演奏音阶（单音、双音），两首不同类型的练习曲。

● 中提琴需演奏音阶（单音、双音），一首练习曲。

● 大提琴需演奏音阶、琶音，一首练习曲。

D 西洋管乐器演奏：大小调音阶各一条（连音、吐音、琶音），两首不同类型的练习曲（技术性与音乐性各一首）。

(2) 专业复试

A 钢琴演奏：一首古典奏鸣曲的快板乐章，一首中型乐曲（8分钟左右）。

B 声乐（美声）演唱：中外歌曲两首（不重复初试曲目）。

C 西洋弦乐器演奏：小提琴：一首乐曲（选自巴赫无伴奏奏鸣曲及组曲），一首协奏曲的第一乐章或第二、第三乐章。

中提琴：一首巴赫无伴奏组曲的慢乐段，一首协奏曲的第一乐章。

大提琴：一首小型乐曲，一首大型乐曲。

D 西洋木管乐器演奏：两首不同风格的乐曲。

E 各专业方向考生同时参加试视唱练耳、乐理测试。

4. 专业加试（仅限上海地区考生）

凡报考我校音乐表演专业的上海考生须在上海教育考试院组织的艺术类专业统考中取得合格成绩后，报名参加我校单独举行的专业加试。其加试成绩并入各省市考生复试成绩之中，一并进行排名。

● 专业成绩合格将以信函的方式通知考生，同时网上可查询合格考生名单。

六、录取规则

1. 我校音乐表演专业按艺术专业考试成绩和全国普通高等学校招生文化考试成绩录取。即：全国普通高等学校招生文化考试成绩通过所在省市普通高等学校艺术类本科专业录取资格分数线后，所有考生按同济大学专业考试成绩排名确定合格考生名单及招生计划择优录取（有专业统考的省市，考生须参加当地专业统考，并取得专业统考合格证）。

2. 我校招生计划按艺术文科分配到各省市，按艺术文科录取，如个别省市不分文、理科投档，我校将视为艺术文科投档、录取。

联系电话（音乐系）：××××××××

同济大学招生办
二〇〇六年十二月

15.2.4 书报征订、电视节目征订广告文案

书报征订广告其本身来讲是一种基本应用文体，当它与广告相结合以后，就融入了更多的情感人文因素，发行商可以将书报刊物的概念更加突显出来，以博得更多的关注和订阅率。所以可以看到简单的证订广告本身已经成为了书报内容概念的一个延伸，而不只是简单的价格、期目等。

【范例10】昭和文学大全集《在与你同岁时》广播广告文案

男性：17 岁。在与你同岁时，小说家横光利一已是一名棒球少年了。

18 岁。在与你同岁时，太宰治沉浸在芥川龙之介自杀报道的痛苦中。

19 岁。在与你同岁时，冈本鹿子因为不能如愿地恋爱而焦虑。
20 岁。在与你同岁时，川端康成在伊豆邂逅一位舞妓。
与你同岁。
文豪们，度过他们怎样的青春？
（旁白）：昭和文学，集 60 年成果之大成。
小学馆昭和文学全集，全 35 卷。
横光利一、太宰治、冈本鹿子、川端康成的处女作，现正畅销发售中。

【范例 11】前苏联《消息报》征订广告

前苏联《消息报》征订广告：
从 9 月 1 日（去年）起开始收订《消息报》。遗憾的是 1991 年的订户将不得不增加负担，全年订费为 22 卢布 56 戈比。订费是涨了。在报纸涨价、销售劳务费提高的新形势下我们的报纸将生存下去，我们别无出路。
而你们有办法。你们完全有权拒绝订阅《消息报》，将 22 卢布 56 戈比的订费用在急需的地方。
《消息报》一年的订费可以用来：
在莫斯科的市场上购买 924 克猪肉。
或在列宁格勒购买 1102 克羊肉。
或在车里亚宾斯克购买 1500 克蜂蜜。
或在各地购买一包美国香烟。
或购买一瓶好的白兰地酒（五星牌）。
这样的"或者"还可以写上许多。
但任何一种"或者"只有一次享用。
而您选择《消息报》——将会全年享用。
事情就是这样，亲爱的读者。

【范例 12】1989 年英国 TVE 电视台

如果你最好的朋友打起包裹不辞而别
那可能是因为你看电视看得太多了
看电视时也要有人情味儿。

15.2.5 电影、剧目、音乐会等广告文案

电影、戏剧、音乐会为我们的日常生活营造了良好的休闲、艺术氛围，特别是在大都市，每周有新片上映，每年也有各类为数众多的文化艺术节、戏剧表演季、音乐会巡演等等。生活在这样的城市里，人们可以有很多不同的选择，而电影、戏

剧、音乐会的广告成为主导观众选择的一大因素。同时电影、戏剧也是一种文化品位、生活质量的象征，走进电影院、剧场是那些爱好艺术文化的人们的选择，也是他们对生活品质的追求，可能他们年龄不同、文化层次不同、生活背景不同，但是他们都是受到了文化艺术的感召。

【范例13】电影《霸王泪》广告文案

广告正文：

四面楚歌，十面埋伏，乌雏跃江，血染虞姬裙，千古难逢霸王泪。《霸王泪》根据《项羽本纪》改编，由张艺谋导演，刘德华、梁朝伟、张曼玉主演，演绎了西楚霸王项羽逐鹿中原，最后兵败自尽的传奇一生。本片既描写了项羽骁勇善战的英雄气概，又展现了他宠恋虞姬的铁汉柔情，并运用电脑特技拍摄出千军万马战场厮杀的壮观场面。"鸿门宴"、"乌江自刎"等一个个堪称经典的历史场景将在这里重演，一个真实的、有血有肉的项羽将于本片重生。

滚滚乌江水，滴滴霸王泪。《霸王泪》将于五月一日起在本院上映，带你去感受那种豪气，那份心酸，那个"生当人杰死为鬼雄"的西楚霸王……

【范例14】话剧《武林外传》广告文案

2006年创下全国收视纪录的电视剧《武林外传》之前传
想知道传说中的莫掌门是如何命归西天的吗？
想知道佟湘玉是如何嫁进衡山派的吗？
想知道"小姐"是怎么来的吗？
想知道……
宁财神接着讲述
话剧《武林外传》
监制：郝亚宁、杨绍林
艺术总监：吕凉
制作人：王德顺
编剧：宁财神
导演：何念
主演：郭京飞、钱芳、秦旋、雷佳音、李传缨、王勇、张瑞涵

2006年，一部古装电视连续剧红遍大江南北，那就是无人不知无人不晓的《武林外传》。不久，上海的观众很快就将看到一台舞台版的《武林外传》。著名制作人王德顺担纲制作、宁财神编剧、何念执导的话剧《武林外传》将于本月26日在安福路的话剧中心艺术剧院上演。

时间：2007.07.27～2007.08.19

【范例15】《蔡琴·不了情－2007经典老歌全球巡回演唱会》文案

"上海人唱自己的老歌都唱不过蔡琴",《梁祝》作曲大师陈钢,作为华语老歌宗师陈歌辛先生之子,曾如此赞誉蔡琴。以稳健成熟的演唱功力,集26年歌唱历练的纯熟气韵,蔡琴已被泛华语地区的观众视为"中文老歌最佳代言人"。

2007年将是中文流行歌曲诞生80周年,《蔡琴·不了情－2007经典老歌全球巡回演唱会》,将成为向中文老歌80年致敬的音乐盛典。

蔡琴歌迷的耳朵素以爱听经典老歌和高品质的好声音著称。此番,《蔡琴·不了情－2007经典老歌全球巡回演唱会》将从《天涯歌女》唱到《恰似你的温柔》,30年代的老上海、60年代的大香港、70年代的台北和80年代华语流行乐的新浪潮,以及蔡琴历年好歌金曲将全数搜罗。毫无疑问,史上跨度最大的演唱会即将到来:一夜唱够80年!

我们相信,蔡琴会在高保真的HI-FI音响系统护航下,以被法国乐评人赞叹的"天鹅绒"般的嗓音,2007年唱满全球的曼妙旅程。

时间:2007.12.31

15.2.6 音像唱片广告文案

音像业在我国发展时间不算短,但是现状却不理想,它面临着各种类型的盗版的威胁,以及国内相关行业对于版权问题的概念不清的问题。对于音像唱片业来讲,加大广告力度虽然是一大投入,但是却有助于唱片的销售和音像出版本身的地位建立。

【范例16】维巾群岛音像出版社广播广告文案

有些事情总让你魂牵梦绕
那一刹那的经典总在耳旁盘旋
有些人总让你牵肠挂肚
她的举手投足香飘四溢
一生中,总有些东西让你乐此不疲
它可以很平凡,很微不足道
像尘世间的一粒灰尘从指间划过
但是,每每当你出现记忆黑幕的时候
她随风潜入般流淌在你的思绪里
而对于我来说
20年前的童真历历在目
在动画片呵护下

我像是只在大海中失去方向的船只
任自己驰骋在辽阔的动画海洋里
《狮子王》、《小人国》、《铁臂公主》
肆意地吞噬着我的金色年华
经典的不一定流行
流行的一定经典
广告语：不在乎取舍投足，只在乎曾经拥有

15.2.7 文化旅游广告文案

旅游业在 2006 年成为文化消费领域发展的一个亮点。2006 年 10 月 22 日，杭州成功举办了首届"世界休闲博览会"和"第八届西博会"，成为我国休闲旅游业进入新阶段的标志性事件。① 文化旅游甚至成了一个城市或者地区的生命线，它对于经济发展、社会进步的影响也是日趋明显。国内一些城市经过几年的发展已经建立起了很好的旅游形象品牌，实现了品牌效益。电视上我们经常看到中国香港、马来西亚、新加坡等地所做的旅游广告，通过绝美的画面和具有诱惑力的文字，让人们在想旅游度假、购物的时候就会想到这些国家和城市。而国内也有"旅游湘军"，它依托毛泽东、刘少奇、彭德怀等伟人故居所蕴含的文化内涵，把穷乡僻壤打造成全国闻名的红色文化品牌。

【范例17】新加坡旅游广告②

标题：夕阳西下，新加坡依然魅力十足
一、夕阳西下，新加坡依然魅力十足
星光下的晚餐如梦如幻，芬芳的美酒香飘河畔，奔放的迪斯科挥舞热情，夜色中的大都市依旧生气盎然。这就是新加坡。
二、不会潜水也悠游
不会潜水也能饱览海底世界风光，目睹食人鲨迎面掠食的刺激景象；不会潜水也能漫游于群鱼之中，悠游海底的奥妙世界。这就是新加坡。
三、脚底按摩师的神奇指上功夫，令我周身舒畅，然而，小提琴手十指流畅出的音乐，则让我心动不已
空气中，茉莉花香弥漫，交织着如诉如泣的音乐。一缕莫名的感动，萦绕心扉。唉，离情依依。这一天终将来临，我也终将离去；再多的不愿意，也只能化作千百个回忆。浓浓的神秘风味，异国情调的街头舞蹈，穿梭于繁华之间的三轮车，还有那位让我尚未离去，怀念之情就已缠绕心头的小提琴手……怎一趟难忘的奖励旅游！

---

① 《中国文化产业发展总报告》，http：//cnci. gov. cn/news/Policy/news_ 4688_ p1. htm.
② 参见 http：//www. imcko. com/html/74/t－7174. html.

盼望不久的将来就能重温这点点滴滴。

四、滚滚浪花一波一动，承载着一船的欢愉，然而，是那书法家流畅的笔墨线条，深深触动着我的心绪

站在甲板上，清冽的空气里，隐隐透着沁人的柠檬香。远处，一排排的棕榈迎风起舞；血红的夕阳霞光遍洒这片近赤道的天空。行驶中的游艇，在海面上拖曳成一道长长的白色水痕，令我想起那位书法家的专注笔触，如斯行云流水，悠游自在。临别的思绪就在这滚滚浪花中，慢慢荡漾开来……怎一趟难忘的奖励旅游！一切是那么别具风味与色彩！盼望不久的将来就能重温这点点滴滴。

【范例18】辽宁本溪水洞游记广告

广告文案：

（出本溪水洞赞歌—压混）

滴水叮咚奏仙乐，云雾缭绕舞彩带，

若在人间寻仙境，请到本溪水洞来。

裴晓云这优美动听的歌声，把我们带入了人间仙境——我省著名的游览胜地本溪小洞，我们在银河码头上登上游船。

（歌曲隐没，出实况汽船声）

导游员解释说：我们九曲银河洞的自然情况啊，分为五宫、三峡、九曲、二门等七十多景……现在游船进入银河宫……现在游船进入芙蓉城……

将近五十分钟，我们饱览了九曲银河的七十多个景点。这里微风拂面，四季如春，泛舟其中，真有梦幻仙境之感。

游船返回码头，我才如梦初醒。

啊，真是钟乳奇峰景万千，轻舟碧水诗画间，此景只应仙界有，人间独此一洞天。

（歌曲突出，结束）

15.3 文化类广告文案的写作

对于文化类广告文案的界定由于不同的分类标准，其内涵实质上是有差异的。它可以是这里所讲的文化行业作为广告主的广告，也可以是所有门类的广告主依托于文化因素所做的广告，如形象广告等。可见文化类广告的多样性及它的普遍性。

就文化类广告文案的写作来看，它的基础仍然是最具普适性的广告文案写作方法，如直接阐述客观事实、全面向消费者提供购买理由等。但同时，它与文化的结合又对它的写作提出了更高的要求。就文化行业来讲，广告文案的写作有以下几个需要注意的方面：

15.3.1 充分利用文化因素，可借明星、学者等进行示范证明，提供有效证据，增强说明力

当下最为常见的广告形式就是由一个明星穿得很漂亮，然后讲述产品的功效，最后让大家一定要尝试，又或者是可爱的一家人在画面中亲身体验产品，然后齐声说好，诸如此类。虽然已经是最为常见或者说没有新意的方式，但是这样的广告文案却往往是很有效用的。

利用明星、学者、专家等，是利用了人们"爱屋及乌"的心理，虽然人们也知道可能有他喜欢的某位明星并没有用过其代言的品牌的产品，但是他们还是会因为这个喜欢的明星去捧品牌的场，对于这样的心态而言，产品其实是借用了明星在人们心中的地位。依此类推，文化类广告文案要做得可信赖，可以用此方法。明星、学者、专家，他们对于一个文化产品的认可更可以说明这一产品的地位，而这一说明是比实际的物质产品来得更可靠。文化不是坐在高高庙堂中的，文化是生存在大众中的，所以也可以用一些亲切的方式，将文化产品融入到最平常的工作、生活中。这样做的实际结果最直接的是实现广告文案的效果，然后达成文化产品的价值实现，间接地它还能一步步营造更为健全的文化消费氛围。

值得注意的是，虽然"爱屋及乌"是有用的，但是对于文化类广告而言，它只是最表面的表现方式，深层的应该是文化的概念，这是本质的体现，也是核心魅力之所在。

【范例19】百度上市中文广告文案

"在中文里，至少有38种表达"我"的方法，中文搜索是一件复杂繁琐的事情……"

俺，孤，小生，本人……你可以罗列出多少种"我"的同义词呢？有问题，百度一下，让百度告诉你。

至少38种。这个数字也许还在屈指可数的范围内，然而，这38个词语的背后映射出的却是百度发展成长的依托，是中国源远流长的根基——代代相传，历久弥新的文化底蕴。

那古老的敦煌，独立孤漠，仰望长空；那坚毅的兵马俑，沉埋地宫，厮守岁月。千年来，中国的文化随着中国的历史一直摇曳于风中，动荡在雨里，却始终顽强地生存着，发展着。正如这38个词语，如积木块一样，看似摇摇欲坠，却独立坚实地撑起了一片天空，开启了一片值得信赖和依靠的领域。

百度，正是基于此上，致力于去挖掘沉积在中国人血液深处那博大悠远的文化底蕴，那千百年的沧桑和过往；去抓住民族的根，民族的魂；去宣扬中国的包容，中国的仁义，中国那累积千载的精髓。朝代更替，斗转星移，从中国黄土地上生长出来的思想正在和世界上各种不同的思想撞击着，交融着。那么，现在百度以这种思想为依托，自豪地向全世界宣布：我，来了。

中国古老的文化创造出了中国神奇的语言——中文。这种象形文字自其诞生之日，就充盈了奇妙的色彩，孕育了诸多的内涵。在信息时代，对中文搜索处理的难度远远超过了仅有 26 个字母，且具有空格分割词汇的英文。在这一点上，百度用其热情和能力，用其对中国文化的思考，在努力还原着中文自身的奥妙和韵味。

"在中文里，至少有 38 种表达"我"的方法，中文搜索是一件复杂繁琐的事情……"

是的，百度骄傲地挺起胸膛展示自己的能力和才华，大声地说出自己的承允和诺言。中国本土的中文搜索已经可以撑起一片广阔的天空，捍卫中国的文化瑰宝。因为它生存在这块深沉博大的大地上，早已在潜移默化中将民族的烙印刻进了生命里，将民族的灵魂融进了血液中。如果不是生于斯，长于斯，谁又能原原本本的表现出中文独有的灵气和魅力呢？而如果徘徊于中文之外，中国的文化，中华的灵魂又将何去何从呢？百度从文字中生长，也将随文字兴旺。

曾经有学者这样感叹：两千年前，中国是中国的中国；一千年前，中国是亚洲的中国；现在，中国是世界的中国。当百度公司以强劲的势头登陆美国时，我们可以再次印证这个观点。是的，中国的搜索，中国的文化，中国的底蕴，正波澜壮阔的在世界的面前演绎着历久弥新的传说。

我，来了。站在美利坚合众国的土地上，站在世界的舞台上。

百度，境界始于恒心。

经过了多年的磨练，百度坚强地走到了今天，而不像回头看到的当年那些妥协和放弃的同路人。百度，已经深入到我们每天的生活中，"有问题百度一下"的想法已经不再是口号，而是现实。看完百度的上市广告文案，就可以知道，百度为什么会有今天。百度，志向出自理想。

15.3.2　融合理性因素与感性因素，抓住社会对于文化的高层次需求

受众的诉求从理论上来讲有理性诉求和感性诉求，从文字来讲可以泾渭分别，但是放到实际的广告文案写作中，这两个方面的因素是必须结合起来并努力使之融为一体的。"动之以情，晓之以理"，是广告说服中至高的境界。信息交流的发达使人们可以看到更宽广的世界，对于文化的判断也有了质的飞越，可以听到各种各样来自世界各地的声音和观点。这时，什么样的"情"，什么样的"理"，可以使人们信服？就成为文案写作者必须深入思考的点。

同时，文化消费，需要较日常生活消费较多的时间、精力和文化积累，人们要通过学习、吸收、消化，才能真正拥有。所以，当人们被他习惯的文化产品"锁定"的时候，稳定的消费群就形成了，而且其管理也是相对容易。这也就解释了，为什么吸引新受众的成本是保持老受众的几倍了。所以对于文化类产品来讲，在用理性和感性吸引目光的同时，还更应该达成这两个因素的互动，进行自身的发展，以更高层次的标准来"锁定"对于文化要求不断增高的现代人，就如同下面的广告。

【范例20】中国时报形象广告文案

詹宏志篇
标题：知识使你更有魅力
内文：
你倾斜45度角看报的姿势有形而上学的的气息，从北爱和平协议，到基因复制，到圣婴现象，你关注世界的程度令人嫉妒，在超文本的网络社会，你是欲望的解放者，在混乱的现实中，你的言语带着拘谨的魅力，看你阅读时的专注让人恨不得变成文字，你觉得思考就是一种性感，而学习才是你永远青春的秘密。我爱你。

聪明人用知性保持致命的吸引力。

资讯，聪明，优势中国时报。

许瞬英篇
标题：知识使你更有魅力
内文：
没有一种优雅比你看报的姿势更优雅，你对世界的了如指掌跟你的爱情态度有关，你能一眼看出 MADONNA 的 MTV 摆设 MARC NWEWSON 设计的家具，同样在衣服上使用金属，你就是觉得 DIRK BIKKEMBERG 比 PACO RABANNE 更具节奏性，世上的牙膏对你而言是一套文化观察的分类典范，跟酷斯拉比起来，你笃定细菌才是未来世界的终结者，阅读让你的眼睛为之勾魂，让人恨不得化做文字与你相遇，你最最性感莫过于你思考，而学习才是你永远青春的秘密。我爱你。

聪明人用知性保持致命的吸引力。

资讯，聪明，优势中国时报。

15.4 案例分析

台北爱乐古典音乐电台广告文案

罗大佑篇
抗议歌曲不是从罗大佑开始的
鲁德维·凡·贝多芬（Ludwig van Beethoven）
每个躁郁的年代里，都曾出现贴近现实的音乐
执政者忙着禁演禁唱，音乐家则忙着创作更多
1805年9月，贝多芬完成他一生中惟一的一部歌剧——《费得里奥》
即使他刻意将这则反叛的故事拉离现实
他的政府仍然坚信此剧是在影射当时混乱的政局
冷汗直流，终于布下禁令
贝多芬的音乐和躁郁，都在台北爱乐电台播放的曲目里

今天的流行，明天的古典

台北爱乐古典音乐电台

台湾最没有压力的声音

麦可杰克森篇

流行音乐不是从麦可杰克森开始的

约翰·瑟巴斯强·巴哈（Johann Sebastian Bach 1685～1750）

音乐教父巴哈的作品早在三百年前便风靡欧洲各地

从街角卖面包的师傅到皇宫里的菲特烈大帝每人都能哼上两句

他曾因为在莱比锡担任音乐教长

必须为每个周日的礼拜作曲，而足足累积了两百多首清唱剧

三百年前，巴哈是个绝对多产的流行天王

三百年后的今天，我们仍能把他的音乐朗朗上口

天王巴哈和三百年来的流行音乐，都在台北爱乐电台播放的曲目里

今天的流行，明天的古典

台北爱乐古典音乐电台

台湾最没有压力的声音

要写出优秀的文化类广告文案，仅仅了解其特点及写作技巧是不够的，这些只是技术上的因素。要真正去感觉文化，去实现文化类广告，应该放更多的心思在自身文化的积累上。文化的博大精深是没有止境的，只有不断地思考和探求，才能有所得。

思考题

1. 文化类广告的特点有什么？如何根据其特点进行广告文案的创作。
2. 文化类广告的创意基于哪些要素？
3. 试为××全国连锁书店创作一个总店20周年庆的广告文案。

参考文献

[1] 张浩. 新编广告文案写作格式与范本 [M]. 北京：蓝天出版社，2005.

[2] 夏晓鸣，钱正，曹晓燕. 广告文案写作 [M]. 武汉：武汉大学出版社，2006.

[3] 侯玉波. 社会心理学 [M]. 北京：北京大学出版社，2002.

[4] 金涛声等. 中外广告精品探胜 [M]. 北京：国际文化出版公司，1995.

[5] 陈培爱. 如何成为杰出的广告文案撰稿人 [M]. 厦门：厦门大学出版社，2002.

[6] 张浩. 新编广告文案写作格式与范本 [M]. 北京：蓝天出版社，2005.

第16章 公益广告文案写作

随着生活水平的提高，人们对公益广告的认识正在不断的提高，逐渐开始用欣赏的眼光来品评公益广告，因此，公益广告在我国有着很大的发展空间。

在西方，创作人员将公益广告当作调节自己专业能力的一种方式，是展示智慧和技巧的舞台。好的公益广告不仅会受到社会的重视，而且广告大赛对公益广告也情有独钟，常会给予很高的嘉奖。

广告人的生存离不开商业广告，而他们展现自我，把艺术真正融入广告，不受制约地创作，公益广告就是最佳的空间。随着越来越多的跨国广告公司进入我国，以及我国广告教育的发展，这种观念也逐步影响我们，使我们进一步重视公益广告，使我国的公益广告市场进一步扩大，让更多的广告人展现自己的才华，营造更和谐美好的社会。

16.1 公益类广告文案的特点

公益广告诞生于20世纪40年代的美国，经济的高速发展引发了社会问题，反过来对社会发展产生了影响。公益广告最初以游行标语、印发传单、报纸上的大声疾呼的形式出现，一时间引起公众对社会问题的关注和反思，进而共同探求解决问题的有效途径。

公益广告的定义一直众说纷纭，西方经济学家认为，公益广告是为公众利益服务的一种广告行为；新闻学家认为，公益广告是为公众利益服务的一种新闻宣传。

显然这两种定义都不完整，但从中我们可以看到公益广告是出于"为公众利益服务"这一最大的特点。

在美国，公益广告旨在增进一般公众对突出的社会问题的了解，影响他们对这些问题的看法和态度，以改变他们的行为和做法，从而促进社会问题的解决或缓解。

在日本，公益广告也被称为公共广告。根据《电通广告词典》的定义，公益广告是"企业或团体表示它对社会的功能和责任，表明自己过问和参与如何解决社会问题和环境问题,向消费者阐明这一意图的广告。"其目的主要是为了在社会公众中塑造企业自己的公关形象。这一定义在我国看来不够全面,它只反映了其中一个类型,在后面的内容中,我们会对公益广告详加分类。

在我国,公益广告是公关广告的一种,指为促进、维护社会公众的切身利益而制作、发布的广告,或是由社会参加、为社会服务的广告。公益广告是广告主对有助于公众利益的观念所做的,通过某种观念的传达,呼吁公众关注某一社会问题,以合乎公众利益的准则去规范自己的行为,支持或倡导某种社会事业或社会风尚,公益广告的发起者投入时间和财力,通过大众媒介向广大受众传达有利于社会公众利益的观念或意见。

我国的公益广告历史相对较短,1986年贵阳电视台播出了我国历史上一则真正现代意义上的公益广告。此后,1987年10月26日中央电视台《广而告之》的诞生,标志着中国公益广告事业逐步走上正轨。

公益广告与商业广告的首要区别在于:前者向公众传达有关信息、认识和观念,而后者向公众推销相关商品和商业服务信息。因此,无论是从公益广告发布者自身的职责,还是从公众参与解决社会问题的方面出发,都表明公益广告的主题是可以多样化的。可以包含对党和政府的工作中心的传达,也可以选取公众关注的社会热点、难点问题进行探讨,同时更可以引导百姓对一些人类普遍问题的认识与态度。

公益广告与商业广告的区别决定了它本身最大的特点,即不以收费性的商业宣传来创造经济效益,而是"免费推销"某种意识和主张,向公众输送文明道德观念,以提高他们的文明程度,获取良好的社会效益的广告。简单说来,公益广告可以营造一种气氛和声势,形成社会氛围和风气。

公益广告的作用主要有两大方向,一是传播社会文明,弘扬道德风尚;二是企业通过它树立自身良好的社会形象,巩固自己的品牌形象。

正是由于公益广告以上的种种特性,对其广告文案也有特别的要求。

16.1.1　具有较高的艺术价值

比起一般商业广告,公益广告在创意上要来得自由,不必受到广告主接受度的制约。公益广告只需符合本国的道德规范和法律,就可以一定的方式出现在公众面前,因而,创作者就能够拥有更大发挥余地。

我们看到的优秀公益广告,往往在文字上独具匠心。独特的创意与凝练的广告文案,使得公益广告虽短犹精,情真味浓,并能够把需要传达的信息和态度高度浓缩于文字之中。

可以说,公益广告魅力,决不是来源于简单、乏味、令人反感的说教,而要求通过美的形式和美的表达,潜移默化地感染和打动受众,实现感知、认识到认同的教育和启迪的作用。公益广告要包含真实的信息,知性的思想与态度,并在此基础上,运用饱含艺术性的手段,达到与受众的心理互动,产生共鸣,以此达到说服的目的。同时,公益广告的主题(如保护环境、节约用水)往往是受众耳熟能详的内容,为了不引起反感,除了如同一般商业广告,必须有力地调动声、光、画、色的表现力与创造力之外,语言文字中的思想性和艺术性在公益广告中显得尤为重要。

16.1.2 情感诉求与理性诉求相结合

人的态度,是扎根于情感之中的,作为东方国度的中华民族,丰富生动的情感一直是我们社会构成不可忽视的元素。要引起受众的共鸣,就要让宣传的观念或态度,附加在容易被他们感知的情感诉求上。因此,说公益广告在很大程度上是一种以人文情感为基础,以情感沟通为主体的广告形式,一点也不为过。也就是说,我们在进行创作的构思和宣传的方法上,都应该积极追求,实现与受众进行思想沟通、情感互动的最佳效果。首先这就要能够准确地把握公益广告文案的情感诉求。

以福建电视台播出的一则"两岸情依依,骨肉盼团圆"的公益广告为例,它成功地将祖国统一的观念与两岸百姓之间剪不断的情感相交融,血浓于水的骨肉亲情是我国必将统一的牢固的情感根基。

当然,并不是说公益广告只需要情感诉求,不需要理性说理的语言。事实上,理性诉求的广告文案,在公益广告中能够给人以知性、智慧,愿意听从,从而改变或加强既有态度的功能。

以下这则案例是广告大师奥格威的作品。5年间,奥美公司为世界野生动物基金会在16个国家向媒体争取了价值650万美元的广告时间。

大熊猫的生存需要您的帮助

每隔80~100年,中国四川省的竹林便会开花,然后死亡。这对大熊猫是个坏消息,因为它们依靠进食大量的竹子维持生存。

但这仅仅是大熊猫面临的一个问题。

保证大熊猫持续生存的关键是保护它们居住的复杂的生态系统,对它们的饮食需求开展研究并从中发现其他可行的替代品,找到导致它们低繁衍率的原因,以及研究体内寄生虫的问题,所有这些和其他许多因素都威胁着它们的生存。

由于认识到解决这些问题的紧迫性,世界野生动物基金与中国达成了富有历史意义的特殊合作。

中国政府需要总额为3000000美元的资金开展大熊猫保护计划,世界自然基金会(WWF)同意捐献其中1000000美元。计划内容包括在大熊猫最集中的栖息地——四川卧龙自然保护区建立一个研究和保护中心。

由著名生态学家G.Schaller博士领导的一个WWF小组已经与胡金初教授为首的中国高级科学家们一起在卧龙开始了工作。

大熊猫是一种濒危动物,也是世界野生动物基金全球范围内保护地球生物工作的标志。

但世界野生动物基金会需要资金——您的资金。

请将捐款寄往贵国的世界野生动物基金会国家组织或直接寄往:

瑞士Gland1196世界野生动物基金会。

奥格威从中国四川竹林的生命周期谈到大熊猫的生态维护，到需要高额资金的保护计划，如此冷静客观地向受众描述出这样一种状况，我们却能够从字里行间中认知到迫切性的存在。无论是了解大熊猫的，还是并不了解大熊猫的人们，都会感到理性的文字间存在的一种强大的说服力。

16.1.3　平等交流

公益广告向公众传播观念或进行态度改变，应采取的是倡导的方式。广告文案应给人以平等交流的感觉。如果摆出教育者的姿态，以居高临下、颐指气使、教训人的口吻，公益广告就会变成强硬的宣传口号或公告。

公益广告的效果实现，是要通过长期的耳濡目染、潜移默化，渐渐使受众产生心灵上的共鸣或与之达成共识。早期心理学"刺激—反应"的模式，在一定程度上忽视了受众的个体意识，尤其是在现代，命令式的直面说教，不但提不起受众的兴趣，更可能使他们产生反感或逆反心理。

如下这则广告《助残，从我做起》①：

图 16-1

助残，从我做起！

因为有你……从此我们的生活充满了希望和爱。

同样是反映社会公德内容的观念传达型公益广告，"助残，从我做起！""因为有你……从此我们的生活充满了希望和爱。"简简单单的两句话，构成了助人者和受助者之间一轮简单的互动。日常生活中的施助与道谢给人以感悟，从容地说明了对我们而言平常的一件小事会让别人感受到希望与爱，道出了受助者的心声。这种模拟出的平等的交流才能够让受众自觉自发地意识到关心残疾人，传递爱心，构建和谐社会是只要能够"从我做起"就能形成感动的"小事"。

---

① 选自《现代广告》，现代广告杂志社，第 27 页，2001 年 5 期。

16.1.4　民族特色

民族文化是公益广告文案创意的源泉,同时也制约着文案使用的限度。人们不断提升对文化、品牌、观念、态度的在地性认识,就不得不重视公益广告与民族意识、民族情感、传统观念和民族审美特征的交融。只有这样,相同的公益主题才能在不同的国家、民族传播,让受众感受到这是与自己息息相关的内容,才能使公益广告增添更多的说服力、亲和力和感染力。

每个民族都有其特殊的审美情感,例如我国的民族文化素质讲求一种含蓄的美,这与西方直露、大胆的表述方式不同。这就要求公益广告文案即便在处理一些世界性的公益主题时,也要充分考虑我国人民的接受度和接受偏好。运用符合我们民族特点的文字和语言,才容易直达受众心里,不会引起反感。

公益广告的主题往往是探寻人类社会生活达到和谐进步的本源,这与在民族传统文化的基础上,人们精神生活返朴归真,实现民族文化在新时代的美的价值是一致的。因此,公益广告文案也应该遵从艺术民族化的发展趋势。从而使公益广告的精神力在民族文化的人文精神中充分释放和提升,给处于现代化紧张生活的人们以人情温暖和精神慰籍的重新体验。只有广告文案的民族性与时代性相结合,才能产生与受众心灵的撞击,唤醒并迎合人们的情感需求。

以下是一则《中国福利彩票慈善救助》的公益广告[①]。

图 16-2

整幅广告的的文案很简单,只有"我想回家……"四个字和一个省略号。朴实、无助的言语和绵延深长的省略号,其中传达的信息与情感由于充分符合我们民族自古以来对家庭深深依赖的民族情感,极大地唤醒了人们内心深处拥有温馨家园的朴素渴望,进而引发了人们的同情心。这则广告突出了当时"我们万众一心"、"重建家园"的主题,促使广大群众纷纷购买福利彩票,奉献自己的爱心,帮助受灾群众。

---

① 选自《现代广告》,第42页,2001年第5期。

16.1.5 形式多样

公益广告文案的形式丰富多样，可以说，我们中文的表达方式有多少种，公益广告就可以有多少种形式。

除了常见的祈使句式直接明了，对联的形式使人们容易记忆，回环的形式既具趣味还琅琅上口……丰富多彩的形式使我们的公益广告更能够吸引人们注意和记住它，同时，也充分体现中国文化的特点。

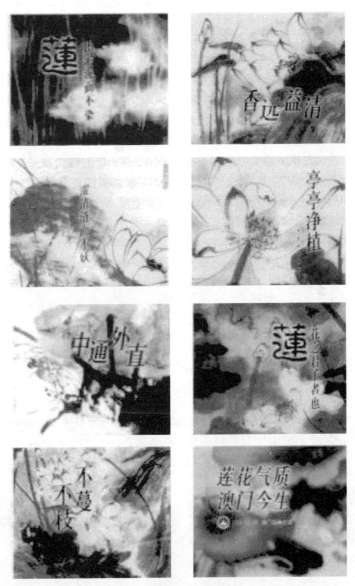

图16-3

以下这则广告都具创意地应用了我国文化"特产"的古诗,进行联想式的形象串联,产生独特的效果①:

广告文案:莲,出淤泥而不染,濯清涟而不妖。中通外直,不蔓不枝,香远清益,亭亭净植……莲,花之君子也——莲花气质,澳门今生。

宋代周敦颐的《爱莲说》是不少人十分喜爱的一首古诗。上面这篇以《澳门回归》为主题的公益广告,巧妙地选择了澳门特区区花"莲花","大发诗性",把水墨的莲花和《爱莲说》结合在一起,形象地表现澳门"气质"。淡雅的水墨莲花,配上清新脱俗的诗文,表现出澳门特区是"莲花气质"。在"澳门回归"这一重要的历史时刻,作者比喻澳门仿佛获得了新生。文案没有简单地用一般常用的方式,解释回归事件,它独出心裁地借莲花的形象来展现澳门的魅力、气质与神韵。这样的公益广告文案,创意可真是别出心裁,让人印象深刻,回味再三。而能够找到和表现对象如此契合的古诗,意蕴、内涵也很贴切,实在是难得之作。

16.1.6　表达完整的信息

公益广告文案的这一特点,主要是使之区别于简单的宣传口号和说教。

我国还有不少公益广告,是一句大大的标题就完事了,如"请勿……"、"爱护……,人人有责"。人们日积月累形成的习惯,决不是仅仅靠一句空洞乏力的口号就可以迫之改掉的。例如现在移动电视的一则《节约用水》的公益广告,画面是没有关紧的水龙头,正在一滴滴地滴水。由于这个场面原本就没有什么冲击力,加之广告语页只是一句简单的"请节约用水"就草草了事,信息过少,文字缺乏影响力,完全不能引起受众的注意。如此,自然就浪费了宝贵的媒体时段,而没有达到使人有所触动的效果。这样一带而过,什么"痕迹"也没有留下来的公益广告在我国还不在少数。

16.2　公益类广告文案的类型

公益广告本身可以分成不同的类型。美国的公益广告分成两大类,一类是公共广告(Public Advertising),是由社会公共机构,如绿色和平组织、动物保护协会等社会团体,针对他们所关注的社会问题发布的各类广告;另一类是意见广告(Opinion Advertising),是企业集团针对各类社会现象的态度,这是一种企业形象广告的外延,表明了企业在社会中的个性。

在我国,从广告发布者身份来分,公益广告可分为三种。第一种是媒体直接制作发布的公益广告,如电视台、广播台、报纸、杂志、网站等,中央台就经常发布此类广告。第二种是社会专门机构发布的公益广告,如联合国教科文组织、民政部、卫生部、国家环保局、野生动物保护组织发布的公益广告,这类公益广告大多与发

---

① 选自《现代广告》,2001年第5期,第39页。

布者的职能有关。第三种是企业发布或制作的公益广告，表达企业对社会问题的关注，同时借此确立自己的品牌形象。

品牌竞争日益激烈的今天，在中央电视台投放公益广告的企业越来越多，其中尤以海王、哈药、张裕的系列公益广告最为引人注目。回想过去，各大品牌的广告竞争集中在"天价竞标"上，而现在，演变为企业竞相关注公益事业，说明中国企业的品牌形象塑造在这一层面上发展日趋成熟。

以下这则广告，相信大家都很熟悉：一个踩着滑板的男孩，在轻快的音乐中，拾起果皮、扶起路牌、从树上帮小朋友拿下羽毛球、关掉水龙头……广告中一句"从身边的小事做起，我们还可以做得更多！"的广告语，给我们留下了深刻的印象。它不仅呼吁社会上每一个人，从小事做起，从身边做起，让我们的社会更加美好，同时，一语双关地暗含了海王集团力争做好每一件小事，并且将来还会为社会、为客户做得更多。系列环保公益广告能够树立企业形象，对促进产品销售、提升品牌在市场中的地位大有裨益。

从广告载体来看，公益广告可按投放的媒体分为电视公益广告、报纸公益广告和户外公益广告等，如户外公益广告包括投放在车站、巴士、路牌上面的公益广告。

从题材上来分，公益广告可分为政治政策类选题，如迎接奥运会、迎接国庆50周年、树立社会文明风尚、推进民主和法制、扶贫等；节日类，如"教师节"、"重阳节"、"植树节"等；社会文明类，如保护环境、节约用水等；健康类，如反对吸烟、全民健身等；社会焦点类，如就业、反毒等。

公益广告传播的信息是公益观念。要面向社会公众传播观念，其难点是怎样让在日常生活中司空见惯、众所周知，而又视而不见或未能认清的现象，引起社会公众的重视或反省。公益广告往往调动多种艺术形式，采用多种诉求方式，变换多种表达形式，有效地宣传公益观念，开展公益活动，如直接倡导、借助事件、形象蕴含、以情动人、提出警示、讽刺批评等形式。将广告艺术表现手法用于传递公益信息，可以增强教育的效果。

不同类型的公益广告会采取不同的文案表现类型，当然也不是绝对地规定哪种手法适合哪种公益广告类型，而是要适合宣传的内容和目的，达到说服人的效果。

16.2.1 直接倡导型

直接倡导型是目前公益广告文案中使用最多的一种写作类型，它是直接向公众传达有关思想观念的一种公益广告，如："从小自主，长大自强"、"水是生命之源"、"谁言寸草心，报得三春晖"、"无偿献血，从我做起"、"小孩是大人的复制品"、"帮助别人就是帮助自己"等。直接倡导型公益广告一般是讴歌颂扬、政令宣导、启发阐述等，媒体直接发布和社会专门机构往往选择采用这种形式。这类公益广告文案的优点是观点鲜明、直截了当、通俗明白，不会产生歧义。其缺点是容易带有说教的感觉，同时，形式过分简单、单一，难以引起受众的注意，同时，阐发的如果又是受众觉得"这些我早就知道了，哪里用你来教"类型的观念，就无法达到预期的广告效果，还会遭到人们"我偏不这样做"的逆反心理。

16.2.2 借助事件

公益广告还可以借助具体的事件，来表现某种观念。这样的事件包括偶发性的，例如洪水、奥运、海啸等；也有常发性的，比如失学儿童、家庭暴力等等。

这类选择典型事件进行说理的公益广告类型，一般针对社会生活中发生的事件表达某种态度。借助人们对这一事件的关注和了解，引发受众对与之相关的观念的意识和认同。利用事件的焦点效应，类似于事件行销，把之与公益广告有机结合，使公益广告的传播达到事半功倍的效果。这样不仅有利于唤起人们对广告内容的注意，也能够使广告所要表现的思想理念更有效地获得共识。

另外，如果将热点事件、公益话题和品牌，三者结合起来，还可以使人们在关注事件、话题的同时，自然而然联想到"拿这件事说事"的品牌。可以使树立企业不仅仅是赚钱，同时积极参与社会、为社会发展的共同利益考虑的形象。

16.2.3 形象蕴涵

"形象蕴涵型一般是以某种形象的事物作为广告内容的象征，公众通过广告中的形象来理解形象的象征意义，体会广告所表达的思想观念，从而实现广告的宣传目的。"一般说来形象本身和公益广告阐述的对象要具有相关性，不能风马牛不相及。公益广告借助恰当的形象，让公众从形象中来反复体会广告寓意，产生联想，当人们在现实生活中重见这件被应用的形象时，就构成了公益广告之外的说服过程。

16.2.4 以情动人

这与公益广告文案中的情感诉求的特点是一致的，将以情动人和说理、叙事、形象相结合是表现公益广告主题的最主要方式。

"感人心者莫先乎情。"公益广告尤其要能够感动人心，当然就离不开以情动人。广告文案中，无论说理、叙事还是塑造形象，都需要倾注感情。而以情动人型公益广告更注重以"人"为核心的价值取向，突出爱国之情、爱民之情、爱子之情等等丰富的情感。尤其注重向某一社会群体，诸如下岗工人、老人、儿童、残疾人及不治之症患者等奉献爱心，体现社会对特殊群体的关怀之情，展示人间的真、善、美。

金味集团每年都要投巨资赞助希望工程，1997年在广州举办"金味羊城会亲活动"，其文案是：（画面为著名摄影作品《大眼睛的小姑娘》，画面左侧为四位待资助儿童的真实情况，画面右侧为标题和正文、随文）

他们的希望，等待您的支持
97希望工程——金味羊城会亲活动
当你的孩子端坐在明亮的教室，遨游于知识海洋的时候，你可知道，广东特困山区的一群同龄孩子，正睁大一双渴望的眼睛，大声地呼唤："我想读书！"
山区的贫困条件使孩子连基本的生活需求都未能得到解决，圆圆的稚脸上露出了童年不该有的迷惑与失落。

亲爱的朋友，为救助这些因贫困而完全丧失了读书权利的儿童，请与我们一起参加97年希望工程——金味羊城会亲活动。3月27日至31日，广东省内102名待资助的特困儿童将会聚羊城，接受您的捐助。

您捐助2000元，将可全额帮助一位特困儿童小学五年的学业。接受您资助的儿童将和您建立个人联系，向您汇报学习情况。

每个人都需要有机会，也需要给别人机会。

请与金味一起，托起明天的希望。

这段文案的字里行间都透露着款款深情，有对山区孩童的同情，也有对社会各界人士的信任。它为我们勾画出山区孩子渴望读书而无法读书的场景，与我们的孩子平时的生活作了鲜明的对比。"我想读书"这一句孩子的呐喊，化作此处广告文案的一部分，所具有的穿透力，足以打动观者的心。同时，这篇公益广告文案还有一个独特的地方，就是它准确地提示我们帮助的方法，使我们可以有的放矢。

16.2.5 提出警示

提出警示型是在公益广告中以严肃郑重的方式，提出忠告和警示，来传达一种公益观念。它常常提出一种假设，就是人们如果不停止某种行为，或者不产生某种行为可能造成的严重后果。

有些人认为，这类广告比较适合以公众个体利益为主的公益题材，诸如保护环境、珍惜动物、节约资源、行为规范、文明秩序、公共卫生等。如"勿忘历史"、"别拿生命做赌注"、"卢旺达的最后一滴水"等。提出警示的公益广告有较强说服力度，能震摄人心，但手法相对来说比较沉重，创作时要充分考虑到受众的心理承受能力。

16.2.6 系列公益广告

公益广告文案采用系列广告的表现类型，能够借助系列广告循环加强效果的特性，使广告更具说服力。好的系列广告能引发受众的期待，使他们来关注系列广告的内容。另外，公益广告不应受到过多的限制，有利于系列广告中好创意的发挥。

优秀的系列公益广告文案可以做到环环相扣，推进诉求不断深入。通过多幅广告文案作品，既准确无误地传达了广告所要表达的主旨，也因其承载丰富的广告信息而吸引受众的关注和期待，从而有效达成公益广告宣传的目的。

16.3 公益类广告文案的写作

一则好的公益广告是要能够触动人心，使人对广告主的态度产生共鸣。在文案写作的过程中，运用独特的、有创意的写作手法，常常能够起到事半功倍的效果。

16.3.1 夸张法

夸张比之其他的手法,尤其适用于公益广告。如中央电视台播出的珍惜水资源的公益广告,在直言相告国民"中国是个水资源匮乏的国家"后,接着不无夸张地警告人们:如果肆无忌惮的破坏水资源,我们最后看到的一滴水,将是自己的眼泪!画面上,一滴晶莹的泪水从一只美丽的大眼睛中滴落。让人闻言慑服,触目惊心,进而深刻感受到"节约用水"是为了我们自己,与我们每个人休戚相关。

16.3.2 幽默法

让受众感受到有趣、好奇、轻松、耐看的幽默手法,是适用于任何广告文案的,公益广告也不例外。引发受众的好奇,吸引出他们看下去的兴趣,到最后"原来如此"的会心一笑,就能以巧妙的方法使公众发自内心地接受广告中的观点。

公益广告中,原本枯燥乏味的说教,更应该加入一些幽默的元素。笑的"教育"更能够打动人,降低出现反感的情况。但要注意幽默的文案不仅要与公益广告主题具有足够的相关性,同时要注意突出广告主题本身,不要让受众在一笑过后却不知道广告要传达什么样的观念。

16.3.3 悬念法

悬念是引人投入关注的一种方式,人们在好奇心的驱使下,会全身心地投入到广告中,顺着广告的思路思考。这个时候,抵抗说服的防线就会减弱,在最终看到结果的时候,不仅有如释重负的满足,也会在这一刻把广告中的态度和观念纳入思考或逐渐被说服。

16.3.4 想像法

想像法或称为预想法,主要指通过广告作品促发受众的想像或预想,从而在消费者心目中对广告诉求留下深刻的印象。想像法在环保题材或者商业题材的广告中均有不少的应用。与悬念法广告文案相比,想像法广告方案更加突出给消费者留下遐想和回味的空间,不仅在欣赏广告文案作品时展开丰富联想,而且事后还能留下深刻的印象。

16.3.5 比喻法

生动形象的比喻能够让受众换一个角度认识问题,使一些原本过于"陈旧"或说不清楚的问题变得通俗易懂,焕然一新,给人留下深刻印象。

1997年度山东省的一则获奖的公益广告就恰到好处地运用了比喻的手法。

一枝苹果花充满屏幕,繁花凋谢后,绿叶枝头结出一个苹果,越长越大,长成一个硕大鲜美的苹果。果实隐去,又结出两只小苹果,果实再隐去,又结出四个小苹果……几经隐显,果实累累的枝头上全是瘦小的残次果。这时,不堪重负的苹果枝"咔嚓"一声被压断——画面定格。

远处传来一声意蕴深厚、点出深意的画外音：人类也要控制自己。

初看这则广告的时候，或许会对它要表达的态度一头雾水，但最后一句广告文案却极为有效地向我们点出了主题：计划生育，优生优育。用苹果的生长比喻繁育孩子，用不堪重负的树枝比喻养育我们的地球。如果我们不重视、不执行计划生育，结果只能是"瘦小的残次果"，而地球也将最终无法负担我们的索取。这样的比喻是十分形象而到位的，它远比简单地说要"计划生育"更能说明问题，发人深省。

16.3.6　恐怖法

恐怖作为一种能够震颤人心的东西，适当的恐怖元素，能增强公益广告的震撼力，给受众留下深刻印象的同时，达到说服的目的。

恐怖的文字，能使人产生联想，并经由恐怖的体验接受到模拟的教训。因此，恐怖法适合与"提出警示"的公益广告类型相结合使用，增强说服效果。但是，要注意恐怖的适度性，要考虑受众的承受力。否则，原本以社会和谐为目的的公益广告就有可能变成传播恐怖了。

16.3.7　留白法

和所有一般商业广告一样，已经配有足够说明问题的画面或图片的公益广告，有时候，非要加上两句文案，可能会造成画蛇添足的问题。相反，可以考虑让画面自己说话，让受众自己理解、体会。留白能够传达一种意味深长的内涵，营造发人深省的气氛。留白与其他手法，如恐怖法、悬念法相叠加，也能产生意想不到的效果。"此时无声胜有声"的艺术魅力在公益广告文案的编写中，同样具有用武之地。

一个烟缸内斜倚着一条扭曲的烟蒂，细看躺着的竟是一个因纵烟而被焚成灰的老者枯槁的尸体。

这则《吸烟有害健康》的广告，运用极具冲击的画面产生震撼着人心的效果，其中也包含着夸张法。它向我们说明了一个事实：吸烟者到最后，只会使自己一步步迈向枯槁的尸体。这个画面已经充分说明了问题，如果在最后加上"吸烟有害健康"的文字，或者画外音，就会显得多余。我们可以想像看到这样带有一点恐怖的画面之后紧张的心情，实际上会因为那六个字而有所缓解，让受众觉得我们不过是在谈一个老生常谈的话题，就会破坏原有画面的震撼和独到。

16.3.8　数字法

精确的数字，使公益广告的信息更具科学性，同时清晰的数字概念也能够提升文字的说服力。数字法是公益广告理性诉求的一种重要表达方式。数字能使人具象地体会到问题的严重性和迫切性。

中央电视台曾经播放过一条《吸烟危害生命》的公益广告。

画面中，在醒目的位置上显出"吸烟"两个大字，背景上是吸烟危及健康的组

合画面,"烟"字半边的"火"将一支香烟点燃后熊熊地燃烧着,烧出了一连串惊人的数字:

全世界每年因吸烟所引起的死亡人数达300万人,占全年死亡人数的5%;世界上每10秒就有1人因吸烟而丧命;

我国15岁以上男性吸烟率平均为61%……

深沉的画外音进一步作了本质的揭示:

吸烟是继战争、饥饿和瘟疫之后,对人类生存的最大威胁。

一组惊人的数字要比任何一句声嘶力竭的警告更具有振聋发聩的效果。数字本身就能够说明问题,能够从本质上表明吸烟的危害。让受众看后胆战心惊,从而收到了良好的宣传警示效果。因此,数字法同样适用于提出警示类型的公益广告文案。

16.3.9 讽刺法

讽刺批评是"以纪实或夸张手法,揭露不良现象,指出不良行为的危害性"。这样的公益广告往往更能够单刀直入、切中要害,如此提出的批评,会使受众感受到更强烈的震撼。

讽刺法可以说是公益广告文案中最常用也最有效的方法之一。在我国,"讽刺"二字本来就具有"讽谏"的含义,也就是对他人的劝谏,是运用一定手法的一种善意的规劝。讽刺在公益广告中是调动受众对错误形象、事件、做法的鄙视,通过他们自身的思考与反省达到说服效果。

讽刺往往比批评更为尖锐,却又是受众容易接受的含蓄的形式。这种类型的公益广告尤其适合环境保护、个人行为规范等题材。

广告正文:拿破仑出生。梵高出生。爱因斯坦出生。砍倒这棵树的那个该死的家伙出生。停止砍伐森林。

评析:这则公益广告《树》①,获得了第45届戛纳国际广告节的影视金狮奖。广告内容是在一大片森林里,一棵已被砍倒的树。随着镜头缓缓拉近,我们可以看见树干内表示树木年龄的年轮。一个箭头指向靠近中心的年轮:"拿破仑出生"镜头向后拉,指着较外圈的年轮:"梵高出生。"再向外的年轮:"爱因斯坦出生。"在接近树表的最后两圈年轮上出现了:"砍倒这棵树的那个该死的家伙出生"的字幕。最后呼吁:"停止砍伐森林。"

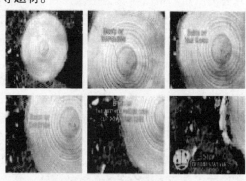

图16-4

如此具有讽刺意味的构想和文案,使受众理解并认同作者对砍伐森林者的愤恨,

---

① 选自《现代广告》,2001年2期,第57页。

进而产生相同的观念。

16.3.10 反常法

在生活中，人们对事物的认识常常会上升到常识的阶段。我们在公益广告文案的设计编写中，可以考虑打破这种文案，形成一种反常的形态，达到引人注意、引人发问、引人思考，同时传播观念的目的。

广告标题：$H_{1/2}O$①

广告正文：在最近的30年里，世界的水供给已经减少了一半。

评析：大家可能都知道，水的化学方程式为H_2O。于是，当我们看到"2"变成了"1/2"，就会自然而然地想到如果不节约用水，不采取措施，不合理利用水资源，后果将不堪设想。同时，广告正文恰到好处地没有作过多的解释，只是作了简单的补充说明："在最近的30年里，世界的水供给已经减少了一半"，以留给受众思考的空间。"多么朴素的语言，多么严峻的现实"，无怪乎人们认为这是一则十分成功的"节约用水"的公益广告。

图 16-5

16.3.11 对话法

公益广告文案中常常运用对话的方式，赋予受众身临其境的氛围，以朋友良师的姿态给与人容易信服的环境。

对话法分为两种，一种是广告本身作为第一人称，而把受众称为"你"，展开劝说。这样直接对话的方式，带给人们更多的亲和感，让人觉得是设身处地地为你着想。例如中国人民保险公司的"请把担心留给我——PICC"，就很让人觉得温馨。

第二种形式是完全对话的形式，它试图借用电影、故事叙事的手法，把受众置入另一个空间进行说服。

以下这则广播公益广告《身残志坚"听太阳"》是由武汉大学广告系创意，中央人民广播电台于1997年制作。全文以场景对话的方式向公众宣传"自强创辉煌"的观念，选自《自强创辉煌主题公益广告获奖作品》。

（海浪声，舒缓的音乐起。）

女声旁白：凌晨，一个快要失明的少女来到海边，想要最后看一眼海上日出，

---

① 选自《现代广告》，2001年第1期，第42页。

一位伫立在礁石上的老人出现在她模糊的视线里。

少女声：老爷爷，你也是来看日出吗？

老年男声，温和地：我是来听日出的。

少女声：听日出？

老年男声：我的眼睛三十年前就看不见了。

少女声：可日出您也能听得见吗？

老年男声，充满激情地：你听。（音乐转为激昂）太阳出来时，大海对他欢呼着，我虽然看不见，但我心里却感觉到了。

（乐声渐强，随着男声结束，达到高潮）

少女声，兴奋地：老爷爷，我听见了，我听见了，太阳走过来了！

男声旁白：只要我的心中拥有太阳，生活就永远充满希望！

评析：日出是用眼睛来欣赏的美，而这则广告打破了人们的思维定式。通过两位盲人的对话展开了故事情节，巧妙地借"听海"引出了寓意深刻的故事。文案中充满优美与抒情的文字，以独特的视角，让受众体会因他们看不到日出而为他们遗憾感伤，发展到他们用听觉"看海"，使人立刻产生肃然起敬之感，为老人深邃的人生感悟折服，为女孩学会自强不息，学会了战胜困难，欣赏自然，学会乐观地面对生活的艰辛感到由衷的欣慰和感动。用耳朵"听"日出是一种极具象征意义的体验，如果不是采用对话的形式，无疑将大大降低这则广告的感染力和扩张力。正是由于两个人之间意味深长的对话，突出了盲人身残志坚、和我们一样热爱大自然的感情。把自己融入这则对话的受众，会感受到一种心灵的净化，太阳属于心中拥有希望的每一个人。它如此出色地应用了对话法的文案，无怪乎获得1997年度全国公益广告大赛广播类金奖。

16.4　案例分析

Olympus 数码相机广告文案

摄影绝不是自动的

Taking a picture should be anything but automatic

Olympus 3Ti.

清早这些个时辰，救济所里冰冷刺骨，

骨瘦如柴的饥孩的呻吟声和他们父母的残喘混在一起。

一股恶臭。你想吐。但你却抓起你的相机拍了一张。

你的眼睛刚适应这里的黑暗，你就被眼前所见吓得倒退两步，

哦，说不定你是后退取景？

你的胸膛开始燃烧负罪感和正义的火焰？

还有什么没拍到？

如果被你拍下来，你为着什么卖掉照片？

为了享誉世界的声名？还是钞票？你一张照片卖的票子，可是能让非洲的一家大小过一整年的温饱日子。

或者你的目的是要西方各国首脑睁眼看看这场真正的饥荒？

你如何让自己心安理得？因为有件事你一直清楚，

你有英格兰可以回去，有以后可以舒服打发，

而这个女孩留在这里奄奄一息就要死去。

摄影绝不是自动的

Taking a picture should be anything but automatic

Olympus 3Ti.

黎巴嫩的一所精神病院刚刚被炸，你在那里。

那里呻吟和尖叫回荡在四壁。

一个小男孩走向你，脸上写着对战争的恐惧，

你是拥他入怀，给他安慰，

还是抓起相机拍他？

哪个更让你好过些？给他安全感，还是抓拍他的吓疯的样子？

还有你的安全问题，下一次空袭来临前你能完成你的工作并撤离吗？

你还会第一时间到现场吗？

反正，你知道，就算是最伟大的摄影师也不能阻止一场战争。

这些孩子已经受到了一次摧残，你做的事情延长他们的无望。

摄影绝不是自动的

Taking a picture should be anything but automatic

Olympus 3Ti.

评析：这是 Olympus 数码相机的一则广告。它的独特之处在于它在说明相机全自动的功能是，与"反战和平"这一公益主题相结合，带给受众前所未有的震撼与深思。

文案以救济所、精神病院为切入，给我们描绘了一幅触目惊心的画面。面对这样有经济价值的场面，你是愿意按下快门大赚一笔？还是不愿再给他们更多心灵的伤害？它所提出的是这样一个道德层面的质问。精神上的撞击，心灵上的对话，构成了这则数码相机广告与众不同的魅力与说服力；并由于对"战争"这一主题的关注进而提升了 Olympus 的品牌形象。

思考题

1. 公益广告和一般商业广告有哪些本质的不同？又造成哪些文案创作上的差异？
2. 公益广告文案的类型有哪些，在日常生活中有怎样的应用？
3. 请选择一种公益广告文案写作的方法，自选一个主题，编写一段公益广告文案。

参考文献

[1] 张明新. 公益广告的奥秘. 新视界广告与品牌书系 [M]. 广州：广东经济出版社，2004.

[2] 王玲. 报纸公益广告的制作策略. 青年记者. 2006 (10).

[3] 李亚明. 平面公益广告浅析. 荆楚网. 2006-11-23.

[4] 现代广告. 现代广告杂志社. 2001 (5).

附录1　优秀广告文案赏析

案例一：挑战不想用奶油招待客人的妇女们

列佛兄弟公司敢打赌，你说不出好运奶油和你尝过的其他奶油的区别。

让我们面对这个事实。我们知道许多妇女不会给桌上陶瓷杯里的各色茶加入人造奶油。

我们不该对这些爱挑剔的人有丝毫的责备。对人造奶油的偏见始于她们的孩提时代，那时给她们的是旧的人造奶油，那是用牛油制成的，味道差极了。

上星期，她品尝了我们新的金牌好运奶油。说真的，她必须得尝，因为我们为列佛公司工作，知道妻子们喜欢在面包的哪一面上涂奶油。她们品尝后大吃一惊。

她说："这是值得骄傲的东西。我从没想到这居然是奶油，它别具一格。从今往后，傻瓜才花80美分去买0.45千克原先的奶油。"

那天晚上，我们举办了一次晚餐会。我们在法式小瓦罐里装满了好运奶油，用精巧的模具在上面印了个图案，就像下面这个。

它们看起来很别致——比餐桌上其他的东西，甚至比家传的英国洛斯托夫特瓷更加别致。

晚餐后，我们揭开了谜底。没有人相信自己吃的是人造奶油。大家完全被吸引住了，全都爱上了好运奶油。

绝密研究

新式好运奶油背后的内幕更令人惊叹。

列佛兄弟公司坚持生产这种让任何人都能了解的奶油，即使是最挑剔的美食家也乐意把好运塞进他们做的小圆烤饼里。奶油和其他原料的味道融为一体，哪怕是龙虾和蓟菜。

经过14年绝密研究才研制出了这种配方。位于农牧地区的一所著名州立大学开发出一项出色的技术，创造了好运奶油真正的风味。事实上，97%的原料产自美国农场。好运奶油根本不是什么人工合成的产品。

农民主妇的新宠

我们从未想到农民们会喜爱人造奶油，我们原以为他们一定是最后改变态度的。

但让人吃惊的事实是：在那些好运奶油刚刚悄然上市的偏远地区，成千上万的农民主妇每餐饭都要端上这道金灿灿的菜。即使是她们的丈夫也吃不出什么异样。

信不信由你，美国农民现在和城里人吃一样多的人造奶油。这些农民主妇真是太聪明了！

消毒奶油

我们在好运奶油里加入了几千加仑(1 加仑=3.8 升,下同)上好的脱脂乳,每磅(1 磅=0.45 千克,下同)奶油里还加入了 15000 单位的维生素 A——比你从 30 杯 A 级奶油、两打新鲜鸡蛋里吸收的还多。

这些维生素能有助于你预防感冒。如果你家里有孩子,我们的维生素 A 能让他们长得更健壮。

很难想到你还能给孩子什么其他更有益于健康的食品。据医生们说,好运奶油提供的能量比牛排多两倍。

每磅节省 50 美分

相信我们的话,好运奶油的的确确别具一格。尝一口,你就会消除对人造奶油的偏见。

(我们听说在格林威治镇有个孩子坐着吃下了 1/4 磅的好运奶油——一口气!)

好运奶油每磅可以节省 50 美分——足以给你的好朋友送一份《纽约人》杂志。

好像我们的妻子说的,别犯傻了,快来点好运奶油吧!

评析:这则广告文案的作者大卫·奥格威,是一位富有传奇色彩的广告大师。他是奥美广告公司的创办人,以创作简洁、富有冲击力的广告文案而闻名于世。他的诸多广告文案都堪称经典,如哈撒韦衬衫、壳牌石油、西尔斯连锁零售点、IBM、罗尔斯-罗依斯汽车、运通卡、国际纸业公司等等。

奥格威善于直邮的长文案,我们选择的就是其中流传不很广泛又不失经典的一例。

正如速溶咖啡诞生之初很难让家庭主妇们接受它一样,"人造奶油"也让她们很自然地担心它的口味。

首先,这则文案并没有回避过去人造奶油口味不佳的事实,奥格威相信,突破这一点,是好运奶油成败的关键。

全文采用与受众"你"亲切地拉家常的形式,讲述了好运奶油在口味上确实优于其他人造奶油,乃至可以和天然奶油一较高下的事实。同时,加入的第三者(主妇)叙述亲身经验的形式,增加了文章的可信度和亲和度,并从心理上不断敦促受众尝试。

大师给我们上的一课是:文案应该保持文辞华丽又切合实际,尊重消费者而又要不失幽默机敏。但仅仅是文辞的优势,只能吸引别人阅读,还不足以使他们作出行动。文案最重要的是能够卖出商品,因此,接下来我们来分析下大师是如何进行"说服"的。

奶油是一种同质化程度很高的食品类商品,因此,这则文案选择以理性又不乏积极劝服的姿态对好运奶油作了全面而深入的描述。虽然从头至尾我们也没有看到"好味"、"价廉"、"新鲜健康"这样吹捧的字眼的重复,却让我们不断感受到好运奶油的这三大特点,进而有效地打破了人们对"味道"这个致命弱点的心理防线。读到最后,受众也许不禁会问自己,既然好运奶油价格便宜,口味也很好,为什么我（我们）不试一下呢？也许我们以后就不用再购买昂贵的奶油了。

另一方面，在针对好运奶油不同的优点时，文案也采用了不同的说服手段：在说明"好味"的时候，他用的是专家效应，如果美食家们都选用了好运奶油，你对它的味道还有什么好迟疑的呢？说到"健康"和"价格"的时候，运用了准确数字的说服法，使人们很容易自己通过比较，建立对好运奶油的认可。因而更直接、更有说服力。最精妙的还是最后一句半带对话，半带催促的口吻，恰到好处，既有说服的力度，也不会使读者有被命令感。

案例二：一则《保险广告》

CLAIM：到旅行者公司投保，旅行者保险公司，旅行者理赔保险公司，旅行者火险公司。

当我28岁时，我认为今生今世我很可能不会结婚了。我的个子不高，双手及双腿的不匀称常常妨碍了衣服穿在我身上，也从来没有像穿到别的女郎身上那样好看。似乎决不可能有一位护花使者会骑着他的白马来把我带去。

可是终于有一个男人陪伴了我。爱维莱特并不是你在16岁时所梦想的那种练达世故的情人，而是一位羞怯并笨拙的人，也会手足无措。

他看上了我不自知的优点。我才开始感觉到不虚此生。事实上我俩当时都是如此。很快地，我俩互相融洽无间，我们如不在一起就有怅然若失的感觉。所以我们认为这可能就是小说所写的那类爱情故事，以后我们就结婚了。

那是在四月中的一天，苹果树的花盛开着，大地一片芬芳。那是近三十年前的事了，自从那一天以后，几乎每天都如此不变。

我不能相信已经过了这许多岁月，岁月载着爱维和我安静地度过，就像驾着独木舟行驶在平静的河中，你并感觉不到舟的移动。我们从来未曾去过欧洲，我们甚至还未去过加州。我认为我们并不需要去，因为家对我们已经是够大了。

我希望我们能生几个孩子，但是我们未能达成愿望。我很像圣经中的撒拉，只是上帝并未赏赐我以奇迹。也许上帝想我有了爱维莱特已经够了。

唉！爱维在两年前的四月故去。安静地，含着微笑，就和他生前一样。苹果树的花仍在盛开，大地仍然充满了甜蜜的气息。而我则嗒然若失，欲哭无泪。当我弟弟来帮助我料理爱维的后事时，我发觉他是那么体贴关心我，就和他往常的所作所为一样。在银行中并没有给我存很多钱，但有一张照顾我余生全部生活费用的保险单。

就一个女人所诚心相爱的男人过世之后而论，我实在是和别的女人一样地心满意足了。

评析：这是一段有名的广告文案，它运用抒情散文的形式，加上很多写实的文字，营造出一个带着淡淡忧伤却很温暖的故事氛围。美国广告大师乔治·葛里宾本人也把它当作自己一生中写得最好的文案。当我们感到被这段文案吸引的时候，就会自然而然认同文中所讲述的那一种"爱的方式"。

案例三：金河置业，缔造苏州的骄傲

以细腻的建筑思维，打破传统住宅观念，人本主义建筑理念下，金河每次都能出手不凡。继狮山路上"金河·国际大厦"之后，再次以非凡实力，推出豪宅精品"金河·国际华庭"——全苏州罕见的11万平方米VIP豪宅花园住宅，集纯粹优雅、华丽尊贵的大户风范于一身，惊艳苏州。

金粉世家，彰显豪宅性情

进口高档名牌建材打造显赫星级大堂；近50%的土地规划入景互动式水花园；时尚泛会所网络景观泳池、健身中心等一众酷IN娱乐；先进智能住宅系统固若金汤捍卫私人领地。国际知名专业管家仲量联行提供专业细致的服务；同步世界的至尊生活，一切豪宅只为匹配一流人物。

金领花园，媲美别墅内庭花园，是别人客厅外的景色，却是您家中的雅致点缀。金河·国际华庭，让大户人家真正有"家"有"庭"。每户入口均设内庭大花园，且为您精心布置到位。阳光、清风、雨露、鲜花、蝴蝶、美人草……在家中探访自然的感觉，足以媲美别墅宅庭小院，贵族般的私家花园体验，让您的生活成为别人眼中的奢侈。

金钻地带，天生领袖地位

新区步行街、银行金融机构、新区管委会、城市公园、体育中心、国家级休闲景点苏州乐园、水上世界……商贸、娱乐、运动、教育、医疗等丰富配套，以狮山路为轴心，圈定了苏州21世纪国际化商业、文化、生活中心。狮山路、滨河路，金河·国际华庭领袖新区正中心，王族版图一价难求！

评析： 我们平时在生活中经常可以看到各式各样的地产广告，但留给我们的往往是华而不实、自我吹嘘或者平淡无味、信息不充足之感。但这一则"金河置业"的地产广告文案却给我们耳目一新之感。

首先它向我们提供了相当充实的地产信息，房地产和一般商品不同，我们在购买之前，必须详细地进行了解比较。而在比较过程中，这一则文案可能就会让金河置业脱颖而出。从大厅、花园、泳池、健身中心、智能住宅系统到新区步行街、银行金融机构等配套设施，详略得当的介绍无不让人心驰神往。

同时，它并没有进行枯燥乏味的信息罗列，而是用抒情的文笔，描摹出一幅充满诗情画意和时代气息的美图，是一则难得的非常成功的地产文案。

案例四：月光下的收成

无论日间或夜晚，青豆巨人的豌豆都在转瞬间选妥，风味绝佳……从产地到装罐不超过三个小时。

评析： 这是广告大师李奥贝纳的经典作品，如此短小精悍的广告语却以充满丰富想像力的方式，有力地、富有趣味地向我们说明了食品最重要的新鲜度的特点。

案例五：左岸咖啡馆

《时钟篇》

摩天轮票根上的站名

在巴黎，百分之七十的人都是外地来的人，他们稀释不了巴黎原有的气味。反倒使得巴黎人对旅行这件事有着极深层的看法，在一间可以看见巴黎市中心的摩天咖啡馆中，就有着极端的巴黎性格的对话。

"摩天轮是一种交通工具，一般旅行是平面的，点对点的，而摩天轮则是上下的，圆形的。同样地，他们都会回到原来的入口，当然这时候应该叫出口，而且他们都需要一张票来完成。"

这是邻桌留着络腮胡子的清瘦男子说的。

坐在他对面，始终仔细阅读火车时刻表的男人，抬起头喝了一口咖啡问："如果摩天轮也算旅行，你要如何解释她开往哪里？"

身为摩天轮售票员的我，会说，"摩天轮总是开往转一圈后的时间！"

《车站篇》

以圣·拉查尔火车站的时刻为站名

在巴黎的咖啡馆中，本地人总是多于外地人，也就是说，咖啡馆是以一种浓缩咖啡的方式呈现，巴黎弥漫着巴黎式的接吻，巴黎式的阅读，巴黎式的偏执，在咖啡馆中就可能听见巴黎文体式的对白。

总是边喝咖啡，边专注地阅读火车时刻表的男子说："你认为摩天轮是一种旅行。但摩天轮无法表现旅行的本质啊！旅行应该是从某个地方出发，抵达另一个地方。"

留着络腮胡子的摩天轮售票员说："旅行的重点不在空间距离而在时间距离上，不论地点变不变，时间都在进行。我们总是不断地在出发着或抵达着某个时刻啊！"

我看着咖啡加着鲜奶与糖，天啊！巴黎人几乎说服我到巴黎旅行的不必要性。接着我听见摩天轮售票员对阅读时刻表的男子说："对摩天轮旅行有着站名或地名的困惑，我想是因为你在圣·拉查尔当售票员吧！"

《咖啡馆篇》

摩天轮与圣·拉查尔火车站与咖啡馆的售票员

走出圣·拉查尔火车站与走进圣·拉查尔火车站的人，在那个时候都有某种漂泊的匆忙感。于是，走出来的人便又走进咖啡馆，只要喝杯咖啡，似乎就有了下车的终站感。

这像是售票员的工作。昂列，拿铁，卡贝拉索带你去的地方都不一样。你今天想去哪？咖啡馆老板对我说的，同时转身挑选咖啡豆。

我看着那一罐罐咖啡豆标志回答：即使是售票员，也有想去的地方吧！我今天想去摩天轮或圣·拉查尔火车站会去的地方。

咖啡馆老板严肃的回答我：售票员不去任何地方，他只为旅客确定：要前往地哪个地方，的确是那个地方。

不一会儿，咖啡馆老板为我端来一杯咖啡，在浓烈纯粹的咖啡香中，他说，在出发中……

评析：左岸咖啡馆是隶属于台湾统一企业下的品牌，当时统一决定以利乐包装的形式推出这款咖啡饮料。咖啡原本是一种生活的享受，但这种包装饮料素来给人以廉价、口味不佳的形象。最为重要的是，这种咖啡饮料还没有自己的名字。

奥美广告人提出一个大胆而极富有挑战性的思路，要以背景、人文气息来再"包装"咖啡饮料。于是左岸咖啡馆这个真实存在于法国的名字从此成为统一旗下的浪漫品牌。

19世纪，法国巴黎的赛纳河，蜿蜒溪流穿过巴黎市中心，河以北被称为右岸，以南称为左岸。右岸以金钱、贸易、权力成为繁华、奢靡、成熟、幽雅的象征，但左岸却以其活力和知识取胜，散发着属于思想、发自内心的清新气质，悠然而自得。在文学史上，有一个左岸派就是在法国这个地方产生的。

广告面市以来，从品牌到产品都惊艳整个市场并创造新的流行文化，已稳稳地占据了市场上的大部分份额。左岸咖啡馆在消费者脑中模糊的影像开始变的真实起来。

我们通过一位台湾广告人对左岸的描绘可以感受到左岸情节的影响：左岸咖啡代表一种深沉的、内敛的人文气质。在咖啡馆里，你面对自己，享受孤独带来的清明，阅读生活、品味艺术。巴黎人喝咖啡，是品尝物质以外的愉悦。左岸咖啡品牌的诞生即是由这份对人文思潮的渴求促成的。

附录2　中国广告20年流行广告语

1979年
　　西铁城领导钟表新潮流，石英技术誉满全球（西铁城）
　　可口可乐添欢笑（可口可乐）
　　将以卓越的电子技术，对中日友好作出贡献（SONY）
　　为社会各领域，提供准确计时（精工表）
　　让我们来充分掌握能多快好省地运输货物的拖车头吧（五十铃汽车）

1980年
　　味道好极了（雀巢咖啡）
　　滴滴香浓，意犹未尽（麦氏咖啡）
　　先进石英科技，准确分秒不差（梅花表）
　　国内首创，驰名中外（珍珠霜）
　　为人民服务，为大众计时（铁达时表）

1981年
　　"飞跃"目标——世界先进水平（飞跃电视）
　　"飞跃"精神——一切为用户着想（飞跃电视）
　　戴雷达，闯天下（雷达表）

1982年
　　就是可口可乐（可口可乐）
　　车到山前必有路，有路必有丰田车（丰田汽车）
　　质量第一，用户第一（金星电视）
　　独特设计，最新产品，女装自动表（东方表）

1983年
　　燕舞，燕舞，一片歌来一片情（燕舞收录机）
　　"凯歌"传佳音，更上一层楼（凯歌电视）
　　一切为用户着想，一切为用户负责（海信电视）

1984年
　　百事，新一代的选择（百事可乐）
　　质量至上有夏普（夏普）
　　力波啤酒，的确与众不同（力波啤酒）
　　上海大众永远和您在一起（大众汽车）
　　威力洗衣机，献给母亲的爱（威力洗衣机）

1985 年
大宝，天天见（大宝）
优质的联想——夏普（夏普电器）
SONY 这是你第一次见到的名字吗（SONY）

1986 年
万家乐，乐万家（万家乐电器）
飞利浦——尖端科技的标志（飞利浦）
精美耐用，全球推崇（西铁城表）
上海桑塔纳，汽车新潮流（桑塔纳）

1987 年
当太阳升起的时候，我们的爱天长地久（太阳神）
两片，史克肠虫清（中美史克）
最适合中国民航客运的机种——波音 757 客机（美国波音）
第一流产品，为足下争光（上海鞋油）
质高款新寰宇颂，国际名表西铁城（西铁城）

1988 年
精心创造，精心服务（金星电视）
汽车工业新一代标志（广州标致）
聚科技群星，创电子先河（星河音响）

1989 年
挡不住的感觉（可口可乐）
中原之行哪里去？郑州亚细亚（亚细亚商场）
今年二十，明年十八（白丽美容香皂）
东方航空，飞向世界（东方航空）
容声，容声，质量的保证（容声冰箱）

1990 年
嘉士伯，可能是世界上最好的啤酒（嘉士伯啤酒）
只溶在口，不溶在手（M&M 巧克力）
城乡路万千，路路有航天（航天汽车）
高高兴兴上班去，平平安安回家来（公益广告）
她工作，您休息（凯歌全自动洗衣机）
妥贴保护，伸缩自如（邦迪创可贴）
用了都说好（达克宁霜）
领先一步，申花电器（申花电器）
要开一流车，江西五十铃（江西五十铃）
雪中之豹，雪中之宝，雪中送宝（雪豹皮革行）

1991 年
　　喝了娃哈哈，吃饭就是香（娃哈哈）
　　一股浓香，一缕温暖（南方黑芝麻糊）
　　喝贝克，听自己的（贝克啤酒）
　　人人求健康，长寿505（505神功元气袋）
　　天磁杯，天磁杯，你一杯，我一杯，一杯一杯又一杯（天磁杯）
　　人头马一开，好事自然来（人头马酒）
　　亚细亚，太阳升起的地方（亚细亚商场）

1992 年
　　新飞广告做得好，不如新飞冰箱好（新飞电冰箱）
　　康师傅方便面，好吃看得见（康师傅）
　　岁岁平安，三九胃泰的承诺（三九胃泰）
　　何以解忧，唯有杜康（杜康酒）
　　太空时代的饮品（果珍）
　　拥有健康，当然亮泽（潘婷洗发水）
　　让生命尽显健康本色（太阳神口服液）
　　专业保健，至精至诚（太阳神口服液）
　　叩开名流之门，共度锦绣人生（上海精品商厦）
　　美在妇女（上海妇女用品商店）
　　有多少南方摩托车，就有多少动人的故事（南方摩托）

1993 年
　　明天将发生什么（联想集团）
　　今年夏天最冷的热门新闻（西泠冰箱）
　　一呼天下应（润讯通讯）
　　中意冰箱，人人中意（中意电器）
　　青春宝，使你永葆青春（青春宝）
　　燕京啤酒，清爽怡人（燕京啤酒）
　　不要太潇洒（杉杉西服）
　　走富康路，坐富康车（富康车）
　　好马配好鞍，好车配风帆（汽车蓄电池）
　　中国名车，嘉陵摩托（嘉陵摩托）
　　赢家的风采（切诺基轿车）
　　每天送你一位新"太太"（太太口服液）
　　明星风采，纯纯关怀（美加净）
　　伊思丽使我更美丽（伊思丽）

1994 年
　　羊羊羊，发羊财（恒源祥）

喝孔府宴酒，做天下文章（孔府宴酒）
今天你喝了没有？（乐百氏）
海尔，真诚到永远（海尔电器）
牡丹虽好，还要爱人喜欢（牡丹电视机）
望子成龙，小霸王学习机（小霸王电脑学习机）
柔美皮肤，从旁氏开始（旁氏护肤品）
省优，部优，葛优？（双汇火腿肠）
汽车要加油，我要喝红牛（红牛饮料）
走中国道路，乘一汽奥迪（一汽）
踏上轻骑，马到成功（轻骑摩托）
共创美的前程，共度美的人生（美的电器）
金矢所至，施尔健康（金施尔康含片）
让一亿人先聪明起来（巨人脑黄金）

1995年

领先一步，申花电器（申花洗衣机）
容事达，时代潮（容事达洗衣机）
让我们做得更好（飞利浦）
孔府家酒，叫人想家（孔府家酒）
生活中离不开这口子（口子酒）
款款"神州"，万家追求（神州热水器）
要想皮肤好，早晚用大宝（大宝）
鄂尔多斯羊绒衫，温暖全世界（鄂尔多斯羊绒衫）
正宗椰树牌椰汁，白白嫩嫩（椰树牌椰汁）
今年夏天喝什么？828蔬菜汁（828蔬菜汁）
东奔西走，要喝宋河好酒（宋河）
拥有桑塔纳，走遍天下都不怕（桑塔纳轿车）
我们为你想的更多（格力空调）
做女人真好（太太口服液）

1996年

维维豆奶，欢乐开怀（维维豆奶）
太阳更红，长虹更新（长虹电视）
长城永不倒，国货当自强（奥妮皂角洗发浸膏）
其实，男人更需要关怀（丽珠得乐）
开开衬衫，领袖风采（开开衬衫）
一切尽在掌握（爱立信）
科技以人为本（诺基亚）
飞跃无限（摩托罗拉）

让我们做得更好（飞利浦）
长城烽火，传信万里（西门子）
每一年，每一天，我们都在进步（联想电脑）
容事达，时代潮（容事达电器）
穿金猴皮鞋，走金光大道（金猴皮鞋）
东西南北中，好酒在张弓（张弓酒）
永远的绿色，永远的秦池（秦池酒）
红星御酒，融进你我真情（红星御酒）
坐红旗车，走中国路（红旗轿车）

1997年
我们一直在努力（爱多电器）
中国人的生活，中国人的美菱（美菱冰箱）
没有最好，只有更好（澳柯玛冰柜）
好空调，格力造（格力空调）
牙好，胃口就好，身体倍儿棒，吃嘛嘛香（蓝天六必治）
轻松爽洁，不紧绷（碧柔洗面奶）
中华永在我心中（中华牙膏）
保护嗓子，请用金嗓子喉宝（金嗓子喉宝）
补钙新观念，吸收是关键（龙牡壮骨冲剂）
播下幸福的种子，托起明天的太阳（种子酒）
喝汇源果汁，走健康之路（汇源果汁）
苦苦的追求，甜甜的享受（伊利雪糕）
华龙面，天天见（华龙方便面）
食华丰，路路通（华丰方便面）
集美沙发，牛！（集美沙发）
我的眼里只有你（娃哈哈纯净水）
远大，开创中央空调新纪元（远大空调）
当别人仍然以"大"事为重，NEC却专注于"小"事（NEC传呼）

1998年
新春新意新鲜新趣，可喜可贺可口可乐（可口可乐）
真金不怕火炼（金正VCD）
福气多多，满意多多（福满多方便面）
非常可乐，非常选择（非常可乐）
农夫山泉有点甜（农夫山泉）
清清爽爽每一天（娇爽卫生护垫）
海尔，中国造（海尔）
男人应有自己的声音（阿尔卡特手机）

从更大到更好（长虹电器）

清凉舒爽，全家共享（六神沐浴露）

家有三洋，冬暖夏凉（三洋空调）

27层净化（乐百氏纯净水）

1999年

飘柔，就是这么自信（飘柔）

足及生活每一天（搜狐）

知识改变命运（公益广告）

科技让你更轻松（商务通）

没什么大不了的（丰韵丹）

晶晶亮，透心凉（雪碧）

治肾虚，请用汇仁肾宝（汇仁肾宝）

（参见《中国广告20年猛进史》(1979~1998)，国际广告，1999年第8期）

后　记

面对经济全球化、信息传播全球化的发展，数字化、信息化、网络化的普及，我国广告业面临着发展机遇，也面临着前所未有的挑战。因此，如何科学快速发展广告业，培养高素质广告人才，直接关系到广告业的生存和发展。

正是基于这一认识，我们经过近两年的努力，终于完成本书的编写工作。

本书全面、系统地介绍和分析广告文案写作的方方面面，内容丰富，有大量的案例；特别值得提出的是本书增加了新媒体广告文案写作方面的内容。

本书汲取了不少专家、学者在广告文案写作方面的研究成果，在此，致以衷心的感谢！

感谢中国建筑工业出版社领导和责任编辑李晓陶老师，他们为本书的出版做了许多卓有成效的工作。在编写过程中，还得到了华东师范大学传播学院院长王晓玉教授和总支书记徐静华副研究员的支持和帮助，在此，表示深深的谢意！

参加本书编写工作的成员主要是华东师范大学广告经验丰富的一线教师和研究生，还有上海师范大学广告经验丰富的一线教师。这是上海两所师范大学广告学专业教师的友好合作。他们各自的分工是：

严三九：负责组织编写工作，对全书稿件进行修改；

林毅、何云开、季宸东：参与组织编写、统稿工作；

林毅编写第1章和第10章；

胡文晞编写第2章；

姚贝贝编写第3章；

季宸东编写第4章和附录2；

何云开编写第5章和第7章；

陈亮编写第6章；

詹璐编写第8章；

常丽编写第9章；

唐晓燕编写第11章；

李雯编写第12章；

韩峰峰编写第 13 章；

林莹编写第 14 章；

兰卉编写第 15 章；

鲁茜编写第 16 章和附录 1。

由于我们水平有限，书中疏漏和错误之处在所难免，真诚地希望读者批评指正。

严三九